PROCESSOS JUDICIAIS ELETRÔNICOS

INTELIGÊNCIA ARTIFICIAL E GARANTIA DOS PRINCÍPIOS DO PROCESSO CIVIL - ALGORITMOS DE AGRUPAMENTO E SIMILARIDADE

LUIZ CLÁUDIO ALLEMAND
CORIOLANO AURÉLIO DE ALMEIDA CAMARGO SANTOS
AMÉRICO RIBEIRO MAGRO
ROVENA GOMES
Coordenadores

Prefácio
Leila Chevtchuk

PROCESSOS JUDICIAIS ELETRÔNICOS
INTELIGÊNCIA ARTIFICIAL E GARANTIA DOS PRINCÍPIOS DO PROCESSO CIVIL - ALGORITMOS DE AGRUPAMENTO E SIMILARIDADE

© 2025 Editora Fórum Ltda.

É proibida a reprodução total ou parcial desta obra, por qualquer meio eletrônico, inclusive por processos xerográficos, sem autorização expressa do Editor.

Conselho Editorial

Adilson Abreu Dallari
Alécia Paolucci Nogueira Bicalho
Alexandre Coutinho Pagliarini
André Ramos Tavares
Carlos Ayres Britto
Carlos Mário da Silva Velloso
Cármen Lúcia Antunes Rocha
Cesar Augusto Guimarães Pereira
Clovis Beznos
Cristiana Fortini
Dinorá Adelaide Musetti Grotti
Diogo de Figueiredo Moreira Neto (*in memoriam*)
Egon Bockmann Moreira
Emerson Gabardo
Fabrício Motta
Fernando Rossi
Flávio Henrique Unes Pereira

Floriano de Azevedo Marques Neto
Gustavo Justino de Oliveira
Inês Virgínia Prado Soares
Jorge Ulisses Jacoby Fernandes
Juarez Freitas
Luciano Ferraz
Lúcio Delfino
Marcia Carla Pereira Ribeiro
Márcio Cammarosano
Marcos Ehrhardt Jr.
Maria Sylvia Zanella Di Pietro
Ney José de Freitas
Oswaldo Othon de Pontes Saraiva Filho
Paulo Modesto
Romeu Felipe Bacellar Filho
Sérgio Guerra
Walber de Moura Agra

FÓRUM
CONHECIMENTO JURÍDICO

Luís Cláudio Rodrigues Ferreira
Presidente e Editor

Coordenação editorial: Leonardo Eustáquio Siqueira Araújo
Thaynara Faleiro Malta
Revisão: Érico Barboza
Capa, projeto gráfico e diagramação: Walter Santos

Rua Paulo Ribeiro Bastos, 211 – Jardim Atlântico – CEP 31710-430
Belo Horizonte – Minas Gerais – Tel.: (31) 99412.0131
www.editoraforum.com.br – editoraforum@editoraforum.com.br

Técnica. Empenho. Zelo. Esses foram alguns dos cuidados aplicados na edição desta obra. No entanto, podem ocorrer erros de impressão, digitação ou mesmo restar alguma dúvida conceitual. Caso se constate algo assim, solicitamos a gentileza de nos comunicar através do *e-mail* editorial@ editoraforum.com.br para que possamos esclarecer, no que couber. A sua contribuição é muito importante para mantermos a excelência editorial. A Editora Fórum agradece a sua contribuição.

Dados Internacionais de Catalogação na Publicação (CIP) de acordo com ISBD

P963	Processos judiciais eletrônicos: inteligência artificial e garantia dos princípios do processo civil - algoritmos de agrupamento e similaridade / Luiz Cláudio Allemand, Coriolano Aurélio de Almeida Camargo Santos, Américo Ribeiro Magro, Rovena Gomes (coord.). Belo Horizonte: Fórum, 2025.
	406 p. 14,5x21,5cm
	ISBN 978-65-5518-975-9
	ISBN digital 978-65-5518-966-7
	1. Inteligência artificial. 2. Processos judiciais eletrônicos. 3. Direito digital. I. Allemand, Luiz Cláudio. II. Santos, Coriolano Aurélio de Almeida Camargo. III. Magro, Américo Ribeiro. IV. Gomes, Rovena. V. Título.
	CDD: 006.3
	CDU: 004.8

Ficha catalográfica elaborada por Lissandra Ruas Lima – CRB/6 – 2851

Informação bibliográfica deste livro, conforme a NBR 6023:2018 da Associação Brasileira de Normas Técnicas (ABNT):

ALLEMAND, Luiz Cláudio; SANTOS, Coriolano Aurélio de Almeida Camargo; MAGRO, Américo Ribeiro; GOMES, Rovena (coord.). *Processos judiciais eletrônicos*: inteligência artificial e garantia dos princípios do processo civil - algoritmos de agrupamento e similaridade. Belo Horizonte: Fórum, 2025. 406 p. ISBN 978-65-5518-975-9.

No século XXI, o que vai determinar a inteligência de uma pessoa não vai ser o fato de ela saber todas as respostas — o que caracterizará sua genialidade será a capacidade de fazer todas as perguntas certas.

Thomas L. Friedman
Obrigado pelo atraso

SUMÁRIO

PREFÁCIO
DESEMBARGADORA LEILA CHEVTCHUK 17

O DEVIDO PROCESSO DIGITAL NA PERSPECTIVA DO PRINCÍPIO DO CONTRADITÓRIO
ALANA GABRIELA ENGELMANN 19
1 Introdução 19
2 O devido processo digital na perspectiva contemporânea e o direito fundamental ao contraditório 20
3 Automatização procedimental e os direitos fundamentais: como os sistemas inteligentes aplicam o contraditório? 27
4 Conclusão 34
   Referências 36

ALGORITMOS DE AGRUPAMENTO E SIMILARIDADE NO JUÍZO DE ADMISSIBILIDADE RECURSAL: UMA QUESTÃO DE TRANSPARÊNCIA
ANA PAULA CANTO DE LIMA, OSCAR VALENTE CARDOSO 39
   Introdução 39
1 O desenvolvimento da inteligência artificial no cenário contemporâneo 40
2 Algoritmos de agrupamento e similaridade (SAS) 44
3 Benefícios dos algoritmos de *clusterização* e similaridade (SAS) nos processos judiciais 46
4 Desafios e riscos da automação nos processos judiciais 49
5 A aplicação do SAS no juízo de admissibilidade recursal: uma questão de transparência 51
   Considerações finais 55
   Referências 56

A INTELIGÊNCIA ARTIFICIAL EM DEBATE APLICADA AOS PROCESSOS JUDICIAIS
ANDRÉIA ROCHA FEITOSA..59
Introdução..59
1   A liberdade de escolha na prestação de serviços com uso de tecnologias na sociedade da informação...60
2   Da inteligência artificial para resolução de demandas judiciais........65
Conclusões..72
Referências...73

INTELIGÊNCIA ARTIFICIAL E TABELIONATO DIGITAL: COMO OS ALGORITMOS ESTÃO IMPACTANDO A PRÁTICA NOTARIAL E SUA APLICAÇÃO NO PROCESSO CIVIL
ANDREY GUIMARÃES DUARTE..75
Introdução: o direito notarial e o direito civil da nova era...................75
1   O ato notarial na era digital..77
2   Provas eletrônicas e o papel das atas notariais no processo civil......81
2.1   Princípio da livre apreciação das provas..83
2.2   Os negócios jurídicos processuais na adoção de novas tecnologias..84
3   Implicações éticas da utilização de tecnologias emergentes no direito notarial..85
3.1   Geração automatizada de atas notariais...86
3.2   Auxílio na redação e revisão de atas notariais...................................86
3.3   Verificação e validação de provas eletrônicas....................................87
3.4   Tecnologia a serviço da sociedade: o e-Fatos enquanto expansão do cenário atual..87
3.5   Regulação e ética na integração de IA à atividade notarial...............90
Considerações finais..91
Referências...93

JUIZ-ROBÔ E ALGUNS PARADOXOS
ANTÔNIO AURÉLIO DE SOUZA VIANA...95
1   Introdução...95
2   Paradoxo da existência..96
3   Paradoxo da transparência..109
4   Paradoxo da eficiência...113
5   (In)conclusões..117
Referências...118

A UTILIZAÇÃO DA INTELIGÊNCIA ARTIFICIAL PELO JUDICIÁRIO: CONFLITO ENTRE O PRINCÍPIO DO JUIZ NATURAL E A DURAÇÃO RAZOÁVEL DO PROCESSO
BRUNO QUEIROZ DE VASCONCELOS FINOTTI,
GILBERTO FERREIRA RIBEIRO JUNIOR 119
1   Introdução 119
2   Conceito, modalidades e desafios da inteligência artificial 121
3   Princípio do juiz natural 124
4   Princípio da duração razoável do processo 126
5   Da utilização da IA pelo Judiciário sob a perspectiva do juiz natural do direito x duração razoável do processo 128
6   Conclusão 130
     Referências 132

DESAFIOS E COMPLEXIDADES NO JULGAMENTO DE CASOS ENVOLVENDO CRIANÇAS E O PAPEL DA INTELIGÊNCIA ARTIFICIAL NO PROCESSO JUDICIAL
CINDIA REGINA MORACA 135
1   Introdução 135
2   Pontos positivos e negativos de como o Judiciário brasileiro usa a IA 136
3   Pontos negativos e processos 138
4   Papel do juiz nos processos 139
5   Papel do juiz em casos que envolvam crianças 141
6   Direito da família 142
7   Discussões 145
8   Considerações finais 146
     Referências 148

A UTILIZAÇÃO DE MODELOS COMPUTACIONAIS *LARGE LANGUAGE MODELS* (LLMS) NA FORMAÇÃO DA DECISÃO JUDICIAL E A LEGITIMIDADE DA PRESTAÇÃO JURISDICIONAL: POR UM DEVIDO PROCESSO TECNOLÓGICO
DIOGO AUGUSTO DEBS HEMMER,
RICARDO PADOVINI PLETI FERREIRA 151
1   Introdução 151
2   A atividade jurisdicional e a legitimidade das decisões judiciais ... 156
3   O problema das *black boxes* inerentes às soluções baseadas em inteligência artificial 159

4	O devido processo tecnológico e a governança no exercício da função jurisdicional	166
5	Conclusão	168
	Referências	168

INTELIGÊNCIA ARTIFICIAL NO JUDICIÁRIO BRASILEIRO: OPORTUNIDADES E DESAFIOS
FABIANA EWALD RICHINITTI 171

1	Introdução	171
2	Impactos positivos da utilização de inteligência artificial pelo Judiciário	173
2.1	Celeridade processual, eficiência e a razoável duração do processo	173
2.2	Economia	178
2.3	Efetividade	179
3	Desafios éticos à utilização de IA nas decisões judiciais	182
3.1	Vieses tendenciosos e bolhas de preconceito algorítmico	182
3.2	Falta de transparência dos algoritmos e *accountability*	186
4	Conclusão	189
	Referências	191

INTELIGÊNCIA ARTIFICIAL NO JUDICIÁRIO BRASILEIRO: OPORTUNIDADES, DESAFIOS E CONSIDERAÇÕES ÉTICAS
FÁBIO VALENTINI DE CARVALHO 193

1	Introdução	193
2	Inteligência artificial (IA) e o direito: uma revolução em andamento	194
3	Conceitos fundamentais de algoritmos e inteligência artificial (IA)	195
4	Exemplos práticos de implementação de IA em tribunais brasileiros	196
4.1	IA no Supremo Tribunal Federal	196
4.2	IA no Superior Tribunal de Justiça	198
4.3	IA no CNJ, AGU, TJMG, TJPR, TJSP e TJRJ	198
5	O Conselho Nacional de Justiça e o uso da inteligência artificial (IA) no Judiciário brasileiro	200
5.1	Diretrizes e recomendações do Conselho Nacional de Justiça	200
6	O relatório do CNJ sobre IA generativa no Poder Judiciário	201

7	Benefícios da integração da IA no Judiciário	202
8	Desafios éticos e jurídicos do uso da IA	203
8.1	Vieses algorítmicos e discriminação	203
8.2	Transparência e explicabilidade das decisões automatizadas	204
8.3	Proteção de dados e conformidade com a LGPD	204
8.4	Limites éticos na decisão automatizada: o papel humano	205
9	O marco regulatório brasileiro para IA: Projeto de Lei nº 2.338/2023	206
10	O papel da ONU e os sistemas judiciais eficientes	207
11	Considerações finais	209
	Referências	211

INTELIGÊNCIA ARTIFICIAL NO PODER JUDICIÁRIO: IDENTIFICAÇÃO E MITIGAÇÃO DE VIESES PARA ASSEGURAR A EFETIVA PRESTAÇÃO DA TUTELA JURISDICIONAL COM A OBSERVÂNCIA DOS PRINCÍPIOS CONSTITUCIONAIS E DO PROCESSO CIVIL
GUSTAVO GOBI MARTINELLI 215

1	Introdução	215
2	Desconstruindo mitos: a impossibilidade da dominação humana pela inteligência artificial	216
3	Conceitos sobre o desenvolvimento de inteligências artificiais	218
3.1	Estrutura de um *dataset*	221
3.2	Riscos na utilização de inteligências artificiais	223
4	Vieses conhecidos nas ferramentas de inteligência artificial	226
5	Mitigando vieses nas ferramentas de inteligência artificial	232
6	O princípio da transparência do poder público e a auditoria da OAB	235
7	Considerações finais	239
	Referências	240

A INTELIGÊNCIA ARTIFICIAL E O POSITIVISMO TECNOLÓGICO NO PROCESSO DE TOMADA DE DECISÃO
HENRIQUE ALVES PINTO, TÚLIO ARANTES BOZOLA 243

	Introdução	243
1	O pragmatismo jurídico enquanto instrumento de justificação da utilização de inteligência artificial pelo Poder Judiciário	245

2	O incremento da utilização da inteligência artificial judicial e os riscos aos jurisdicionados	251
3	A corrida tecnológica judicial e o surgimento do positivismo tecnológico	257
	Conclusão	264
	Referências	266

SUPERVISÃO E TRANSPARÊNCIA NO USO DE ALGORITMOS DE IA NA JUSTIÇA
JOÃO ROBERTO PERES 269

1	Introdução	269
2	Fundamentação	271
2.1	Algoritmos na inteligência artificial	272
2.2	Como os algoritmos funcionam na IA	272
2.3	Alguns tipos de algoritmos usados na IA	273
2.4	A importância dos algoritmos para IA	274
2.4.1	Crescimento do uso de IA no sistema de justiça	274
2.5	Principais algoritmos usados em soluções na área jurídica	275
2.6	Algoritmos de agrupamento (*clustering*)	275
2.6.1	Exemplos de aplicação	276
2.7	Algoritmos de similaridade (*Similarity Search Algorithms*)	280
2.7.1	Exemplos de aplicação	280
3	Riscos e potenciais problemas no uso de algoritmos de IA na área jurídica	284
3.1	Falta de transparência e o problema da "caixa-preta algorítmica"	285
3.2	Automação da injustiça: o perigo da substituição humana	286
4	A urgência de regulamentações claras	287
4.1	Lições da nova Lei Europeia de Regulação da IA	288
4.2	Marco legal da inteligência artificial no Brasil	288
4.3	O que esperar para o futuro?	289
5	Conclusão: melhores práticas no uso da IA na advocacia e no Judiciário	289
	Referências	291

O PRINCÍPIO DA IDENTIDADE FÍSICA DO JUIZ NA ERA DA IA
JOÃO VINÍCIUS MANSSUR, KAÍQUE RODRIGUES DE ALMEIDA 293

	Introdução	293
1	A transformação digital do Poder Judiciário	293

2	A inteligência artificial hoje e amanhã	294
3	O princípio da identidade física do juiz em sua acepção original	298
4	A impossibilidade de uma "IA-oráculo" e de um "juiz boca do algoritmo"	301
	Conclusão	306
	Referências	306

A (DES)NECESSIDADE DA INTELIGÊNCIA ARTIFICIAL PARA EFETIVAÇÃO DO PRINCÍPIO CONSTITUCIONAL DA RAZOÁVEL DURAÇÃO DO PROCESSO EM DECISÕES DE TRIBUNAIS SUPERIORES
LUIZ ALFREDO ROCHA LIMA......309

	Introdução	309
1	O princípio constitucional da razoável duração do processo no direito brasileiro	310
2	Contexto processual contemporâneo: a recorribilidade aos tribunais superiores e a alta demanda judiciária	312
3	Direito e tecnologia: o crescente uso de plataformas de inteligência artificial no direito	317
	Conclusão	322
	Referências	323

A PRESERVAÇÃO DAS PRERROGATIVAS PROFISSIONAIS NO CONTEXTO DA AUTOMAÇÃO DE ROTINAS PROCESSUAIS POR MODELOS DE INTELIGÊNCIA ARTIFICIAL
LUIZ CLÁUDIO ALLEMAND, AMÉRICO RIBEIRO MAGRO......325

	Introdução	325
1	Historicidade e contextualização da inteligência artificial	327
2	Necessidade de parâmetros e balizamentos éticos: transparência e controle	330
3	A utilização de modelos de IA no Poder Judiciário	334
4	As funcionalidades autônomas dos modelos de IA no âmbito processual eletrônico e os riscos às prerrogativas profissionais dos peticionantes	336
	Conclusão	340
	Referências	341

PROCESSOS JUDICIAIS ELETRÔNICOS: INTELIGÊNCIA ARTIFICIAL E GARANTIA DOS PRINCÍPIOS DO PROCESSO CIVIL – ALGORITMOS DE AGRUPAMENTO E SIMILARIDADE PROTEÇÃO CONTRA AMEAÇAS CIBERNÉTICAS EM PROCESSOS JUDICIAIS
MARCELO MARCON 345
1 Pilares da segurança da informação 346
2 Proteção contra ameaças cibernéticas 347
3 Criptografia 349
4 Controle de acesso 350
5 Monitoramento contínuo 351
6 O uso do *blockchain* em processos judiciais 352
7 Resiliência e planos de recuperação 353
8 Considerações finais 354
Referências 355

NÓS E OS ROBÔS-JUÍZES: OS EFEITOS DO USO DA IA PARA FINS DE DECISÃO PELO JUDICIÁRIO
MIGUEL ANTÔNIO SILVEIRA RAMOS 357
1 Da manufatura ao uso de tecnologias sustentadoras 357
2 A era das tecnologias disruptivas 360
3 O inegável paradoxo do benefício do uso da tecnologia digital pelo Judiciário 365
4 A humanização da tecnologia x desumanização da prestação jurisdicional 368
5 Robôs-juízes algorítmicos vs. juízes-robôs assinadores 370
6 Robôs-juízes e o princípio do juiz (artificial) natural 371
7 Processo de decisão do robô-juiz: um processo baseado em dados "históricos passados" 372
8 O necropositivismo algorítmico 374
9 Decisões por robôs-juízes e as garantias do acesso à justiça 375
Referências 381

ALGORITMOS DE AGRUPAMENTO E SIMILARIDADE (SAS) E DECISÕES AUTOMATIZADAS: UMA ANÁLISE CRÍTICA SOBRE A APLICAÇÃO RESPONSÁVEL PARA MELHORIA DOS PROCESSOS JUDICIAIS

RICARDO ANDRIAN CAPOZZI 385
1 Introdução 385
2 Aspectos técnicos legais 386
3 Algoritmos de agrupamento e similaridade (SAS) 387
3.1 Funcionamento dos Algoritmos SAS 388
3.2 Vantagens do SAS nos processos judiciais 388
3.3 Desafios éticos e jurídicos 389
3.4 Decisões automatizadas 390
3.5 Riscos associados às decisões automatizadas 391
3.6 Princípios processuais em risco 391
4 Propostas de aplicação responsável de IA nos processos judiciais ..392
5 Supervisão humana 392
5.1 Transparência e auditabilidade 392
5.2 Critérios de qualidade e precisão 393
5.2.1 Viés algorítmico 394
5.2.2 Recomendação de documentos legais 394
5.2.3 Avaliação de riscos legais 396
5.2.4 Classificação e atualização de textos jurídicos 396
6 Conclusão 398
Referências 398

SOBRE OS AUTORES 401

PREFÁCIO

Em um mundo em que a tecnologia redefine as estruturas de nossa sociedade, os desafios enfrentados pelo sistema jurídico ganham nuances ainda mais complexas. A inteligência artificial, enquanto ferramenta transformadora, emerge como protagonista em potencial nos processos judiciais, prometendo otimizar a análise de dados, melhorar a gestão processual e tornar o Judiciário mais eficiente. Contudo, essa promessa traz consigo riscos que exigem cautela e reflexão.

É com esse espírito que saúdo esta obra, que corajosamente navega pelas águas revoltas da interação entre Direito e tecnologia. Ao abordar a aplicação de algoritmos de agrupamento e similaridade no ambiente processual, os autores não apenas exploram as potencialidades dessa ferramenta, mas também alertam para os desafios éticos e jurídicos que ela impõe. Como garantir que a busca por eficiência tecnológica não comprometa os direitos fundamentais? Como equilibrar celeridade e qualidade nas decisões judiciais? Essas são algumas das questões de extrema relevância que aqui são discutidas.

A riqueza desta coletânea reside na abordagem crítica e multidisciplinar, que enaltece a colaboração entre especialistas em Direito e tecnologia. Cada artigo demonstra um profundo compromisso com os valores que norteiam o processo civil brasileiro, como o devido processo legal, a ampla defesa, a razoável duração do processo e, sobretudo, a dignidade da pessoa humana.

É preciso lembrar que a Justiça não é apenas uma questão de números ou eficiência estatística. Cada processo reflete uma história única, carregada de complexidades humanas que não podem ser reduzidas a padrões algorítmicos. A obra que ora apresento não apenas reconhece essa verdade, mas propõe caminhos para que a inteligência artificial seja utilizada de forma ética, transparente e auditável, sempre em benefício de uma Justiça verdadeiramente justa.

Parabenizo os organizadores e colaboradores por esta importante contribuição ao debate jurídico contemporâneo. Que este livro inspire reflexões profundas e oriente práticas responsáveis para que possamos, juntos, construir um futuro em que o progresso tecnológico caminhe lado a lado com a proteção dos direitos fundamentais.

Desembargadora Leila Chevtchuk
TRT-2

O DEVIDO PROCESSO DIGITAL NA PERSPECTIVA DO PRINCÍPIO DO CONTRADITÓRIO

ALANA GABRIELA ENGELMANN

1 Introdução

A era tecnológica inaugurou uma nova fase no direito processual. Os sistemas de processo eletrônico expandiram, alcançando todos os tribunais, e a automatização procedimental realizada por tais sistemas se tornou regra. Dentro do presente cenário, cada vez mais se pode perceber a adoção de sistemas de inteligência artificial com o objetivo de tornar o processo judicial cada vez mais "autônomo".

Diante disso, surgiram vários debates acerca da possibilidade de aplicação da inteligência artificial no processo de tomada de decisão. Por outro lado, a aplicação de sistemas de inteligência artificial junto aos processos judiciais traz várias consequências, sendo o processo de tomada de decisão apenas uma das inúmeras aplicabilidades de referidos sistemas.

Por isso, começou-se a falar em devido processo digital, uma vez que vários sistemas de inteligência artificial foram implantados junto aos mais diversos processos de tomada de decisão, cabendo, também, ao processo judicial o debate acerca da aplicabilidade desse novo instituto, que prioriza a aplicação dos direitos fundamentais, previstos constitucionalmente junto aos sistemas eletrônicos aplicados aos processos judiciais.

Dentre os direitos fundamentais, está o direito ao contraditório, previsto na Constituição Federal. Além de ser um princípio constitucional, é um princípio primordial do direito processual, que deve ser respeitado em todo e qualquer processo de tomada de decisão. Assim, diante da implantação de novas tecnologias junto ao processo judicial, bem como de sistemas de inteligência artificial junto ao processo judicial, com a finalidade de trazer maior automatização procedimental, como é vislumbrada a prática do contraditório pelos sistemas inteligentes?

Do ponto de vista de seus objetivos, a pesquisa assumirá o nível descritivo e explicativo. A pesquisa descritiva compreende a análise dos sistemas de inteligência artificial junto aos processos judiciais, e o caráter explicativo da pesquisa se verificará com a descrição dos conceitos e das doutrinas que caracterizam, principalmente do princípio do contraditório, admitindo que a pesquisa se utiliza do método comparativo, histórico e também do método dedutivo, bem como fontes de pesquisa, a pesquisa bibliográfica e documental.

Por fim, será demonstrada a evolução histórica do contraditório no direito processual, bem como as formas de implementação de novas tecnologias no processo judicial e quais são as principais funcionalidades dos sistemas de inteligência artificial que estão disponíveis no mercado, para concluir demonstrando como os sistemas inteligentes aplicam o princípio do contraditório na prática.

2 O devido processo digital na perspectiva contemporânea e o direito fundamental ao contraditório

Com o avanço no desenvolvimento de sistemas tecnológicos, os algoritmos passaram a desempenhar um papel de maior importância no cotidiano, uma vez que começaram a realizar tarefas cada vez mais complexas, permitindo a reprodução de comportamentos inteligentes. Assim, a demanda por sistemas mais eficientes fez com que todas as áreas da tecnologia se voltassem ao estudo da inteligência humana, com o intuito de desenvolver sistemas que reproduzissem o pensamento cognitivo humano de forma mais racional. Diante disso, as máquinas foram capacitadas para realizar operações de maneira mais lógica e eficiente, e todo esse progresso resultou na criação da inteligência artificial, que se apoia, portanto, em estudos de áreas como psicologia, biologia e linguística.[1]

---

[1] BROOKSHEAR, J. Glenn. *Ciência da computação*: uma visão abrangente. Tradução: Cheng Mei Lee. 7. ed. Porto Alegre: Bookman, 2005. p. 20.

Considerando que a inteligência artificial surgiu como uma forma de automatizar procedimentos rotineiros mais simples, que resultam de operações repetitivas, houve a ideia de implementação desses sistemas inteligentes no processo judicial, com o objetivo de servirem como ferramentas de apoio para os profissionais da área, atuando como facilitadores na obtenção de respostas mais rápidas e precisas, tudo isso com o objetivo de alcançar um resultado mais célere e eficaz, através da agilidade aplicada ao andamento dos processos no Poder Judiciário, o que, via de regra, possui a tendência de trazer uma resposta para o jurisdicionado de forma mais ágil e trazendo um maior nível de satisfação dos envolvidos, que buscaram o Judiciário para dirimir o seu conflito.[2]

Em outras palavras, a introdução de novas tecnologias e da inteligência artificial no Judiciário brasileiro surgiu da necessidade de acelerar o trâmite processual, considerando o déficit atual de serventuários em comparação com o número excessivo de demandas ingressadas no Poder Judiciário. Considerando o papel desempenhado pelos servidores e com o número crescente de demandas – muitas vezes de demandas repetitivas –, a proposta apresentada com a utilização de sistemas de inteligência artificial foi aproveitar os funcionários existentes para desempenhar tarefas que demandem maior nível de cognição, enquanto as atividades mais repetitivas e burocráticas são delegadas às máquinas, motivo pelo qual as tecnologias são utilizadas em maior volume para gerenciar o fluxo de demandas que chegam aos fóruns e tribunais.[3]

Por isso que o papel desempenhado, atualmente, pela inteligência artificial no Judiciário está relacionado ao processamento de textos, à pesquisa de jurisprudência e à produção de determinados tipos de provas periciais. Nesse sentido, Jordi Nieva Fenoll[4] aborda que grande parte do trabalho realizado dentro do Poder Judiciário é repetitivo, demonstrando que há a possibilidade de maior utilização da inteligência artificial junto ao processo judicial, através de automatização do procedimento.

---

[2] RIBEIRO, Darci Guimarães. *O novo processo civil brasileiro*: presente e futuro. Londrina: Thoth, 2020. p. 219.
[3] RIBEIRO, Darci Guimarães. *O novo processo civil brasileiro*: presente e futuro. Londrina: Thoth, 2020. p. 219.
[4] NIEVA FENOLL, Jordi. *Inteligencia artificial y proceso judicial*. Madrid: Marcial Pons, 2018. p. 24-25.

No mesmo sentido, Jordi Nieva Fenoll critica o fato do processo judicial não ser mais automatizado através do recebimento automático das demandas, com despacho inicial e a ordem de citação da parte contrária para contestação realizada por um sistema inteligente, sem a necessidade de qualquer tipo de intervenção do juiz nessa fase – algo que já acontece em alguns sistemas. Além disso, ele defende que as perícias profissionais deveriam ser realizadas por videoconferência em vez de forma presencial[5] – o que também já ocorre em algumas jurisdições.

Apesar das críticas traçadas pelo doutrinador supracitado, pode-se perceber que houve uma grande expansão dos sistemas tecnológicos nos diversos tribunais que compõem o ordenamento jurídico brasileiro, uma vez que há diversos sistemas operando com o objetivo de trazer maior celeridade e automatização para o procedimento, o que se pode constatar do fato de que todos os tribunais possuem sistemas tecnológicos para auxiliar a automatização do processo judicial – bem como para alcançar maior efetividade no resultado obtido –, como os sistemas criados e implantados para trazer maior eficiência para o processo de execução (como no caso do SisbaJud e do SNIPER).

Para exemplificar como o Brasil vem utilizando sistemas inteligentes, em 2017 foi criado e adotado, pelo Supremo Tribunal Federal (STF), o sistema Victor, que analisa e classifica temas de processos com repercussão geral e evita o recebimento de demandas repetitivas vindas de outros tribunais. Ainda, mais recentemente, houve a criação e a incorporação do sistema VitórIA, que possui a finalidade de organizar a classificação de processos por temas. Já a ferramenta Rafa, que é outro sistema inteligente desenvolvido e aplicado pelo STF, possui a finalidade de classificar os processos de acordo com os Objetivos de Desenvolvimento Sustentável (ODS) definidos pelas Nações Unidas, de forma a integrar a Corte à Agenda 2030 da ONU.

Na mesma linha do exemplo do STF, com o sistema Victor, o STJ conta, desde 2018, com dois sistemas de IA, o Sócrates e o Athos, sendo que a funcionalidade de ambos os sistemas é bem próxima da funcionalidade do sistema adotado pelo STF, uma vez que eles realizam, de forma automática, o exame do recurso e do acórdão recorrido, demonstrando quais leis e entendimentos são aplicáveis ao caso analisado, finalizando a sua análise através da sugestão de uma decisão para a

---

[5] NIEVA FENOLL, Jordi. *Inteligencia artificial y proceso judicial*. Madrid: Marcial Pons, 2018. p. 24-25.

controvérsia,⁶ o que reduz o tempo de tramitação do recurso em 25%, otimizando e acelerando o julgamento do recurso especial.⁷

Por outro lado, não se pode deixar de lado o fato de que o processo judicial eletrônico – ou seja, qualquer tipo de automatização procedimental – deve respeitar os preceitos constitucionais. Assim, se mostra imprescindível que os sistemas tecnológicos estejam em consonância com o princípio do devido processo legal, previsto no art. 5º, LIV, da Constituição Federal.⁸

O devido processo legal, além de um princípio processual, é um direito fundamental. O *due process* atua como um controlador e limitador do exercício dos poderes estatais, pois o Judiciário não pode julgar e condenar alguém sem que a parte tenha tido a chance de se manifestar e se defender em qualquer processo. Da mesma forma, o Legislativo e o Executivo são impedidos de criar medidas que violem os direitos fundamentais dos cidadãos.⁹

E tal preceito é considerado o "formato mínimo" do processo civil brasileiro, ou seja, todas as previsões processuais deverão estar em consonância com o referido princípio e obedecer ao rito previsto. Assim, o devido processo legal inclui direitos essenciais, como a tutela adequada e efetiva, a igualdade e paridade de armas, o juiz e promotor naturais, o contraditório, a ampla defesa, o direito à prova, a publicidade dos atos, a fundamentação das decisões, a segurança jurídica e o direito a um processo com duração razoável.

E um dos principais direitos fundamentais inseridos na ideia do devido processo legal é o princípio do contraditório, que é considerado o ponto principal do processo constitucionalmente legítimo, chamado de *"légalitè procedurale"*.¹⁰ Previsto no art. 5º, LV, da Constituição Federal, é

---

⁶ RIBEIRO, Darci Guimarães. *O novo processo civil brasileiro*: presente e futuro. Londrina: Thoth, 2020. p. 219.

⁷ PROJETO-PILOTO do Sócrates, programa de inteligência artificial do STJ, é esperado para agosto. *Migalhas*, 6 abr. 2019. Disponível em: https://www.migalhas.com.br/quentes/299820/projeto-piloto-do-socrates--programa-de-inteligencia-artificial-do-stj--e-esperado-para-agosto. Acesso em: 11 jul. 2023.

⁸ LIV - ninguém será privado da liberdade ou de seus bens sem o devido processo legal.

⁹ ALMEIDA, Luciana Robles de. Princípios formativos do processo: das substantialia às normas fundamentais processuais. *Revista de processo*, v. 329, p. 87-100, São Paulo: Ed. RT, julho 2022. Disponível em: https://revistadostribunais.com.br/maf/app/resultList/document?&src=rl&srguid=i0ad82d9b000001843971fbe5231ec73e&docguid=Id7bf5380dc7411ec91f6d2601392b4a6&hitguid=Id7bf5380dc7411ec91f6d2601392b4a6&spos=1&epos=1&td=614&context=5&crumb-action=append&crumb-label=Documento&isDocFG=true&isFromMultiSumm=true&startChunk=1&endChunk=1. Acesso em: 11 jul. 2023.

¹⁰ CADIET, Loic. *La légalitè procedurale em matière civile*, nº 23, p. 82.

reconhecido como o princípio da bilateralidade da audiência ou o direito legal de ser ouvido – como frequentemente mencionado pela doutrina alemã. Ainda, ele é entendido como um princípio da igualdade. Como dito anteriormente, ele é um dos direitos fundamentais consagrados na Constituição e se manifesta de maneira similar na maioria dos países, sendo um elemento essencial do Estado de Direito.[11]

Esse princípio é caracterizado pelo fato de que, ao agir como um terceiro imparcial no processo, o juiz não pode tomar decisões sem ouvir ambas as partes. Isso evidencia a necessidade de que o magistrado ofereça ao autor e ao réu a oportunidade de apresentar suas razões, permitindo que suas alegações e provas pertinentes influenciem a decisão final.[12] Para que se alcance uma justiça efetiva, é fundamental que ambas as partes estejam em condições de absoluta paridade no processo.[13]

Por essa razão, o princípio do contraditório também pode ser interpretado como o princípio da igualdade, pois exige que haja um tratamento equitativo entre as partes ao longo de todo o processo, não se restringindo apenas à formação da *litis contestatio*.[14] Essa afirmação é corroborada pela análise do *caput* do art. 5º da Constituição Federal, assim como pelos arts. 7º e 139, inciso I, do Código de Processo Civil. Essa igualdade deve ser entendida como tendo reflexos tanto na prática processual quanto no exercício do direito de ação e defesa, não podendo ser limitada a uma mera igualdade material.[15]

O princípio do contraditório é fundamental para transformar o processo em um diálogo. Esse diálogo é estabelecido entre as partes, que definem os limites da demanda, solicitam a produção de provas e defendem suas teses. O processo judicial, portanto, é resultado dos comportamentos que as partes adotam ao longo da lide. Por essa razão, pode-se afirmar que, em relação ao magistrado, as partes não desempenham papéis antagônicos, mas, sim, de colaboradores.[16]

---

[11] RIBEIRO, Darci Guimarães. *O novo processo civil brasileiro*: presente e futuro. 2. ed. Londrina: Thoth, 2022. p. 223.
[12] RIBEIRO, Darci Guimarães. *O novo processo civil brasileiro*: presente e futuro. 2. ed. Londrina: Thoth, 2022. p. 224.
[13] CHIOVENDA, Giuseppe. *Instituições de direito processual civil*. Tradução: José Guimarães Menegale. São Paulo: Saraiva, 1969. p. 100.
[14] RIBEIRO, Darci Guimarães. *O novo processo civil brasileiro*: presente e futuro. 2. ed. Londrina: Thoth, 2022. p. 25.
[15] COUTURE, Eduardo J. *Fundamentos del derecho procesal civil*. Buenos Aires: Depalma, 1988. p. 185.
[16] RIBEIRO, Darci Guimarães. *O novo processo civil brasileiro*: presente e futuro. 2. ed. Londrina: Thoth, 2022. p. 25.

Pode ser classificado em dois tipos: o contraditório processual e substancial. Enquanto o contraditório processual é o direito da parte à participação junto ao processo judicial, o contraditório substancial pode ser entendido como o direito de influenciar, com alegações e provas, os provimentos judiciais.[17]

Segundo o professor Enrico Tullio Liebman,[18] de acordo com o princípio do contraditório, é essencial que o Poder Judiciário dê a todas as partes a possibilidade de se defender antes que o juiz pronuncie o julgamento do processo, tratando-se de um direito inviolável das partes em qualquer grau de jurisdição. Todo o procedimento necessita de uma estrutura contraditória, tendo em vista que as partes possuem poder de se defender e comprovar as suas razões, com o objetivo de alcançar uma decisão tão justa quanto possível.[19]

O princípio do contraditório só faz sentido quando há um conflito de interesses, não sendo aplicável em situações de jurisdição voluntária. Nesse contexto, alguns doutrinadores defendem que o contraditório é o que caracteriza a existência de uma demanda judicial, pois é ele que estabelece a relação processual.[20] Dessa forma, qualquer demanda de jurisdição voluntária não seria considerada uma controvérsia, já que envolve apenas uma parte, o que impossibilita um tratamento equitativo, pois esse exige a presença de partes com interesses opostos.[21]

Em outras palavras, esse princípio assegura às partes o direito subjetivo de serem ouvidas em juízo, conforme estabelece o artigo 9º do CPC.[22] Caso a parte, por escolha ou negligência, não compareça ao processo, não haverá violação do princípio, uma vez que o contraditório é garantido pela oportunidade de defesa, e não pela sua efetiva realização.[23] Assim, o simples ato de intimar a parte contrária para

---

[17] ASSIS, Araken de. *Processo civil brasileiro*, volume I: parte geral: fundamentos e distribuição de conflitos. 2. ed. rev. e atual. São Paulo: Editora dos Tribunais, 2016. p. 417.
[18] LIEBMAN, Enrico Tullio. *Manual de Direito Processual Civil*. 3. ed. v. 1. Tradução: Cândido Rangel Dinamarco. São Paulo: Malheiros, 2005. p. 28-29.
[19] LIEBMAN, Enrico Tullio. *Manual de Direito Processual Civil*. 3. ed. v. 1. Tradução: Cândido Rangel Dinamarco. São Paulo: Malheiros, 2005. p. 29.
[20] CHIOVENDA, Giuseppe. *Instituições de direito processual civil*. Tradução: José Guimarães Menegale. São Paulo: Saraiva, 1969. p. 293.
[21] RIBEIRO, Darci Guimarães. *O novo processo civil brasileiro*: presente e futuro. 2. ed. Londrina: Thoth, 2022. p. 25.
[22] RIBEIRO, Darci Guimarães. *O novo processo civil brasileiro*: presente e futuro. 2. ed. Londrina: Thoth, 2022. p. 28.
[23] GAIO JÚNIOR, Antônio Pereira. *Instituições de direito processual civil*. 3. ed. Salvador: Juspodivm, 2017. p. 136.

se pronunciar ou responder à ação já é suficiente para concretizar o princípio do contraditório.

Como modelo constitucional de processo, o devido processo legal exige que as partes sejam tratadas de forma igualitária, garantindo a todos a oportunidade de se manifestarem nos autos. Nesse sentido, o princípio do contraditório assume uma importância crucial, já que sua ausência constitui uma violação séria em um Estado Democrático de Direito.

Voltando para o aspecto tecnológico, Nicolas Suzor[24] afirma que um dos elementos fundamentais do Estado de Direito é o devido processo legal, que estabelece diretrizes e padrões para garantir que o Poder Judiciário atue de forma imparcial e tome decisões transparentes. Nessa linha, de acordo com a relevância dos direitos fundamentais trazida acima, ele ainda afirma que é necessário desenvolver um constitucionalismo digital que alinhe as decisões feitas por sistemas inteligentes a um modelo constitucional, promovendo maior transparência e proporcionando aos usuários informações mais precisas sobre o processo decisório realizado pela máquina. Além disso, é importante que os criadores desses sistemas sejam responsabilizados, já que são eles que gerenciam os dados e definem os comportamentos e conteúdos aceitáveis que a máquina deve adotar,[25] tudo isso alinhado à ideia de que a automatização procedimental ocasionada pela máquina deve seguir todos os direitos fundamentais, com o objetivo de alcançar um processo justo e em consonância com a Constituição Federal. Todo o processo de tomada de decisão deve respeitar tais preceitos, motivo pelo qual deve estar alinhado com o devido processo legal.

---

[24] SUZOR, Nicolas. *Digital constitucionalism*: using the rule of law to evaluate the legitimacy of Governance by platforms. Disponível em: https://journals.sagepub.com/doi/10.1177/2056305118787812. Acesso em: 13 nov. 2024.

[25] Nicolas Suzor propõe, inclusive, a adoção da ideia de um devido processo digital ao afirmar que se pode esperar que o devido processo tenha dois componentes principais. O primeiro componente é que, antes que uma decisão regulatória seja tomada, ela necessita ser feita de acordo com critérios e processos válidos. Em segundo lugar, uma vez tomada a decisão, o devido processo exige que os usuários prejudicados tenham algum recurso e revisão independente. Essa ideia, ao se aproximar do devido processo legal, possibilita que os usuários tenham maior segurança e que questionem as decisões tomadas no tribunal ou por meio de arbitragem. Algumas das plataformas estudadas possuem processos recursais internos para impugnação de decisões, mas estes não são particularizados ou expressos como vinculativos nos documentos contratuais. Na prática, esses processos geralmente são mal compreendidos e não são particularmente confiáveis (SUZOR, Nicolas. *Digital constitucionalism*: Using the rule of law to evaluate the legitimacy of Governance by platforms. Disponível em: https://journals.sagepub.com/doi/10.1177/2056305118787812. Acesso em: 11 jul. 2023).

Nesse sentido, Frederick Mostert[26] defende a adoção do conceito de "devido processo digital" e destaca que a falta de transparência é um dos principais pilares e também um dos obstáculos enfrentados nesse contexto. Ele defende que a transparência, a responsabilidade e a contestabilidade são pilares vitais do devido processo digital e que a ausência de transparência pode resultar em decisões arbitrárias, tendo em vista que as caixas-pretas – ou *black boxes* – impedem que os usuários conheçam os parâmetros e a base de dados utilizados no processo decisório.[27]

Por outro lado, apesar de a transparência ser um dos principais aspectos a serem observados na ideia do devido processo digital, a figura que o princípio do contraditório assumirá também é de suma importância, conforme será demonstrado a seguir, uma vez que de nada adianta transparência sem a oportunidade das partes dialogarem com o sistema para que seja oportunizado às partes influenciar na decisão proferida.

Assim, na perspectiva contemporânea, com os sistemas inteligentes dominando o Poder Judiciário e trazendo maior celeridade ao processo judicial através da automatização procedimental, resta claro que deve ser adotada a ideia do devido processo digital, estabelecendo parâmetros mínimos – que refletem o devido processo legal – em consonância com a Constituição Federal, trazendo maior transparência e explicabilidade para as decisões proferidas pelas máquinas, tudo isso com o objetivo de alcançar decisões justas e igualitárias, refletindo os princípios do Estado Democrático de Direito.

3 Automatização procedimental e os direitos fundamentais: como os sistemas inteligentes aplicam o contraditório?

A compreensão constitucional sobre o princípio do contraditório tem passado por transformações significativas nas últimas décadas. O que antes era uma mera obrigação formal de permitir que uma

---

[26] MOSTERT, Frederick. Digital Due Process: A need for online Justice. *Journal of Intelectual Property Law & Practice*, [S.l.], mar. 2020. Disponível em: https://papers.ssrn.com/sol3/papers.cfm?abstract_id=3537058. Acesso em: 13 nov. 2024.

[27] FRAZÃO, Ana. Julgamentos algorítmicos: a necessidade de assegurarmos as preocupações éticas e o Devido Processo Legal. *In*: COLOMBO, Cristiano; FALEIROS JÚNIOR, José Luiz de Moura; ENGELMANN, Wilson. *Tutela jurídica do corpo eletrônico*: novos desafios ao direito digital. Indaiatuba, SP: Editora Foco, 2022. p. 593.

das partes se manifestasse sobre as provas apresentadas ou pedidos feitos pela outra, hoje é visto como o direito de influenciar ativamente o resultado da decisão judicial. Nesse sentido, as partes devem ter a oportunidade de contribuir com todas as questões relevantes ao mérito da causa.[28]

Conforme o princípio do contraditório, explorado acima, toda decisão proferida nos autos deve ser uma decisão dialogada entre as partes, em respeito ao Estado Democrático de Direito, com cada parte participando da construção do processo, mediante resposta. Todos os elementos trazidos aos autos devem ser levados em consideração no momento da elaboração do pronunciamento judicial.

Conforme dito anteriormente, o contraditório pressupõe informação, participação e influência. Desse modo, sua leitura deve ser reestruturada à luz da ideia de cortes *online* e de implementação das novas tecnologias no processo, com o escopo de garantir que as partes possam contribuir argumentativamente para a construção da decisão judicial.[29]

Assim, um dos aspectos fundamentais que as novas tecnologias terão que levar em conta, conforme pode ser percebido através da análise dos conceitos basilares do princípio do contraditório, será a oportunização da parte contrária de se manifestar a respeito do processo em questão, exercendo o seu direito de defesa.

Em outras palavras, sob o viés mais tradicional e doutrinário do princípio do contraditório, ele se dará através do diálogo realizado entre as partes, sendo oportunizada, pelos sistemas inteligentes, a manifestação sempre que necessário. Sob a ótica prática, para uma inteligência artificial, o desempenho do contraditório, através de uma leitura mais clássica do princípio, se trata de uma tarefa muito simples, uma vez que se trata de uma função muito básica proceder na intimação da parte contrária para manifestação, exercendo o seu direito de resposta, em qualquer grau de cognição que seja. Somente se o sistema de inteligência artificial possuir parâmetros muito enviesados não será efetivado o contraditório.

---

[28] FERRARI, Isabela; BECKER, Daniel. Direito à explicação e decisões automatizadas: reflexões sobre o princípio do contraditório. *In*: NUNES, Dierle; LUCON, Paulo Henrique dos Santos; WOLKART, Erik Navarro (org.). *Inteligência artificial e direito processual*. Salvador: Juspodivm, 2022. p. 296.

[29] VALE, Luís Manoel Borges do; PEREIRA, João Sérgio dos Santos Soares. *Teoria Geral do Processo Tecnológico*. São Paulo: Thomson Reuters Brasil, 2023. p. 68.

Não restam dúvidas de que a capacidade da máquina de analisar todos os dados trazidos ao processo por vezes acaba sendo maior que a do próprio magistrado, tendo em vista a grande capacidade de armazenamento e análise de dados coletados pela máquina. Assim, em questões genéricas, parece plausível o entendimento de que a inteligência artificial não terá grandes problemas em efetivar o contraditório, podendo ocorrer a violação do referido princípio somente em casos específicos – como já ocorre atualmente.

Por outro lado, da mesma forma como doutrinadores contemporâneos já trouxeram uma releitura do próprio princípio do devido processo legal, não restam dúvidas de que o princípio do contraditório não poderá ser interpretado da mesma forma convencional, devendo ser dada uma nova interpretação e uma nova leitura dentro de um processo tecnológico e que coincida com a ideia trazida pelo devido processo digital.

Essa abordagem substancial do contraditório impõe responsabilidades a quem está à frente do processo judicial. Não é apenas o juiz que deve garantir esse direito, mas todos os envolvidos na administração da justiça (como o Conselho Nacional de Justiça, equipes de tecnologia da informação, desenvolvedores de sistemas, entre outros) devem assegurar que os aspectos essenciais da decisão sejam de conhecimento das partes.[30]

Primeiramente, deve-se atentar para as cortes virtuais. Com a virtualização dos processos, também houve outro movimento, o de virtualização de julgamentos pelas cortes. Dentro do contexto tecnológico, o contraditório deve ser observado para que seja dada oportunidade às partes para influenciarem no convencimento do magistrado.

De acordo com a Emenda Regimental nº 53, do Supremo Tribunal Federal, foi estabelecido que, no contexto do plenário virtual, ou seja, dentro das sessões de julgamentos *online* realizadas pela corte, os advogados devem enviar o arquivo com o vídeo de suas sustentações orais com antecedência mínima de 48 horas.[31]

---

[30] FERRARI, Isabela; BECKER, Daniel. Direito à explicação e decisões automatizadas: reflexões sobre o princípio do contraditório. *In*: NUNES, Dierle; LUCON, Paulo Henrique dos Santos; WOLKART, Erik Navarro (org.). *Inteligência artificial e direito processual*. Salvador: Juspodivm, 2022. p. 296.

[31] VALE, Luís Manoel Borges do; PEREIRA, João Sérgio dos Santos Soares. *Teoria Geral do Processo Tecnológico*. São Paulo: Thomson Reuters Brasil, 2023. p. 68.

Embora a sistemática pareça visar a uma melhor gestão do procedimento, ela compromete o contraditório substancial, uma vez que não há garantia efetiva de que os argumentos apresentados pelas partes serão devidamente analisados e, consequentemente, capazes de influenciar os julgadores. Isso acontece porque o julgamento assíncrono no plenário virtual carece de mecanismos que assegurem o controle sobre a abertura dos arquivos submetidos.[32]

Ocorre que a sustentação oral é um instrumento efetivo para a parte influenciar o julgador no momento de proferir o seu voto, caracterizando-se, assim, por ser mais uma oportunidade que o legislador concede às partes de realizarem o contraditório. Diante disso, da forma como é exercido o direito da parte de realizar sua sustentação oral, resta claro que há um descumprimento do exercício do pleno contraditório durante a sessão, considerando a impossibilidade da parte que está procedendo na sustentação de influenciar os membros do colegiado quanto aos pontos a serem decididos, uma vez que as partes possuem o direito de se opor ao julgamento virtual e que solicitem a realização das sustentações orais de forma presencial, tudo em consonância ao direito fundamental ao contraditório.[33]

O contraditório digital é tão relevante que, em junho de 2022, com a promulgação da Lei nº 14.365, que introduziu novas possibilidades de sustentação oral no Superior Tribunal de Justiça em casos de recursos interpostos contra decisões monocráticas de relatores que julguem o mérito ou não conheçam os recursos especial e ordinário, embargos de divergência, ação rescisória, mandado de segurança, reclamação, *habeas corpus*, entre outras ações de competência originária, a corte decidiu, através da Resolução STJ/GP nº 19, de 17 de junho de 2022, que, em casos de julgamento virtual, o processo seria retirado da pauta até que houvesse viabilidade tecnológica para incluir no processo a mídia com a sustentação oral. Caso fosse solicitado o direito à sustentação oral ou para esclarecimento de equívoco ou dúvida relacionada aos fatos, documentos ou declarações que possam influenciar a decisão, a retirada do processo da pauta virtual seria uma medida adequada para assegurar um contraditório efetivo.[34]

---

[32] VALE, Luís Manoel Borges do; PEREIRA, João Sérgio dos Santos Soares. *Teoria Geral do Processo Tecnológico*. São Paulo: Thomson Reuters Brasil, 2023. p. 68.

[33] RODRIGUES, Marco Antonio; TAMER, Maurício. *Justiça digital*: o acesso digital à Justiça e as tecnologias da informação na resolução de conflitos. Salvador: Juspodivm, 2021, p. 424.

[34] VALE, Luís Manoel Borges do; PEREIRA, João Sérgio dos Santos Soares. *Teoria Geral do Processo Tecnológico*. São Paulo: Thomson Reuters Brasil, 2023. p. 69.

Por outro lado, a organização do julgamento em cortes *online* permite, por exemplo, em situações de formação de padrões decisórios vinculantes, realizar uma audiência pública por meios eletrônicos, o que amplia a participação da sociedade, independentemente de sua localização geográfica. Isso promove maior inclusão e facilita o envolvimento de diferentes segmentos sociais no processo decisório.[35]

O contraditório não é visualizado apenas sob a perspectiva do plenário virtual, mas também nos julgamentos proferidos por sistemas tecnológicos. Diante da própria discussão doutrinária de que a parte tem direito de influenciar na decisão, no viés tecnológico, a parte terá direito de ser informada sobre o uso de uma ferramenta de inteligência artificial em determinado processo, possibilitando, assim, o questionamento dos parâmetros aplicados pelo sistema computacional. Se um órgão julgador utiliza uma tecnologia de apoio à tomada de decisão, é essencial que o jurisdicionado tenha meios de contestar os possíveis resultados gerados pela IA e aceitos pelo magistrado. Isso assegura um controle sobre o uso dessas ferramentas e preserva o direito ao contraditório no ambiente digital.[36]

Pode-se vislumbrar tal preocupação através da análise do inciso VI do art. 8º da Resolução nº 332,[37] do Conselho Nacional de Justiça, que reforça a necessidade de garantir que as decisões sugeridas por sistemas de IA possam ser compreendidas e revisadas por seres humanos, assegurando o controle e a responsabilidade no uso dessas tecnologias.[38] É consensual que, no caso de decisões automatizadas, o cidadão tem o direito de saber quais critérios foram utilizados, especialmente para entender como possíveis correlações feitas pelo algoritmo podem ter influenciado a decisão final de forma indevida.[39]

---

[35] VALE, Luís Manoel Borges do; PEREIRA, João Sérgio dos Santos Soares. *Teoria Geral do Processo Tecnológico*. São Paulo: Thomson Reuters Brasil, 2023. p. 69.

[36] VALE, Luís Manoel Borges do; PEREIRA, João Sérgio dos Santos Soares. *Teoria Geral do Processo Tecnológico*. São Paulo: Thomson Reuters Brasil, 2023. p. 69.

[37] Art. 8º Para os efeitos da presente Resolução, transparência consiste em: [...] VI - fornecimento de explicação satisfatória e passível de auditoria por autoridade humana quanto a qualquer proposta de decisão apresentada pelo modelo de Inteligência Artificial, especialmente quando essa for de natureza judicial.

[38] VALE, Luís Manoel Borges do; PEREIRA, João Sérgio dos Santos Soares. *Teoria Geral do Processo Tecnológico*. São Paulo: Thomson Reuters Brasil, 2023. p. 69.

[39] FERRARI, Isabela; BECKER, Daniel. Direito à explicação e decisões automatizadas: reflexões sobre o princípio do contraditório. *In*: NUNES, Dierle; LUCON, Paulo Henrique dos Santos; WOLKART, Erik Navarro (org.). *Inteligência artificial e direito processual*. Salvador: Juspodivm, 2022. p. 298.

Ocorre que a criação da Resolução nº 332, do CNJ, teve o objetivo de trazer uma regulamentação acerca do uso de sistemas de inteligência artificial no Poder Judiciário, obrigando que todos os sistemas implementados estejam de acordo com os direitos fundamentais e que toda e qualquer decisão proferida esteja em consonância com a Constituição Federal.

Por outro lado, a Resolução nº 332, do CNJ, traz, de forma genérica, que a transparência e a explicabilidade são direitos dos usuários, não sendo clara sobre quais serão os métodos adotados para que seja efetivada tal explicabilidade e como as partes terão contato com as informações trazidas.[40] E trazer parâmetros é de suma importância para que as partes possam questionar e enfrentar o sistema, com o objetivo de alcançar o princípio do contraditório. Somente haverá uma igualdade em um processo tecnológico quando todas as partes tiverem meios adequados de questionar as decisões proferidas, em respeito à paridade de armas, princípio processual tão falado no direito como um todo.

Vale destacar também que a Portaria nº 271/2020, do Conselho Nacional de Justiça, em seu artigo 13, estabelece que "os sistemas judiciais que utilizarem modelos de inteligência artificial devem reportar à API registrada na plataforma qualquer discordância em relação ao uso das predições, de modo a garantir a auditoria e o aprimoramento dos modelos de inteligência artificial". Essa disposição busca assegurar que o uso dessas tecnologias seja constantemente monitorado e aprimorado, mantendo-se um nível de controle e transparência sobre os resultados gerados pelos sistemas de IA.[41]

Em outras palavras, a transparência não possui a única finalidade de efetivar o princípio da publicidade, uma vez que possui o condão de trazer o direito fundamental ao contraditório para o ambiente virtual, através da oportunidade das partes se manifestarem sobre os parâmetros adotados pelos sistemas tecnológicos no processo de tomada de decisão. As próprias regulamentações sobre o uso de inteligência artificial no Judiciário preveem a necessidade de explicabilidade desses

---

[40] GAIO JÚNIOR, Antônio Pereira; SILVA, Fábia Antônio. Direito, processo e inteligência artificial. Diálogos necessários ao exercício da jurisdição. *Revista Eletrônica de Direito Processual* – REDP, Rio de Janeiro, v. 24, n. 1, jan./abr. 2023. Disponível em: https://www.e-publicacoes.uerj.br/index.php/redp/article/view/72240. Acesso em: 13 nov. 2024.

[41] VALE, Luís Manoel Borges do; PEREIRA, João Sérgio dos Santos Soares. *Teoria Geral do Processo Tecnológico*. São Paulo: Thomson Reuters Brasil, 2023. p. 69.

sistemas e de divulgação quando do seu uso, o que oportuniza às partes exercerem o seu direito ao contraditório através do questionamento do uso de tais sistemas no processo.

O direito à explicação vai além de ser um direito exclusivo do titular ou jurisdicionado. Ele impacta diretamente a concepção, o desenvolvimento e a utilização dos sistemas de processamento de dados. É necessário pensar em técnicas que garantam a compreensão, transparência e acessibilidade, implementando o conceito de "explicação desde o design" ou "explicação por padrão", desde a criação do algoritmo até sua aplicação.[42]

O projeto de lei sobre o uso da inteligência artificial, apresentado pela Comissão de Juristas do Senado Federal, reforça as premissas mencionadas anteriormente ao garantir aos indivíduos afetados por sistemas de IA os seguintes direitos, conforme o artigo 5º: a) ser informado previamente sobre as interações com sistemas de inteligência artificial; b) receber explicações claras sobre as decisões, recomendações ou previsões feitas pelos sistemas de IA; c) ter a possibilidade de contestar decisões ou previsões de sistemas de IA que gerem efeitos jurídicos ou impactem significativamente seus interesses; d) garantir a intervenção e participação humana nas decisões tomadas por sistemas de IA, considerando o contexto e o estado atual do desenvolvimento tecnológico; e) assegurar a não discriminação e a correção de vieses discriminatórios, sejam diretos, indiretos, ilegais ou abusivos; f) garantir a privacidade e a proteção de dados pessoais, conforme a legislação aplicável.[43]

Assim, de forma contemporânea, o contraditório se manifesta, no processo judicial tecnológico, de várias formas, como através da informação, garantindo que as partes sejam adequadamente informadas sobre o processo, bem como mediante a participação das partes, assegurando a atuação ativa das partes no andamento processual, sobre a influência exercida pelas partes na prolação da decisão, possibilitando que os argumentos apresentados possam impactar a decisão final, bem como da ciência dada às partes quanto ao uso de ferramentas de

---

[42] FERRARI, Isabela; BECKER, Daniel. Direito à explicação e decisões automatizadas: reflexões sobre o princípio do contraditório. *In*: NUNES, Dierle; LUCON, Paulo Henrique dos Santos; WOLKART, Erik Navarro (org.). *Inteligência artificial e direito processual*. Salvador: Juspodivm, 2022. p. 299.

[43] VALE, Luís Manoel Borges do; PEREIRA, João Sérgio dos Santos Soares. *Teoria Geral do Processo Tecnológico*. São Paulo: Thomson Reuters Brasil, 2023. p. 69-70.

inteligência artificial no processo, com a possibilidade de questionar eventuais falhas ou equívocos dos sistemas computacionais utilizados.[44]

Dessa maneira, apenas sistemas que permitam a compreensão dos elementos fundamentais e determinantes de uma decisão automatizada estariam em conformidade com o direito à explicação. Uma vez atendidos esses requisitos, o esforço para alinhar tais sistemas ao direito de influência do contraditório não seria tão significativo. A atenção ao primeiro direito (explicação) minimiza, em certa medida, a necessidade de recorrer ao segundo (contraditório), restando, no entanto, o dever do juiz de fundamentar suas decisões e permitir que as partes se manifestem.[45]

Conclui-se que o direito à explicação e o contraditório como direito de influência convergem nas decisões baseadas em algoritmos de *machine learning*. Juntos, esses direitos impedem o uso, no âmbito judicial, de algoritmos cujo nível de opacidade impeça o entendimento e a contestação dos aspectos centrais das decisões. Se respeitadas essas exigências, o uso de algoritmos decisórios pode se tornar uma ferramenta valiosa para combater os vieses humanos ocultos nas decisões atuais.[46]

Por isso que se mostra necessário olhar o princípio do contraditório sob uma ótica diferente da concebida tradicionalmente, uma vez que, em tempos tecnológicos, a releitura dos direitos fundamentais não é só natural, mas essencial, para que haja a implementação de novas tecnologias no processo judicial, de acordo com a Constituição Federal.

4 Conclusão

A crescente inserção de sistemas inteligentes no Poder Judiciário representa uma revolução na maneira como os processos são conduzidos, trazendo vantagens significativas, como a celeridade e a capacidade de análise de grandes volumes de dados. No entanto, essa

---

[44] VALE, Luís Manoel Borges do; PEREIRA, João Sérgio dos Santos Soares. *Teoria Geral do Processo Tecnológico*. São Paulo: Thomson Reuters Brasil, 2023. p. 70.

[45] FERRARI, Isabela; BECKER, Daniel. Direito à explicação e decisões automatizadas: reflexões sobre o princípio do contraditório. In: NUNES, Dierle; LUCON, Paulo Henrique dos Santos; WOLKART, Erik Navarro (org.). *Inteligência artificial e direito processual*. Salvador: Juspodivm, 2022. p. 299.

[46] FERRARI, Isabela; BECKER, Daniel. Direito à explicação e decisões automatizadas: reflexões sobre o princípio do contraditório. In: NUNES, Dierle; LUCON, Paulo Henrique dos Santos; WOLKART, Erik Navarro (org.). *Inteligência artificial e direito processual*. Salvador: Juspodivm, 2022. p. 299-300.

transformação tecnológica exige que os princípios processuais clássicos sejam revisitados para garantir que o uso da inteligência artificial no âmbito judicial seja conduzido em conformidade com os preceitos constitucionais e os direitos fundamentais das partes.

Nesse contexto, o conceito de devido processo digital emerge como uma evolução natural e necessária do devido processo legal, adaptado às novas realidades tecnológicas. A implementação de sistemas automatizados na tomada de decisão judicial, embora eficiente, precisa estar atrelada a parâmetros mínimos que garantam a transparência, a explicabilidade e, sobretudo, a justiça nas decisões proferidas. Esses parâmetros devem refletir os valores do Estado Democrático de Direito, assegurando que as partes envolvidas possam exercer plenamente seus direitos, inclusive o direito ao contraditório e à ampla defesa.

A releitura do princípio do contraditório, dentro do processo judicial informatizado, é uma das questões centrais dessa adaptação. Sob essa nova perspectiva, o contraditório não se limita à mera intimação das partes para que estas apresentem suas manifestações. Ele deve englobar o direito das partes de serem informadas sobre o uso de inteligência artificial no processo, de participarem ativamente de todas as fases procedimentais e de questionarem eventuais falhas ou distorções causadas pelos sistemas automatizados. A atuação ativa das partes no processo é indispensável, uma vez que o contraditório não pode ser uma mera formalidade, mas, sim, um elemento vivo e essencial para a formação de decisões justas e imparciais, tudo isso porque o princípio do contraditório é aplicado nos sistemas inteligentes através da possibilidade das partes questionarem o seu uso e os parâmetros adotados no processo de tomada de decisão, necessitando que tais sistemas sejam transparentes e acessíveis, com o objetivo de efetivar tal questionamento.

Por outro lado, é necessário reconhecer que, embora as máquinas possam processar informações com mais rapidez e precisão do que os seres humanos, elas ainda estão sujeitas a vieses que podem comprometer a imparcialidade das decisões. A inteligência artificial, quando enviesada, pode reproduzir desigualdades, gerando decisões que violam o contraditório ou que dificultam a plena participação das partes no processo. Assim, cabe ao Judiciário garantir que as ferramentas tecnológicas sejam utilizadas de forma adequada, com supervisão humana constante e com mecanismos de correção de eventuais erros ou injustiças.

Além disso, deve-se ter em mente que a adoção do devido processo digital não deve ser vista apenas como uma resposta à necessidade de modernização do sistema judicial, mas como uma oportunidade de ampliar o acesso à justiça e de garantir maior isonomia nas decisões judiciais. Tecnologias bem aplicadas podem contribuir para a redução de desigualdades, tanto no tempo de resposta quanto na efetividade das decisões, promovendo uma justiça mais ágil e acessível.

Em suma, a incorporação de novas tecnologias no processo judicial brasileiro exige não apenas uma atualização dos instrumentos técnicos, mas também uma profunda reflexão jurídica e ética. A criação de um devido processo digital, em sintonia com os princípios constitucionais, é um passo essencial para assegurar que o uso da inteligência artificial contribua para o fortalecimento do Estado Democrático de Direito, garantindo decisões transparentes, justas e que respeitem a dignidade e os direitos fundamentais das partes.

Portanto, a modernização do Judiciário, por meio da automação e da inteligência artificial, só será benéfica se for acompanhada de uma releitura crítica dos princípios processuais, adaptando-os ao novo contexto sem comprometer os valores que garantem a justiça e a igualdade de todos perante a lei.

Referências

ALMEIDA, Luciana Robles de. Princípios formativos do processo: das substantialia às normas fundamentais processuais. *Revista de processo*, v. 329, p. 87-100, São Paulo: Ed. RT, julho 2022. Disponível em: https://revistadostribunais.com.br/maf/app/resultList/document?&src=rl&srguid=i0ad82d9b000001843971fbe5231ec73e&docguid=Id7bf5380dc7411ec91f6d2601392b4a6&hitguid=Id7bf5380dc7411ec91f6d2601392b4a6&spos=1&epos=1&td=614&context=5&crumb-action=append&crumb-label=Documento&isDocFG=true&isFromMultiSumm=true&startChunk=1&endChunk=1. Acesso em: 14 nov. 2024.

ASSIS, Araken de. *Processo civil brasileiro*, volume I: parte geral: fundamentos e distribuição de conflitos. 2. ed. rev. e atual. São Paulo: Editora dos Tribunais, 2016.

BROOKSHEAR, J. Glenn. *Ciência da computação*: uma visão abrangente. Tradução: Cheng Mei Lee. 7. ed. Porto Alegre: Bookman, 2005.

CADIET, Loic. *La légalitè procedurale em matière civile*, nº 23.

CHIOVENDA, Giuseppe. *Instituições de direito processual civil*. Tradução: José Guimarães Menegale. São Paulo: Saraiva, 1969.

COUTURE, Eduardo J. *Fundamentos del derecho procesal civil*. Buenos Aires: Depalma, 1988.

FERRARI, Isabela; BECKER, Daniel. Direito à explicação e decisões automatizadas: reflexões sobre o princípio do contraditório. *In*: NUNES, Dierle; LUCON, Paulo Henrique dos Santos; WOLKART, Erik Navarro (org.). *Inteligência artificial e direito processual*. Salvador: JusPodivm, 2022. p. 275-301.

FRAZÃO, Ana. Julgamentos algorítmicos: A necessidade de assegurarmos as preocupações éticas e o Devido Processo Legal. *In*: COLOMBO, Cristiano; FALEIROS JÚNIOR, José Luiz de Moura; ENGELMANN, Wilson. *Tutela jurídica do corpo eletrônico*: novos desafios ao direito digital. Indaiatuba, SP: Editora Foco, 2022.

GAIO JÚNIOR, Antônio Pereira. *Instituições de direito processual civil*. 3. ed. Salvador: Juspodivm, 2017.

GAIO JÚNIOR, Antônio Pereira; SILVA, Fábia Antônio. Direito, processo e inteligência artificial. Diálogos necessários ao exercício da jurisdição. *Revista Eletrônica de Direito Processual – REDP*, Rio de Janeiro, v. 24, n. 1, jan./abr. 2023. Disponível em: https://www.e-publicacoes.uerj.br/index.php/redp/article/view/72240. Acesso em: 13 nov. 2024.

LIEBMAN, Enrico Tullio. *Manual de Direito Processual Civil*. 3. ed. v. 1. Tradução Cândido Rangel Dinamarco. São Paulo: Malheiros, 2005.

MOSTERT, Frederick. Digital Due Process: A need for online Justice. *Journal of Intelectual Property Law & Practice*, [S. l], mar. 2020. Disponível em: https://papers.ssrn.com/sol3/papers.cfm?abstract_id=3537058. Acesso em: 13 nov. 2024.

NIEVA FENOLL, Jordi. *Inteligencia artificial y proceso judicial*. Madrid: Marcial Pons, 2018.

RIBEIRO, Darci Guimarães. *O novo processo civil brasileiro*: presente e futuro. 2. ed. Londrina: Thoth, 2022.

RODRIGUES, Marco Antonio; TAMER, Maurício. *Justiça digital*: o acesso digital à Justiça e as tecnologias da informação na resolução de conflitos. Salvador: JusPodivm, 2021.

SUZOR, Nicolas. *Digital constitucionalism*: Using the rule of law to evaluate the legitimacy of Governance by platforms. Disponível em: https://journals.sagepub.com/doi/10.1177/2056305118787812. Acesso em: 13 nov. 2024.

VALE, Luís Manoel Borges do; PEREIRA, João Sérgio dos Santos Soares. *Teoria Geral do Processo Tecnológico*. São Paulo: Thomson Reuters Brasil, 2023.

Informação bibliográfica deste livro, conforme a NBR 6023:2018 da Associação Brasileira de Normas Técnicas (ABNT):

ENGELMANN, Alana Gabriela. O devido processo digital na perspectiva do princípio do contraditório. *In*: ALLEMAND, Luiz Cláudio; SANTOS, Coriolano Aurélio de Almeida Camargo; MAGRO, Américo Ribeiro; GOMES, Rovena (coord.). *Processos judiciais eletrônicos*: inteligência artificial e garantia dos princípios do processo civil - algoritmos de agrupamento e similaridade. Belo Horizonte: Fórum, 2025. p. 19-37. ISBN 978-65-5518-975-9.

ALGORITMOS DE AGRUPAMENTO E SIMILARIDADE NO JUÍZO DE ADMISSIBILIDADE RECURSAL: UMA QUESTÃO DE TRANSPARÊNCIA

ANA PAULA CANTO DE LIMA
OSCAR VALENTE CARDOSO

Introdução

O desenvolvimento cada vez mais acelerado da inteligência artificial no cenário contemporâneo trouxe transformações significativas em diversos campos, incluindo o direito processual.

Nos processos judiciais, os algoritmos de agrupamento e similaridade (SAS) destacam-se por sua capacidade de classificar e agrupar ações por matéria, além de identificar casos com características semelhantes. Esses algoritmos prometem uma gestão mais eficiente do volume crescente de litígios, particularmente no juízo de admissibilidade recursal, ao agregar casos iguais na análise de demandas repetitivas, especialmente para a análise dos requisitos de admissibilidade do recurso especial ao STJ e do recurso extraordinário ao STF.

Porém, a inovação traz consigo desafios que precisam ser considerados, especialmente no que tange às tomadas de decisão e à manutenção das garantias processuais fundamentais.

Este artigo tem o objetivo principal de explorar os benefícios e os riscos associados à utilização dos SAS nos processos judiciais, a fim de desenvolver uma análise crítica sobre como essas ferramentas podem ser utilizadas de maneira responsável e adequada para melhorar a qualidade das decisões judiciais sem comprometer os direitos das partes envolvidas.

Para esse fim, o artigo é dividido em cinco partes: na primeira, é analisado o desenvolvimento atual da inteligência artificial e suas aplicações na prática judiciária, enquanto na segunda são delimitados os conceitos de algoritmo e de algoritmo de agrupamento e similaridade. A terceira parte lista os principais benefícios dos SAS nos processos judiciais; por outro lado, a quarta parte examina os desafios e riscos na aplicação desses algoritmos na prática judiciária. Por fim, a quinta parte analisa a utilização do SAS no juízo de admissibilidade recursal, especialmente no recurso especial para o Superior Tribunal de Justiça e no recurso extraordinário para o Supremo Tribunal Federal, com os reflexos derivados da observância da transparência.

1 O desenvolvimento da inteligência artificial no cenário contemporâneo

O advento e o contínuo desenvolvimento da inteligência artificial trouxeram uma mudança de paradigma em vários setores, dentre os quais está a prática jurídica.

Historicamente, o sistema judicial é visto como um domínio em que o julgamento, a interpretação e a aplicação das leis são atos essencialmente humanos. Porém, à medida que o volume e a complexidade dos casos aumentaram, também cresceu a necessidade de métodos mais eficientes e consistentes de gerenciamento de processos judiciais.

Essa necessidade abriu caminho para a integração de tecnologias de IA para auxiliar na forma como os casos são analisados e julgados. Ademais, trata-se de uma ferramenta relevante na contemporaneidade, em especial, considerando o panorama da pesquisa Justiça em Números, que destacou que, no ano de 2018, havia quase 63 milhões de processos pendentes, e esse número passou para 83,8 milhões em 2023, ano em que se receberam três milhões de casos novos a mais do que em 2022.[1]

Em sua essência, a inteligência artificial é projetada para imitar funções cognitivas humanas, como aprendizado, raciocínio e resolução

---

[1] CONSELHO NACIONAL DE JUSTIÇA. *Justiça em números*. Disponível em: https://justica-em-numeros.cnj.jus.br/. Acesso em: 12 nov. 2024.

de problemas. No sistema judiciário, a capacidade da IA de processar grandes quantidades de dados de forma rápida e precisa oferece uma oportunidade para aumentar a celeridade da tramitação processual, sem prejudicar a qualidade das decisões.

No Judiciário brasileiro, a existência de milhões de processos em tramitação e de centenas de milhões de processos já encerrados potencializa a utilidade da inteligência artificial para obter mais eficácia e celeridade com menores custos.

Assim, a IA pode ser usada para o reconhecimento de padrões (como a comparação de casos e a proposta de decisões semelhantes para casos similares, em observância ao princípio da isonomia) e, até mesmo, passar por um processo de aprendizagem constante (de forma supervisionada ou não), a fim de corrigir erros, identificar situações novas ou diferenciadas e alterar ou adaptar o seu comportamento para casos futuros (assim, as correções humanas realizadas após as soluções propostas pela máquina são incorporadas e observadas nos próximos eventos).[2]

Porém, a utilização de sistemas de IA nos processos judiciais não é isenta de críticas e desafios. Visando evitar desdobramentos indesejados, em 2018, a Comissão Europeia para a Eficiência da Justiça (CEPEJ),[3] do Conselho da Europa, adotou o primeiro texto europeu que estabelece princípios éticos relacionados ao uso de inteligência artificial (IA) em sistemas judiciais.

A European Ethical Charter on the use of artificial intelligence in judicial systems que foi disponibilizada em 2018 destina-se a entes públicos e privados que utilizam inteligência artificial no tratamento dos dados

---

[2] Sobre o assunto: CARDOSO, Oscar Valente. *Inteligência artificial, direito e processo*. São Paulo: Dialética, 2024. p. 91-92.

[3] O CEPEJ identificou os seguintes princípios fundamentais a serem respeitados no campo da IA e da justiça: princípios de respeito aos direitos fundamentais: garantir que a concepção e a implementação de ferramentas e serviços de inteligência artificial sejam compatíveis com os direitos fundamentais; princípio da não discriminação: impedir especificamente o desenvolvimento ou a intensificação de qualquer discriminação entre indivíduos ou grupos de indivíduos; princípio da qualidade e da segurança: no que se refere ao tratamento de decisões e dados judiciais, utilizando fontes certificadas e dados intangíveis com modelos concebidos de forma multidisciplinar, em ambiente tecnológico seguro; princípio da transparência, imparcialidade e equidade: tornar os métodos de tratamento de dados acessíveis e compreensíveis, autorizando auditorias externas; princípio "sob controle do usuário": impede uma abordagem prescritiva e garante que os usuários sejam atores informados e tenham controle sobre suas escolhas (CONSELHO DA EUROPA. *Conselho da Europa adota a primeira Carta Ética Europeia sobre o uso da inteligência artificial nos sistemas judiciais*. Disponível em: https://rm.coe.int/09000016808fed10. Acesso em: 12 nov. 2024).

relativos às decisões judiciais, aos magistrados. A Carta tem como princípios o respeito aos direitos fundamentais; da não discriminação; da qualidade e da segurança; da transparência, imparcialidade e da equidade e do controle do humano sobre a máquina. A Carta ainda destaca que a inteligência artificial deverá ser estimulada a ser desenvolvida pelos sistemas judiciais europeus para promover o aperfeiçoamento do sistema de precedentes, acesso ao direito e criação de novos instrumentos estratégicos que podem contribuir para a eficácia da justiça.[4]

O respeito aos direitos fundamentais são um ponto de atenção; logo, são legítimas as preocupações com o potencial de viés nos algoritmos de IA. Como esses algoritmos são treinados em dados históricos, há o risco de que eles perpetuem vieses e ruídos existentes. Por exemplo, se decisões anteriores foram influenciadas por vieses relacionadas à raça, gênero ou *status* socioeconômico, os algoritmos treinados com esses dados podem continuar a produzir resultados tendenciosos.

Dentre os principais desafios, está a responsabilização. Em um ambiente jurídico tradicional, os juízes são as pessoas que decidem os casos debatidos nos processos. No entanto, quando as decisões são influenciadas ou tomadas com base em sugestões apresentadas por um modelo de IA, fica menos claro quem é responsável pelo resultado (e quem, efetivamente, toma a decisão). Isso levanta questões éticas e legais sobre o papel da IA na prática jurídica e até que ponto ela pode ser utilizada para influenciar ou sugerir decisões que tenham implicações (e causem restrições) para os direitos das partes.

A transparência das decisões baseadas em IA representa outra preocupação significativa e, não por acaso, é um dos valores centrais objeto da Resolução nº 332/2020, do Conselho Nacional de Justiça (que regulamenta o uso da inteligência artificial pelos tribunais). Ao contrário dos juízes humanos, que são obrigados a fornecer raciocínio e justificativa para suas decisões, os algoritmos de IA geralmente operam como "caixas-pretas" e tomam decisões com base em padrões de dados complexos que podem não ser facilmente compreensíveis ou explicáveis.[5] Essa falta de transparência pode minar a confiança dos profissionais do direito e das partes em julgamentos assistidos

---

[4] LIMA, Ana Paula M. Canto; NÓBREGA, Juliana T. Inteligência Artificial: diretrizes, estratégias e verificação nos Tribunais Brasileiros. In: FALCÃO, Cintia; CARNEIRO, Tayná (org.). *Direito exponencial*. 1. ed. v. 1. São Paulo: Thomson Reuters Brasil, 2020. p. 67-86.

[5] CARDOSO, Oscar Valente. *Inteligência artificial, direito e processo*. São Paulo: Dialética, 2024. p. 128-131.

por IA, principalmente quando a justificativa que levou à decisão não é comunicada claramente ou quando as partes não podem contestar efetivamente o resultado em virtude da falta de compreensão da lógica da IA.

Outro aspecto crítico diz respeito à imparcialidade e à ausência de discriminação nos sistemas de IA. Os algoritmos de aprendizado de máquina são treinados em grandes conjuntos de dados, que podem refletir os vieses existentes na sociedade. Como resultado, a IA pode perpetuar ou até amplificar esses vieses, resultando em decisões discriminatórias negativas.[6] A prevenção da discriminação algorítmica demanda uma atenção cuidadosa na fase de desenvolvimento e implementação desses sistemas, além de mecanismos de auditoria e correção.

O potencial de dependência excessiva da inteligência artificial também é uma questão que deve ser gerenciada. Embora a IA possa ajudar na celeridade e na efetividade do processo judicial, a sua utilização produz o risco de que juízes e outros profissionais do direito se tornem excessivamente dependentes de recomendações algorítmicas, o que pode levar a uma redução na análise crítica e no julgamento humano. Se a IA passar a ser o efetivo tomador de decisão em vez de uma ferramenta para auxiliar o julgamento, a profundidade e a qualidade do raciocínio jurídico podem ser comprometidas, e as circunstâncias únicas de casos individuais podem não ser totalmente consideradas.

Além disso, a integração da IA no Judiciário também leva a questões sobre a adaptabilidade das estruturas legais para a utilização de novas tecnologias. Os sistemas legais tradicionais são construídos em princípios que pressupõem o envolvimento humano nas tomadas de decisão. Porém, à medida que os sistemas de inteligência artificial se tornam prevalentes, há a necessidade de adaptar as estruturas legais existentes para definir questões sobre a responsabilidade pelos danos causados quando um sistema de IA toma uma decisão errônea, como garantir que a IA respeite os princípios processuais ou fornecer um meio processual adequado para as partes que se sentirem prejudicadas por uma decisão orientada por inteligência artificial.[7]

---

[6] KAHNEMAN, Daniel; SIBONY, Olivier; SUNSTEIN, Cass R. *Noise*: a flaw in human judgment. New York: Little, Brown Spark, 2021.

[7] SOURDIN, Tania. *Judges, technology and artificial intelligence*: the artificial judge. Cheltenham: Edward Elgar, 2021. p. 94-127.

Em complemento, existem considerações práticas relacionadas à implementação da inteligência artificial no sistema judicial. A integração da IA requer investimento significativo em tecnologia, treinamento e infraestrutura. Os profissionais precisam ser treinados não apenas sobre como usar as ferramentas de IA, mas também em entender suas limitações e potenciais vieses e ruídos. Esses aspectos levam a debates acerca da alocação de recursos, particularmente em tribunais com orçamentos limitados ou em países em desenvolvimento, em que a infraestrutura tecnológica necessária pode ainda não estar plenamente instalada.

Por outro lado, a incorporação de sistemas de inteligência artificial no Judiciário também traz o potencial para a transformação positiva. Quando implementada de forma adequada, a IA pode ajudar a aliviar alguns dos fardos enfrentados por tribunais sobrecarregados, reduzir atrasos na administração dos processos e garantir que casos semelhantes sejam tratados de forma consistente.

2 Algoritmos de agrupamento e similaridade (SAS)

A inteligência artificial evoluiu rapidamente nas últimas décadas, com aplicações em diversos setores. Nos processos judiciais, a IA tem sido utilizada para auxiliar na gestão de casos, nas tomadas de decisão e em outras hipóteses.

Nesse contexto, os algoritmos de agrupamento e similaridade (SAS), em particular, destacam-se por sua capacidade de organizar grandes volumes de dados, a fim de identificar padrões e classificar as informações de maneira célere e eficiente.

Esses algoritmos são aplicados principalmente para agrupar ações e recursos por assunto e identificar casos semelhantes, a principalmente facilitar a realização do juízo de admissibilidade recursal. Com isso, busca-se alcançar uma maior eficiência na administração da justiça, com a redução do tempo e dos recursos necessários para processar e julgar casos similares.

A fim de compreender essa espécie, é preciso partir da definição do gênero. O algoritmo consiste em uma sequência lógica prévia de instruções a ser observada na realização ordenada de operações para resolver um problema ou cumprir uma tarefa, entre outras ações. Em outras palavras, o algoritmo é um conjunto de regras ou instruções que, ao serem executadas em determinada sequência, levam a um resultado previamente definido.[8]

Em consequência, não é a máquina ou o *software* que aprende, mas é o algoritmo que desenvolve o aprendizado. Por isso, afirma-se também que o algoritmo é um método de resolução de problemas ou um procedimento desenvolvido para a execução de tarefas e/ou solução de questões.

Os algoritmos formam a base dos sistemas de inteligência artificial, ao permitir que as máquinas processem informações, tirem conclusões e tomem decisões com base nos dados fornecidos. Em outras palavras, um algoritmo fornece instruções passo a passo para resolver um problema específico ou para atingir uma meta.[9]

Existem várias estruturas e tipos de algoritmos, conforme o problema que se pretende resolver e a abordagem utilizada. Dentre eles, estão os algoritmos de agrupamento e similaridade (*algorithms of clustering and similarity*), também denominados de "SAS" (embora essa abreviação não seja um padrão amplamente reconhecido), que consistem em algoritmos desenvolvidos para agrupar itens semelhantes e medir a semelhança existente entre eles.

Em resumo, o agrupamento é um método em que um conjunto de objetos é dividido em grupos, ou "*clusters*", com base em suas similaridades. O objetivo principal dessa junção é garantir que os objetos inseridos no mesmo *cluster* sejam mais semelhantes entre si do que aqueles reunidos em outros *clusters*. Essa abordagem de aprendizado de máquina não supervisionado ajuda a identificar estruturas naturais dentro dos dados, a fim de facilitar a descoberta de padrões, tendências e relacionamentos. O agrupamento pode ser usado, por exemplo, para o reconhecimento de padrões, a análise de imagens, em pesquisa de mercado e em outras situações.[10]

Por sua vez, os algoritmos de similaridade são utilizados para medir quão semelhantes ou diferentes dois pontos de dados são, a partir do uso de métricas matemáticas para quantificar as semelhanças.

---

[8] CARDOSO, Oscar Valente. *Inteligência artificial, direito e processo.* São Paulo: Dialética, 2024. p. 19.
[9] Sobre a definição de algoritmo, ver capítulo 1.1 de: CORMEN, Thomas H.; LEISERSON, Charles E.; RIVEST, Ronald L.; STEIN, Clifford. *Algoritmos: teoria e prática.* Rio de Janeiro: Elsevier, 2012. Ainda acerca do conceito e das características do algoritmo: SEDGEWICK, Robert; WAYNE, Kevin. *Algorithms.* 4. ed. Boston: Addison-Wesley Professional, 2011. p. 4-6.
[10] MOSOROV, V.; PANSKYI, T. New data clustering heuristic algorithm. *Eastern-European Journal of Enterprise Technologies*, v. 2, n. 9(74), p. 10-16, abr. 2015.

Essa medição pode ser baseada em diversos critérios, que variam de acordo com o contexto, e tais algoritmos são utilizados em áreas nas quais a compreensão das relações entre os dados itens é essencial, como, por exemplo, nos sistemas de recomendação e no processamento de linguagem natural.

Em termos práticos, uma empresa pode utilizar um algoritmo de *clustering* para definir grupos homogêneos, como ocorre na segmentação de clientes, com o agrupamento de pessoas que tiverem comportamentos de compra semelhantes. Já os algoritmos de similaridade podem ser utilizados para comparar os perfis de clientes individuais, a fim de prever comportamentos ou preferências futuras de compras.

A combinação dessas técnicas em um algoritmo (*clustering* e similaridade) permite uma análise de dados mais refinada e precisa, que facilita os processos de tomada de decisão.

Nesse contexto, os algoritmos de agrupamento e similaridade podem ser usados nos processos judiciais para agrupar casos ou documentos legais semelhantes, a fim de facilitar a identificação de padrões para a aplicação de técnicas de julgamento de casos repetitivos ou de aplicação de precedentes vinculantes. Por exemplo, o agrupamento pode ser aplicado para reunir casos que tiverem questões de direito semelhantes, enquanto a similaridade auxilia a identificar casos com argumentos ou com a utilização de provas semelhantes.

Esses algoritmos são extremamente úteis para gerenciar grandes volumes de processos judiciais e de dados, mas devem ser usados com supervisão humana e com mecanismos de revisão e correção constantes. O agrupamento incorreto ou o uso inadequado de medidas de similaridade podem levar a agrupamentos incorretos ou à interpretação equivocada de casos.

3 Benefícios dos algoritmos de *clusterização* e similaridade (SAS) nos processos judiciais

Os algoritmos de *clustering* são utilizados para agrupar casos com características semelhantes, o que permite o gerenciamento de grandes volumes de casos de forma mais célere e eficaz, a partir do tratamento de casos com elementos comuns. Por exemplo, esses algoritmos podem ajudar a identificar casos que compartilham questões de fato ou de direito semelhantes, a fim de permitir que os casos sejam atribuídos a unidades especializadas (o que ocorre, por exemplo, nos Núcleos de Justiça 4.0, regulamentados pela Resolução nº 385/2021, do CNJ).

Essa técnica não apenas melhora a eficiência, mas também aumenta a consistência dos julgamentos, pois permite que casos semelhantes tenham mais probabilidade de receber tratamento similar.

Já os algoritmos de similaridade focam em comparar casos individuais para identificar aqueles que são mais semelhantes. Isso pode ser particularmente útil na seleção de processos para a elaboração de precedentes vinculantes, com a capacidade de identificar e aplicar casos semelhantes que contenham a maior quantidade de questões de fato e/ ou de direito relacionadas, a fim de permitir uma fundamentação mais ampla e qualificada na elaboração do precedente, que será aplicado à maior quantidade possível de conflitos similares. Ainda, tais algoritmos podem analisar as características de um novo caso e compará-las com um banco de dados de decisões anteriores, o que ajuda juízes e outros profissionais do direito a encontrar os precedentes mais relevantes e adequados para o caso em questão.

A integração do SAS no sistema judiciário tem um potencial significativo para melhorar o acesso à justiça. Ao automatizar diversos aspectos do gerenciamento e da análise de casos, esses algoritmos podem reduzir o tempo de tramitação processual e os meios necessários para resolver os conflitos, tornando o sistema mais acessível a pessoas que não teriam condições de aguardar o resultado final em longas disputas judiciais. Além disso, a maior eficiência proporcionada pela IA pode ajudar a resolver de forma mais racional o acúmulo de casos nos tribunais, a fim de garantir que a prestação jurisdicional ocorra de forma mais célere e efetiva.

Um dos principais benefícios do SAS é o aumento da eficiência no gerenciamento de processos. A capacidade dos algoritmos de *clusterização* de agrupar casos semelhantes permite o processamento e o julgamento em massa (principalmente dos recursos), o que reduz o tempo necessário para a análise de grandes volumes de litígios.

Outra vantagem está na melhoria da fundamentação e da coerência das decisões judiciais. Ao agrupar casos semelhantes a fim de julgá-los em conjunto (e, eventualmente, aplicar um precedente sobre eles de maneira uniforme), o SAS ajuda a garantir que os casos com questões de fato ou de direito comparáveis recebam tratamento semelhante. Assim, reduz-se o potencial de resultados díspares em casos similares, o que promove a justiça, a isonomia, a segurança jurídica e a previsibilidade das decisões judiciais.

Nesse contexto, a aplicação de algoritmos de similaridade pode dar suporte à pesquisa de decisões anteriores sobre as questões debatidas no caso atual *sub judice*. Esses algoritmos podem pesquisar rapidamente os bancos de dados de decisões anteriores, a fim de identificar casos que são mais relevantes e semelhantes para o litígio em análise. Isso não apenas auxilia os juízes a tomarem decisões mais bem informadas, mas também dá suporte aos demais profissionais (advogados, integrantes do Ministério Público e da Defensoria Pública, entre outros) no desenvolvimento de seus argumentos. Ao reduzir o tempo gasto em pesquisa manual, os profissionais podem se concentrar na elaboração de estratégias de caso mais específicas e persuasivas.

A integração do SAS aos processos judiciais também pode contribuir para a maior transparência dos julgamentos. Se os algoritmos são utilizados para analisar casos e sugerir resultados, os critérios e a lógica adotada nessas decisões podem ser documentados e revisados. O SAS pode melhorar a transparência ao estabelecer um registro claro e documentado de como os casos são agrupados e por que certas decisões são tomadas. Por exemplo, quando um algoritmo de agrupamento reúne processos com questões de fatos semelhantes, os critérios usados para o agrupamento (como o tipo de questão controvertida, a natureza das provas ou resultados judiciais anteriores) são explicitamente definidos. Isso cria uma trilha auditável, que pode ser examinada tanto pelo Judiciário (no julgamento de recursos) quanto pelas partes e por pessoas externas (no controle social, especialmente por pessoas em situação semelhante), o que garante que as decisões sejam tomadas com base em critérios objetivos, e não em vieses subjetivos. Dessa forma, o SAS pode ajudar a reforçar a legitimidade do sistema judicial perante a sociedade, ao garantir que casos semelhantes sejam tratados de maneira similar e ao reduzir o risco de decisões arbitrárias ou inconsistentes. Essa consistência é relevante para manter a confiança pública no Judiciário, pois mostra que as decisões são baseadas em padrões objetivos, e não em julgamentos subjetivos dos casos.

O SAS também contribui para uma melhor alocação de recursos no sistema judiciário. Ao identificar e agrupar casos que compartilham elementos comuns, esses algoritmos permitem que os tribunais aloquem seus recursos de forma mais eficaz. Por exemplo, os juízes podem ser designados para lidar apenas com os grupos de casos que se enquadrarem em sua área de especialização, garantindo que questões complexas ou técnicas sejam abordadas por aqueles mais bem preparados para lidar com elas (o que ocorre, por exemplo, nos Núcleos de Justiça 4.0). Isso melhora a qualidade das decisões judiciais e otimiza o uso dos recursos judiciais.

Existem diversos benefícios na utilização dos algoritmos de *clusterização* e similaridade no sistema judiciário, que oferecem o potencial de melhorar a eficiência, a consistência, a alocação de recursos, o acesso à justiça, a pesquisa e a transparência. Porém, para concretizar totalmente essas vantagens, é preciso abordar os desafios e os riscos associados à sua implementação, que serão discutidos na sequência.

4 Desafios e riscos da automação nos processos judiciais

Embora a integração de algoritmos de agrupamento e similaridade (SAS) em processos judiciais ofereça inúmeros benefícios, ela também apresenta desafios e riscos significativos que devem ser gerenciados. Esses desafios são particularmente pronunciados em áreas relacionadas à precisão de decisões automatizadas, ao potencial de vieses e discriminações negativas, e ao impacto causado sobre os princípios processuais.

Um dos principais riscos associados ao uso de SAS nos processos judiciais é a possibilidade de erros no agrupamento e classificação. Embora esses algoritmos sejam projetados para identificar padrões e similaridades entre os casos, eles não são infalíveis. Logo, erros na entrada de dados, *design* de algoritmo falho ou dados de treinamento insuficientemente diversos podem levar a agrupamentos imprecisos, o que faz com que casos diferentes sejam classificados incorretamente como semelhantes, ou vice-versa.

Por exemplo, se um algoritmo agrupa erroneamente casos com diferentes fundamentos legais com base em similaridades superficiais, isso pode levar à aplicação de precedentes inadequados e, consequentemente, em julgamentos injustos. Na análise recursal, tais erros podem levar à admissibilidade ou à rejeição indevida dos recursos.

Outro risco relacionado à utilização do SAS é o potencial de viés nas análises e tomadas de decisão. Os algoritmos são treinados em dados históricos, que podem refletir vieses existentes. Assim, o SAS pode perpetuar ou até mesmo exacerbar as desigualdades existentes nos resultados judiciais. O viés pode se manifestar de várias maneiras nos algoritmos, como por meio de entradas de dados tendenciosas, conjuntos de treinamento distorcidos ou o próprio *design* do algoritmo. Por exemplo, se um algoritmo foi treinado em casos que envolveram um grupo demográfico específico, pode produzir decisões que desfavoreçam desproporcionalmente outros grupos demográficos.

A prevenção do viés algorítmico requer uma abordagem variada, que compreende o uso de dados de treinamento diversos e representativos, a implementação de técnicas de detecção e mitigação de viés, bem como o envolvimento de uma equipe multidisciplinar no desenvolvimento do algoritmo. Em complemento, deve haver transparência sobre o potencial de vieses e as medidas adotadas para minimizá-los.[11]

Embora o SAS tenha o potencial de aumentar a transparência na tomada de decisão, também existem riscos de que ele possa ter o efeito oposto, particularmente em relação ao raciocínio e à explicabilidade das decisões judiciais. Uma das principais preocupações com o SAS está na opacidade, em virtude da natureza de "caixa-preta" de diversas espécies de algoritmos. Se a lógica e os critérios usados por um algoritmo não forem totalmente compreendidos pelos juízes e os demais profissionais que atuarem nos processos judiciais, isso pode levar a uma falta de transparência em como as decisões são tomadas. Por exemplo, se um algoritmo de similaridade identifica certo caso como semelhante ao caso decidido em um precedente vinculante, mas não explica claramente como o caso foi enquadrado, pode ser difícil para um juiz ou advogado justificar a sua decisão ou manifestação.

Conforme ressaltado acima, a Resolução nº 332/2020, do CNJ (que regulamenta o uso da inteligência artificial pelos tribunais), adota a transparência entre seus principais valores, ao lado da não discriminação, da igualdade, da previsibilidade, da possibilidade de auditoria e da garantia de imparcialidade. De forma específica, o art. 8º da resolução prevê que a transparência abrange a divulgação responsável, a indicação dos objetivos e resultados pretendidos pelo uso do modelo de inteligência artificial, a documentação dos riscos identificados, a apresentação dos mecanismos de auditoria e certificação de boas práticas, o fornecimento de explicação satisfatória e passível de auditoria por pessoas, entre outros aspectos.

Mesmo quando os algoritmos forem transparentes na sua lógica, a complexidade de suas operações pode dificultar que partes interessadas não técnicas entendam como as decisões são tomadas. Essa falta de explicabilidade pode reduzir a capacidade dos juízes de analisarem a justificativa de modo informado e adequado, o que leva a uma potencial dependência excessiva de saídas algorítmicas sem

---

[11] COZMAN, Fabio Gagliardi; KAUFMAN, Dora. Viés no aprendizado de máquina em sistemas de inteligência artificial: a diversidade de origens e os caminhos de mitigação. *Revista da USP*, v. 135, p. 195-210, out./dez. 2022.

escrutínio humano suficiente. Consequentemente, isso pode diminuir a legitimidade percebida das decisões judiciais, principalmente se não houver uma explicação completa e compreensível da lógica por trás de uma decisão, ainda que formalmente ela seja fundamentada.

5 A aplicação do SAS no juízo de admissibilidade recursal: uma questão de transparência

No direito processual brasileiro, a decisão de admissibilidade de recursos desempenha um papel relevante, especialmente no que diz respeito ao recurso especial para o Superior Tribunal de Justiça (STJ) e ao recurso extraordinário para o Supremo Tribunal Federal (STF).

Esses recursos envolvem critérios específicos, como o prequestionamento, a demonstração de repercussão geral (no recurso extraordinário) e da relevância da questão de direito federal (no recurso especial, ainda pendente de regulação legal), além da observância de determinados ritos, principalmente aqueles relativos ao julgamento de casos repetitivos e à elaboração de um precedente vinculante.

Nesse contexto, os algoritmos de agrupamento e similaridade podem auxiliar os tribunais a processar e julgar esses recursos, por meio de um método mais eficiente e consistente para lidar com grandes volumes de casos.

De forma específica, o SAS pode auxiliar a identificar e agrupar casos similares, em recursos provenientes de casos decididos por tribunais de todo o país, para diversos objetivos. Dentre eles, normalmente a utilização principal está na verificação dos casos em que se admite o julgamento monocrático, pelo relator ou presidente da corte, para não conhecer de recurso inadmissível, prejudicado ou que não tenha impugnado de forma específica a decisão impugnada, ou para negar provimento ao recurso contrário a precedente vinculante, ou para dar provimento ao recurso fundamentado em precedente vinculante (art. 932, III, IV e V, do Código de Processo Civil).

Assim, o SAS pode ajudar a classificar recursos com base em seus fundamentos de direito, nas decisões anteriores proferidas pelo relator e nas similaridades (factuais e/ou jurídicas) existentes entre o recurso em análise e os casos já decididos.

Essa aplicação agiliza a carga de trabalho e garante que casos semelhantes recebam decisões similares, o que confere efetividade aos princípios da isonomia e da segurança jurídica, aumenta a previsibilidade e a consistência nas tomadas de decisões judiciais.

Contudo, para que isso seja possível e tendo em vista que a aplicação do SAS no juízo de admissibilidade recursal compreende o tratamento dos dados pessoais existentes nos atos processuais, é preciso observar um valor que é destacado tanto na Lei Geral de Proteção de Dados Pessoais quanto na regulamentação da inteligência artificial pelo CNJ, que é a transparência.

Na LGPD, a transparência é um princípio, com a seguinte definição legal (art. 6º, VI): "Garantia, aos titulares, de informações claras, precisas e facilmente acessíveis sobre a realização do tratamento e os respectivos agentes de tratamento, observados os segredos comercial e industrial".

Como a sua própria denominação indica, o princípio da transparência visa assegurar que os titulares tenham pleno conhecimento sobre como seus dados pessoais são tratados, por quem e para quais finalidades. Ao exigir que as informações sobre o tratamento de dados sejam claras, precisas e facilmente acessíveis, a LGPD estabelece um padrão de comunicação entre os agentes de tratamento e os titulares, a fim de promover a confiança e a segurança nas atividades realizadas sobre os dados pessoais.

Esse princípio implica que os agentes, ao coletar e executar outras operações de tratamento sobre os dados pessoais, devem fornecer informações de uma maneira que os titulares possam entender facilmente o que é feito com seus dados. Isso envolve não apenas a clareza na linguagem utilizada, evitando termos técnicos ou jurídicos que possam ser confusos, mas também a acessibilidade da informação, garantindo que ela esteja disponível de forma intuitiva e em locais de fácil acesso, como as políticas de privacidade *online* e as comunicações diretas aos titulares.

A aplicação do princípio da transparência se torna uma tarefa desafiadora quando confrontada com a opacidade inerente a diversos modelos de inteligência artificial utilizados no tratamento de dados pessoais. Alguns modelos avançados, como as redes neurais profundas, são descritos como caixas-pretas porque, embora possam produzir resultados precisos, o processo pelo qual eles chegam a essas conclusões é complexo e difícil de interpretar. Essa opacidade cria uma barreira significativa para a transparência, uma vez que as decisões resultantes desses modelos não podem ser facilmente explicadas aos titulares de dados.

Dentre as regras derivadas do princípio da transparência, está o direito de revisão de decisão automatizada, previsto no art. 20 da LGPD.

Em consequência, por exemplo, se uma parte indicar que o SAS classificou incorretamente seu recurso, o que levou a um resultado adverso (o não conhecimento ou o improvimento monocrático), ela pode requerer a revisão do enquadramento. Dessa forma, os jurisdicionados podem exercer o controle sobre as decisões (influenciadas pela IA) que afetarem os seus direitos.

Para que esse direito possa ser exercido, o uso de sistemas como o SAS na revisão do juízo de admissibilidade também deve cumprir com os deveres de transparência derivados do art. 6º da LGPD. Isso significa que os tribunais que usarem esses algoritmos devem fornecer explicações claras e compreensíveis de como o sistema funciona, quais dados ele utiliza e como as decisões são tomadas. Essas informações devem ser comunicadas de uma forma que seja acessível a todas as partes, a fim de garantir que as partes entendam o papel do SAS no processo judicial e possam exercer seu direito de questionar as decisões baseadas nele.

Da mesma forma, a Resolução nº 332/2020, do CNJ, sobre a ética, a transparência e a governança na produção e no uso de inteligência artificial no Poder Judiciário, insere de forma expressa a transparência como um dos critérios a serem observados nas atividades de pesquisa e desenvolvimento em IA nos tribunais.

O uso da inteligência artificial no Judiciário é condicionado à publicidade e à transparência (art. 8º), à não discriminação (art. 7º) e ao respeito aos direitos fundamentais, especialmente (mas não apenas) os previstos na Constituição e nos tratados internacionais ratificados pelo Brasil (art. 4º).

O modelo de IA desenvolvido por qualquer tribunal do país deve ter uma interface de programação de aplicativos (API) que permita o seu uso por outros sistemas, de acordo com os padrões definidos pelo CNJ (art. 12). Além disso, deverá existir transparência na prestação de contas sobre a utilização e o funcionamento do modelo de IA, observados os requisitos do art. 25 da Resolução nº 332/2020, com o fim de garantir o impacto positivo para os usuários finais e para a sociedade.

A Resolução nº 332/2020, do CNJ, delimita a incidência do princípio da transparência na utilização da inteligência artificial pelo Judiciário no art. 8º, que compreende os seguintes aspectos:[12]

---

[12] Sobre o assunto: CARDOSO, Oscar Valente. *Inteligência artificial, direito e processo*. São Paulo: Dialética, 2024. p. 95-99.

(a) a divulgação responsável, considerando os aspectos específicos dos dados judiciais (sensíveis ou não);
(b) a indicação dos objetivos e resultados pretendidos com o uso de inteligência artificial;
(c) a documentação dos riscos identificados e a indicação dos instrumentos de segurança da informação e controle a serem utilizados na sua mitigação e prevenção;
(d) a possibilidade de identificação dos motivos em hipóteses de danos causados pela ferramenta de inteligência artificial;
(e) a apresentação dos mecanismos de auditoria e certificação de boas práticas;
(f) o fornecimento de explicação satisfatória e passível de auditoria por autoridade humana acerca de qualquer proposta de decisão apresentada pelo modelo de inteligência artificial, especialmente quando essa for de natureza judicial.

Essas regras permitem concluir que o público e as partes envolvidas têm o direito de acesso a como os sistemas de IA (incluindo o SAS) são utilizados nos processos judiciais, inclusive no juízo de admissibilidade recursal, o que forma uma camada de responsabilidade e confiança nas decisões baseadas em inteligência artificial.

Na utilização do SAS, a transparência referida no art. 8º da Resolução nº 332/2020, do CNJ, inclui a divulgação clara de como esses algoritmos classificam e agrupam os casos. Por exemplo, os tribunais que usam o SAS devem explicar não apenas o funcionamento técnico do algoritmo, mas também os objetivos e resultados pretendidos com a sua aplicação. Quando o SAS for aplicado para analisar os requisitos dos recursos, o tribunal deve ser transparente sobre os critérios usados para agrupar casos e identificar questões de direito semelhantes.

Outro aspecto da transparência referido na resolução é a documentação de riscos e a implementação de salvaguardas para mitigá-los. Assim, os tribunais devem identificar e divulgar os riscos potenciais associados ao uso do SAS, como o viés algorítmico e os erros de classificação. Na prática, isso significa que, se um modelo SAS agrupar incorretamente os recursos, levando a resultados desfavoráveis ou incorretos para certos casos, o tribunal deve fornecer uma maneira de explicar esses riscos e as medidas tomadas para minimizá-los, como a supervisão humana e a realização regular de auditorias.

Ainda, a resolução do CNJ determina que todas as decisões ou recomendações feitas por sistemas de IA, incluindo o SAS, devem ser sujeitas à revisão humana. Embora o SAS possa ajudar a identificar precedentes aplicáveis ao caso ou a recomendar resultados possíveis no juízo de admissibilidade, os humanos são os efetivos julgadores. Logo, qualquer decisão proposta por um modelo de IA deve ser acompanhada por uma explicação legível e auditável por pessoas, o que garante que, mesmo quando o SAS for aplicado para aumentar a eficiência, a supervisão humana permanece no centro do processo de tomada de decisão, a fim de preservar a integridade.

Considerações finais

A implementação de algoritmos de *clusterização* e similaridade (SAS) no sistema judicial traz uma série de benefícios significativos, particularmente em termos de eficiência, consistência, acessibilidade e transparência. Esses algoritmos têm o potencial de transformar a forma como as demandas judiciais são processadas julgadas, o que leva a um processo judicial mais simplificado, célere e efetivo.

De forma específica, o uso do SAS na revisão de admissibilidade do recurso especial no STJ e do recurso extraordinário no STF tem o potencial de aumentar a transparência e a consistência nas decisões judiciais, com a uniformização da análise dos requisitos recursais e, consequentemente, efetivando a isonomia e a segurança jurídica.

Ao documentar os critérios usados pelos algoritmos para classificar recursos, ou identificar precedentes, ou detectar novos casos repetitivos em tramitação, os tribunais podem desenvolver uma fundamentação mais específica e clara para suas decisões. Desse modo, promove-se maior confiança no processo judicial e no tratamento homogêneo de partes em situações similares.

Além disso, ao garantir que casos semelhantes sejam tratados de forma equivalente, o SAS auxilia a evitar discrepâncias na forma como diferentes recursos são tratados. Essa consistência é relevante no sistema judiciário do Brasil, com um alto volume de processos em tramitação, no qual o grande número de recursos pode às vezes resultar em inconsistências na forma como os tribunais interpretam e aplicam as normas legais.

Como visto, um aspecto crítico que condiciona o uso dos algoritmos de agrupamento e similaridade no juízo de admissibilidade recursal é o princípio da transparência, para garantir que o sistema legal não se torne opaco devido à introdução da IA, manter a confiança das partes envolvidas no processo e salvaguardar os seus direitos.

A transparência exige que os critérios e a lógica aplicados pelo SAS na classificação de recursos ou identificação de precedentes sejam totalmente documentados e acessíveis a todas as partes interessadas. Isso permite não apenas a melhor compreensão e aceitação dos resultados produzidos pelos algoritmos, mas também facilita a supervisão e a responsabilização. As partes devem ter acesso a explicações claras e compreensíveis de como o SAS agrupa casos ou sugere decisões de admissibilidade, especialmente quando tais decisões impactarem os seus direitos (processuais e materiais). Essa abertura promove a confiança no processo judicial e reforça a legitimidade do sistema.

Concluindo, a implementação do SAS no juízo de admissibilidade recursal (especialmente nos recursos extraordinários) aumenta a eficiência e a consistência, mas deve ser equilibrada com medidas rigorosas de transparência. Ao garantir que o SAS opere dentro de uma estrutura de abertura, responsabilidade e supervisão humana, os tribunais podem aproveitar os benefícios da IA, ao mesmo tempo em que mantêm os princípios inerentes ao devido processo legal, além da igualdade e da segurança jurídica. A transparência não é meramente um requisito legal, mas uma condição fundamental que legitima o uso da IA nos processos judiciais, a fim de garantir que a aplicação dessa tecnologia contribua positivamente para a administração da justiça no país.

Referências

CARDOSO, Oscar Valente. *Inteligência artificial, direito e processo*. São Paulo: Dialética, 2024. p. 91-92.

CONSELHO DA EUROPA. *Conselho da Europa adota a primeira Carta Ética Europeia sobre o uso da inteligência artificial nos sistemas judiciais*. Disponível em: https://rm.coe.int/09000016808fed10. Acesso em: 12 nov. 2024.

CONSELHO NACIONAL DE JUSTIÇA. *Justiça em números*. Disponível em: https://justica-em-numeros.cnj.jus.br/. Acesso em: 12 nov. 2024.

CORMEN, Thomas H.; LEISERSON, Charles E.; RIVEST, Ronald L.; STEIN, Clifford. *Algoritmos*: teoria e prática. Rio de Janeiro: Elsevier, 2012.

COZMAN, Fabio Gagliardi; KAUFMAN, Dora. Viés no aprendizado de máquina em sistemas de inteligência artificial: a diversidade de origens e os caminhos de mitigação. *Revista da USP*, v. 135, p. 195-210, out./dez. 2022.

KAHNEMAN, Daniel; SIBONY, Olivier; SUNSTEIN, Cass R. *Noise*: a flaw in human judgment. New York: Little, Brown Spark, 2021.

LIMA, Ana Paula M. Canto; NÓBREGA, Juliana T. Inteligência Artificial: diretrizes, estratégias e verificação nos Tribunais Brasileiros. *In*: FALCÃO, Cintia; CARNEIRO, Tayná (Org.). *Direito exponencial*. 1. ed. v. 1. São Paulo: Thomson Reuters Brasil, 2020. p. 67-86.

MOSOROV, V.; PANSKYI, T. New data clustering heuristic algorithm. *Eastern-European Journal of Enterprise Technologies*, v. 2, n. 9(74), p. 10-16, abr. 2015.

SEDGEWICK, Robert; WAYNE, Kevin. *Algorithms*. 4. ed. Boston: Addison-Wesley Professional, 2011.

SOURDIN, Tania. *Judges, technology and artificial intelligence*: the artificial judge. Cheltenham: Edward Elgar, 2021.

Informação bibliográfica deste livro, conforme a NBR 6023:2018 da Associação Brasileira de Normas Técnicas (ABNT):

LIMA, Ana Paula Canto de; CARDOSO, Oscar Valente. Algoritmos de agrupamento e similaridade no juízo de admissibilidade recursal: uma questão de transparência. In: ALLEMAND, Luiz Cláudio; SANTOS, Coriolano Aurélio de Almeida Camargo; MAGRO, Américo Ribeiro; GOMES, Rovena (coord.). *Processos judiciais eletrônicos*: inteligência artificial e garantia dos princípios do processo civil - algoritmos de agrupamento e similaridade. Belo Horizonte: Fórum, 2025. p. 39-57. ISBN 978-65-5518-975-9.

A INTELIGÊNCIA ARTIFICIAL EM DEBATE APLICADA AOS PROCESSOS JUDICIAIS

ANDRÉIA ROCHA FEITOSA

Introdução

O presente artigo tem por objetivo abordar e discutir o direito de acesso efetivo e a liberdade de escolha pelo jurisdicionado na prestação de serviços judiciais, debatendo o uso da inteligência artificial pelo Judiciário para análise e decisão de casos concretos nos processos judiciais que repercutiriam na sociedade da informação. O direito é aqui analisado sob a perspectiva da Constituição Federal, legislação processual e consumerista no Brasil e demais diplomas, com estudo de saberes multidisciplinares, adaptados para debater sobre o uso da inteligência artificial pelo Poder Público e seus efeitos.

A adoção de medidas para salvaguardar o direito do cidadão para acesso ao Judiciário é uma previsão constitucional dada a magnitude de sua importância. A Constituição Federal traz em seu bojo, expressamente em seu artigo 5º, inciso XXXV: "A lei não excluirá da apreciação do Poder Judiciário lesão ou ameaça a direito" (BRASIL, 1988).

O direito de acesso não está sintetizado na literalidade da expressão, mas também no sentido da prestação jurisdicional efetiva, com solução dos conflitos pela autoridade judiciária, com análise do caso concreto e de suas singularidades.

A inteligência artificial como meio de substituição ao trabalho humano não pode ter como única condição o argumento de facilitação, vez que encontra óbice para uma análise aprofundada e de nuances pertinentes aos casos concretos postos em juízo. Ainda que possam ser semelhantes, o fato é que não são iguais, e o agrupamento de matérias pelo critério de casos semelhantes está sujeito a inúmeros equívocos.

Muitas questões podem acontecer com a utilização de tecnologia aplicada aos processos judiciais, como alteração inadequada de fundamento jurídico ou geradora de uma decisão por semelhança que diverge do caso concreto. Por outro lado, a inteligência artificial pode colaborar caso sejam criados critérios nos algoritmos que detectem as divergências com mecanismos para resolução, conhecimento prévio das partes do processo e revisão pelo magistrado, e não apenas com base em semelhanças e programação de palavras-chave para uma decisão judicial.

No plano infraconstitucional, temos o Código de Processo Civil, com princípios para uma prestação jurisdicional, e a legislação consumerista; trazendo para o escopo processual, o cidadão e o operador de direito são usuários de serviços e, por outro lado, o Judiciário como protagonista e prestador. Nessa medida, a forma sendo modificada com o uso de novas tecnologias impacta diretamente na prestação para o destinatário final.

No primeiro tópico do presente artigo, abordaremos as questões relacionadas à liberdade de escolha e sua aplicação e implicações na prestação de serviços com uso de tecnologias. Em uma segunda seção, partiremos para o estudo e debate dos diplomas legais adaptados e posicionamentos para tratar sobre a utilização da inteligência artificial nos processos judiciais, traçando breves conclusões sobre os impactos na sociedade da informação.

1 A liberdade de escolha na prestação de serviços com uso de tecnologias na sociedade da informação

A evolução tecnológica proporcionou novas maneiras de interação na sociedade da informação que refletiram na forma de resolução de conflitos judiciais e, com isso, a modernização vem acontecendo, porém, é necessário garantir que os direitos conquistados sejam protegidos.

Com o desenvolvimento de novas tecnologias aplicadas ao processo judicial, iniciando-se com a digitalização e a implementação do processo eletrônico, aconteceu uma diminuição das interações presenciais; porém, no escopo da atuação jurisdicional, permanecia, em tese, preservada. Entretanto, com o uso da inteligência artificial para análise de questões judiciais, haveria reflexo no trabalho humano e nas decisões judiciais.

O direito real de escolha, ao ter seu conflito jurídico analisado com o uso da inteligência artificial, teria como fonte primária o conhecimento dos benefícios e riscos de um serviço posto à disposição e da possibilidade de participar desse processo ou mesmo ter outra fonte de escolha. Para o exercício desse direito, são fundamentais políticas públicas sobre o uso do meio digital que permitiriam condições para a garantia.

A garantia de direitos tem um aspecto de visibilidade das diversas formas de como o pensamento foi formado diante de determinado assunto, os costumes que se transformaram e refletiram na sociedade e no direito, como, no caso em comento, sobre a inteligência artificial aplicada aos processos judiciais, tendo a participação das partes afetadas nesse processo para acontecer o exercício de escolha, como forma de se afastar de puramente uma imposição. Segue corrente doutrinária abordando sobre as questões de visibilidade e invisibilidade das etapas na formação do conhecimento e apontando sobre os riscos da preponderância da unicidade de uma vertente do saber:

> O pensamento moderno ocidental é um pensamento abissal. Consiste num sistema de distinções visíveis e invisíveis, sendo que as invisíveis fundamentam as visíveis. As distinções invisíveis são estabelecidas através de linhas radicais que dividem a realidade social em dois universos distintos: o universo 'deste lado da linha' e o universo 'do outro lado da linha'. A divisão é tal que 'o outro lado da linha' desaparece enquanto realidade, torna-se inexistente, e é mesmo produzido como inexistente. Inexistência significa não existir sob qualquer forma de ser relevante ou compreensível. Tudo aquilo que é produzido como inexistente é excluído de forma radical porque permanece exterior ao universo que a própria concepção aceite de inclusão considera como sendo o Outro. A característica fundamental do pensamento abissal é a impossibilidade da co-presença dos dois lados da linha (BOAVENTURA, 2009, p. 21-24).

Sendo assim, para o exercício do direito de escolha, é primordial o conhecimento dos processos e das visões concordantes e discordantes, o que se constrói com o direito básico à educação, que tem referência constitucional e está inserido no artigo 6º, inciso II, do Código de Defesa do Consumidor: "São direitos básicos do consumidor: (...)

II – a educação e divulgação sobre o consumo adequado dos produtos e serviços, asseguradas a liberdade de escolha e a igualdade nas contratações" (BRASIL, 1990).

A perspectiva que a escolha visa atingir é para o jurisdicionado ter condições de avaliar e decidir de maneira refletida, avaliando riscos e benefícios dos serviços públicos ou mesmo privados postos à sua disposição.

Na questão da vulnerabilidade do consumidor e ações de consumo, com bens e serviços à disposição, são importantes as políticas para informação e gestão do processo transparente para implementação das tecnologias para a sociedade da informação, que pode ser vulnerável em alguma medida frente aos sistemas. Desta maneira, as referidas políticas colaborariam no processo, apresentando os riscos, benefícios e o uso seguro. Para Barros *et al.* (2021), é importante o conhecimento dos problemas que causam a vulnerabilidade com a finalidade de solução:

> É possível observar, em todos os exemplos, que existe algum grau de vulnerabilidade – esta pode estar limitada ao consumidor ou afetar diferentes agentes. No entanto, os problemas decorrentes das atividades mercadológicas não são comumente atribuídos à disciplina e/ou prática do *marketing*. Essa pode ser até mesmo a razão pela qual a vulnerabilidade em *marketing* ficou restrita ao consumidor, haja vista os termos "consumidores vulneráveis" e "vulnerabilidade do consumidor". Normalmente, os problemas decorrentes de atividades de mercado são vistos como um erro de gestão e não como parte da própria estrutura mercadológica. Argumentamos aqui que, ao não reconhecer tais problemas (ao menos em parte) como consequência das atividades de produção, comercialização e consumo, tanto a academia quanto os praticantes de *marketing* negligenciam aspectos importantes de seu escopo e de sua relação com a sociedade.

A despeito da importância de novos meios tecnológicos, a questão debatida sobre o uso da inteligência teria reflexo na liberdade de escolha e até que ponto o acesso seria efetivo ao Judiciário? Existem as restrições práticas e o efeito de uma decisão com base em algoritmos que agrupam semelhanças; então, quais são as consequências para a sociedade da informação? Apesar da maneira dinâmica e com o intuito facilitador, quais são as garantias para se evitar uma injustiça? Como concretamente ter acesso, transparência em seu uso na atividade jurisdicional e fiscalização da inteligência artificial?

A respeito da questão em sua essência, para lidar com as novas tecnologias, está intimamente ligada à educação, com políticas públicas sobre o uso seguro da inteligência artificial, o que vem de encontro com as diretrizes do Código de Defesa do Consumidor. Nesse sentido, a importância da educação foi elevada a uma posição de direito fundamental e, segundo Silva (1994, p. 302): "O art. 205 contém uma declaração fundamental que, combinada com o art. 6º, eleva a educação ao nível dos direitos fundamentais do homem. Aí se afirma que a educação é direito de todos, com o que esse direito é informado pelo princípio da universalidade".

O uso seguro contempla também a segurança da informação e do sistema, privacidade de dados que devem ser aplicados para o meio digital e transportados para a utilização da inteligência artificial aos processos judiciais. Para Albertin e Moura (1998):

> A manutenção da segurança e integridade de informação através das fronteiras interorganizacionais é sempre um desafio na Internet, entretanto, que ainda se configura como um pesadelo. Lembrando que a Internet cresceu de uma maneira não controlada, qualquer pessoa em praticamente qualquer país pode conectar-se à Internet com um computador pessoal, um *modem*, um endereço na rede e uma conexão com um servidor da Internet. Em analogia ao problema de quantas fechaduras se coloca na porta de uma residência, o nível de segurança depende de como o sistema é utilizado se existem algumas ligações diretas entre a Internet e os sistemas de informações das empresas.

Muitos protocolos devem ser adotados para a garantia de segurança, integridade e privacidade das informações que influenciariam nos processos judiciais, tais como: na emissão e recepção de dados, uso seguro da internet, políticas públicas, conexões com a rede, controle de acesso e invasões, ou seja, o sistema tem de estar conforme as boas práticas e auditável, com a transparência dos serviços.

Dada a importância de conhecimento de todo o processo que envolve a inserção das novas tecnologias no cotidiano e nas ações judiciais, tem especial relação com o seu direito de privacidade e livre escolha, vez que o ambiente está sendo influenciado por essa nova forma de ação com a interligação do mundo virtual e físico, trazendo para o universo das pessoas a interação com a inteligência artificial. Para Antunes (2016, p. 53-54):

> A autodeterminação informacional é a capacidade, ou o direito, que cada indivíduo tem de *controlar* a sua exposição na sociedade e, por esse meio, garantir a sua privacidade. É um direito intangível: o direito a permanecer isolado; o direito a permanecer anónimo; o direito a

controlar com quem, quando, onde e como partilhar informação pessoal; essencialmente é um direito fundamental intrínseco ao ser humano. (...) A sociedade de informação evoluiu de uma rede de computadores interligados para uma rede de objetos interligados. Esse é o novo universo criado pela Internet das Coisas, ligando objetos, virtuais e físicos, como por exemplo eletrodomésticos, com o objetivo de ganhar em eficiência, conveniência e facilidade, otimizando recursos e melhorando os controlos. Nesta gigantesca rede, são interligados objetos, lugares, bens, pessoas, ambientes, veículos, casas, equipamentos, infraestruturas, sensores, dispositivos, redes, meta informação, aplicações, de forma a criar um mundo computacional omnipresente.

Além disso, a educação é fundamental para o exercício da liberdade de escolha, uso seguro das tecnologias, de modo a afastar também a homogeneidade nas decisões, diante de algoritmos formatados com base em seu banco de dados; além disso, a forma não dispensa o conhecimento e a crítica sobre o assunto, sob a alegação de revolução tecnológica. Nesse sentido, quanto aos modelos tecnológicos em analogia aos processos judiciais, a questão está ligada à condução do processo, com o conhecimento e a reflexão. Conforme Bersch e Sartoretto (2015, p. 45):

Muitas vezes ouvimos a afirmação de que a tecnologia veio revolucionar a educação, mas a verdadeira transformação se dará pelo conhecimento e pela ação pedagógica que poderá, ou não, fazer uso da tecnologia. Ao utilizar uma lousa digital ou proporcionar que o texto seja lido no *tablet* ou no computador, não significa necessariamente que se está promovendo melhores condições para o aprendizado.

O que faz a educação ter um bom resultado em relação à aprendizagem dos alunos é a forma como é conduzida pelos professores e como eles conseguem envolver seus alunos nessa construção. A tecnologia poderá abrir um grande leque de possibilidades pedagógicas e deve ser adotada a partir de uma profunda reflexão sobre o que se espera dela, no sentido de qualificar o acesso ao conhecimento e à produção do estudante em relação ao que ele está construindo.

O impacto da tecnologia terá efeito na atuação profissional com reflexo na sociedade da informação, que será atingida com o uso da inteligência artificial, por isso, a importância de metodologia para essa aplicação, tendo em vista que o investimento para padronização e celeridade está sendo implementado e, por consequência, acontecendo a relativização do trabalho humano, a preponderância do uso dos algoritmos não significa a melhoria da qualidade do trabalho nem tampouco evolução social. Nessa linha de raciocínio:

O estudante ainda é criado para a natureza do contencioso em um mundo impactado pela tecnologia, onde escritórios investem cada vez mais em inteligência artificial e parte do trabalho passa a ser feita por robôs. "Antes de pensar no impacto tecnológico na esfera contenciosa, é preciso compreender a importância de a advocacia evoluir para uma nova realidade social" (...) (BERLANGA, 2019, p. 11).

Dentro desse panorama de preparação para novas formas de atuação na sociedade da informação, a educação e o direito real de escolha devem ser conduzidos de modo que sejam de conhecimento geral as diretrizes para promoção de uma consciência sobre os impactos da tecnologia, pois os principais direitos a serem tutelados são a incolumidade psíquica para uma decisão consciente sobre os serviços postos à disposição e a criticidade sobre o assunto. Com este posicionamento, Feitosa (2017, p. 119):

> Dentro desse princípio básico, o bem tutelado é o direito a ter a incolumidade psíquica, ou seja, a segurança da proteção da sua psique, sem ser guiado ou mesmo induzido a fazer algo sem ânimo refletido. Daí está a importância da visibilidade das ofertas de produtos e serviços, pois o internauta consumidor necessita avaliar até que ponto aquele produto pode interessar-lhe ou não, e não apenas receber informações e propaganda com base em produtos e serviços mais acessados, por exemplo. Sob esta perspectiva, muitas práticas até hoje observadas no ambiente digital podem ser consideradas como capazes de afetar a real escolha e a avaliação da necessidade do consumidor.

A primeira parte defende que a liberdade de escolha tem importância para que o jurisdicionado, os operadores do direito, efetive seus direitos com ânimo refletido e diante do conhecimento dos reflexos advindos da mudança estrutural que o afete e possa participar livre, conscientemente, desse processo, sendo parte integrante das opiniões e decisões que refletem na sociedade. O direito sendo tolhido, toda a movimentação democrática perde o significado e o que foi conquistado.

2 Da inteligência artificial para resolução de demandas judiciais

Antes do debate sobre o uso da inteligência artificial aplicada aos processos judiciais, foram promovidas diversas discussões com a introdução do processo judicial eletrônico e se tal providência era um avanço ou retrocesso, porque geraria mais uma burocracia (cadastro com uso de certificação digital), entre outras questões; entretanto, por outro lado, proporcionaria utilização ininterrupta e em qualquer espaço e localidade.

Muitos desafios, como questões de ordem técnica, falhas constantes no sistema, digitalização de documentos, classes processuais, quantidade de documentos, arquivos em áudio, vídeo, gravação de audiência, diferenças entre sistemas, programas para utilização do peticionamento eletrônico, assinatura digital, entre outros, aconteceram com o processo judicial eletrônico. Nesse sentido:

> (...) o Poder Judiciário nessa era digital é objeto de muitas discussões, pois ao mesmo tempo em que proporcionou um avanço, também causou um efeito devastador na utilização do sistema, tendo em vista os obstáculos encontrados para a inclusão digital de forma efetiva e a dificuldade de atendimento a todos os tribunais da Federação frente aos recursos tecnológicos (....) Em linhas gerais, a inovação tecnológica certamente teve o fito de promover o progresso no judiciário brasileiro, mas a despeito dessa promoção e da sociedade atual buscar incessantemente a otimização do seu tempo pelas novas tecnologias, a finalidade última da sociedade consiste na humanização (FEITOSA, 2015, p. 29-31).

Outro ponto crucial debatido com o processo eletrônico foi a garantia de aplicação do princípio da razoável duração do processo, contraditório, ampla defesa, ato de julgamento, apesar das inovações tecnológicas. Nessa linha de pensamento, como bem demonstrado e já com preocupações futuras sobre o uso dos algoritmos, temos o seguinte posicionamento:

> A atual visão do princípio da razoável duração do processo deve evoluir para imprimir-lhe características axiológicas e de garantia do atendimento ao princípio do justo processo da lei, respeitando-se o contraditório e a ampla defesa e garantindo que, num futuro breve, as decisões judiciais não sejam fruto de algoritmos de informática, dando a solução para as hipóteses pré-determinadas, porque o processo judicial é um mero instrumento e não pode elevar-se a tratar os direitos de modo automático, impessoal, frio e sistematizado.
>
> O ato de julgar é privativo do magistrado, pessoa humana detentora de sentidos e sentimentos, pertencente à sociedade e capaz de decidir de forma legal e justa simultaneamente. Estes sentidos não poderão jamais serem substituídos por um sistema informatizado em prol

do atendimento de princípios como o da celeridade, sem que haja a ponderação imposta pela leitura ora que se propõe da razoável duração do processo (FÉOLA, 2015, p. 47).

Dessa forma, as atividades de análise e julgamento não podem ser substituídas por algoritmos, sob pena de violação, inclusive, ao princípio do livre convencimento motivado, conforme inteligência do artigo 371 do Código de Processo Civil, que menciona: "O juiz apreciará a prova constante dos autos, independentemente do sujeito que a tiver promovido, e indicará na decisão as razões da formação de seu convencimento" (BRASIL, 2015).

Para uma visão antagonista ao princípio do livre convencimento motivado e seus reflexos, como a discricionariedade das motivações, segue posicionamento:

> O caso é que conceitos dogmáticos nem sempre captam toda a complexidade do debate jurídico. Nas últimas décadas, formou-se uma forte crítica na teoria do direito à discricionariedade judicial, inclusive à ideia de que os juízes são livres para fazer suas valorações quando não há regras claras e o direito entra numa certa zona de penumbra (LIMA E LOPES, 2020).

Em contrapartida, o referido princípio na atuação do magistrado confere o caráter humanístico devido à importância da crítica sobre o caso posto para decisão, o que é impossível conferir tal qualidade aos algoritmos, ainda que possam ser auxiliares nas atividades. Dessa maneira, prevaleceriam a importância humana e a autoridade competente instituída para tal fim para o exercício do livre convencimento motivado. Para Manus (2019):

> O livre convencimento do juiz reside na faculdade que possui de avaliar a prova diante da lei e do entendimento jurisprudencial cristalizado, agregando suas experiências profissionais e de vida, bem como suas convicções, mas jamais ignorando a lei, a prova dos autos e o entendimento sumulado a respeito de cada tema, como garantia aos litigantes do respeito ao princípio do devido processo legal.

O referido princípio seria uma garantia de acesso ao Judiciário e, conforme Cavalli (2016), nesta linha de pensamento:

> O sistema da livre apreciação motivada da prova pelo magistrado proporciona também aos jurisdicionados maior acesso à justiça, isso

porque, não existe como regra, um rol taxativo de provas capazes de conceder ou não o direito alegado pelas partes.

O magistrado analisando a situação do caso concreto e dificuldade da parte provar os fatos constitutivos alegados poderá inverter a regra geral de produção de provas. Essa situação é bastante comum em ações que se discutem direitos do consumidor, tanto que algumas situações já estão até previstas em lei, como é o caso do art. 6º, VIII do código de defesa do consumidor.

Quanto ao princípio do livre convencimento, tem a sua relevância desde que seguidos os parâmetros legais, a análise do caso concreto, precedentes e a motivação fundamentada para o exercício do direito de defesa, ou seja, não pode ser discricionário, sob pena de violação ao devido processo legal. E mais: apenas o magistrado tem condições para isso, vez que a inteligência artificial não comporta toda a estrutura de pensamento humano para tal fim.

Além das discussões filosóficas, doutrinárias e dogmáticas sobre o livre convencimento motivado, o fato é como se conciliará na aplicação de algoritmos, o que parece retomar critérios tão somente objetivos e já estabelecidos, causando a decadência total de um princípio amplamente criticado, mas que, em tese, proporcionaria a garantia das decisões pela autoridade competente.

Ao final, será subjetivo ou objetivo o livre convencimento motivado atribuído para a inteligência artificial aplicada na resolução dos processos judiciais e quais serão os efeitos da sua decisão na prática?

No futuro, será avaliado o avanço ou retrocesso com essas novas aplicações tecnológicas, porém, é necessário medidas na construção desse novo paradigma para salvaguardar a segurança da democracia e justiça das decisões.

No mais, com a utilização da inteligência artificial, outros questionamentos vêm surgindo, como o acesso efetivo ao Judiciário, direito real de escolha para o destinatário final dos serviços judiciais e, também, sobre a relativização do princípio do juiz natural consagrado na nossa magna carta para atuação jurisdicional com o uso da inteligência artificial, vez que, em tese, poderia ser criado um juízo de exceção a partir da perspectiva de que os algoritmos fariam análise com base na sua programação e, caso não seja feita a restrita adequação ao sistema, não haveria julgamento ou mesmo seria indeferido o pedido? Como seriam tratadas essas questões e as falhas sistêmicas?

Diante do cenário, a utilização da inteligência poderia ser um facilitador, demandando uma regulação sobre o assunto, desde que as partes envolvidas também tenham direito à opção na sua utilização. Ainda com o seguinte posicionamento: "Eu tenho uma aversão à possibilidade que a inteligência artificial seja preditiva no sentido de definir o Estado de Direito, liberdade e a vida das pessoas. Por outro lado, também entendo que devemos voltar os olhos para essa novidade" (FUX, 2024).

Outro posicionamento aponta o uso com critérios ao acrescentar que as novas tecnologias devem ter um selo informativo para julgamentos com uso da inteligência artificial para promoção da transparência; porém, a demanda deve ser avaliada e a responsabilidade das decisões é unicamente do magistrado, conforme segue:

> É fundamental que o juiz continue sendo o único responsável pela decisão final, mesmo com o uso de ferramentas de IA para auxiliar sua análise. O selo reafirma essa responsabilidade, deixando claro que, embora a tecnologia tenha sido utilizada, a decisão é humana e foi revisada criticamente pelo magistrado, o único capaz de levar em conta nuances éticas, contextuais e sociais que um sistema de IA pode não captar (SILVA JUNIOR, 2024).

Além disso, o uso dos algoritmos que rastreariam a similitude dos casos afasta-se do pleno exercício profissional dos operadores do direito, com a sua intelectualidade e diversidade na escrita, linguagem e forma de atuação como exemplos. Nesse caso, haveria uma afronta ao direito à diversidade das expressões culturais em aplicação ao trabalho profissional. Merece destaque a Declaração Universal sobre a Diversidade Cultural, da qual o Brasil é signatário, que em seu artigo 6º aponta:

> Enquanto se garanta a livre circulação das idéias mediante a palavra e a imagem, deve-se cuidar para que todas as culturas possam se expressar e se fazer conhecidas. A liberdade de expressão, o pluralismo dos meios de comunicação, o multilingüismo, a igualdade de acesso às expressões artísticas, ao conhecimento científico e tecnológico – inclusive em formato digital - e a possibilidade, para todas as culturas, de estar presentes nos meios de expressão e de difusão, são garantias da diversidade cultural (UNESCO, 2002).

Ainda no artigo 8º da Declaração, discutiram-se a problemática do uso das novas tecnologias e o respeito à diversidade como um fator que deve ter equilíbrio para a garantia de direitos para futuras gerações:

Frente às mudanças econômicas e tecnológicas atuais, que abrem vastas perspectivas para a criação e a inovação, deve-se prestar uma particular atenção à diversidade da oferta criativa, ao justo reconhecimento dos direitos dos autores e artistas, assim como ao caráter específico dos bens e serviços culturais que, na medida em que são portadores de identidade, de valores e sentido, não devem ser considerados como mercadorias ou bens de consumo como os demais (UNESCO, 2002).

Quanto às nuances da diversidade cultural e seus efeitos na sociedade da informação, a seguinte corrente doutrinária se posicionou sobre o assunto, bem como sobre a crítica entre os adeptos e os que divergem:

> Certas pessoas acham que todos os que apoiam a diversidade cultural querem substituir uma ditadura do conhecimento por outra, trocar um bloco de pensamento por outro. Talvez seja essa a percepção mais errônea da diversidade cultural. Embora haja entre nós um pessoal excessivamente zeloso que pretende substituir um conjunto de absolutos por outro, mudando simplesmente o conteúdo, essa perspectiva não representa com precisão as visões progressistas de como o compromisso com a diversidade cultural pode transformar construtivamente a academia. Em todas as revoluções culturais há períodos de caos e confusão, épocas em que graves enganos são cometidos. Se tivermos medo de nos enganar, de errar, se estivermos a nos avaliar constantemente, nunca transformaremos a academia num lugar culturalmente diverso, onde tanto os acadêmicos, quanto aquilo que eles estudam abarquem todas as dimensões dessa diferença (HOOKS, 2013, p. 49).

A diversidade não excluiu a divergência entre os diversos saberes, vez que ambas devem coexistir, e a finalidade é promover um equilíbrio de modo que todos participem dos processos evolutivos em uma sociedade, cada qual com a sua *expertise*.

As novas tecnologias devem ser colaborativas, e não substitutas do trabalho humano. A essência é a promoção da modernização e da inovação, porém com o uso racional dessas ferramentas para garantir a efetividade e a justiça das decisões. De acordo com Silva Junior (2024), realça-se a importância da informação das diversas tecnologias e sua aplicabilidade, tendo em vista o impacto na sociedade. Aponta ainda sobre o assunto:

> Existem diversas aplicações de IA no Judiciário, desde algoritmos que auxiliam na triagem de processos até ferramentas que fazem previsões sobre reincidência criminal ou determinam padrões de jurisprudência.

Cada uma dessas tecnologias tem diferentes níveis de impacto sobre as decisões judiciais. Por exemplo, algoritmos preditivos de risco podem ter consequências mais graves em termos de vieses e erros do que uma ferramenta que apenas organiza dados processuais (SILVA JÚNIOR, 2024).

A inteligência artificial pode ocasionar diversos impactos a depender dos critérios usados para a sua criação e utilização; portanto, o impacto na sociedade da informação dependerá da motivação de sua aplicação.

Ademais, a defesa apresentada em juízo deve ser diante do caso concreto e com a livre autoria, não sendo avaliada conforme a programação do sistema, devendo o profissional se submeter aos algoritmos e palavras-chave para ter o direito de seu cliente analisado, sob pena de cometimento de injustiças e impactos na sociedade da informação.

Ainda tem posicionamento em que se verificam algumas nuances benéficas do uso racionalizado da inteligência artificial, conforme veremos. Segundo Paes (2024): (...) "Então, com acesso quase ilimitado à legislação, à jurisprudência, à doutrina, entre tantos outros repositórios de informações, as ferramentas estariam habilitadas a proporem minutas de decisões, a serem revisadas e assinadas pelos magistrados".

No que diz respeito ao assunto, a resolução do Conselho Nacional de Justiça, em seu artigo 2º, diz: "A Inteligência Artificial, no âmbito do Poder Judiciário, visa promover o bem-estar dos jurisdicionados e a prestação equitativa da jurisdição, bem como descobrir métodos e práticas que possibilitem a consecução desses objetivos" (CNJ, 2020).

Entretanto, apesar de interações inovadoras, os atributos inerentes à atividade jurisdicional não podem ser substituídos, ainda que sob o argumento de racionalização dos recursos. Também conforme Paes (2024):

> (...) a solução dos males que afligem o sistema de justiça não passa pela substituição do "juiz artesão" pelo "juiz robô". Afinal, só um juiz humano pode ser capaz de desenvolver raciocínio jurídico baseado em expectativas, experiências, conhecimentos, métodos interpretativos, diretrizes hermenêuticas, parâmetros decisórios e fundamentação adequada. Só um juiz humano pode ser capaz de examinar as especificidades de um caso e argumentar validamente para promover direitos, justiça e dignidade.

Por fim, a heterogeneidade de pensamento deve ser preservada, a qualidade humana da criticidade sobre determinado assunto, com o seu direito real de escolha diante das inovações postas a serviço da humanidade, direito de transparência sobre os processos e critérios para a utilização da inteligência artificial aplicada aos processos judiciais, com a revisão humana para serem resguardados os direitos conquistados.

Conclusões

Na legislação brasileira, têm-se diversos diplomas legais que garantem o acesso ao judiciário com disposições sobre a sua efetividade, além de outros dispositivos internacionais. A proteção do direito de escolha e a efetividade dessa garantia estão à disposição, porém devem ser proporcionadas com políticas públicas.

A garantia do direito do jurisdicionado se prolonga também no ambiente virtual, a despeito do uso de inteligência artificial como um meio facilitador, e não um fim em si, sob pena de tolhimento de direitos que se sobrepõem ao interesse individual ou mesmo de um grupo.

Dessa forma, diretrizes precisam ser criadas, traçando garantias para o destinatário dos serviços jurídicos, de modo a promover segurança e proteção de seus direitos, e como defendido no presente capítulo, também para um acesso mais efetivo à prestação jurisdicional. Tal interpretação vai, como vimos, ao encontro dos princípios contidos na Constituição Federal, diplomas infraconstitucionais e, inclusive, internacionais.

Em última análise, sobre o acesso ao Judiciário com o uso da inteligência artificial para colaboração na resolução de conflitos, deve ser equalizada a proteção da liberdade de escolha do jurisdicionado no ambiente digital para a prestação com efetividade dos serviços e soluções atreladas à garantia de direitos para decisões justas.

Concluindo-se que, para o respeito e valorização desses direitos, atrelados às políticas para transparência no uso da inteligência artificial, bem como detalhamentos sobre a tecnologia e a forma de utilização, segurança da informação e auditoria do sistema, assim como medidas para salvaguardar o direito real de escolha na sua utilização e mesmo que se exercida a escolha, ainda assim, deve existir a revisão humana das decisões para a promoção da justiça social; dessa forma, daremos sentido ao primado da justiça.

Referências

ALBERTIN, Alberto Luiz; MOURA, Rosa Maria de. Comércio eletrônico: seus aspectos de segurança e privacidade. *Revista de Administração de Empresas*, São Paulo, v. 38, n. 2, p. 49-61, abr./jun. 1998. Disponível em: http://www.scielo.br/scielo.php?script=sci_arttext&pid=S0034-75901998000200006&lng=pt&nrm=iso. Acesso em: 14 nov. 2024.

ANTUNES, Luís Filipe. A privacidade no mundo conectado da internet das coisas. *Revista Fórum*, [S.l.], n. 2, p. 52-58, jan. 2016. Disponível em: https://www.cnpd.pt/media/kjspegob/forum_2_af_web_low.pdf. Acesso em: 14 nov. 2024.

BARROS, Denise Franca *et al*. Uma discussão necessária sobre a vulnerabilidade do consumidor: avanços, lacunas e novas perspectivas. *Caderno EBAPE.BR*, Rio de Janeiro, jan./mar. 2021. Disponível em: https://doi.org/10.1590/1679-395120200026. Acesso em: 14 nov. 2024.

BERLANGA, Tayon. A advocacia do século XXI. *Jornal da advocacia*, São Paulo, abr. 2019. Capa, p. 11.

BERSCH, Rita; SARTORETTO, Mara. Educação, Tecnologia e Acessibilidade. *In*: ALMEIDA, Virgílio Augusto Fernandes (coord.). *Pesquisa sobre o uso das tecnologias da informação e comunicação nas escolas brasileiras*: TIC educação 2014. São Paulo: Comitê Gestor da Internet no Brasil, 2015. p. 43-49.

BRASIL. *Constituição da República Federativa do Brasil de 1988*. Presidência da República, Brasília, DF, 05 out. 1988. Disponível em: http://www.planalto.gov.br/ccivil_03/Constituicao/Constituicao.htm. Acesso em: 14 nov. 2024.

BRASIL. *Lei n. 8.078, de 11 de setembro de 1990*. Dispõe sobre a proteção do consumidor e dá outras providências. Presidência da República, Brasília, DF, 12 set. 1990. Disponível em: http://www.planalto.gov.br/ccivil_03/Leis/L8078.htm. Acesso em: 14 nov. 2024.

BRASIL. *Lei n. 13.105, de 16 de março de 2015*. Código de Processo Civil, Brasília, DF, 17 mar. 2015. Disponível em: https://www.planalto.gov.br/ccivil_03/ato2015-2018/2015/lei/L13105.htm. Acesso em: 14 nov. 2024.

CAVALLI, Ricardo Fachin. *Princípio do livre convencimento motivado do juiz*. Disponível em: https://ambitojuridico.com.br/principio-do-livre-convencimento-motivado-do-juiz/. Acesso em: 14 nov. 2024.

CNJ – CONSELHO NACIONAL DE JUSTIÇA. *Resolução nº 332, de 21 de agosto de 2020*. Dispõe sobre a ética, a transparência e a governança na produção e no uso de Inteligência Artificial no Poder Judiciário e dá outras providências. Diário da Justiça Eletrônico/CNJ nº 274, Brasília, DF, 25 ago. 2020, p. 4-8. Disponível em: https://atos.cnj.jus.br/atos/detalhar/3429. Acesso em: 14 nov. 2024.

FEITOSA, Andréia Rocha. A Proteção do Consumidor no ambiente digital e o direito à diversidade de expressões culturais. *Revista Brasileira de Direitos Humanos*, Porto Alegre, ano V, n. 20, p. 115-124, jan./mar. 2017.

FEITOSA, Andréia Rocha. Apontamentos práticos no peticionamento eletrônico atual. *In*: FEITOSA, Andréia Rocha (coord.). *Direito Digital e a Modernização do Judiciário*. São Paulo: LTR, 2015. p. 21-32.

FEÓLA, Luis Fernando. Processo eletrônico do trabalho e o princípio da razoável duração do processo. *In*: FEITOSA, Andréia Rocha (coord.). *Direito Digital e a Modernização do Judiciário*. São Paulo: LTR, 2015. p. 33-49.

FUX, Luiz. *Fux*: Inteligência artificial está à frente da humana e precisa de regulação. Entrevista concedida a Weslley Galzo e Tácio Lorran. Estadão Conteúdo, 2024. Disponível em: https://www.cnnbrasil.com.br/politica/fux-inteligencia-artificial-esta-a-frente-da-humana-e-precisa-de-regulacao/. Acesso em: 14 nov. 2024.

HOOKS, Bell. *Ensinando a transgredir*: a educação como prática da liberdade. Tradução: Marcelo Brandão Cipolla. São Paulo: Editora WMF Martins Fontes, 2013. p. 37-49.

LIMA, Danilo Pereira; LOPES, Ziel Ferreira. *Por que devemos abandonar o "livre convencimento motivado" do juiz?* Disponível em: https://www.conjur.com.br/2020-ago-29/diario-classe-devemos-abandonar-livre-convencimento-motivado-juiz/. Acesso em: 14 nov. 2024.

MANUS, Pedro Paulo Teixeira. *O livre convencimento do juiz e a prova produzida nos autos*. Disponível em: https://www.conjur.com.br/2019-abr-12/reflexoes-trabalhistas-livre-convencimento-juiz-prova-produzida-autos/. Acesso em: 14 nov. 2024.

PAES, Arnaldo Boson. *Do 'juiz artesão' ao 'juiz robô'*: os riscos do uso da IA. Disponível em: https://www.conjur.com.br/2024-set-14/do-juiz-artesao-ao-juiz-robo-os-riscos-do-uso-da-ia/. Acesso em: 14 nov. 2024.

SANTOS, Boaventura de Sousa. Para além do pensamento abissal: das linhas globais a uma ecologia de saberes. *In*: SANTOS, Boaventura de Souza; MENESES, Maria Paula (orgs.). *Epistemologias do sul*. Coimbra: Almedina, 2009. p. 23-71.

SILVA, José Afonso da. *Curso de Direito Constitucional Positivo*. 10. ed. São Paulo: Malheiros, 1994.

SILVA JUNIOR, Israel Nonato da. *O selo de inteligência artificial nas decisões judiciais*. Disponível em: https://www.conjur.com.br/2024-out-22/o-selo-de-inteligencia-artificial-nas-decisoes-judiciais/. Acesso em: 14 nov. 2024.

UNESCO – ORGANIZAÇÃO DAS NAÇÕES UNIDAS PARA A EDUCAÇÃO, A CIÊNCIA E A CULTURA. *Declaração Universal sobre a Diversidade Cultural*. [S.l.]: Unesco, 2002. Disponível em: https://www.oas.org/dil/port/2001%20declaração%20universal%20sobre%20a%20diversidade%20cultural%20da%20unesco.pdf. Acesso em: 14 nov. 2024.

Informação bibliográfica deste livro, conforme a NBR 6023:2018 da Associação Brasileira de Normas Técnicas (ABNT):

FEITOSA, Andréia Rocha. A inteligência artificial em debate aplicada aos processos judiciais. *In*: ALLEMAND, Luiz Cláudio; SANTOS, Coriolano Aurélio de Almeida Camargo; MAGRO, Américo Ribeiro; GOMES, Rovena (coord.). *Processos judiciais eletrônicos*: inteligência artificial e garantia dos princípios do processo civil - algoritmos de agrupamento e similaridade. Belo Horizonte: Fórum, 2025. p. 59-74. ISBN 978-65-5518-975-9.

INTELIGÊNCIA ARTIFICIAL E TABELIONATO DIGITAL: COMO OS ALGORITMOS ESTÃO IMPACTANDO A PRÁTICA NOTARIAL E SUA APLICAÇÃO NO PROCESSO CIVIL

ANDREY GUIMARÃES DUARTE

Introdução: o direito notarial e o direito civil da nova era

Este artigo propõe examinar a integração da tecnologia, com destaque para a inteligência artificial (IA), na prática notarial brasileira e suas implicações na segurança jurídica, com ênfase na relevância do tabelionato no processo civil. A IA, como ferramenta tecnológica, tem o potencial de revolucionar a forma como os atos notariais são realizados, conferindo maior eficiência e agilidade aos procedimentos. Contudo, sua implementação deve ser acompanhada de uma análise crítica e cuidadosa, a fim de garantir que os princípios basilares do direito notarial, como a segurança jurídica, a fé pública e a imparcialidade, sejam preservados.

Antes de nos aprofundarmos no assunto, é fundamental revisitar alguns conceitos do processo civil, especialmente no que diz respeito à prova e seus princípios. Afinal, a função notarial, desde sua gênese, está intrinsecamente ligada à produção de provas, como se pode constatar ao longo da história do notariado, que se confunde com a própria história do direito e da sociedade.

Desde as civilizações antigas, a necessidade de formalizar as relações interpessoais impulsionou o desenvolvimento da atividade notarial. A necessidade de registrar fatos e acordos de forma confiável, garantindo sua autenticidade e integridade, levou ao surgimento de figuras como os escribas, que atuavam como intermediários de confiança na formalização de negócios jurídicos.

No processo civil brasileiro, o ônus da prova, regra geral, recai sobre aquele que alega um fato. Contudo, o ordenamento jurídico prevê também a possibilidade de inversão do ônus da prova, em situações específicas, com o objetivo de facilitar o acesso à justiça, garantir a proteção de direitos e equilibrar as desigualdades entre as partes, reconhecendo as dificuldades que uma delas possa enfrentar na produção de provas.

Por sua vez, a fé pública, atributo inerente ao ato notarial, confere aos documentos por ele elaborados presunção de veracidade, tornando-os provas robustas em processos judiciais. O tabelião, na qualidade de delegado do poder público, atua como intermediário de confiança, assegurando a autenticidade e a formalidade dos negócios jurídicos, salvo os casos em que haja provas cabais contrárias.

Com o advento das tecnologias eletrônicas e digitais, o direito notarial passou por uma profunda transformação. A digitalização de documentos e a utilização de ferramentas como a IA – que discutiremos nos próximos capítulos – trazem consigo a promessa de maior celeridade e precisão no tratamento de dados jurídicos.

Nesse contexto, é imperativo destacar, como faremos de maneira mais detalhada no capítulo 3, o princípio da livre apreciação da prova pelo juiz. O sistema jurídico brasileiro não impõe uma hierarquia, taxatividade ou forma única de consideração das provas, conferindo ao magistrado a liberdade de valorá-las de acordo com sua convicção – contanto, claro, que se paute nos princípios da razoabilidade e da persuasão racional.

Em outras palavras, o juiz não está obrigado a atribuir um peso fixo a cada tipo de prova, como a ata notarial, por exemplo. Cabe a ele analisar o contexto do caso, a coerência e a veracidade dos elementos probatórios apresentados para formar seu livre convencimento. Por isso, quanto mais robusta for a atuação do tabelião, munido de processos adequados e de tecnologias que fortaleçam suas funções públicas no processo civil, maior será sua importância e mais necessária sua prática.

A ata notarial digital, por exemplo, pode ser utilizada para documentar conversas em aplicativos de mensagens instantâneas, como o WhatsApp, algo relativamente novo na prática jurídica, desde que sejam observados os limites impostos pelo direito ao sigilo das comunicações e à privacidade, apenas para citar alguns.

Já a utilização de ferramentas de IA na transcrição de áudios pode, em tese, auxiliar o tabelião na elaboração dessa mesma ata notarial, agilizando o processo e garantindo a precisão da transcrição, desde que o tabelião permaneça como validador do documento, não delegando à tecnologia a função primordial que lhe cabe pelas leis brasileiras.

Assim, diante da crescente relevância das provas eletrônicas e das tecnologias emergentes nos litígios modernos, o notariado assume um papel cada vez mais importante na construção de um sistema de justiça mais eficiente e seguro. É um cenário que abre um leque de oportunidades para aprimorar a prática jurídica e garantir a justiça em um mundo cada vez mais digital.

É importante destacar, contudo, que a implementação da IA e outras tecnologias na prática notarial deve ser sempre acompanhada de uma reflexão profunda sobre seus impactos éticos. O uso da IA, por si só, não garante justiça. É fundamental que os princípios da atividade notarial, como imparcialidade, segurança jurídica e respeito aos direitos fundamentais, sejam sempre observados. O tabelião, como profissional do direito, deve estar atento aos desafios e oportunidades que a era digital apresenta, buscando aprimorar seus conhecimentos e suas práticas para garantir a prestação de um serviço público de excelência, em consonância com as demandas da sociedade contemporânea.

1 O ato notarial na era digital

A transição para o ambiente digital constitui um marco na evolução do direito notarial, cuja principal vocação sempre foi garantir a segurança jurídica por meio da instrumentalização de atos dotados de fé pública. O tabelião, delegado do poder público, atua como intermediário de confiança, conferindo autenticidade e formalidade aos negócios jurídicos. A partir dessa premissa, o ato notarial adquire uma importância singular, servindo como meio de prova inequívoca em diversas esferas do direito, com especial destaque para o processo civil.

Em suma, a função notarial surgiu em um contexto de necessidade de formalização das relações humanas, especialmente comerciais e patrimoniais, e vem evoluindo desde os primórdios da civilização. No Egito Antigo, por exemplo, os escribas eram responsáveis por registrar contratos e eventos importantes da vida civil, sendo considerados essenciais para o funcionamento administrativo e jurídico do Estado.

Os gregos e os romanos, posteriormente, também utilizavam figuras semelhantes aos notários modernos para redigir documentos importantes, como testamentos, contratos e registros de propriedade. Na Roma Antiga, os *tabelliones* foram os precursores diretos dos notários modernos, sendo responsáveis pela redação de contratos e acordos de grande relevância, assegurando que as partes envolvidas tivessem suas vontades devidamente registradas.

No Brasil, a atividade notarial foi implantada durante o período colonial, seguindo o modelo europeu. Desde então, os notários passaram a desempenhar funções essenciais para a garantia da segurança jurídica nas relações civis e comerciais. A Lei nº 8.935/1994 regulamentou oficialmente a profissão no país, estabelecendo as funções, suas responsabilidades e atribuições. Segundo essa legislação, cabe ao notário formalizar a vontade das partes envolvidas em um ato jurídico, conferindo-lhe fé pública e garantindo a segurança dos documentos por ele redigidos (BRASIL, 1994).

Historicamente, como se pode imaginar, a lavratura de atos notariais era realizada em meio físico, onde o tabelião presenciava os fatos, documentava-os e, posteriormente, arquivava os registros. Embora esse método fosse seguro, quando resguardado por protocolos adequados, o avanço tecnológico revelou a possibilidade de inovações capazes de aprimorar a eficiência sem sacrificar a segurança jurídica inerente ao serviço notarial. Nesse contexto, o Decreto nº 10.278/2020 (BRASIL, 2020), ao regulamentar a digitalização de documentos públicos e privados, surgiu como resposta à crescente necessidade de soluções tecnológicas, permitindo que documentos digitalizados tivessem o mesmo valor jurídico que seus correspondentes físicos. Com essa medida, abriu-se o caminho para a incorporação definitiva de tecnologias digitais no campo notarial, elevando o papel da digitalização e desmaterialização de atos como instrumentos fundamentais da prática jurídica.

Paralelamente, o advento do Provimento nº 100/2020, do Conselho Nacional de Justiça (CNJ), ao estabelecer normas sobre a prática de atos notariais eletrônicos (depois consolidadas no Provimento nº 149/2023), consagrou a inserção definitiva do e-Notariado no cenário jurídico nacional. Através dessa regulamentação, o ordenamento jurídico brasileiro permitiu que escrituras públicas, atas notariais e outros instrumentos lavrados pelo tabelião pudessem ser realizados a distância, com o uso de videoconferência, assinatura eletrônica e certificado digital (CNJ, 2020a). Essa inovação permitiu que o ato notarial, tradicionalmente vinculado ao contato presencial entre tabelião e partes interessadas, fosse transposto para o ambiente virtual, sem prejuízo da segurança jurídica. O provimento foi além ao estabelecer a obrigatoriedade de uso da plataforma e-Notariado para a prática de atos eletrônicos, assegurando que a autenticação, assinatura e validade desses atos fossem monitoradas e registradas em conformidade com os mais altos padrões de confiabilidade e fé pública preconizados pelo direito.

Nesse aspecto, a ata notarial eletrônica merece destaque. Ela se configura como um dos instrumentos mais emblemáticos no cenário de digitalização do direito notarial, reafirmada pela Lei nº 13.105/2015 (Código de Processo Civil), em seu artigo 384, ao lhe conferir a condição de documento público dotado de presunção de veracidade (BRASIL, 2015). Nesse sentido, a ata notarial eletrônica também potencializa seu valor jurídico ao permitir que fatos ocorridos em ambientes virtuais, como *e-mails*, *websites* ou redes sociais, sejam documentados com a mesma eficácia das ocorrências presenciais.

A relevância da ata notarial digital, particularmente no âmbito processual civil, é um reflexo do avanço do sistema jurídico brasileiro rumo à modernização. A digitalização dos atos, conforme permitido pelo Decreto nº 10.278/2020, permite ao tabelião uma atuação mais dinâmica e adequada às demandas contemporâneas, nas quais a celeridade e a economia processual são essenciais (BRASIL, 2020). A regulamentação desse tipo de ato também é necessária para que a lavratura digital ocorra dentro de limites que assegurem a validade jurídica e o respeito aos direitos das partes, especialmente nos casos em que a manifestação de vontade e a capacidade das partes são aferidas remotamente. É sob esse prisma que o notariado deve continuar a se pautar pela aplicação rigorosa de princípios basilares, como a cautelaridade e a imparcialidade, garantindo que os atos lavrados digitalmente tenham o mesmo peso e força que os documentos físicos.

Ainda no âmbito da prática notarial digital, a Lei nº 8.935/1994, que regula a atividade notarial e registral, permanece como alicerce na definição das atribuições dos notários, mesmo no ambiente virtual. Essa lei, ao delinear o papel dos tabeliães, impõe como dever primordial a preservação da fé pública, independentemente do suporte físico ou digital dos documentos.

O advento da Matrícula Notarial Eletrônica (MNE), prevista pelo Provimento nº 149/2023, reforçou ainda mais a adaptabilidade do notariado às exigências tecnológicas do mundo moderno. Ao criar uma chave de identificação individual para cada ato notarial eletrônico, a

MNE assegura a unicidade e rastreabilidade de cada operação. Esse avanço não apenas simplifica a gestão dos atos notariais, como também garante maior transparência e controle sobre a documentação eletrônica (CNJ, 2023). A centralização dessas informações, promovida pelo Colégio Notarial do Brasil – Conselho Federal, propicia um novo patamar de segurança na autenticação de documentos digitais e na condução de negócios jurídicos de maneira remota.

É imperioso reconhecer, portanto, que o ato notarial eletrônico representa um avanço na racionalização e eficiência dos serviços notariais. A prática notarial digital, ao assegurar a autenticidade e validade dos atos, possibilita que o Brasil se alinhe às práticas internacionais de modernização dos serviços extrajudiciais. Contudo, é preciso ponderar que, apesar das inegáveis vantagens que a digitalização traz, desafios ainda se impõem. A preservação da integridade e da confiança nos atos digitais, bem como a proteção contra fraudes e manipulações tecnológicas, requer constante atualização das normas e rigorosa fiscalização. Não obstante, com a regulamentação adequada e a aplicação dos princípios tradicionais do direito notarial, o ato notarial na era digital se consolida como uma ferramenta indispensável para o fortalecimento da segurança jurídica, atendendo às demandas de uma sociedade cada vez mais dinâmica e interconectada.

A transição para o ambiente digital, contudo, trouxe também um novo conjunto de desafios, tanto para os profissionais da área quanto para os usuários dos serviços notariais. Um dos maiores obstáculos enfrentados nesse processo foi o "analfabetismo digital", conceito que reflete a dificuldade de muitas pessoas em compreender e confiar nas tecnologias digitais. Conforme destacaram Viktor Mayer-Schönberger e Kenneth Cukier, em seu estudo sobre a "dataficação", o crescente uso de algoritmos para manipulação de dados levanta questões sobre a compreensão e a autonomia dos indivíduos nesse novo ambiente digital (MAYER-SCHÖNBERGER; CUKIER, 2013).

Um caso a se destacar é o dos algoritmos de agrupamento e similaridade, que têm sido estudados e empregados para aprimorar a prática jurídica e notarial em várias partes do mundo. Esses algoritmos, utilizados para analisar grandes volumes de dados digitais, permitem que o notário organize, avalie e agrupe informações com base em critérios de semelhança, facilitando a detecção de padrões e a produção e validação de documentos eletrônicos. No contexto dos atos notariais eletrônicos, essas ferramentas se tornam especialmente valiosas ao lidar com evidências digitais que exigem análise rápida e precisa. No entanto, é preciso que essa nova tecnologia seja bem aplicada, supervisionada por profissionais capacitados, minimamente regulada e, claro, apresentada de maneira clara à sociedade – sua grande beneficiária. Mais do que isso, o circuito só se completa quando há a participação de um agente público que tenha um regime jurídico a preservar, como os tabeliães, garantindo, assim, os efeitos jurídicos do ato digital e das aplicações tecnológicas nele envolvidas.

2 Provas eletrônicas e o papel das atas notariais no processo civil

Como vimos no primeiro capítulo, a transformação digital está impactando profundamente o direito notarial, especialmente no que tange à coleta e análise de provas eletrônicas. Com o surgimento das comunicações digitais e do armazenamento em nuvem, uma quantidade cada vez maior de informações relevantes começou a ser gerada e armazenada em formato eletrônico – em contraste com um cenário em que as provas eram majoritariamente constituídas por documentos impressos e objetos físicos.

É nesse contexto que se revela a importância da ata notarial, já consolidada no ordenamento brasileiro, garantindo autenticidade e integridade às provas eletrônicas e sendo prova robusta em processos judiciais. O uso de tecnologias avançadas, incluindo a IA, nessa atividade ainda é incipiente, mas traz consigo a promessa de maior celeridade e precisão no tratamento dos dados jurídicos.

De acordo com o artigo 384 do Código de Processo Civil, "a ata notarial é o instrumento público através do qual o Tabelião, a requerimento da parte interessada, documenta fielmente fatos, situações ou coisas, e tem força probante plena" (BRASIL, 2015).

Essa previsão legal consolida a importância da ata notarial como meio de prova indispensável, especialmente em um cenário em que os documentos digitais se tornaram a principal forma de evidência em muitos processos. Além disso, a utilização de tecnologias avançadas, como algoritmos de agrupamento e similaridade e a inteligência artificial (IA), emerge como uma ferramenta com grande potencial para reforçar a segurança jurídica e conferir maior eficiência à prática notarial.

A IA permite a análise de grandes volumes de dados, permitindo que informações semelhantes sejam agrupadas e padrões sejam detectados com rapidez. No contexto do direito notarial e processual, essa tecnologia pode ser aplicada para diversos fins, como a verificação de documentos digitais, facilitando a detecção de fraudes, inconsistências ou adulterações – em outras palavras, em completo alinhamento à função precípua da atividade notarial.

A integração de IA potencializa, em tese, a prevenção de litígios e aumenta a confiança das partes na validade dos documentos eletrônicos. Isso só é possível, contudo, quando a tecnologia está a serviço do regime jurídico notarial, não sendo ela usada como substituta das funções dos profissionais notariais.

Um bom exemplo é a Medida Provisória nº 2.200-2/2001, que instituiu a Infraestrutura de Chaves Públicas Brasileira (ICP-Brasil) para a validação de documentos eletrônicos que utilizam certificação digital. Esse sistema estabeleceu as diretrizes para a emissão de certificados digitais, conferindo autenticidade, integridade e validade jurídica a documentos eletrônicos assinados digitalmente (BRASIL, 2001), mas exigindo ainda um controle externo, inclusive, dos tabeliães quando se trata de atividades concernentes à prática notarial.

A implementação de tecnologias emergentes no direito notarial, como se percebe, está intimamente ligada aos esforços para a modernização e padronização dos sistemas eletrônicos de registro e autenticação de documentos. O Provimento nº 74/2018, do CNJ, que estabelece os padrões mínimos de tecnologia nos serviços notariais e de registro, pode ser usado analogicamente como um exemplo claro dessa preocupação com a segurança jurídica no ambiente digital. Ele define a necessidade de utilização de criptografia, assinatura eletrônica e outros mecanismos de segurança que garantam a inviolabilidade e a autenticidade dos atos notariais digitais (CNJ, 2018).

Esse provimento foi reforçado pela Resolução nº 332/2020, do CNJ, que também possui consonância analógica e estabelece diretrizes para a digitalização dos serviços cartoriais e notariais, permitindo que os atos sejam realizados de forma totalmente eletrônica. A resolução, além de estabelecer parâmetros técnicos para a digitalização, também define os requisitos para o armazenamento seguro das informações, garantindo que os dados sejam protegidos contra adulterações e fraudes (CNJ, 2020b).

A IA, nesse contexto, pode atuar como uma aliada na verificação da integridade dos documentos digitais, contribuindo para sanar limitações humanas. Ao utilizar algoritmos de agrupamento e similaridade, é possível identificar com precisão a autenticidade dos dados e verificar se houve manipulação indevida. Esses algoritmos são capazes de comparar documentos digitais, *e-mails* ou outros tipos de dados com bancos de informações existentes, facilitando – após intervenção do notário, que garante os efeitos jurídicos do produto da aplicação tecnológica – a validação das provas apresentadas nos processos judiciais. Assim, garante-se a presença de um elemento humano, de um agente público a atestar que a tecnologia empregada possui parâmetros corretos e foi usada da maneira legal.

2.1 Princípio da livre apreciação das provas

Nesse passo, é importante abrir um breve parêntese para tecer algumas linhas acerca do princípio da livre apreciação das provas, essencial para aceitação e valoração dos meios de provas no mundo digital, pois, muito embora possam ser os mesmos do mundo físico, eles possuem peculiaridades que podem causar perplexidade.

O artigo 371 do CPC, vale salientar, assegura ao juiz a liberdade na apreciação da prova, devendo apenas fundamentar sua decisão, sem a obrigatoriedade de seguir critérios taxativos ou regras de preferência entre as espécies de prova (BRASIL, 2015). Essa disposição legal garante ao magistrado a autonomia na formação de sua convicção, com base nos elementos concretos apresentados ao longo do processo.

Ao mesmo tempo, o CPC, em seu artigo 139, também incentiva a adoção de medidas que garantam a maior eficiência na tramitação dos processos – obviamente, sem comprometer os direitos fundamentais das partes envolvidas (BRASIL, 2015).

É sob essa ótica que as escrituras declaratórias se destacam como um recurso valioso na era digital, especialmente quando associadas a tecnologias emergentes, como a IA. Lavradas por um tabelião, essas escrituras formalizam declarações de vontade, fatos ou situações, conferindo-lhes autenticidade, validade jurídica e fé pública. Com o apoio da IA, a produção dessas escrituras pode ser otimizada, facilitando a análise e organização de grandes volumes de dados eletrônicos, como registros de comunicação digital, históricos de transações e evidências eletrônicas, o que contribui para uma maior eficiência no processo de autenticação de fatos relevantes.

A utilização de IA nesse processo pode permitir que o tabelião acesse, de maneira mais rápida e precisa, informações que possam comprovar fatos, como uniões estáveis e titularidade de propriedades, evitando longas discussões judiciais e o uso de provas testemunhais extensas. A escritura declaratória, apoiada por meio de ferramentas de IA e eventuais outras ferramentas, torna-se uma prova robusta, que pode ser facilmente verificada pelo juiz, trazendo segurança jurídica e celeridade ao processo judicial. Essa integração tecnológica fortalece o papel do tabelião na modernização do sistema probatório, ampliando as possibilidades de comprovação de fatos complexos de forma documentada e confiável.

Ademais, o uso de IA na produção de escrituras declaratórias tem potencial para reduzir os custos do sistema judiciário brasileiro. Consequentemente, ao simplificar, assim, a obtenção de provas documentais e reduzir a necessidade de instruções processuais complexas, facilita-se a apresentação de provas autênticas e juridicamente seguras.

2.2 Os negócios jurídicos processuais na adoção de novas tecnologias

Os Negócios Jurídicos Processuais (NJPs), introduzidos pelo Código de Processo Civil de 2015, são instrumentos que permitem às partes, de comum acordo, ajustarem determinadas questões processuais de acordo com suas necessidades específicas. No âmbito da utilização de provas eletrônicas, os NJPs permitem uma flexibilidade que pode ser fundamental para a adoção de tecnologias avançadas na coleta e análise de provas digitais.

Conforme previsto no artigo 190 do CPC, "é lícito às partes plenamente capazes estipular mudanças no procedimento para ajustá-lo às especificidades da causa e convencionar sobre os seus ônus, poderes, faculdades e deveres processuais" (BRASIL, 2015). A utilização dos NJPs pode ser particularmente importante em litígios complexos, em que há uma vasta quantidade de documentos digitais a serem processados. As partes podem, por exemplo, estipular previamente quais métodos tecnológicos serão utilizados para a coleta e análise das provas eletrônicas, reduzindo o risco de disputas sobre a validade dessas provas posteriormente no processo. E, vindo essas provas da atuação notarial, cria-se uma camada adicional de segurança a conferir maior credibilidade à prova e maior potencial de pacificação das partes do processo.

O uso de provas eletrônicas tem se tornado cada vez mais comum em litígios civis, sobretudo, em disputas que envolvem comunicações eletrônicas (incluindo o WhatsApp e redes sociais), contratos digitais, *e-mails* e outros tipos de documentos digitais. A relevância dessas provas, conforme previsto pelo artigo 384 do Código de Processo Civil, está em sua capacidade de fornecer registros precisos e documentados de fatos ocorridos em ambientes digitais. Entretanto, a complexidade, alterabilidade e vastidão dos dados digitais muitas vezes exigem abordagens específicas para garantir que as provas sejam coletadas, armazenadas e analisadas de maneira eficiente. Novamente, a atuação notarial soluciona eventuais questionamentos que surgem diante das provas digitais.

É nesse ponto que NJPs adquirem uma relevância prática considerável. Ao permitir que as partes ajustem o procedimento processual, esses acordos podem incluir cláusulas que regulam o modo como as provas eletrônicas serão produzidas e tratadas ao longo do processo. Embora a tecnologia ofereça ferramentas avançadas para a coleta e armazenamento de dados, é o notário quem assegura a conformidade desses procedimentos com os requisitos legais, conferindo validade e autenticidade aos atos praticados. Por exemplo, em uma disputa envolvendo grandes volumes de *e-mails*, o notário não apenas certifica o uso de ferramentas eletrônicas apropriadas, como também garante que o armazenamento desses dados seja feito em conformidade com as exigências legais, preservando a integridade e a autenticidade das provas. A aplicação de qualquer tecnologia, incluindo IA, terá validade jurídica inquestionável somente se for validada pelo notário, que é o responsável por conferir fé pública e assegurar que todo o processo siga os princípios jurídicos aplicáveis.

Todos os processos estipulados no NJP, como verificação de documentos, análise de dados e até mesmo a comparação de documentos digitais, podem ser grandemente acelerados por IA, conferindo maior eficiência e precisão ao trabalho dos notários na atestação dessas provas. A aplicação da IA no campo notarial, desse modo, também é uma inovação promissora, que tem o potencial de transformar a prática notarial e aprimorar a celeridade e a eficácia dos processos judiciais.

O tabelião e sua equipe devem estar preparados para operar e supervisionar os sistemas de IA, o que implica em uma formação contínua e no desenvolvimento de competências específicas relacionadas à tecnologia. A formação deve abordar não apenas aspectos técnicos, mas também questões éticas e legais relacionadas ao uso da IA, preparando os profissionais para lidar com os desafios e responsabilidades decorrentes dessa nova realidade.

3 Implicações éticas da utilização de tecnologias emergentes no direito notarial

Como se vê até aqui, a implementação de tecnologias emergentes, especialmente a inteligência artificial (IA), no âmbito do direito notarial tem potencial para transformar profundamente a forma como os atos notariais são realizados. Ferramentas avançadas de IA, como aquelas utilizadas para a geração automatizada de atas, redação e revisão de documentos, e verificação e validação de provas eletrônicas, prometem maior eficiência, celeridade e precisão na execução de tarefas rotineiras dos cartórios. No entanto, com essa transformação, surgem questões éticas e jurídicas importantes, que devem ser analisadas cuidadosamente, garantindo que as tecnologias sejam usadas de maneira responsável e sem comprometer os princípios fundamentais da atividade notarial.

No cenário atual, a IA pode ser utilizada para diversas finalidades dentro dos cartórios, sendo uma ferramenta poderosa para auxiliar o notário em tarefas técnicas e repetitivas, sem substituir seu papel essencial como garantidor da fé pública.

3.1 Geração automatizada de atas notariais

A IA pode ser empregada, por exemplo, na automação da geração de atas notariais, especialmente em situações que envolvem a coleta de dados eletrônicos, como registros de comunicações digitais, conversas por aplicativos como WhatsApp ou publicações em redes sociais. O tabelião pode utilizar ferramentas para extrair essas informações de maneira organizada e precisa, facilitando a elaboração de uma ata notarial que descreva de forma fiel os eventos observados no ambiente digital.

Contudo, a fiel verificação dos dados e a garantia da autenticidade continuam sendo funções exclusivas do notário, que deve supervisionar o processo de forma rigorosa. A tecnologia auxilia, mas não pode substituir a responsabilidade final do tabelião de conferir a validade jurídica dos atos. Como destaca Leonardo Brandelli, "o verdadeiro objeto do Direito Notarial é o Notário e a sua conduta, ou seja, o notariado" (BRANDELLI, 2007, p. 80).

3.2 Auxílio na redação e revisão de atas notariais

Outra aplicação prática da IA é o auxílio na redação e revisão de documentos notariais. Ferramentas de processamento de linguagem natural podem ajudar a padronizar textos e garantir a consistência na formulação de atas e escrituras, otimizando o tempo do tabelião em tarefas mais complexas. No entanto, é fundamental que o notário mantenha o controle sobre o conteúdo e a forma dos documentos, revisando e validando cada item antes de sua formalização. A fé pública conferida pelo tabelião – e somente a ele, e não à tecnologia – implica a responsabilidade de que o conteúdo do documento esteja em conformidade com a vontade das partes e com os preceitos legais.

3.3 Verificação e validação de provas eletrônicas

Com o aumento dos litígios envolvendo provas eletrônicas, como documentos digitais, *e-mails* e mídias sociais, o uso de IA para a verificação e validação dessas provas torna-se promissor. Ferramentas de IA podem ajudar na detecção de *deepfakes* – falsificações digitais de áudio, vídeo ou imagens –, que podem comprometer a integridade das provas.

Deepfake é um tipo de conteúdo manipulado por IA que cria uma simulação extremamente realista de pessoas, eventos ou declarações, potencialmente utilizado para enganar terceiros. A IA pode auxiliar na triagem e verificação inicial das provas, mas cabe ao tabelião realizar a validação final, conferindo fé pública ao documento e garantindo que ele seja aceito como prova robusta nos tribunais.

3.4 Tecnologia a serviço da sociedade: o e-Fatos enquanto expansão do cenário atual

O uso crescente de novas tecnologias na atividade notarial tem impulsionado uma reavaliação dos serviços oferecidos à sociedade, ampliando as possibilidades de atuação do tabelião no ambiente digital. Esse avanço reflete uma transformação profunda na prática notarial, que, ao incorporar ferramentas tecnológicas, adapta-se às necessidades contemporâneas, promovendo a segurança jurídica de maneira mais eficiente e acessível e reforçando seu papel de garantidor da segurança jurídica e apaziguador da sociedade.

É inegável que a digitalização da vida humana tem exigido que o notariado responda a novos desafios impostos pela era digital, na qual as interações e transações notariais ocorrem, cada vez mais, em ambientes virtuais. A partir dessa expansão, surgem oportunidades para o desenvolvimento de novos serviços que possam atender à crescente demanda por validação de provas eletrônicas, seja para processos judiciais, seja para transações comerciais e pessoais.

Nesse sentido, é possível imaginar a criação de uma plataforma digital específica para a autenticação sistematizada de fatos e provas eletrônicas no ambiente *online*, complementando os serviços já oferecidos pelo e-Notariado.

Tal plataforma, chamemo-la de e-Fatos e a qual venho desenvolvendo, ofereceria uma oportunidade inovadora para expandir o acesso da população aos serviços notariais com eficiência e segurança, permitindo que qualquer pessoa submeta digitalmente, e o tabelião autentifica fotos, vídeos, reuniões e conversas, colocando-se como resposta aos desafios de um mundo digital, em que a celeridade, praticidade e efemeridade, além da essencialidade da produção de provas eletrônicas nos processos judiciais e negociações privadas, exigem uma atuação do notário em consonância com essa nova dinâmica das relações sociais e negociais.

Esse tipo de plataforma é juridicamente viável e amparado pela legislação brasileira, especialmente pela Lei nº 8.935/1994, que regula os serviços notariais e registrais, e pelas normas do e-Notariado. Essencialmente, é preciso permitir que o usuário possa, por meio de seu *smartphone*, mas dentro do ambiente controlado do aplicativo dos notários, realizar a captura de fatos e enviá-los diretamente ao ambiente digital do tabelião, que imputará sua ação e responsabilidade como gestor do ambiente, conferindo autenticidade.

O processo de autenticação, aliás, poderia ocorrer dentro do ambiente do e-Notariado, cada vez mais difundido na sociedade, inclusive integrado a outras funcionalidades, como a emissão do certificado notarizado. Garantir-se-á, assim, que o processo siga os mais elevados padrões de segurança jurídica e respeite as normas legais aplicáveis.

A ferramenta poderia contar ainda com funções nativas de captura de imagens, gravação de vídeos e áudios, e permitiria a realização de videoconferências, tudo sob a supervisão atenta do tabelião. Após a captura do fato, o tabelião realiza a autenticação no seu cartório virtual, conferindo a validade jurídica aos arquivos e garantindo sua integridade através de criptografia e assinaturas eletrônicas avançadas do solicitante, e seu certificado digital, em conformidade com a infraestrutura de chaves públicas da ICP-Brasil.

A implementação de um sistema como esse traz uma série de benefícios para o direito civil e notarial, tanto no âmbito da celeridade processual quanto na redução de custos. O primeiro ponto de destaque é a simplificação do processo de produção de provas, tornando-o mais acessível à população. Ao garantir que o usuário possa capturar e autenticar fatos relevantes diretamente de seu *smartphone*, o tempo gasto em processos judiciais para a validação de provas é drasticamente reduzido. A validação imediata por parte do tabelião confere segurança jurídica e diminui a necessidade de litígios sobre a integridade das evidências.

Além disso, a automação de parte do processo notarial, por meio de ferramentas tecnológicas, inclusive de IA, reduz o custo operacional tanto para os tabeliães quanto para as partes, ampliando o acesso da população. O custo da autenticação digital de uma prova eletrônica pelo e-Fatos seria semelhante ao de uma autenticação física, mas a praticidade e o alcance desse serviço facilitariam demasiadamente a vida do cidadão e evitariam seu deslocamento até o cartório físico. Essa acessibilidade é especialmente relevante em um país com vasto território, onde o acesso aos serviços notariais pode ser mais difícil em regiões remotas.

A segurança é outro ponto crucial. Como o tabelião supervisiona e autentica todo o processo, a integridade das provas está garantida, e as partes envolvidas podem ter confiança de que as evidências não foram adulteradas. O sistema de criptografia e de assinaturas digitais confere proteção adicional, tornando praticamente impossível a modificação dos arquivos após a autenticação, o que reforça a validade da prova em qualquer disputa judicial.

O sistema e-Fatos e outras inovações semelhantes, longe de substituir o Tabelião, fortalecem sua atuação ao oferecer novas ferramentas para garantir a integridade das provas e ampliar o alcance de seus serviços.

O tabelião mantém sua responsabilidade sobre o processo e, ao final, é ele quem garante a autenticidade, integridade e validade jurídica dos arquivos. O notário atua como um "avatar" no ambiente digital, utilizando a tecnologia para expandir suas capacidades sem abdicar de sua função primordial de assegurar a segurança jurídica dos atos e a confiança das partes envolvidas. O notário está efetivamente presente.

Essa fusão entre tecnologia e a atuação humana qualificada do notário permite que a sociedade se beneficie de serviços mais ágeis e acessíveis, sem comprometer os princípios que regem a fé pública e a segurança jurídica. A adoção de novas tecnologias no âmbito notarial, como o e-Fatos, representa uma evolução significativa na prestação de serviços públicos, mas é fundamental lembrar que o sucesso dessa transição digital depende, em última análise, da supervisão e *expertise* do tabelião, que é o verdadeiro pilar da segurança jurídica no Brasil.

3.5 Regulação e ética na integração de IA à atividade notarial

Apesar das vantagens proporcionadas pelas tecnologias emergentes, como vimos ao longo do artigo, a sua implementação na atividade notarial traz à tona uma série de questões éticas e jurídicas que precisam ser abordadas com cautela. A utilização de IA, especialmente em uma função tão sensível como a notarial, requer uma análise profunda dos impactos no tratamento e proteção de dados pessoais, nos riscos de vieses algorítmicos e nas garantias processuais fundamentais para o exercício da justiça.

A Lei nº 13.709/2018 ou Lei Geral de Proteção de Dados impõe obrigações rigorosas sobre o tratamento de dados pessoais, especialmente em relação à coleta, armazenamento e compartilhamento de informações sensíveis. Como os cartórios frequentemente lidam com grandes volumes de dados pessoais, o tabelião, como responsável pela guarda desses dados, precisa assegurar que todas as operações envolvendo dados pessoais sejam realizadas de forma segura, com mecanismos adequados de criptografia e com a devida autorização dos titulares.

Além disso, a LGPD exige que o tratamento de dados seja feito com base nos princípios de finalidade (BRASIL, 2018), necessidade, transparência e segurança, o que impõe limites ao uso de IA em tarefas que envolvam informações pessoais. A atuação do notário como fiscalizador do tratamento dos dados é, portanto, essencial para garantir o respeito às diretrizes legais e aos direitos fundamentais dos indivíduos.

Os dados biométricos, por sua natureza sensível, estão diretamente relacionados à identidade única de uma pessoa, como impressões digitais, reconhecimento facial e íris. No contexto notarial, em que o tabelião lida com informações pessoais e confidenciais, deve-se garantir que esses dados sejam coletados, armazenados e processados de forma segura, em conformidade com a legislação. A utilização inadequada ou vazamento de dados biométricos poderia não apenas comprometer a integridade dos atos notariais, mas também expor os titulares dos dados a riscos significativos, como fraudes de identidade e invasões de privacidade, comprometendo inclusive o nível de confiança da população na atividade notarial.

Outro aspecto importante da utilização de IA é o risco de vieses algorítmicos. Como eles são treinados com base em grandes quantidades de dados, há a possibilidade de que esses sistemas reproduzam vieses presentes nos dados originais, levando a resultados tendenciosos ou discriminatórios. No contexto notarial, onde a imparcialidade é um princípio fundamental, esses vieses podem comprometer a integridade dos atos praticados. Por isso, o treinamento e a intervenção qualificada do tabelião são tão necessários.

O tabelião deve ter um papel ativo na auditoria e no controle de qualidade dos sistemas de IA utilizados em sua prática, garantindo que esses sistemas estejam em conformidade com os princípios de imparcialidade, justiça e segurança jurídica. Além disso, qualquer decisão automatizada que afete os direitos das partes deve ser revisada e validada por um notário, evitando que decisões injustas ou incorretas sejam tomadas com base exclusivamente em algoritmos.

Por fim, é imperativo ressaltar que, independentemente dos avanços tecnológicos, o tabelião permanece insubstituível na função de garantidor da fé pública. A implementação de IA e outras tecnologias emergentes deve ser vista como um recurso para aumentar a eficiência e a precisão das atividades notariais, mas jamais como um substituto da atuação humana. A fé pública é um atributo que só pode ser conferido por um profissional de direito capacitado, cuja imparcialidade e o compromisso com a justiça são inegociáveis.

Considerações finais

Este artigo abordou o impacto das tecnologias emergentes, especialmente da inteligência artificial (IA), no direito notarial e sua integração ao processo civil brasileiro. Em um contexto de crescente digitalização das interações e transações, a atividade notarial passou por adaptações significativas, que buscam preservar a segurança jurídica e a confiança pública no ambiente digital. Ao longo de três capítulos, discutiu-se como as inovações foram incorporadas ao notariado para atender às demandas de uma sociedade cada vez mais conectada, considerando a supervisão essencial do tabelião para assegurar a autenticidade e validade jurídica dos atos praticados.

O estudo refletiu sobre a aplicação da IA como ferramenta capaz de otimizar a produção de atos e provas eletrônicas, auxiliando na análise, organização e validação de informações digitais. Foram exploradas aplicações práticas, como a geração automatizada de atas notariais, o apoio na redação e revisão de documentos e a verificação de provas digitais, incluindo a detecção de fraudes.

Além disso, o uso de tecnologias emergentes no notariado também tem o potencial, como se viu ao longo do artigo, de contribuir para a redução de custos e para uma maior eficiência processual, objetivos centrais do processo civil contemporâneo. Documentos como escrituras declaratórias, elaborados com o apoio dessas tecnologias, oferecem provas de fácil verificação e com força probatória plena. Contudo, para que esses benefícios sejam efetivamente alcançados, a supervisão e orientação do tabelião são imprescindíveis, uma vez que cabe ao notário garantir que os documentos estejam livres de vieses ou inconsistências que possam comprometer sua validade jurídica. Para além de garantias técnicas, é preciso salvaguardas éticas.

A tecnologia, por si só, não substitui o julgamento humano nem a função de garantir a integridade das provas, que é central no processo civil. Ela é só o meio, não o fim. Assim, o papel do tabelião, enquanto garantidor da fé pública, permanece indispensável, assegurando que a interface homem-máquina ocorra de maneira ética e juridicamente segura.

Nesse sentido, o regime jurídico dos notários e sua credibilidade têm o potencial de servir como um indutor seguro para a adoção de tecnologias pela sociedade e pelo próprio sistema jurídico, aperfeiçoando a interface homem-máquina (ou homem-algoritmo).

A absorção dessas inovações, como ocorre em qualquer processo de mudança cultural e institucional, demanda tempo e adaptação gradual por parte da sociedade, sendo que a confiança no notário facilita essa transição ao reduzir dúvidas sobre a validade e aceitação da tecnologia no regime jurídico. O notário, assim, atua também como um instrumento de letramento tecnológico.

Em suma, é incontestável que a incorporação de IA e outras tecnologias no notariado representa um avanço desejável e inevitável para o processo civil, desde que conduzida com prudência, responsabilidade e um equilíbrio cuidadoso entre eficiência tecnológica e empatia humana. A adaptação é gradual e exige uma reflexão jurídica cuidadosa para que o tabelião continue a exercer seu papel tradicional com a mesma credibilidade.

Somente dessa forma o regime jurídico poderá modernizar-se sem perder os valores que garantem sua legitimidade e segurança jurídica, assegurando que a fé pública continue a ser um instrumento fundamental para a pacificação social e a resolução de litígios no contexto digital.

Referências

BRANDELLI, Leonardo. *Teoria Geral do Direito Notarial.* 2. ed. São Paulo: Saraiva, 2007.

BRASIL. *Decreto nº 10.278, de 18 de março de 2020.* Regulamenta o art. 3º da Lei nº 13.874, de 20 de setembro de 2019, para dispor sobre a digitalização de documentos públicos e privados, e dá outras providências. Disponível em: http://www.planalto.gov.br/ccivil03/Ato2019-2022/2020/Decreto/D10278.htm. Acesso em: 29 set. 2024.

BRASIL. *Lei nº 8.935, de 18 de novembro de 1994.* Dispõe sobre serviços notariais e de registro. Disponível em: http://www.planalto.gov.br/ccivil03/leis/L8935.htm. Acesso em: 19 out. 2024.

BRASIL. *Lei nº 13.105, de 16 de março de 2015.* Código de Processo Civil. Disponível em: http://www.planalto.gov.br/ccivil03/Ato2015-2018/2015/Lei/L13105.htm. Acesso em: 29 set. 2024.

BRASIL. *Lei nº 13.709, de 14 de agosto de 2018.* Dispõe sobre a proteção de dados pessoais e altera a Lei nº 12.965, de 23 de abril de 2014 (Marco Civil da Internet). Disponível em: http://www.planalto.gov.br/ccivil_03/_ato2015-2018/2018/lei/L13709.htm. Acesso em: 22 out. 2024.

BRASIL. *Medida Provisória nº 2.200-2, de 24 de agosto de 2001.* Institui a Infraestrutura de Chaves Públicas Brasileira - ICP-Brasil, e dá outras providências. Disponível em: http://www.planalto.gov.br/ccivil_03/mpv/2200-2.htm. Acesso em: 20 out. 2024.

CONSELHO NACIONAL DE JUSTIÇA (CNJ). *Provimento nº 74, de 31 de julho de 2018.* Estabelece padrões mínimos de tecnologia para serviços notariais e de registro. Disponível em: https://atos.cnj.jus.br/atos/detalhar/2497. Acesso em: 20 out. 2024.

CONSELHO NACIONAL DE JUSTIÇA (CNJ). *Provimento nº 100, de 26 de maio de 2020a.* Dispõe sobre a prática de atos notariais eletrônicos à distância, mediante a utilização de videoconferência, pelos Notários, e dá outras providências. Disponível em: https://atos.cnj.jus.br/atos/detalhar/3446. Acesso em: 29 set. 2024.

CONSELHO NACIONAL DE JUSTIÇA (CNJ). *Resolução nº 332, de 21 de agosto de 2020b.* Estabelece diretrizes para a modernização e digitalização dos serviços notariais e de registro. Disponível em: https://atos.cnj.jus.br/atos/detalhar/4147. Acesso em: 29 set. 2024.

CONSELHO NACIONAL DE JUSTIÇA (CNJ). *Provimento nº 149, de 27 de fevereiro de 2023.* Dispõe sobre a prática de atos notariais eletrônicos utilizando o sistema e-Notariado, e dá outras providências. Disponível em: https://atos.cnj.jus.br/atos/detalhar/4310. Acesso em: 29 set. 2024.

DUARTE, Andrey Guimarães. Avatar do Tabelião: atuação do Notário no ambiente virtual. *Consultor Jurídico*, São Paulo, 27 ago. 2022. Disponível em: https://www.conjur.com.br/2022-ago-27/andrey-guimaraes-duarte-notariado-avatar-tabeliao/. Acesso em: 21 out. 2024.

MAYER-SCHÖNBERGER, Viktor; CUKIER, Kenneth. *Big Data*: A revolução que transformará como vivemos, trabalhamos e pensamos. Rio de Janeiro: Elsevier, 2013.

Informação bibliográfica deste livro, conforme a NBR 6023:2018 da Associação Brasileira de Normas Técnicas (ABNT):

DUARTE, Andrey Guimarães. Inteligência artificial e tabelionato digital: como os algoritmos estão impactando a prática notarial e sua aplicação no processo civil. *In*: ALLEMAND, Luiz Cláudio; SANTOS, Coriolano Aurélio de Almeida Camargo; MAGRO, Américo Ribeiro; GOMES, Rovena (coord.). *Processos judiciais eletrônicos*: inteligência artificial e garantia dos princípios do processo civil - algoritmos de agrupamento e similaridade. Belo Horizonte: Fórum, 2025. p. 75-94. ISBN 978-65-5518-975-9.

JUIZ-ROBÔ E ALGUNS PARADOXOS

ANTÔNIO AURÉLIO DE SOUZA VIANA

1 Introdução

Há alguns anos fora inaugurada a agenda programática do Judiciário brasileiro em busca da implantação de algoritmos de inteligência artificial como ferramenta de generalizado apoio aos órgãos judicantes, mas a recente fala do ministro Barroso, ao encomendar, para algumas *big techs*, modelos de IA que sejam capazes até de ofertar apoio decisório, marca uma nova fase dessa trajetória, na medida em que os algoritmos se descolam de uma idealidade futurista e começam a se instalar, em definitivo, na rotina praxista dos "operadores" do direito.

Impulsionada pelos grandes modelos de linguagem, a técnica algorítmica da inteligência artificial agora mostra capacidades de diálogo, exame, análise, sintetização, imitação, complementação e criação de algo novo. É a inteligência artificial generativa, que magicamente permite que *users* sem qualquer conhecimento em programação operem o complexo modelo algorítmico através de um *chat* intuitivo e amigável.

Ao operarem tais modelos, muitos desses *users* não ignoram apenas a lógica de programação subjacente, ignoram também os riscos e alucinações encobertos pela convincente linguagem humanoide de uma máquina que está sempre em *promptidão*, gerando facilidades capazes de solver problemas concretos do dia a dia; daí surge, para muitos, uma ótima relação custo-benefício.

A mencionada encomenda ministerial é, ao mesmo tempo, boa e ruim. É boa por trazer as vantagens da criação de uma ferramenta gerenciada, pretensamente testada e aprovada a partir de rígidos critérios, o que evitaria o uso "informal" e descontrolado da IA por juízes e assessores. Mas a encomenda é, também, ruim. Ruim porque coloca em produção um modelo decisório indutivista forjado por *big techs* que passam a assumir a dianteira no desenvolvimento de tais ferramentas e parece não haver grandes preocupações com a estipulação de sólidas balizas que possam assegurar a supremacia das garantias processuais sobre o eficientismo tecnológico.

Por outro lado, a encomenda feita por Barroso, se bem compreendida, pode ser vista como um passo importante e definitivo para a instituição daquilo que se conhece como juiz-robô, pois contempla a assunção de atividades decisórias ou pseudodecisórias por uma máquina, ainda que a expressão juiz-robô não seja estritamente correta. Na falta de melhor expressão, utilizamos esta mesmo – juiz-robô –, inclusive no título deste trabalho.

E é a partir dessa ideia de um juiz-robô que identificamos diversos paradoxos. No entanto, neste brevíssimo ensaio, abordaremos apenas três deles: o paradoxo da existência, o paradoxo da transparência e, por fim, o paradoxo da eficiência.

2 Paradoxo da existência

O primeiro paradoxo que se enxerga é o da existência de um juiz-robô. Ao se ingressar no campo dos estudos sobre o uso da inteligência artificial, começamos a pisar num terreno arenoso, pois a existência de uma ferramenta dessa natureza é colocada em xeque por boa parte da comunidade jurídica, que, por vezes, despreza importantes sinais de um macrossistema que se vale cada vez mais do uso de tecnologias computacionais.

De toda sorte, é necessário compreender minimamente o que é ou pode ser considerado um algoritmo de inteligência artificial para somente depois ser cogitada a existência de um modelo que se valha dessa tecnologia no sistema de justiça, sobretudo se pensarmos no seu uso para fins decisórios, algo que vem sendo entendido como uma espécie de juiz-robô, algoritmo-juiz ou *"judge.AI"*.[1]

---

[1] KIEFFABER, Jack. *Predictability, AI, and judicial futurism*: why robots will run the law and textualists will like it (September 24, 2024). Available at SSRN: https://ssrn.com/abstract=4966334 or http://dx.doi.org/10.2139/ssrn.4966334.

A singeleza deste ensaio nos concede a permissão para omitir inesgotáveis registros históricos que envolvem o surgimento e desenvolvimento da inteligência artificial. Embora essa trajetória seja induvidosamente estimulante e carregue a sua importância, é mais apropriado, aqui, tratar desse complexo assunto com um pouco mais de objetividade.

Nesse sentido, pode-se indicar que há quatro grandes correntes que pretendem fornecer elementos de compreensão sobre o que vem a ser a inteligência artificial, os quais se agrupam de acordo com os objetivos a serem alcançados. Os quatro grupos contemplam as seguintes estratégias ou metas de um programa de computador ou algoritmo dessa natureza: (i) pensar como um humano; (ii) pensar racionalmente; (iii) agir como um humano; (iv) agir racionalmente.[2]

Bem entendidas as coisas, não parece ser inteligente esperar ou buscar uma definição inequívoca daquilo que se compreende como inteligência artificial e também não é o caso de antropomorfizar essa tecnologia, no sentido de se criar uma identidade absoluta entre o cérebro humano e a máquina. A inteligência artificial pode acertar sem raciocinar, pode criar sem pensar, pode decidir sem julgar e existir sem se humanizar.

Há, normalmente, uma confusão entre as palavras algoritmo e modelo. Como tentativa de se afastar essa confusão, vale a leitura do seguinte trecho de Cortiz:

> Comumente, ocorre uma confusão no uso dos termos algoritmos e modelos. Alguns pesquisadores usam os termos como conceitos intercambiáveis, outros como se fossem coisas diferentes. Achamos oportuno então utilizar este momento para explicar a diferença entre os diferentes nomes e seus conceitos. Todo modelo é um algoritmo, mas geralmente a comunidade acadêmica utiliza nomes diferentes para cada etapa do *pipeline* do desenvolvimento de um projeto de IA [...]. O algoritmo deve ser entendido como uma "receita de bolo", que usará os dados de treinamento como "ingredientes" para produzir algo; no nosso caso, um sistema de detecção de fraude. Embora o modelo seja um algoritmo, optamos por chamá-lo assim por uma questão didática – e também pode ser uma nomenclatura comum na academia. Assim, como ilustrado pela Figura 2, é possível perceber que existem dois algoritmos em um projeto de IA: o algoritmo de treinamento e o modelo treinado (que será, de fato, usado em produção). O algoritmo de treinamento contém um conjunto

---

[2] RUSSELL, Stuart J; NORVIG, Peter. *Inteligência Artificial*. Rio de Janeiro: Elsevier, 2013. p. 3-4.

de regras que será aplicado nos dados durante o aprendizado. Após o treinamento, o que se tem é um modelo treinado de acordo com o tipo de algoritmo utilizado.³

A magia da IA diz respeito à possibilidade de um modelo atuar eficazmente mesmo quando submetido ou exposto a dados nunca vistos. Para deixar ainda mais claro, imagine que um modelo tenha sido treinado para identificar o que é um aparelho celular. Após "ver" milhares de exemplos de aparelhos celulares de diversas marcas, modelos, tamanhos e cores, ele aprenderá algo, captará um padrão, pois os exemplos são "etiquetados"⁴ e, com isso, o modelo sabe que está diante de um aparelho celular. Após aprender aquele padrão, poderá identificar que está diante de um aparelho celular, mesmo que nunca tenha anteriormente visto aquele modelo específico. Em outras palavras, ao aprender certo padrão sobre aparelhos celulares, ele presume que aquela nova forma nunca vista é, também, um aparelho celular. Considera-se que um algoritmo tem boa acurácia quando é capaz de desempenhar essa função eficazmente, isto é, com grande percentual de acerto. Se, ao contrário, identifica uma fita cassete como sendo um aparelho celular, a acurácia não é das melhores.

Imagine, agora, colocar, no lugar dos celulares, casos jurídicos etiquetados para o treinamento do modelo/algoritmo. Com isso, a máquina será capaz de criar padrões e identificar casos semelhantes, ainda que nunca vistos.

Isso se dá dessa forma porque, com o passar do tempo e com o desenvolvimento de sofisticadas técnicas algorítmicas, a magia passou a ser cobiçada no sistema de justiça, já que é uma ferramenta potencialmente muito eficaz para a solução de incontáveis disfunções desses sistemas.

---

[3] CORTIZ, Diogo. Inteligência artificial: conceitos fundamentais. In: RONY VAINZOF, Andriei Gutierrez (coord.). Inteligência artificial: sociedade, economia e Estado. São Paulo: Thomson Reuters Brasil, 2021. p. 51. Da Resolução nº 332/20, do Conselho Nacional de Justiça, colhe-se a seguinte definição de algoritmo: "Sequência finita de instruções executadas por um programa de computador, com o objetivo de processar informações para um fim específico". Por sua vez, de acordo com a mesma resolução, um modelo de IA é um "conjunto de dados e algoritmos computacionais, concebidos a partir de modelos matemáticos, cujo objetivo é oferecer resultados inteligentes, associados ou comparáveis a determinados aspectos do pensamento, do saber ou da atividade humana".

[4] Há inúmeras técnicas de treinamento de máquina e o objetivo aqui não é explorá-las. O uso de etiqueta (*label*) é típico do aprendizado supervisionado, mas o exemplo foi dado de modo genérico tão somente para facilitar a explicação de tema tão complexo. Portanto, registre-se, o aprendizado supervisionado não é a única técnica de *machine learning*.

Aqui vai um pouco de história...

Como já tivemos oportunidade de registrar,[5] ainda em 1958, Lucien Mehl discutira a automação nas ciências jurídicas com o possível uso de máquinas para feitura de pesquisas de precedentes. Num cenário mais ousado, cogitara a criação de uma "máquina de julgamento" (*judgment machine*) com a função de apresentar uma resposta legal exata à questão que lhe fosse colocada.[6]

Em outro texto, também "antigo", datado de 1963, Lawlor tratara das potencialidades de uso dos computadores na profissão jurídica:

> Dada a oportunidade, os computadores podem ajudar a profissão jurídica de pelo menos três maneiras muito importantes. Os computadores podem ajudar a encontrar o direito, podem ajudar a analisar o direito e podem ajudar os advogados e juízes de tribunais inferiores a prever ou antecipar decisões.[7]

Igualmente merecedor de destaque é o livro de Richard Susskind, este que é mundialmente conhecido como destacado estudioso do campo das tecnologias computacionais no direito. Na obra, datada da década de 1980, ele apresentou duas possibilidades sobre a utilização de computadores:

> Essas discussões sobre computadores e raciocínio jurídico judicial tendem a ser realizadas em dois níveis. Por um lado, alguns abordaram a questão de saber se os computadores poderiam assumir a função judicial. Por outro lado, os escritores consideraram até que ponto os computadores podem auxiliar os juízes na solução de casos, e os sistemas especialistas se apresentam nesse contexto como auxiliares judiciais potencialmente úteis.[8]

---

[5] VIANA, Aurélio. *Algoritmos contraditórios e contraditório algorítmico*: uma crítica racionalista ao indutivismo decisório. 1. ed. Belo Horizonte; São Paulo: D'Plácido, 2024.

[6] MEHL, Lucien. *Automation in the Legal World*: From the Machine Processing of Legal Information to the "Law Machine". Mechanisation of Thought Processes Proceedings of a Symposium held at the National Physical Laboratory, 24-27 November 1958. (1959, vol. II, Her Majesty's Stationery Office, London) pp. 755-787. p. 759.

[7] Tradução nossa, no original: "Given a chance, computers can help the legal profession in at least three very important ways. Computers can help find the law, they can help analyze the law and they can help lawyers and lower court judges to predict or anticipate decisions". LAWLOR, Reed C. What Computers Can Do: Analysis and Prediction of Judicial Decisions. *American Bar Association Journal*, April 1963, Vol. 49, No. 4 (April 1963), pp. 337-344. p. 337.

[8] Tradução nossa, no original: "Such discussions of computers and judicial legal reasoning tend to be carried out on two levels. On the one hand, some have addressed the question

Importante chamar a atenção ao fato de ter Susskind utilizado a expressão *"computer judge"*,[9] algo como um "juiz computadorizado" ou "juiz de computador", de modo que a expressão juiz-robô não é inovadora, surpreendente, ingênua ou fantasiosa.

O tema também vem sendo abordado seriamente na China, pelo menos desde a década de 1980, como podemos extrair do texto de Zou:

> Em 1985, o professor Qian Xuesen apresentou a ideia específica de usar inteligência artificial, engenharia de conhecimento e sistema especialista em assuntos jurídicos e apresentou formalmente a ideia de "inteligência artificial + estado de direito". Em 1986, o projeto "Research on Comprehensive Balance of Sentencing and Computer-Aided Sentencing Expert System", presidido por Zhu Huarong e Xiao Kaiquan, foi apoiado pelo Projeto de Pesquisa Nacional de Ciências Sociais "Seventh Five-Year Plan", que visa estabelecer um modelo matemático de condenação por furto. Esta é uma tentativa ousada de especialistas no campo do direito de usar o Judiciário auxiliado por computador. Em 1986, Su Huiyu, Zhang Guoquan, Shi Jiansan e outros professores da Universidade de Ciência Política e Direito da China Oriental apresentaram o problema da sentença assistida por computador (Su, Zhang e Shi, 1989). O sistema de condenação por computador, que foi finalmente formado pela coleta de experiência de especialistas e experimentos de longo prazo, tem uma alta taxa de precisão em comparação com os resultados do julgamento manual e foi reconhecido pelo tribunal. No entanto, devido à falta de condições para o julgamento da inteligência artificial na época, restrição técnica e pressão da opinião pública, essa conquista não foi amplamente utilizada, mas essa tentativa e exploração altamente avançadas e ousadas plantou as sementes do avanço e da inovação para a inteligência artificial da judicatura de hoje.[10]

---

of whether computers might ever assume the judicial function. On the other hand, writers have considered the extent to which computers might assist judges in solving cases, and expert systems present themselves in this connection as potentially useful judicial aids". SUSSKIND, Richard E. *Expert systems in law*: a jurisprudential inquiry. Oxford: Oxford University Press, 1987. p. 249.

[9] SUSSKIND, Richard E. *Expert systems in law*: a jurisprudential inquiry. Oxford: Oxford University Press, 1987. p. 250-251.

[10] Tradução nossa, no original: "In 1985, Professor Qian Xuesen put forward the specific idea of using artificial intelligence, knowledge engineering and expert system in legal affairs, and formally put forward the idea of 'artificial intelligence + rule of law'. In 1986, the project 'Research on Comprehensive Balance of Sentencing and Computer-Aided Sentencing Expert System', presided over by Zhu Huarong and Xiao Kaiquan, was supported by the National Social Science 'Seventh Five-Year Plan' Research Project, which aims to establish a mathematical model of sentencing for larceny. This is a bold attempt by experts in the field of law to use computer-aided judicature. In 1986, Su Huiyu, Zhang Guoquan, Shi Jiansan and other teachers of East China University of Political Science and Law put forward the problem of computer-aided sentencing (Su, Zhang, & Shi, 1989).

Esse tipo de proposta ficou, por assim dizer, adormecida, ao menos por alguns anos, tendo em vista as dificuldades inerentes ao treinamento dos algoritmos. Basta pensar na barreira da digitalização, pois os procedimentos eram, em sua maioria, até poucos anos, materializados em autos cartulares (papel), afastando qualquer possibilidade de alimentação efetiva dos algoritmos.

No entanto, foi possível testemunhar, nos últimos anos, o avanço no processo de digitalização dos tribunais com a criação do PJE, o aumento de capacidade de processamento de dados em virtude do aprimoramento do aparato de *hardware*, o uso universal de redes de internet ultrarrápida e o refino das técnicas algorítmicas, de tal modo que os planos de utilização de inteligência artificial no sistema de justiça se tornaram, enfim, factíveis.

A verdade é que os práticos do direito já utilizam a inteligência artificial generativa de forma escancarada e não há mal nenhum nisso, sobretudo quando se pensa no uso privado, responsável e supervisionado de tais ferramentas. Contudo, o cenário é substancialmente alterado quando se pensa no uso público ou institucional de tais ferramentas, sobretudo nas hipóteses em que se cogita a utilização da IA nos processos decisórios ou pseudodecisórios de órgãos que exercem poder.

É verdade que a ideia de desenvolvimento de uma ferramenta algorítmica para decidir casos não é nova, surgiu há algumas décadas e, a partir dessa ideia base, nasceu aquilo que se convencionou chamar juiz-robô, tal como mencionado. Mas a viabilidade desse novo agente – o juiz-robô – é renovada com os grandes modelos de linguagem anteriormente referidos. E foi desse contexto que surgiu a "encomenda" do ministro para algumas *big techs*, no sentido de se produzir algo como um "ChatGPT jurídico".

Aqui entramos no cerne do paradoxo. Existe um juiz-robô?

Antes de prosseguir, vale a pena registrar que já tivemos oportunidade de discorrer sobre esse complexo tema e, para evitar certas

---

The computer sentencing system, which was finally formed by the collection of expert experience and long-term experiment, has a high accuracy rate compared with the manual judgment results, and has been recognized by the court. However, due to the lack of conditions for artificial intelligence judicature at that time, technical constraint and public opinion pressure, this achievement was not widely used, but this highly forward and bold attempt and exploration planted the seeds of breakthrough and innovation for today's artificial intelligence judicature". ZOU, Caixia. Achievements and Prospects of Artificial Intelligence Judicature in China. *Chinese Studies*, 11, p. 197-227. p. 198. Disponível em: https://doi.org/10.4236/chnstd.2022.114016. Acesso em: 18 ago. 2023.

armadilhas de uma definição rigorosa de um juiz-robô, apresentamos a noção de indutivismo decisório das máquinas.[11]

De se registrar que aquelas reflexões não foram abandonadas. No entanto, podemos seguir utilizando a expressão "juiz-robô", que é hiperbólica, mas, ao mesmo tempo, intuitiva, pois indica com certa facilidade o que se quer dizer. Se pensarmos numa ferramenta totalmente autônoma, capaz de julgar casos sem intervenção humana, é certo que não há nada parecido com um juiz-robô. O juiz-robô da Estônia, muito citado em textos jurídicos no mundo inteiro, já foi desmentido pelo governo daquele país.[12]

Deve-se reconhecer, um robô que se pretendesse juiz também deveria exercer a nobre função de primar pelo respeito à Constituição da República e às leis do país, buscando o fortalecimento das instituições e a plena realização dos valores democráticos, tendo sempre como norte os princípios da independência, da imparcialidade, do conhecimento e capacitação, da cortesia, da transparência, do segredo profissional, da prudência, da diligência, da integridade profissional e pessoal, da dignidade, da honra e do decoro.[13]

De um ponto de vista mais praxista, no âmbito restrito do Código de Processo Civil, deve-se lembrar que um juiz humano tem diversos deveres ou tarefas, tais como: assegurar às partes igualdade de tratamento; velar pela duração razoável do processo; prevenir ou reprimir qualquer ato contrário à dignidade da justiça e indeferir postulações meramente protelatórias; determinar todas as medidas indutivas, coercitivas, mandamentais ou sub-rogatórias necessárias para assegurar o cumprimento de ordem judicial, inclusive nas ações que tenham por objeto prestação pecuniária; promover, a qualquer tempo, a autocomposição, preferencialmente com auxílio de conciliadores e mediadores judiciais; dilatar os prazos processuais e alterar a ordem de produção dos meios de prova, adequando-os às necessidades do conflito de modo a conferir maior efetividade à tutela do direito; exercer o poder de polícia, requisitando, quando necessário, força policial, além da segurança interna dos fóruns e tribunais; determinar, a qualquer tempo, o comparecimento pessoal das partes para inquiri-las sobre os

---

[11] VIANA, Aurélio. *Algoritmos contraditórios e contraditório algorítmico*: uma crítica racionalista ao indutivismo decisório. 1. ed. Belo Horizonte/São Paulo: D'Plácido, 2024.

[12] Disponível em: https://www.just.ee/en/news/estonia-does-not-develop-ai-judge. Acesso em: 3 nov. 2024.

[13] Disponível em: https://www.cnj.jus.br/codigo-de-etica-da-magistratura/. Acesso em: 3 nov. 2024.

fatos da causa; determinar o suprimento de pressupostos processuais e o saneamento de outros vícios processuais; quando se deparar com diversas demandas individuais repetitivas, oficiar o Ministério Público, a Defensoria Pública e, na medida do possível, outros legitimados.

Além do mais, recorde-se, por ocasião da audiência de instrução e julgamento, um juiz exerce poder de polícia (art. 360 do CPC), motivo pelo qual deve ele manter a ordem e o decoro na audiência; ordenar que se retirem da sala de audiência os que se comportarem inconvenientemente; requisitar, quando necessário, força policial; deve ainda tratar com urbanidade as partes, os advogados, os membros do Ministério Público e da Defensoria Pública e qualquer pessoa que participe do processo; também precisa registrar em ata, com exatidão, todos os requerimentos apresentados em audiência. Ao juiz cabe, também, de ofício ou a requerimento das partes, determinar as provas necessárias ao julgamento do mérito, devendo, em acréscimo, definir o ônus da prova e valorar cada uma que for produzida. Deve, ainda, inquirir testemunhas, podendo inspecionar pessoas ou coisas (art. 481 do CPC). São apenas exemplos do largo conjunto de deveres-tarefas do juiz.

Se analisarmos com um mínimo de rigor esse conjunto de deveres atribuídos ao juiz, não pode restar dúvida sobre a inexistência e até a impossibilidade de criação de um juiz-robô, tendo em vista que tais deveres vão muito além do âmbito de simples tarefas. São atos performáticos reveladores do exercício de um poder, ainda que tal poder seja regrado, regulado e fiscalizado.

Diante dessa constatação insofismável, o caminho argumentativo trilhado até aqui poderia ser encerrado, mas as coisas não se dão de forma tão simples. Isso porque a evidente problemática de um juiz-robô não é essa. Não se pode dizer que a condução do procedimento em si seja algo desimportante. Apesar disso, é o ato decisório que carrega o essencialismo da necessária discussão sobre a criação de uma espécie de juiz-robô, que assumiria aquela que parece ser a função mais importante desempenhada por um magistrado, que deve decidir, com base no sistema jurídico, os casos que lhe são submetidos.

É a "tarefa" decisória que alterará a vida das pessoas, constituindo a coisa julgada e formando título executivo, ao declarar rescindido determinado contrato e impor uma penalidade em função do inadimplemento contratual; ao decretar o despejo do locatário ou a reintegração de posse de um imóvel; ao atribuir a herança para alguém em detrimento de outrem, apenas para citar simplórios exemplos, surgindo daí a necessidade de efetivo controle normativo a ser exercido por todos os sujeitos processuais sobre a atividade decisória, o que é assegurado, ao menos no plano ideal, a partir do reconhecimento e "aplicação" de diversas garantias processuais, tais como a do contraditório, da ampla defesa, da fundamentação das decisões jurídicas etc.

Para deixar as coisas mais claras, parece não haver grandes preocupações sobre a instituição de um juiz-robô que vá desempenhar boa parte daquelas tarefas de cunho "procedimental" a que se fez referência. Aliás, parece não haver qualquer interesse no desenvolvimento de tais soluções, até por não serem algoritmizáveis, de modo que não se cogita a criação de um juiz-robô inquiridor de testemunhas ou outro que saia por aí decretando a prisão de quem quer que seja.

Evidentemente, algumas daquelas "tarefas" são, sim, algoritmizáveis. Basta citar o exemplo da tentativa de conciliação das partes, o que pode ser implementado a partir da adoção de conhecidas técnicas de *Online Dispute Resolution*, em que os algoritmos focam na solução dos casos e se utilizam também técnicas de *design* para que se alcancem ousadas metas conciliatórias.

No entanto, retomando-se o argumento central, o grande gargalo da atividade jurisdicional diz respeito à produção de atos decisórios, até por exigirem a leitura, análise, compreensão e "reflexão" sobre o conteúdo do processo submetido ao Judiciário – fatos, provas e fundamentos jurídicos –, o que exige tempo e dedicação do magistrado, capazes de conduzi-lo a decidir com menor equivocidade e maiores níveis de acerto e correção.

Sem dúvidas, é nesse momento em que ganha força a ideia de um juiz-robô decididor, isto é, aquele que desempenhará a tarefa decisória tal como seria desempenhada por um juiz humano. Um algoritmo que assume a função decisória – aquela que é a de maior destaque entre tantas outras – não pode deixar de ser visto como uma espécie de juiz-robô.

Logo, apesar de não existir um juiz-robô "genuíno", o paradoxo é que muitos juízes já atuam como robôs, com o uso massivo e indutivista de soluções modelares de minutas generalizantes extraídas de bancos de sentenças do próprio juiz ou de outras fontes, daí a razão de preferirmos utilizar a expressão "indutivismo decisório".

E agora, o mais surpreendente: muitos robôs já atuam como juízes, ainda que assumam apenas parcela da tarefa decisória. Juan Manuel Padilla Garcia, magistrado em Cartagena (Colômbia), usou e confessou ter usado uma ferramenta de inteligência artificial para apoiar a sua decisão. Extraímos o trecho mais relevante da decisão, que trata do uso de IA como apoio:

> Por outro lado, levando em consideração que a Lei 2.213 de 2022 tem por objetivo incorporar as TIC nos processos judiciais, será resolvido estender os argumentos da decisão adotada, de acordo com o uso de inteligência artificial (IA). Consequentemente, foram incluídos e inseridos no aplicativo https://chat.openai.com/chat trechos do problema jurídico levantado nesta Sentença. As seguintes perguntas foram feitas no aplicativo. Um menor autista está isento de pagar honorários de moderador por suas terapias? A resposta do aplicativo AI: Sim é correto. De acordo com as normas da Colômbia, os menores diagnosticados com autismo estão isentos do pagamento de taxas de moderador em suas terapias. Este benefício é regulamentado pela Lei 1.753 de 2015 e se aplica a todas as instituições prestadoras de serviços de saúde públicos ou privados que recebam recursos do sistema geral de saúde da previdência social. As ações de proteção nesses casos devem ser deferidas? A resposta do aplicativo AI: "Caso a instituição prestadora de serviços de saúde não cumpra a exoneração de honorários de moderadora para menor com diagnóstico de autismo, a pessoa ou seus representantes legais poderão ajuizar ação tutelar para resguardar seus direitos. A tutela é um mecanismo judicial rápido e eficaz para proteger os direitos fundamentais que são violados. Caso fique comprovado que o direito à saúde do menor com autismo está sendo afetado pela exigência de pagamento de honorários moderadores, é provável que a ação tutelar seja deferida e a instituição prestadora de serviços de saúde seja condenada a cumprir a exoneração. No entanto, cada caso é único e a decisão final depende dos fatos e circunstâncias específicas do caso." A cobrança da taxa de moderadora nesses casos é uma barreira para o acesso ao serviço de saúde? A resposta do aplicativo AI: "Sim, em alguns casos, a exigência de pagamento de honorários moderadores pode ser uma barreira no acesso aos serviços de saúde para pessoas diagnosticadas com autismo, especialmente se tiverem dificuldades de obtenção de renda ou se sua situação econômica for precária. A exigência de pagar taxas moderadoras pode impedir ou dificultar o acesso a tratamentos e terapias essenciais para o bem-estar e desenvolvimento de crianças com autismo. Por isso, a normativa colombiana isenta os menores diagnosticados com autismo do pagamento de taxas moderadoras por suas terapias, com o objetivo de garantir o acesso a esses serviços essenciais de saúde sem obstáculos financeiros". A jurisprudência do tribunal constitucional já tomou decisões favoráveis em casos semelhantes? A resposta do aplicativo AI: "Se for verdade. O Tribunal Constitucional da Colômbia tomou decisões favoráveis em casos semelhantes relacionados à isenção de taxas de moderador para pessoas diagnosticadas com autismo. A jurisprudência reconheceu a importância de garantir o acesso a serviços essenciais de

saúde para pessoas com autismo e sustentou que a exigência de pagar taxas moderadoras pode ser uma barreira ao acesso a esses serviços. A jurisprudência do Tribunal Constitucional é uma fonte importante para a interpretação e aplicação da Constituição e das leis na Colômbia, e suas decisões são obrigatórias para todas as autoridades e entidades públicas do país. Portanto, decisões favoráveis em casos semelhantes podem servir de precedente para outros casos em que se discuta a exigência de pagamento de honorários moderadores para pessoas diagnosticadas com autismo. O Escritório resolverá agregar os fundamentos para a resolução do caso com base na construção dos textos realizados no aplicativo IA https://chat.openai.com/chat como iniciativa que permite a resolução célere das questões tutelares. O objetivo de incluir esses textos produzidos pela IA de forma alguma substitui a decisão do Juiz. O que realmente buscamos é otimizar o tempo gasto na redação das sentenças, após a comprovação das informações prestadas pelo IA".[14]

---

[14] Tradução nossa, no original: "Por otra parte, atendiendo que la Ley 2213 de 2022 tiene por objeto la incorporación de las TIC en los procesos judiciales., se resolverá extender los argumentos de la decisión adoptada, conforme al uso de inteligencia artificial (IA). Por consiguiente, se procedió a incluir apartes del problema jurídico planteado en la presente sentencia y se ingresó en el aplicativo https://chat.openai.com/chat. Se hicieron en el aplicativo las siguientes preguntas. ¿Menor autista esta exonerado de pagar cuotas moderadoras en sus terapias? La respuesta del aplicativo IA: Sí, es correcto. De acuerdo con la normativa en Colombia, los menores con diagnóstico de autismo están exonerados de pagar cuotas moderadoras en sus terapias. Este beneficuento está regulado por la Ley 1753 de 2015 y se aplica a todas las instituciones prestadoras de servicios de salud públicas o privadas que reciban recursos del sistema general de seguridad social en salud. ¿Las acciones de tutela en estos casos se deben conceder? La respuesta del aplicativo IA: 'En caso de que una institución prestadora de servicios de salud no cumpla con la exoneración de cuotas moderadoras para un menor con diagnóstico de autismo, la persona o sus representantes legales pueden presentar una acción de tutela para proteger sus derechos. La tutela es un mecanismo judicial rápido y eficaz para proteger derechos fundamentales que se ven vulnerados. Si se demuestra que el derecho a la salud del menor con autismo está siendo afectado por la exigencia de pagar cuotas moderadoras, es probable que la acción de tutela sea concedida y se ordene a la institución prestadora de servicios de salud cumplir con la exoneración. Sin embargo, cada caso es único y la decisión final depende de los hechos y circunstancias específicas del caso'. ¿Exigir en estos casos la cuota moderadora es una barrera de acceso al servicio de salud? La respuesta del aplicativo IA: 'Sí, en algunos casos, la exigencia de pagar cuotas moderadoras puede ser una barrera de acceso al servicio de salud para personas con diagnóstico de autismo, especialmente si tienen dificultades para obtener ingresos o si su situación económica es precaria. La exigencia de pagar cuotas moderadoras puede impedir o dificultar el acceso a tratamientos y terapias esenciales para el bienestar y desarrollo de los niños con autismo. Por esta razón, la normativa en Colombia exime a los menores con diagnóstico de autismo de pagar cuotas moderadoras en sus terapias, con el objetivo de garantizar el acceso a estos servicios de salud esenciales sin obstáculos financieros'. ¿La jurisprudencia de la corte constitucional ha tomado decisiones favorables en casos similares? La respuesta del aplicativo IA: 'Sí, es cierto. La Corte Constitucional de Colombia ha tomado decisiones favorables en casos similares relacionados con la exoneración de cuotas moderadoras para personas con diagnóstico de autismo. La jurisprudencia ha reconocido la importancia de garantizar el

Por essas bandas, já há registros oficiais do uso do ChatGPT para produção de atos decisórios[15] e há treinamentos de magistrados sobre como usar ferramentas dessa natureza.[16] Tribunais desenvolvem modelos para elaboração de minutas decisórias. Se estivéssemos na brincadeira "chicotinho queimado", com o ASSIS, do TJRJ, alguém poderia dizer: "Está quente".

Fazendo-se uma analogia, qualquer um dos conceitos integrantes dos quatro grandes grupos de definições sobre a IA poderia ser utilizado para definir o juiz-robô. Logo, um juiz-robô poderia ser definido: a) como um modelo algorítmico que pensa como um humano; b) como um modelo algorítmico que age como um humano; c) como um modelo algorítmico que pensa racionalmente; d) como um modelo algorítmico que age racionalmente.

Portanto, se olharmos para esse estado de coisas com um pouco mais de atenção, uma conclusão é certa. A fantástica e hollywoodiana ideia de um juiz-robô está bem ali. A inserção de *prompts* ou a revisão humana são apenas detalhes. Ninguém disse que um juiz-robô não teria suas decisões – minutas ou rascunhos – revistas por um humano, tal não é condição *sine qua non* da sua existência. Se o modelo for criado, estará criado. Talvez, nesse momento, teríamos que passar a pensar não mais numa "Lei da IA", mas, sim, numa "Lei da Revisão".

Mesmo que alguns esbravejem sobre a inexistência e até a impossibilidade de um juiz-robô, recente pesquisa revela o uso de IAs

---

acceso a servicios de salud esenciales para las personas con autismo, y ha sostenido que la exigencia de pagar cuotas moderadoras puede ser una barrera de acceso a estos servicios. La jurisprudencia de la Corte Constitucional es una fuente importante para interpretar y aplicar la Constitución y las leyes en Colombia, y sus decisiones son vinculantes para todas las autoridades y entidades públicas del país. Por lo tanto, las decisiones favorables en casos similares pueden ser útiles como precedente para otros casos en los que se debata la exigencia de pagar cuotas moderadoras para personas con diagnóstico de autismo'. El Despacho resolverá adicionar los fundamentos de la resolución del caso a partir de la construcción de textos realizada en el aplicativo IA https://chat.openai.com/chat a título de iniciativa que permita dar celeridad a la resolución de los asuntos de tutela. El propósito de incluir estos textos producto de la IA no es en manera alguna reemplazar la decisión del Juez. Lo que realmente buscamos es optimizar los tiempos empleados en redacción de sentencias, previa corroboración de la información suministrada por IA." Disponível em: https://etbcsj-my.sharepoint.com/personal/j01lctocgena_cendoj_ramajudicial_gov_co/_layouts/15/onedrive.aspx?id=%2Fpersonal%2Fj01lctocgena%5Fcendoj%5Framajudicial%5Fgov%5Fco%2FDocuments%2FESTANTERIA%20DIGITAL%2F2022%2F03Constitucionales%2F130041050042022004590!%2F01CuadernoSolicitudImpugnacion&ga=1. Acesso em: 26 jul. 2023.

[15] Disponível em: https://www.conjur.com.br/2023-nov-12/cnj-vai-investigar-juiz-que-usou-tese-inventada-pelo-chatgpt-para-escrever-decisao/. Acesso em: 25 out. 2024.

[16] Disponível em: https://www.youtube.com/watch?v=ioui5xkhVxI. Acesso em: 2 nov. 2024.

no Judiciário, ainda que não frequente ou raro. Registre-se, o interesse nesse tipo de tecnologia vem crescendo[17] e o esperado aprimoramento de inúmeros modelos de inteligência artificial generativa cria a possibilidade de acesso universal a tais ferramentas. Para bem ilustrar esse ponto, a assinatura do ChatGPT, da OpenAI, custa apenas 20 dólares mensais. Nesse cenário de facilidades, qualquer *user* pode se valer desse tipo de ferramenta para auxiliar de alguma forma na forjadura de decisões, tal como o juiz colombiano o fez, sem que haja fiscalização externa ou vedação institucional.

No entanto, parece que tem ganhado maior força, nos últimos tempos, a proposta de institucionalização da inteligência artificial, colocando-a como forte aliada no desempenho das tarefas jurisdicionais. Seguindo essa linha, vimos que o ministro Barroso fez encomendas para grandes empresas de tecnologia. Em suas palavras:

> Eu me reuni com as big techs, Amazon, Microsoft e Google e fiz três encomendas: por enquanto, pro bono... É de pilotos de três propostas que me parecem possam ajudar o judiciário brasileiro, e eles prometem entregar. Não, eu não tô prometendo nada, eu sou até um pouco cético, mas eles acham que me entregam. A primeira, que mudaria muito a vida nos tribunais, é um programa de inteligência artificial que seja capaz de ao receber o processo, resumir fato relevante, a decisão de primeiro grau, a decisão de segundo grau e as razões de recurso. Isso facilitaria imensamente a vida de quem atua nos tribunais. A segunda encomenda que eles dizem que são capazes de produzir um piloto em oito semanas, foi a de um chatgpt, portanto, uma inteligência artificial generativa, estritamente jurídica, portanto, alimentado com jurisprudência do Supremo, jurisprudência do STJ, jurisprudência dos tribunais estaduais e que fosse capaz de fazer um esboço de decisão

---

[17] "Em relação ao levantamento sobre o uso de IAGs nos tribunais brasileiros, observa-se que o uso da ferramenta por magistrados(as) e servidores(as) é significativo (cerca da metade já teve experiência de uso, não necessariamente no exercício de suas atividades no tribunal), sendo o seu emprego nas atividades profissionais considerável. A frequência de uso ainda é baixa, rara ou eventual para a maioria dos(as) respondentes. Tanto o uso quanto a frequência de uso da IAG se elevam entre magistrado(as) e servidores(as) que desenvolvem atividades acadêmicas como discentes ou docentes. Por outro lado, o interesse na utilidade das IAGs é elevado, de modo que o seu emprego tende a aumentar. A maioria dos(as) respondentes manifestam interesse em programas de treinamento e capacitação para o uso da tecnologia. A maioria também respondeu que usa ferramentas abertas, disponibilizadas na Internet. Parte dos(as) respondentes indicou contratação própria de IAG, sendo bastante reduzido o uso de ferramentas de IAG disponibilizadas pelos tribunais." CNJ. *O uso da inteligência artificial generativa no Poder Judiciário brasileiro*: relatório de pesquisa. Brasília: CNJ, 2024. p. 10.

com aquelas informações, evidentemente tudo sob supervisão direta do juiz competente e responsável... o que também poderia eventualmente facilitar a vida... [...].[18]

Ora, à medida que for regulamentado e consolidado o uso de IAs, com a institucionalização de modelos oficiais disponibilizados pelos próprios tribunais e com a chancela do CNJ, o usuário não terá a necessidade de se comportar como um rebelde vanguardista, um "*legalhacker*-fora-da-lei", tampouco será rotulado como um preguiçoso incapaz de desempenhar as suas tarefas. Em outros termos, não haverá qualquer motivo para deixar de usar a ferramenta, esta que, paulatinamente, se transformará no próprio ferramenteiro.

Sem qualquer pretensão de adivinhação, pode-se prever o aumento do uso da IA no Judiciário, por servidores e magistrados, sobretudo porque, recentemente, o Conselho Nacional de Justiça deixou claro que não é o caso de proibir o uso de ferramentas de inteligência artificial no Judiciário brasileiro,[19] tendo registrado que o *user* deve ter certas cautelas no uso de modelos, devendo adotar balizas éticas e velar pela constante supervisão humana de atos gerados por modelos de inteligência artificial. Na verdade, o CNJ é um grande incentivador do desenvolvimento de ferramentas de IA, tanto que instituiu o Sinapses "como plataforma nacional de armazenamento, treinamento supervisionado, controle de versionamento, distribuição e auditoria dos modelos de Inteligência Artificial".[20]

De toda sorte, como já comentado, robôs atuam como juízes e juízes atuam como robôs e seguimos testemunhando esse paradoxo da existência, que se correlaciona com o paradoxo da transparência, a ser abordado no próximo item.

3 Paradoxo da transparência

A possibilidade de desenvolvimento de uma ferramenta dotada de capacidades de julgamento de casos concretos estimula uma série de discussões sobre a sua constitucionalidade, legalidade e legitimidade.

---

[18] Disponível em: https://www.migalhas.com.br/quentes/395504/barroso-pede-a-big-techs-criacao-de-chatgpt-para-uso-juridico. Acesso em: 19 out. 2023.
[19] Disponível em: https://www.migalhas.com.br/quentes/410613/cnj-nega-suspender-uso-de-chatgpt-por-magistrados. Acesso em: 3 nov. 2024.
[20] Disponível em: https://www.cnj.jus.br/sistemas/plataforma-sinapses/. Acesso em: 3 nov. 2024.

Questões surgem sobre os possíveis problemas relacionados à privacidade e proteção de dados, violação à isonomia e igualdade por parte dos grandes *players*, autonomia da magistratura, violação ao contraditório.

Interessante, neste ponto, trazer o comentário de Colomer, ao mencionar que, ao tratar dos desafios mundiais dos sistemas de justiça, a meta não era "julgar eletronicamente", mas apenas criar algo para um melhor desenvolvimento do processo. Ocorre que agora se aproveita dos avanços da IA para cogitar um juiz-robô.[21]

O "movimento" que vem sendo feito pelo Judiciário é facilmente compreendido. Ao reunir grandes estoques de dados de processos eletrônicos, surge, inicialmente, a necessidade de desenvolvimento de técnicas de jurimetria. Um belo dia, um membro da equipe desperta, levanta da sua cama e pensa alto: "Por que não desenvolver algo mais poderoso?". Esse "algo mais poderoso" se relaciona com o uso de IA. Ocorre que não há grandes regulamentações no Brasil, não há uma "Lei da IA" e, possivelmente por essa razão, primeiro se pensa no desenvolvimento de protótipos, depois é que surge a preocupação com a adoção de balizas para institucionalização. Numa postura tipicamente inventora, primeiro o modelo é feito para "rodar", para que seja testado o seu funcionamento a partir da identificação de parâmetros de acurácia, depois se discute a viabilidade normativa e se preocupam com o enredo do processo de institucionalização.

Talvez por isso alguns tribunais e o CNJ sejam cautelosos na divulgação de informações sobre o aproveitamento da IA no sistema de justiça. Aliás, o CNJ vem tentando mapear os inúmeros projetos de inteligência artificial, unificá-los e regulamentá-los a partir da aprovação de inúmeras resoluções. Com isso, pretende-se disponibilizar ferramentas institucionais para que seja possível a capacitação dos servidores. Essa empreitada, sem dúvidas, ajudaria a imprimir maior transparência nesse complexo processo de acolhimento, no Judiciário, de algoritmos de inteligência artificial. A propósito:

> Já em relação a medidas institucionais cuja adoção é recomendada pela literatura e experiência internacional, estão: (i) a disponibilização "oficial" da ferramenta a servidores(as) e magistrados(as), como forma de estimular a transparência e mitigar dúvidas quanto à licitude e à legitimidade do uso; (ii) a capacitação de servidores(as) para emprego adequado e responsável; e (iii) a avaliação quanto a eventuais

---

[21] COLOMER, Juan-Luis Gómez. *El juez-robot*: la independencia judicial en peligro. Valencia: Tirant Lo Blanch, 2023. p. 238.

fornecedores das IAGs a serem disponibilizadas pelos tribunais, em termos de sua política e ferramentas técnicas, para propiciar qualidade nos resultados, filtragem de conteúdo potencialmente discriminatório ou abusivo, adequação à sua política de privacidade e, até mesmo, medidas de sustentabilidade.[22]

Apesar de o CNJ exercer o controle e incentivo sobre o uso e desenvolvimento de ferramentas de IA, é possível testemunhar certas esquisitices, pois, ao que parece, nem todos os projetos de IA do Judiciário brasileiro estão alojados na plataforma Sinapses.

Antes de qualquer outra palavra, é necessário registrar que a ideia de criação de uma plataforma unificadora dos modelos de IA é muito boa, não só para viabilizar o exercício de amplificada fiscalização por parte do CNJ, mas também pelo fato de se induzir, ao menos em tese, a melhoria dos modelos pela catalogação de experiências exitosas e, o mais importante, se implantar um "estoque de erros", de tal modo que se passa a ter maior amplitude de conhecimento sobre os incontáveis erros e vieses que cada um dos modelos pode apresentar. Mesmo que cada modelo adote a sua própria linguagem de programação e tenha o seu funcionamento condicionado ao conjunto de dados que lhe é submetido, nada impede que se adote um procedimento orientado ao aumento do conhecimento em decorrência do aprendizado adquirido com os erros do passado, eliminando-os paulatinamente, algo que poderia demandar maior esforço, tempo e dinheiro se feito de modo isolado.

No entanto, como registrado, parece haver uma série de projetos que passam despercebidos pelo "radar" do CNJ, gerando total falta de transparência sobre as iniciativas que vêm sendo desenvolvidas. Parece que alguns inventores/desenvolvedores querem guardar segredo até o último momento.

Outro ingrediente da ausência de transparência quanto ao uso de IA no Judiciário brasileiro diz respeito às potencialidades de cada ferramenta, potencialidades concretas ou imaginárias. Perceba-se que, aparentemente, alguns tribunais trabalham com *fake news*, pois fazem circular informações que anabolizam as potencialidades da IA.[23]

---

[22] CNJ. *O uso da inteligência artificial generativa no Poder Judiciário brasileiro*: relatório de pesquisa. Brasília: CNJ, 2024. p. 9-10.
[23] Parece ser o caso da notícia do TJMG, que menciona o uso de IA: https://www.tjmg.jus.br/portal-tjmg/noticias/tjmg-utiliza-inteligencia-artificial-em-julgamento-virtual.htm. Acesso em: 8 jun. 2023.

É realmente curioso: alguns tribunais parecem esconder seus inventos, outros parecem querer gritar *"eureka"* sem que tenham qualquer invento.

Por óbvio, se há algum exagero nas notícias que os tribunais veiculam sobre os usos de IA, no sentido de divulgar uma capacidade que os modelos ainda não têm, teríamos que concluir, com lamento, que a própria informação obtida junto aos tribunais não é confiável. Como não seria possível acampar nas dependências dos tribunais e lá fazer uma investigação longa e criteriosa sobre o real "estado da arte" dessas tecnologias, infelizmente temos que partir da premissa segundo a qual as notícias que são divulgadas pelos próprios tribunais são verdadeiras ou pelo menos têm algum fundo de verdade.[24]

Um exemplo pode ser citado. Trata-se da ferramenta Logos. De acordo com algumas informações – estas que, presume-se, são fidedignas –, a ferramenta vem sendo utilizada para diversas tarefas, incluindo a elaboração de minutas de relatório, votos, ementas e acórdãos. O auxílio prestado pela ferramenta Logos parece notável, pois afirma-se ter sido a responsável por ajudar a zerar o estoque de casos daquele gabinete. Apesar de ter alcançado essa proeza, não há muitas informações sobre o modelo que, inclusive, parece ter ficado fora do radar de algumas pesquisas e relatórios que visam mapear o estado da arte do uso da IA no Brasil.

Como elucidado anteriormente, não podemos afirmar que o Logos seria um exemplo típico de juiz-robô, mas é como se o juiz (humano) dissesse ao robô: "Atue como um juiz. Faça o meu trabalho, imite-me". Um parêntese: *users* dos modelos de IA generativa mais experientes indicam esse tipo de técnica como sendo a forma mais adequada para se operarem os modelos, daí é fácil de se deparar com a sugestão de *prompts* como: "Aja como um experiente advogado de defesa e elabore uma contestação baseada no arquivo anexo [petição inicial]". Ou então: "Aja como magistrado experiente e qualificado e elabore a minuta de sentença, com base no arquivo do processo em anexo, dividindo-a em três partes: o relatório, a fundamentação e a parte dispositiva. Não deixe de avaliar consistentemente os fatos alegados por ambas as partes, bem como os argumentos trazidos, citando, também, o direito jurisprudencial pertinente ao caso".

---

[24] Disponível em: https://portal.tjpe.jus.br/-/desembargador-alexandre-pimentel-zera-acervo-do-gabinete-com-o-uso-da-inteligencia-artificial. Acesso em: 3 nov. 2024.

Este é o paradoxo da transparência. Não se sabe, na atualidade, o que realmente vem sendo feito, criado, desenvolvido, aplicado ou projetado pelo Judiciário.

A rigor, não é possível saber se determinado caso concreto foi decidido por uma máquina. É possível que muitos casos concretos já tenham sido decididos pela IA generativa, com ou sem supervisão humana.

De toda sorte, aos que pesquisam e se interessam pelo tema, a sensação é de estupefação e impotência, dada a permanente ignorância em que estamos mergulhados e a incapacidade de acompanhar tempestivamente todas as novidades que brotam a cada pôr do sol.

4 Paradoxo da eficiência

Mesmo sem termos condições de indicar uma pesquisa empírica que o comprove,[25] podemos, apenas por puro apego à didática, dividir o sentimento das pessoas diante das novas tecnologias computacionais em três grandes grupos: a) o grupo dos entusiastas-defensores; b) o grupo dos indiferentes; e c) o grupo dos temerosos-críticos.

Os indiferentes são aqueles que não se preocupam minimamente. Apenas usam as tecnologias conforme a conveniência do dia a dia. O pano de fundo da tecnologia não é interrogado, basta que lhe atenda – se um *app* ou *software* "roda" bem, é aproveitado e passa a integrar a rotina daquela pessoa. Ao contrário, se opera com travamentos, erros etc., a solução é descartada, desinstalada. O foco passa a ser a busca por um *app* melhor.

Os entusiastas-defensores geralmente aproveitam a tecnologia da melhor forma possível. Desejam estar antenados com as novidades. Normalmente também a defendem contra as problematizações. Alguns são radicais. A título de exemplo, no âmbito estritamente jurídico, quando um entusiasta radical ouve críticas sobre algum erro

---

[25] Desconheço pesquisa completa sobre o tema, talvez por sua complexidade ou por se tratar, pura e simples, da minha própria ignorância. Refiro-me, aqui, a uma pesquisa indicativa dos medos humanos em geral sobre o aproveitamento de inteligência artificial no dia a dia, isto é, na educação dos filhos, nas tarefas domésticas, no trânsito, na engenharia, na prática jurídica, nos relacionamentos humanos, na cura de doenças etc. Dada a amplitude do tema, pesquisa dessa natureza demandaria esforços de uma vida inteira. Sem dúvidas, há diversos textos que problematizam a "neofobia" tecnológica, diversas pesquisas que abordam o medo de perda de emprego por conta do uso de novos robôs e modelos de IA, bem como pesquisas focadas na prática jurídica. A propósito, Susskind fala do rejeicionismo irracional, mas não se trata de pesquisa de opinião pormenorizada sobre a temática.

no PJE, normalmente te manda "voltar ao processo de papel pra ver o que é bom". No geral, acredita que os erros da tecnologia são erros humanos na ideação, programação, auditoria ou fiscalização da ferramenta. Boa parte deles rejeita ou desdenha das questões teóricas de maior complexidade. Defendem uma melhoria na relação homem-máquina e, às vezes, passam por cima da normatividade e de garantias constitucionais. Em alguma medida, acreditam no dito popular: "Não se faz omelete sem quebrar alguns ovos".

O outro grupo – dos temerosos-críticos – é composto por pessoas normalmente responsáveis por colocar pontos de interrogação no aproveitamento das novas tecnologias computacionais. São, em geral, os chatos, os retrógrados e obsoletos, os não empreendedores. Alguns deliberadamente evitam certas tecnologias.[26] Outros são radicais e revelam, por vezes, uma espécie de neofobia. Qualquer inconveniente ou erro a que são expostos, querem logo "parar tudo", voltar ao passado. Focam mais nos problemas do que nas soluções.

É claro que essa não é uma classificação estanque. Aliás, convenhamos, classificações, normalmente, são pretensiosas. Bem esclarecido esse ponto, fato é que pode haver um entusiasta-crítico ou um temeroso-defensor. E ainda, um entusiasta-defensor pode "migrar" para o grupo de temeroso-crítico e vice-versa. Novos aprendizados, novas necessidades e anseios podem alterar aquele sentimento de cada indivíduo diante das maravilhas da tecnologia.

O importante aqui é perceber que normalmente os temerosos-críticos são mais precavidos e desconfiam dos alegados benefícios trazidos pelas moderníssimas tecnologias computacionais e põem em xeque a eficiência que em algum lugar ou por alguém foi uma vez prometida.

É possível presumir que tanto os entusiastas quanto os temerosos são favoráveis à melhoria do sistema de justiça, isto é, à adoção prática de procedimentos de melhoria da eficiência. O que pode ser reconhecido é a existência de distintos critérios de preponderância entre os membros daqueles grupos distintos. Aos entusiastas, parece que a eficiência é um critério de maior valor, pois esperam que as novas tecnologias possam resolver os mais variados problemas e, com isso, ajudar a solucionar os gargalos do sistema. Entre eficiência e as garantias, muitos entusiastas preferem a primeira. Por sua vez, o grupo dos temerosos tende a dar

---

[26] LANIER, Jaron. *Dez argumentos para você deletar agora suas redes sociais*. Rio de Janeiro: Intrínseca, 2018.

maior relevância e destaque para as garantias e cautelas, ainda que a eficiência possa ser prejudicada. Mas não seria inteligente afirmar que os temerosos desejam um sistema ineficiente, só não vão entender que se pode tudo em nome da eficiência.

Se adotarmos uma ideia mais ampla de eficiência, não restrita meramente aos números e à rapidez nos julgamentos, chegamos a uma pergunta crucial: quem decide melhor, homem ou máquina?

Não temos, ainda, dados comparativos, mas surge, desde logo, esse paradoxo, tendo em vista que o sistema jurisdicional não vem funcionando bem sem as tecnologias computacionais. A IA, vista por alguns como uma tecnologia de riscos, definitivamente não é responsável pelos erros de julgamento, pela má interpretação da Constituição e da lei, pela falta de isonomia perante os órgãos jurisdicionais, pela jurisprudência lotérica e imprevisível ou pelo gargalo do sistema de justiça. Os juízes humanos já cometeram erros imperdoáveis, basta pensar na decisão da Suprema Corte americana que chancelou a segregação racial. Há, também, incontáveis casos de comprovados erros judiciários, inclusive alguns que enviaram inocentes para o corredor da morte.[27]

Diante desse cenário de pouquíssima eficiência, a tecnologia surge como solução. Ironicamente, é possível que, ao se olhar para a atividade jurisdicional como um conjunto – portanto, sem focar nas funções individuais de cada magistrado –, algoritmos de inteligência artificial podem decidir melhor do que juízes-homens.

A ironia é evidente: teme-se a eficiência e prestabilidade de um algoritmo que possa atuar como juiz – portanto, um juiz-robô –, mas a atividade jurisdicional humana é, estatisticamente, muito pouco eficiente. Os estarrecedores números do Judiciário brasileiro o comprovam. Em muitas comarcas, um processo "simples" não dura menos do que cinco... seis... sete anos. Isso apenas na fase de cognição, sem contar os gargalos da fase de execução. O estoque de aproximadamente 80 milhões de processos e expressivas taxas de congestionamento desmonta qualquer defesa a favor da eficiência humana na operacionalização do sistema de justiça. Aqui, outra ironia: apesar dessa inefetividade, os magistrados brasileiros assumem alta carga de trabalho e, segundo estatísticas, cada juiz julga aproximadamente oito casos por dia útil

---

[27] Disponível em: https://www.bbc.com/portuguese/noticias/2014/04/140428_estudo_condenados_morte_pai_ac. Acesso em: 29 out. 2024.

do ano.[28] Se olharmos para os grandes números, concluiremos, com facilidade, que faltam juízes.

A discussão atual – implícita, é verdade – diz respeito a saber qual "classe" de juízes deve receber mais investimentos: se são os juízes humanos ou os juízes-robôs. Se optarem por investir nos juízes humanos, talvez seria o caso de dobrar o número de magistrados no Brasil, o que evidentemente não é comportado pelo orçamento. Por outro lado, se o investimento for feito nos juízes-robôs, presume-se a possibilidade de alcançar maior eficiência sem que se crie um rombo orçamentário de grande magnitude.

Se entendermos a eficiência num espectro mais amplo, vemos que a problemática da eficiência é ainda mais complexa. Isso porque se temem os vieses de um juiz-robô, mas os humanos também se comportam enviesadamente.

Por outro lado, talvez um juiz-robô não tenha a mesma empatia e deixe de apreciar minúcias dos casos concretos, mas é provável que seja menos subjetivista, impessoal e imparcial do que um julgador humano.

Outra contradição que podemos mencionar: a auditagem do algoritmo é quase sempre vista como uma necessidade inegociável. No entanto, não é possível, hoje, auditar juízes humanos. Na verdade, nem se cogita isso. Eles decidem conforme a própria consciência – aliás, isso já foi afirmado em tom eloquente. As mentes humanas são como caixas-pretas fechadas, impenetráveis. O que nos resta é examinar o texto de determinado comando judicial. É a partir daqueles signos que se exerce certo controle sobre a atividade judicial, mesmo que os signos não tenham sido produzidos pessoalmente pelo juiz, por ter contado com o apoio de terceiros, como assessores, estagiários ou, ironicamente, modelos de IA. A discussão é bem rica, mas alguns vão entender que máquinas podem ser mais eficientemente auditáveis.

Por fim, para escancarar esse paradoxo, vemos que não é possível testar a eficiência de um juiz-robô sem implementá-lo, isto é, sem que o modelo seja colocado em produção. Não é possível comparar sem testar, mas a própria criação de uma ferramenta dessa natureza exigiria uma série de cuidados. É suficiente, para encerrar este tópico, afirmar que nesse ponto se ingressa numa espécie de círculo vicioso.

---

[28] LAGE, Fernanda de Carvalho. *Manual de Inteligência Artificial no Direito Brasileiro*. Salvador: Editora JusPodivm, 2021. p. 21.

5 (In)conclusões

Ao se indicarem esses paradoxos, não se propõe a solução de todos os problemas relacionados à implementação de inteligência artificial no Judiciário. O que se quis foi apenas chamar a atenção para o empobrecimento da discussão por conta desses paradoxos, que, infelizmente, são mantidos por ações de alguns que se negam a discutir com mais profundidade as questões que orbitam a ideia de um juiz-robô.

A institucionalização de modelos de IA jurídica afasta o uso informal, mas ao mesmo tempo cria uma algoritmização massiva do sistema de justiça, que passa a ser conduzido por grandes volumes de dados, a partir de parâmetros e padrões estatísticos que obstruem ou podem obstruir especificidades que se tornam inalcançadas por grandes modelos.

Os paradoxos da existência e da transparência, tal como abordados, criam um cenário esdrúxulo de blindagem do uso de algoritmos. Muitos não se contentam em afirmar a inexistência de juízes-robôs, mas desdenham do tema, evitam discussões aprofundadas e menosprezam estudos com esse enfoque, como se fossem desimportantes, ingênuos, fantasiosos, metateóricos etc. Algo do tipo: "Se não há juiz-robô, por que diabos estamos discutindo isso?". Essa inexplicável postura, de um pragmatismo dos mais radicais, deságua no empobrecimento das discussões sobre o uso de inteligência artificial no Judiciário e parece ignorar que as grandes mudanças podem ser feitas através de pequenas alterações no estado de coisas.

A opacidade no desenvolvimento e implementação de algoritmos no Judiciário agrava as preocupações éticas e institucionais. A falta de regulamentação uniforme e de transparência nos projetos alimenta desconfianças, enquanto as iniciativas de centralização e supervisão, como a da plataforma Sinapses, buscam mitigar esses riscos. Contudo, a divergência entre os avanços reais e as expectativas projetadas compromete a confiabilidade das informações e o controle sobre o impacto das ferramentas algorítmicas.

Já tivemos oportunidade de explorar, com muito mais amplitude, algumas questões correlatas relacionadas à tentativa de desenvolvimento de um modelo de IA do tipo juiz-robô, e aquelas impressões de cunho epistemológico se mantêm firmes até que outras melhores possam ser colocadas no lugar. No entanto, os paradoxos apontados neste texto são apenas pílulas indicativas da complexidade do tema e espera-se que sirvam para fomentar um debate mais amplo e completo, que contemple as mais variadas vertentes e abordagens, ainda que de cunho epistemológico, filosófico ou eficientista, afinal, não há respostas simples para questões complexas.

Referências

CNJ. *O uso da inteligência artificial generativa no Poder Judiciário brasileiro*: relatório de pesquisa. Brasília: CNJ, 2024.

COLOMER, Juan-Luis Gómez. *El juez-robot*: la independencia judicial en peligro. Valencia: Tirant Lo Blanch, 2023.

CORTIZ, Diogo. Inteligência artificial: conceitos fundamentais. *In*: RONY VAINZOF, Andriei Gutierrez (coord.). *Inteligência artificial*: sociedade, economia e Estado. São Paulo: Thomson Reuters Brasil, 2021.

LAGE, Fernanda de Carvalho. *Manual de Inteligência Artificial no Direito Brasileiro*. Salvador: Editora Juspodivm, 2021.

LANIER, Jaron. *Dez argumentos para você deletar agora suas redes sociais*. Rio de Janeiro: Intrínseca, 2018.

LAWLOR, Reed C. What computers can do: analysis and prediction of judicial decisions. *American Bar Association Journal*, April 1963, Vol. 49, No. 4 (April 1963), p. 337-344.

MEHL, Lucien. *Automation in the Legal World*: From the Machine Processing of Legal Information to the "Law Machine". Mechanisation of Thought Processes Proceedings of a Symposium held at the National Physical Laboratory, 24-27 November 1958. (1959, vol. II, Her Majesty's Stationery Office, London). p. 755-787.

RUSSELL, Stuart J.; NORVIG, Peter. *Inteligência Artificial*. Rio de Janeiro: Elsevier, 2013.

SUSSKIND, Richard E. *Expert systems in law*: a jurisprudential inquiry. Oxford: Oxford University Press, 1987.

VIANA, Aurélio. *Algoritmos contraditórios e contraditório algorítmico*: uma crítica racionalista ao indutivismo decisório. 1. ed. Belo Horizonte; São Paulo: D'Plácido, 2024.

ZOU, Caixia. Achievements and Prospects of Artificial Intelligence Judicature in China. *Chinese Studies*, 11, 197-227. Disponível em: https://doi.org/10.4236/chnstd.2022.114016. Acesso em: 18 ago. 2023.

Informação bibliográfica deste livro, conforme a NBR 6023:2018 da Associação Brasileira de Normas Técnicas (ABNT):

VIANA, Antônio Aurélio de Souza. Juiz-robô e alguns paradoxos. *In*: ALLEMAND, Luiz Cláudio; SANTOS, Coriolano Aurélio de Almeida Camargo; MAGRO, Américo Ribeiro; GOMES, Rovena (coord.). *Processos judiciais eletrônicos*: inteligência artificial e garantia dos princípios do processo civil - algoritmos de agrupamento e similaridade. Belo Horizonte: Fórum, 2025. p. 95-118. ISBN 978-65-5518-975-9.

A UTILIZAÇÃO DA INTELIGÊNCIA ARTIFICIAL PELO JUDICIÁRIO: CONFLITO ENTRE O PRINCÍPIO DO JUIZ NATURAL E A DURAÇÃO RAZOÁVEL DO PROCESSO

BRUNO QUEIROZ DE VASCONCELOS FINOTTI

GILBERTO FERREIRA RIBEIRO JUNIOR

1 Introdução

É de conhecimento geral a atual sobrecarga[1] do sistema judiciário brasileiro e da busca por soluções tecnológicas para alcançar maior eficiência, de modo que garanta desafogo, mas, ao mesmo tempo, faça com que a justiça seja cumprida com base nos princípios constitucionais básicos. A inteligência artificial (IA) surge como uma das principais alternativas, como assistente, para acelerar o trâmite processual, especialmente em processos de baixa complexidade e com informações padronizadas, como casos consumeristas, previdenciários e execuções fiscais.

Inegáveis o avanço exponencial e o impacto causado pela IA, que não apenas automatiza processos, mas também muda a dinâmica de diversas relações, inclusive do Judiciário, seja pelo uso das partes como do próprio julgador. Nesse sentido, De Paiva Gabriel e Porto comentam acerca dos desafios trazidos pela acelerada evolução da IA:

---

[1] ESTÚDIO JOTA. *Recorde de processos no Judiciário é alerta para reforçar soluções extrajudiciais.* Disponível em: https://www.jota.info/coberturas-especiais/seguranca-juridica-investimento/recorde-de-processos-no-judiciario-e-alerta-para-reforcar-solucoes-extrajudiciais. Acesso em: 3 nov. 2024.

Vivenciamos uma época de grandes transformações trazidas pelo avanço descomunal da tecnologia, estamos na era exponencial. O futuro não é, e não será, a simples continuação do presente. Velhos problemas precisam ser resolvidos a partir de uma nova lógica e de uma forma totalmente diferente daquela que estávamos acostumados. Sem dúvida estamos em um momento em que a tecnologia e o homem se sobrepõem. Nenhum negócio, privado ou público, ficará à margem da mudança, vivemos a quarta evolução industrial, porque, além da automação, a tecnologia nos proporciona a conectividade e realça a complexidade do mundo em que vivemos.[2]

A questão da eficiência *versus* preservação de direitos fundamentais coloca o Judiciário em um dilema: como adotar a IA sem comprometer a imparcialidade e a independência da magistratura? A problemática do presente estudo consiste justamente nessa indagação.

Cita-se, de um lado, o princípio do juiz natural, garantido pelo artigo 5º, inciso LIII, da Constituição Federal (CF/88), que assegura o julgamento por um juiz preestabelecido e imparcial. Esse princípio visa garantir que o julgamento seja feito de maneira independente, sem interferências externas. Nesse caminho, existe a preocupação com a implementação de IA no processo decisório, dado que algoritmos podem apresentar vieses que comprometem a sua imparcialidade.

De outro lado, a CF/88 também estabelece o princípio da duração razoável do processo, no artigo 5º, inciso LXXVIII, buscando assegurar uma tramitação célere para proteger o direito ao acesso à justiça de maneira eficiente e rápida. O prolongamento excessivo de processos judiciais pode representar uma denegação de justiça, motivo pelo qual há crescente pressão pela celeridade processual.

Segundo dados do Conselho Nacional de Justiça (CNJ), há uma quantidade expressiva de processos em trâmite, o que contribui para a morosidade judicial. Conforme a análise nos últimos 15 (quinze) anos, foram iniciados mais de 250.000.000 (duzentos e cinquenta milhões) de demandas por meio de processo judicial eletrônico, o que trouxe a promoção de algumas medidas novas de tecnologia, como, por exemplo, juízo 100% digital e o balcão virtual, para uma possível solução para a redução de prazos; porém, isso não basta.[3]

---

[2] RIBEIRO PORTO, Fábio; DE PAIVA GABRIEL, Anderson. Possibilidade de utilização da inteligência artificial para a prática de ato administrativo discricionário. *Revista Judicial Brasileira*, 2023.

[3] CONSELHO NACIONAL DE JUSTIÇA. *Em 15 anos, Justiça recebeu mais de 250 milhões de processos eletrônicos*. Disponível em: https://www.cnj.jus.br/em-15-anos-justica-recebeu-

A metodologia empregada neste estudo baseou-se em uma análise bibliográfica e documental sobre o uso da inteligência artificial no sistema judiciário, abordando autores renomados e normativas legais, como a Constituição Federal de 1988 e a Resolução nº 332, do Conselho Nacional de Justiça. A pesquisa buscou explorar o conceito e as aplicações da IA no contexto jurídico, bem como identificar os principais desafios éticos e práticos de sua implementação, com foco na conciliação dos princípios do juiz natural e da duração razoável do processo. A abordagem analítica permitiu compreender os riscos e benefícios da IA no Judiciário, fornecendo subsídios para recomendações de práticas responsáveis.

Por fim, o objetivo do artigo é analisar como o uso da IA no sistema judiciário pode efetivamente ser um recurso útil para a celeridade processual sem violar o princípio do juiz natural.

2 Conceito, modalidades e desafios da inteligência artificial

Inicialmente, define-se IA como a capacidade de máquinas, principalmente computadores, realizarem tarefas que exigem inteligência humana, como aprendizado, raciocínio, percepção e tomadas de decisão. Esse conceito foi formulado pela primeira vez na década de 1950 por cientistas da computação, como Alan Turing e John McCarthy.

O artigo *Computing machinery and intelligence*, publicado em 1950 pelo matemático britânico Alan Turing, conectou a computação à inteligência ao introduzir o conhecido Teste de Turing.[4] Em 1956, o termo "inteligência artificial" foi usado pela primeira vez por John McCarthy em uma conferência na Dartmouth College. Para McCarthy, inteligência artificial seria ciência e engenharia voltadas para a criação de máquinas, com foco especial em programas de computador, que demonstram inteligência por meio de aprendizado.[5]

A partir dessa definição, discute-se o aprendizado de máquina (AM) – em inglês, *machine learning* –, uma das modalidades de IA que têm maior aplicação no contexto jurídico. A *machine learning* permite

---

mais-de-250-milhoes-de-processos-eletronicos/#:~:text=O%20volume%20integra%20os%20mais,Justi%C3%A7a%20(CNJ)%20nessa%20semana. Acesso em: 3 nov. 2024.
[4] TURING, A. M. Computing machinery and intelligence. *Mind*, v. 59, p. 433-460, 1950.
[5] MCCARTHY, John. *What is Artificial Intelligence*. Stanford: Stanford University, 2007.

que sistemas "aprendam" com dados anteriores e façam previsões ou decisões com base nesse compilado.

Faceli explica a técnica utilizada para o aprendizado de máquina (AM):

> Para tal, empregam um princípio de inferência denominado indução, no qual se obtêm conclusões genéricas a partir de um conjunto particular de exemplos. Assim, algoritmos de AM aprendem a induzir uma função ou hipótese capaz de resolver um problema a partir de dados que representam instâncias do problema a ser resolvido. Esses dados formam um conjunto, simplesmente denominado conjunto de dados (Seção 1.2). Embora AM seja naturalmente associado à IA, outras áreas de pesquisa são importantes e têm contribuições diretas e significativas no avanço do AM, como Probabilidade e Estatística, Teoria da Computação, Neurociência, Teoria da Informação, para citar algumas. AM é uma das áreas de pesquisa da computação que mais tem crescido nos últimos anos. Diferentes algoritmos de AM, diferentes formas de utilizar os algoritmos existentes e adaptações de algoritmos são continuamente propostos. Além disso, surgem a todo instante novas variações nas características dos problemas reais a serem tratados.[6]

Outros tipos de IA, como redes neurais e processamento de linguagem natural (PLN),[7] também são discutidos. Redes neurais, inspiradas pelo funcionamento do cérebro humano, são empregadas para reconhecer e/ou gerar textos em linguagem usual aos seres humanos, o que causa maior empatia e aproximação do texto gerado artificialmente, o que, no caso do Judiciário, tem grande valia para conforto das partes.

No Brasil, o Projeto Sinapses, do CNJ, aprovado pela Resolução nº 332, de 2020,[8] explora a IA para o mapeamento de decisões e a automatização de rotinas processuais, de forma a regular a forma de aprendizado, garantir a transparência na utilização da ferramenta, qualidade

---

[6] FACELI, Kátia et al. Inteligência Artificial: uma abordagem de aprendizado de máquina. 2011. Disponível em: https://integrada.minhabiblioteca.com.br/#/books/978-85-216-2146-1/.

[7] Processamento de Linguagem Natural (PLN) é uma área da ciência da computação que estuda o desenvolvimento de programas de computador que analisam, reconhecem e/ou geram textos em linguagens humanas ou linguagens naturais (VIEIRA, Renata; LOPES, Lucelene, 2010).

[8] CONSELHO NACIONAL DE JUSTIÇA. *Resolução nº 332, de 21 de agosto de 2020.* Dispõe sobre a ética, a transparência e a governança na produção e no uso de Inteligência Artificial no Poder Judiciário e dá outras providências. Disponível em: https://atos.cnj.jus.br/files/original191707202008255f4563b35f8e8.pdf. Acesso em: 3 nov. 2024.

e segurança, premissas básicas com as quais a Administração Pública vem se preocupando em demonstrar para o uso da IA.

Noutro norte, o ministro Humberto Martins – ex-presidente do STJ – argumenta que é um grande desafio garantir a transparência das decisões judiciais proferidas com o uso da inteligência artificial:

> Um dos maiores desafios para as aplicações de inteligência artificial é a capacidade de justificar, de modo claro, acessível e compreensível, as bases pelas quais uma determinada decisão foi tomada com o seu uso. Um dos meios de assegurar a aplicação desse princípio reside no estabelecimento de auditorias técnicas de caráter externo. Tornar as aplicações auditáveis é um desafio técnico de grande monta.[9]

Não se pode olvidar que os algoritmos podem perpetuar vieses presentes nos dados utilizados para seu treinamento, o que compromete a imparcialidade judicial. Pereira sugere que o uso de IA deve ser limitado a funções auxiliares e nunca deve substituir a análise crítica do julgador, que é indispensável para a justiça:

> Assim, nesta dimensão constitutiva *praeter legem*, os sistemas de inteligência artificial poderiam também auxiliar o juiz, ao nível da localização ou enquadramento sistemático do caso na série aberta de problemas, embora não possam e/ou não devam substituí-lo na faculdade de julgar, isto é, de emitir o juízo que gera o novo princípio.[10]

Fica clara, com isso, a responsabilidade dos operadores de direito no uso e supervisão da IA. Advogados e juízes devem ter conhecimento sobre o funcionamento desses sistemas para que possam questionar suas decisões e identificar possíveis falhas ou vieses, garantindo um processo justo e transparente.

Por fim, não há dúvidas de que o uso de IA para questões auxiliares, como sistemas de triagem automatizada, identificação de temas comuns em processos e algoritmos que sugerem jurisprudências relevantes, deve ser adotado, pois será uma forma de demonstrar a capacidade da IA de lidar com a sobrecarga processual, mas evidencia

---

[9] MARTINS, Humberto. *3ª EXPOJUD Inteligência Artificial*. Disponível em: https://www.stj.jus.br/sites/portalp/SiteAssets/documentos/noticias/INTELIGE%CC%82NCIA%20ARTIFICIAL%20no%20EXPOJUD%20(1)%20(1).pdf. Acesso em: 3 nov. 2024.

[10] PEREIRA, Alexandre Libório Dias. *Ius ex machina? Da informática jurídica ao computador-juiz*. Disponível em: https://www.cidp.pt/revistas/rjlb/2017/1/2017_01_0043_0126.pdf. Acesso em: 3 nov. 2024.

a necessidade de um controle e revisão cuidadosa sobre o seu uso, principalmente nos pontos centrais da decisão.

3 Princípio do juiz natural

O princípio do juiz natural é um direito fundamental que assegura a imparcialidade e independência do julgador, conforme o artigo 5º, inciso LIII, da CF/88.[11] O princípio do juiz natural visa impedir que tribunais ou juízes específicos sejam escolhidos para decidir um caso de maneira arbitrária, garantindo que a jurisdição seja exercida de maneira impessoal.

O princípio do juiz natural é uma garantia constitucional que protege o indivíduo de julgamentos arbitrários, assegurando que ele será julgado por um magistrado preestabelecido em lei, cuja competência é determinada no momento de ajuizamento da ação judicial.[12] Esse princípio reforça a confiança no sistema judiciário, pois impede manipulações; assim, favorece a imparcialidade.

Marinoni explica as características do juiz natural:

> Juiz natural *é juiz imparcial, competente* e *aleatório*. É o juiz a que é constitucionalmente atribuído o dever de prestar tutela jurisdicional e conduzir o processo de forma justa. Juiz natural é em primeiro lugar *juiz*. Vale dizer: não é parte. É um *terceiro* (*giudice terzo e imparziale*, como grifa o art. 111 da Constituição italiana, donde a sua *terzietà*), *cuja função* no processo não se confunde com a das partes. Como observa com razão a doutrina, o juiz é dotado de *impartialidade* (*Unparteilichkeit - Unbeteiligheit*), porque *suas funções* são diversas daquelas atribuídas às partes no processo (a doutrina francesa fala a propósito do tema em *impartialité objective,* também conhecida como *impartialité jonctionnelle*).[13]

A implementação de IA no Judiciário, no entanto, desafia esse princípio. Quando decisões judiciais são orientadas por algoritmos, surge a preocupação de que o julgamento possa ser influenciado por

---

[11] Art. 5º da Constituição Federal: LIII - ninguém será processado nem sentenciado senão pela autoridade competente.

[12] Artigo 45 do Código de Processo Civil: Determina-se a competência no momento do registro ou da distribuição da petição inicial, sendo irrelevantes as modificações do estado de fato ou de direito ocorridas posteriormente, salvo quando suprimirem órgão judiciário ou alterarem a competência absoluta.

[13] MARINONI, Luiz Guilherme; ARENHART, Sérgio Cruz; MITIDIERO, Daniel. *Novo curso de processo civil*: teoria do processo civil. Volume 1. São Paulo: Revista dos Tribunais, 2015.

fatores não humanos, como os dados e critérios usados para programar o algoritmo.

O ministro Alexandre de Moraes, do Supremo Tribunal Federal, defende o uso da IA para criar plataforma de resolução de disputas *online* como uma espécie de arbitragem, principalmente para casos repetitivos e que levem a uma mesma conclusão e para aqueles que apliquem precedentes vinculantes. Caso as partes entendam que seu caso apresenta singularidades, podem fazer destaque e apresentar um pedido de *distinguishing*, sendo que, somente nesse caso, seriam levadas para o julgamento por um juiz humano.[14]

Porém, o uso de IA para recomendar decisões em processos menos complexos levanta uma questão crítica: a de saber se a presença de IA compromete a autenticidade da análise judicial. Talvez, a decisão automatizada, ainda que possa ser revisada, tende a "orientar" o juiz, influenciando-o sutilmente, o que comprometeria a independência de sua atuação.

Entendo ser muito dificultoso garantir uma atuação integralmente impessoal do juiz na análise de um processo, pois o local de nascimento, sua criação, experiências, estudos, entre inúmeras outras intervenções sociais, podem afastá-lo da total imparcialidade, que penso ser utópica; ou seja, mais um "tempero" com o uso da IA não comprometeria a ponto de tornar o julgador parcial.

O que apresenta maior complexidade é o fato de que os algoritmos podem ser tendenciosos. Estudos mostram que algoritmos treinados com dados históricos podem refletir preconceitos raciais, de gênero ou socioeconômicos, o que prejudicaria a imparcialidade judicial.[15] O princípio do juiz natural exige que o julgador esteja livre dessas influências, preservando a integridade do julgamento.

Adicionalmente, há uma questão de transparência. A opacidade dos algoritmos torna difícil entender como e por que uma decisão foi recomendada. Isso contraria o princípio da publicidade dos atos judiciais e compromete o direito das partes de contestarem e compreenderem a lógica e fundamentação subjacente à decisão.

---

[14] CONSULTOR JURÍDICO. *Alexandre defende uso de IA em métodos de resolução de conflitos.* Disponível em: https://www.conjur.com.br/2024-jul-22/alexandre-de-moraes-defende-uso-de-ia-em-metodos-de-resolucao-de-conflitos/. Acesso em: 3 nov. 2024.

[15] PRADO, Magaly. Diversidade na cultura algorítmica contra o circundante deterioramento da informação. *Jornal da USP*. Disponível em: https://jornal.usp.br/artigos/diversidade-na-cultura-algoritmica-contra-o-circundante-deterioramento-da-informacao/. Acesso em: 3 nov. 2024.

Ainda que essa preocupação esteja refletida na Resolução nº 332, de 2020, do Conselho Nacional de Justiça, ainda não existem demonstrações claras da técnica e treinamento da IA para chegar àquela conclusão, que muitas vezes se pauta em questões estatísticas, deixando de lado a análise humanizada da controvérsia.

Um ponto que também pode ser discutido para garantir a transparência do uso da IA pelo Judiciário seria criar um selo para demonstrar que naquela decisão houve uma intervenção realizada artificialmente, o que poderia ser um alento ao menos para que as partes soubessem como seu processo foi analisado.

Por fim, entendo que a IA pode ser uma ferramenta de apoio valiosa, mas que o juiz "humano" deve manter o controle sobre todas as fases do julgamento, ainda que como mero revisor, a fim de garantir a integridade do princípio do juiz natural.

4 Princípio da duração razoável do processo

O princípio da duração razoável do processo é garantido pela Constituição Federal de 1988, em seu artigo 5º, inciso LXXVIII,[16] que determina que todos têm direito a um processo justo, com a duração necessária para que o julgamento seja realizado de forma eficiente e adequada. Esse princípio reflete a necessidade de uma justiça célere, que previna a morosidade processual e o impacto negativo que esta pode gerar para os jurisdicionados, com o deferimento de direitos inócuos por serem fora do prazo adequado.

Theodoro Júnior destaca que a duração razoável do processo não implica uma rapidez desmedida, mas, sim, a adoção de prazos e procedimentos que assegurem uma tramitação célere e eficaz, respeitando os direitos das partes. O prolongamento excessivo de um processo pode ser prejudicial à justiça, conforme explica:

> É evidente que sem *efetividade*, no concernente ao resultado processual cotejado com o direito material ofendido, não se pode pensar em processo *justo*. Não sendo rápida a resposta do juízo para a pacificação do litígio, a tutela não se revela *efetiva*. Ainda que afinal se reconheça e proteja o direito violado, o longo tempo em que o titular, no aguardo do provimento judicial, permaneceu privado de seu bem jurídico, sem razão plausível, somente pode ser visto como uma grande injustiça.

---

[16] Artigo 5º, CF/88: LXXVIII - a todos, no âmbito judicial e administrativo, são assegurados a razoável duração do processo e os meios que garantam a celeridade de sua tramitação.

Daí por que, sem necessidade de maiores explicações, se compreende que o Estado não pode deixar de combater a morosidade judicial e que, realmente, é um dever primário e fundamental assegurar a todos quantos dependam da tutela da Justiça uma duração razoável para o processo e um empenho efetivo para garantir a celeridade da respectiva tramitação. A fiel aplicação da garantia constitucional em apreço exige das partes um comportamento leal e correto, e, do juiz, uma diligência atenta aos desígnios da ordem institucional, para não se perder em questiúnculas formais secundárias e, sobretudo, para impedir e reprimir, prontamente, toda tentativa de conduta temerária dos litigantes.[17]

No contexto da IA, a celeridade processual pode ser significativamente aprimorada pela automatização de tarefas repetitivas, como triagem de processos, análise inicial de documentos e mesmo a sugestão de sentenças em casos padronizados e simples. No entanto, a introdução dessa tecnologia também suscita preocupações sobre a qualidade e a equidade das decisões, já que a pressa não deve comprometer a análise cuidadosa de cada caso pelo magistrado e por outros auxiliares da justiça.

Outro ponto importante é a eficácia da IA em casos de massa, como processos consumeristas, fiscais e previdenciários, que frequentemente enfrentam longas filas de espera. A automação pode reduzir esses gargalos, principalmente para tarefas administrativas e operacionais, possibilitando que o julgador se concentre em decidir pontos que realmente dependam de um estudo mais complexo e que envolvam maior prioridade.[18]

Dentre os pontos de atenção, destaca-se que a ênfase excessiva na celeridade processual, promovida pela IA, pode conduzir à negligência das particularidades de cada caso, inclusive por meio de uma má valoração das provas. A padronização de resultados com o uso da IA poderia se tornar um risco, pois, ao tratar casos distintos de maneira semelhante, o sistema pode desconsiderar fatores únicos de cada situação, trazendo conclusões errôneas sobre os casos.[19]

---

[17] THEODORO JÚNIOR, Humberto. *Curso de Direito Processual Civil*: teoria geral do direito processual civil, processo de conhecimento e procedimento comum. vol. I. 56. ed. rev., atual. e ampl. Rio de Janeiro: Forense, 2015.

[18] CONSELHO NACIONAL DE JUSTIÇA. *O uso da Inteligência Artificial Generativa no Poder Judiciário Brasileiro*. Disponível em: https://www.cnj.jus.br/wp-content/uploads/2024/09/cnj-relatorio-de-pesquisa-iag-pj.pdf. Acesso em: 3 nov. 2024.

[19] JORNAL O GLOBO. *Erros cometidos pela IA geram alerta e contestações a seu uso na Justiça*. Disponível em: https://oglobo.globo.com/brasil/noticia/2024/07/25/erros-cometidos-pela-ia-geram-alerta-e-contestacoes-a-seu-uso-na-justica.ghtml. Acesso em: 3 nov. 2024.

Ademais, é essencial avaliar o impacto psicológico e social de um processo mais rápido, mas automatizado, para as partes envolvidas. Processos que envolvam questões sensíveis, como, por exemplo, guarda de menores, podem exigir uma análise mais aprofundada e humana. A redução de prazos não pode se dar em detrimento da sensibilidade e da profundidade da decisão; portanto, nesses casos, é essencial a intervenção humana para criar a empatia esperada com a decisão judicial.

Em suma, se faz inegável a importância do princípio da duração razoável do processo, que, inclusive, é um direito fundamental, mas a celeridade não deve ser um fim em si mesma, e sim uma garantia de justiça. A utilização da IA deve sempre buscar equilibrar esses dois aspectos, de modo que a eficiência na tramitação processual se traduza em decisões justas e fundamentadas, sendo que cabe sempre ao julgador atuar nas questões com pontos mais sensíveis.

5 Da utilização da IA pelo Judiciário sob a perspectiva do juiz natural do direito x duração razoável do processo

Pelo estudado, faz-se necessária a avaliação entre o impacto direto da IA no equilíbrio entre os dois princípios fundamentais discutidos. A aplicação de IA no Judiciário gera debates sobre a autonomia e a independência dos juízes, especialmente quando os algoritmos influenciam diretamente a decisão final, afetando o princípio do juiz natural.

Como verificado, é importante que o julgador sempre participe da decisão final, utilizando-se da IA apenas como ferramenta para consolidar dados, resumir informações, entre outros pontos satélites à formação de sua convicção, ou seja, o uso dessa tecnologia deve ser restrito a funções administrativas e de apoio, preservando a discricionariedade do juiz nas decisões finais; por isso, cabe ao juiz sempre proferir a decisão usando a IA como fonte, e não resultado.

Nesse sentido, são importantes as colocações de Viana:

> A leitura de autores da envergadura de Kelsen e Hart nos faz compreender, de fato, que a discricionariedade é um elemento nuclear do positivismo jurídico. A propósito, tal como concebido por seus defensores, o positivismo em muito se distancia daquela noção de direito "preto no branco" ou "exato", assim como (mal)retratado nos bancos de faculdade. No positivismo, o juiz não apenas interpreta, mas decide

discricionariamente, pois as regras deixam um espaço considerável para a discricionariedade dos juízes e outras autoridades, nos dizeres de MacCormick.

Além do mais, a implementação da IA deve ser gradual e cuidadosamente monitorada para evitar que o juiz se torne excessivamente dependente das decisões automatizadas, perdendo seu senso crítico e sua atuação como decisor real das lides que lhe são confiadas.

Se o juiz não tiver a liberdade de discordar da "sugestão" realizada pela IA ou se sentir pressionado a segui-la, o princípio do juiz natural estará comprometido, pois ele não poderá agir de acordo com sua própria interpretação da lei e do caso.

Analogicamente é o que vem acontecendo nos jogos de futebol, em que, por vezes, a intervenção tecnológica (*Video Assistant Referee* – VAR) retira a sensibilidade do juiz de campo em analisar situações interpretativas, forçando-o a confirmar a decisão tomada artificialmente.

A razão humana deve preponderar sobre a razão artificial, ainda mais no direito, pois é inequívoco que este evolui ao longo dos tempos para se adequar às novas relações sociais e jurídicas; portanto, o ser humano é mais bem preparado para lidar com tais situações e sensibilidades, não podendo delegar integralmente essa função para a máquina.

A duração razoável do processo, por outro lado, se beneficia substancialmente do uso de IA. Ao automatizar tarefas repetitivas, a IA pode reduzir o tempo de tramitação dos processos, especialmente em tribunais sobrecarregados. Esse benefício, no entanto, precisa ser avaliado em conjunto com a integridade do processo e o direito a uma justiça individualizada.

Em estudo conduzido por De Sousa, constatou-se que o uso da IA apenas para verificar a admissibilidade de recursos extraordinários no Supremo Tribunal Federal (STF) gera em um ano uma economia de 1.467 (mil quatrocentos e sessenta e sete) horas de trabalho, o que equivale a mais de 61 (sessenta e um) dias:

> Apesar das dificuldades relatadas, considerando que cada processo requer 11 minutos de análise manual para triagem e que para a análise com uso da IA o tempo é dado como irrisório e prescinde da participação de pessoas, chega-se a alguns números que representam benefícios para o STF, conforme apresentados no Quadro 8 (IE 4.1). Os cálculos demonstram que, em um ano, com o uso da IA, gera-se uma economia de 1467 horas de trabalho, o que se traduz em redução no tempo de

tramitação dos processos que se enquadram nos 29 temas tratados pela aplicação e também na liberação de hora-homem para que sejam aplicadas em processos que requeiram análise manual ou em outras atividades do Órgão.[20]

Apesar da clara celeridade, o uso da IA deve preservar a previsibilidade das decisões judiciais, mas, se a tecnologia empregada for opaca ou se houver inconstância nos resultados, a segurança jurídica pode ser prejudicada, especialmente, se o julgador for omisso nesses casos. Nesse sentido, é fundamental que o sistema judiciário adote mecanismos de supervisão e transparência no uso de algoritmos e na decisão final que tenha o uso da IA em seu caminho.

Fica evidente com isso que a autonomia judicial e a celeridade não são mutuamente excludentes, e a IA pode ser um caminho para conciliá-las. No entanto, essa conciliação requer uma série de cuidados básicos para garantir que a IA não seja utilizada indiscriminadamente sem supervisão, ensejando decisões errôneas que não refletem a realidade probatória daquela lide.

Em suma, o ideal é que a IA seja incorporada como uma ferramenta de apoio, permitindo ao juiz uma maior agilidade sem prejudicar o julgamento natural. Isso envolve um redesenho dos fluxos de trabalho no Judiciário, capacitando magistrados e servidores a compreenderem e utilizarem a IA de maneira que ela complemente, e não substitua, o julgador e os auxiliares da justiça.

6 Conclusão

Pelo analisado, podemos sintetizar os principais pontos abordados sobre o uso da IA no sistema judiciário, com a necessidade de equilibrar eficiência com o respeito aos princípios fundamentais do juiz natural e da duração razoável do processo.

A IA representa uma ferramenta valiosa para reduzir a sobrecarga judicial e acelerar o trâmite processual, especialmente em situações repetitivas e operacionais. Contudo, a decisão final sempre depende da intervenção humana, ainda que como revisora daquelas informações, sob pena de lesar o princípio do juiz natural.

---

[20] DE SOUSA, Weslei Gomes. *Inteligência artificial e celeridade processual no Judiciário*: mito, realidade ou necessidade? Disponível em: http://www.realp.unb.br/jspui/bitstream/10482/38772/1/2020_WesleiGomesdeSousa.pdf. Acesso em: 3 nov. 2024.

O que se verifica é que há uma clara colisão de direitos fundamentais, sendo que, se de um lado temos o juiz natural, de outro há a necessidade de garantir a duração razoável do processo, o que pode ter um início de solução pela técnica da ponderação.

A técnica de ponderação, defendida por Robert Alexy,[21] pode ser utilizada para resolver conflitos entre direitos fundamentais que colidem em determinadas situações. No contexto deste estudo, a ponderação pode balancear o princípio do juiz natural com a duração razoável do processo, ambos consagrados na CF/88 e igualmente importantes para garantir uma justiça eficaz e assertiva.

A ponderação implica que nenhum direito é absoluto e que a escolha de qual deve prevalecer em uma situação específica precisa ser feita com base em critérios objetivos e racionais. No caso em questão, a ponderação pode ajudar a encontrar um meio-termo no qual a IA é utilizada para otimizar a duração do processo sem que isso comprometa a autonomia e imparcialidade do juiz natural.

Nessa linha, entendo que o uso da IA é adequado, pois contribui para a celeridade processual, mas deve ser limitado de forma que sua aplicação seja necessária apenas nas etapas do processo que realmente exijam essa tecnologia para acelerar a tramitação, sendo que a decisão finalística do caso deve ter uma intervenção direta do magistrado, não podendo delegar integralmente a prestação jurisdicional à tecnologia.

Essa ponderação deve considerar também a transparência na fundamentação[22] adotada pela decisão judicial, sendo um elemento primordial para que as partes compreendam a lógica da decisão e possam contestá-la, se necessário. Logo, é essencial que qualquer aplicação de IA no Judiciário seja acompanhada de mecanismos que tornem o funcionamento do sistema compreensível para as partes, inclusive com a criação de selo que permita a identificação de que naquele processo houve o uso da IA.

Outro ponto que deve ser observado para minorar a colisão dos direitos fundamentais do juiz natural x duração razoável do processo

---

[21] ALEXY, Robert. *Teoria de los Derechos Fundamentales*. Madri: Centro de Estúdios Políticos y Constitucionales, 2001.
[22] Artigo 93 da CF/88: IX - todos os julgamentos dos órgãos do Poder Judiciário serão públicos, e fundamentadas todas as decisões, sob pena de nulidade, podendo a lei limitar a presença, em determinados atos, às próprias partes e a seus advogados, ou somente a estes, em casos nos quais a preservação do direito à intimidade do interessado no sigilo não prejudique o interesse público à informação.

é garantir o cumprimento do direito à explicação, ou seja, que haja informações claras e objetivas de como as decisões automatizadas foram produzidas, quais parâmetros foram utilizados e, especialmente, se houve algum tipo de discricionariedade ou viés nos algoritmos.

O direito à explicação ganhou força com o Regulamento Geral de Proteção de Dados (GPDR), especialmente nas definições trazidas no seu artigo 15,[23] bem como com a Lei Geral de Proteção de Dados (LGPD), especificamente em seu artigo 20,[24] o que pode servir como baliza para eventual regulamentação que seja feita para a IA.

Assim, conclui-se que a IA no Judiciário pode ser uma aliada poderosa, porém, deve ser utilizada com supervisão rigorosa e foco na justiça individualizada. Para isso, é fundamental o desenvolvimento de uma estrutura regulatória e de capacitação contínua de magistrados, assegurando que a IA complemente, mas não substitua, o papel do juiz.

Referências

ALEXY, Robert. *Teoria de los Derechos Fundamentales*. Madri: Centro de Estúdios Políticos y Constitucionales, 2001.

BRASIL. *Constituição (1988)*. Constituição da República Federativa do Brasil. Brasília, DF: Senado, 1988.

BRASIL. *Lei 13.105 (2015)*. Código de Processo Civil. Brasília, DF: Senado, 2015.

BRASIL. *Lei 13.709 (2018)*. Lei Geral de Proteção de Dados. Brasília, DF: Senado, 2018.

CONSELHO NACIONAL DE JUSTIÇA. *Em 15 anos, Justiça recebeu mais de 250 milhões de processos eletrônicos*. Disponível em: https://www.cnj.jus.br/em-15-anos-justica-recebeu-mais-de-250-milhoes-de-processos-eletronicos/#:~:text=O%20volume%20integra%20os%20mais,Justi%C3%A7a%20(CNJ)%20nessa%20semana. Acesso em: 3 nov. 2024.

CONSELHO NACIONAL DE JUSTIÇA. *O uso da Inteligência Artificial Generativa no Poder Judiciário Brasileiro*. Disponível em: https://www.cnj.jus.br/wp-content/uploads/2024/09/cnj-relatorio-de-pesquisa-iag-pj.pdf. Acesso em: 3 nov. 2024.

---

[23] O titular dos dados tem o direito de obter do responsável pelo tratamento a confirmação de que os dados pessoais que lhe digam respeito são ou não objeto de tratamento e, se for esse o caso, o acesso aos dados pessoais e às seguintes informações: a existência de tomada de decisão automatizada, incluindo a definição de perfis, referida no artigo 22.º (1) e (4) e, pelo menos nesses casos, informações significativas sobre a lógica envolvida, bem como a importância e as consequências previstas desse tratamento para o titular dos dados. Disponível em: https://gdpr-info.eu/art-15-gdpr/. Acesso em: 3 nov. 2024.

[24] Art. 20 da LGPD: o titular dos dados tem direito a solicitar a revisão de decisões tomadas unicamente com base em tratamento automatizado de dados pessoais que afetem seus interesses, incluídas as decisões destinadas a definir o seu perfil pessoal, profissional, de consumo e de crédito ou os aspectos de sua personalidade.

CONSELHO NACIONAL DE JUSTIÇA. *Resolução nº 332, de 21 de agosto de 2020*. Dispõe sobre a ética, a transparência e a governança na produção e no uso de Inteligência Artificial no Poder Judiciário e dá outras providências. Disponível em: https://atos.cnj.jus.br/files/original191707202008255f4563b35f8e8.pdf. Acesso em: 3 nov. 2024.

CONSULTOR JURÍDICO. *Alexandre defende uso de IA em métodos de resolução de conflitos*. Disponível em: https://www.conjur.com.br/2024-jul-22/alexandre-de-moraes-defende-uso-de-ia-em-metodos-de-resolucao-de-conflitos/. Acesso em: 3 nov. 2024.

DE SOUSA, Weslei Gomes. *Inteligência artificial e celeridade processual no Judiciário*: mito, realidade ou necessidade? Disponível em: http://www.realp.unb.br/jspui/bitstream/10482/38772/1/2020_WesleiGomesdeSousa.pdf. Acesso em: 3 nov. 2024.

ESTÚDIO JOTA. *Recorde de processos no Judiciário é alerta para reforçar soluções extrajudiciais*. Disponível em: https://www.jota.info/coberturas-especiais/seguranca-juridica-investimento/recorde-de-processos-no-judiciario-e-alerta-para-reforcar-solucoes-extrajudiciais. Acesso em: 3 nov. 2024.

FACELI, Kátia et al. *Inteligência artificial*: uma abordagem de aprendizado de máquina. 2011. Disponível em: https://integrada.minhabiblioteca.com.br/#/books/978-85-216-2146-1/. Acesso em: 3 nov. 2024.

JORNAL O GLOBO. *Erros cometidos pela IA geram alerta e contestações a seu uso na Justiça*. Disponível em: https://oglobo.globo.com/brasil/noticia/2024/07/25/erros-cometidos-pela-ia-geram-alerta-e-contestacoes-a-seu-uso-na-justica.ghtml. Acesso em: 3 nov. 2024.

MARINONI, Luiz Guilherme; ARENHART, Sérgio Cruz; MITIDIERO, Daniel. *Novo curso de processo civil*: teoria do processo civil. Volume 1. São Paulo: Revista dos Tribunais, 2015.

MARTINS, Humberto. *3ª EXPOJUD Inteligência Artificial*. Disponível em: https://www.stj.jus.br/sites/portalp/SiteAssets/documentos/noticias/INTELIGE%CC%82NCIA%20ARTIFICIAL%20no%20EXPOJUD%20(1)%20(1).pdf. Acesso em: 3 nov. 2024.

MCCARTHY, John. *What is Artificial Intelligence*. Stanford: Stanford University, 2007.

PRADO, Magaly. Diversidade na cultura algorítmica contra o circundante deterioramento da informação. *Jornal da USP*. Disponível em: https://jornal.usp.br/artigos/diversidade-na-cultura-algoritmica-contra-o-circundante-deterioramento-da-informacao/. Acesso em: 3 nov. 2024.

PEREIRA, Alexandre Libório Dias. *Ius ex machina?* Da informática jurídica ao computador-juiz. Disponível em: https://www.cidp.pt/revistas/rjlb/2017/1/20170100430126.pdf. Acesso em: 3 nov. 2024.

RIBEIRO PORTO, Fábio; DE PAIVA GABRIEL, Anderson. Possibilidade de utilização da inteligência artificial para a prática de ato administrativo discricionário. *Revista Judicial Brasileira*, 2023.

THEODORO JÚNIOR, Humberto. *Curso de Direito Processual Civil*: teoria geral do direito processual civil, processo de conhecimento e procedimento comum. vol. I. 56. ed. rev., atual. e ampl. Rio de Janeiro: Forense, 2015.

TURING, A. M. Computing machinery and intelligence. *Mind*, v. 59, p. 433-460, 1950.

UNIÃO EUROPEIA. *Regulamento Geral sobre a Proteção de Dados (GDPR) – Regulamento (UE) 2016/679 do Parlamento Europeu e do Conselho, de 27 de abril de 2016*. Disponível em: https://eur-lex.europa.eu/legal-content/PT/TXT/?uri=CELEX%3A32016R0679. Acesso em: Acesso em: 3 nov. 2024.

VIEIRA, Renata; LOPES, Lucelene. *Processamento de linguagem natural e o tratamento computacional de linguagens científicas*. EdiPucRS, p. 183-201, 2010. Disponível em: https://d1wqtxts1xzle7.cloudfront.net/50033978/linguagensespecializadasemcorpora-libre.pdf?1478020627=&response-content-disposition=inline%3B+filename%3DTerminologia_textual_e_Linguistica_de_co.pdf&Expires=1730654123&Signature=bRJ4JOVJyUZsOtWgi~oHv06r2BgGnpwbM8O10Z6K6tF7mNeQR8MZ5aMOv3nOMuqBYYD~aA8H2pkbdz1ly2tuEewg5N2b-Uq7nio5MYWVD-hoX6u3sj7Njh20XtmvIcWpwfiiQnWXQAduX8P3fUUvRn1UyznadLyP8ZCc-EhmzwMnq4ffNPdCd4L6ecqSuMuniNMygBUYQGfwwEzM9socKWJqzbqY9HutwLMjuQpiJWSJ2ULru9JfdVgX4M8lC68JLq0xJBr3l8pgknydoxlDaokavLPy-qM~5ZoYnYS4QQvTBdlnJXvCTtJykW4HvQEowezmmKnNdHJ9HTBXIUjBg__&Key-Pair-Id=APKAJLOHF5GGSLRBV4ZA#page=184. Acesso em: 3 nov. 2024.

Informação bibliográfica deste livro, conforme a NBR 6023:2018 da Associação Brasileira de Normas Técnicas (ABNT):

FINOTTI, Bruno Queiroz de Vasconcelos; RIBEIRO JUNIOR, Gilberto Ferreira. A utilização da inteligência artificial pelo Judiciário: conflito entre o princípio do juiz natural e a duração razoável do processo. *In*: ALLEMAND, Luiz Cláudio; SANTOS, Coriolano Aurélio de Almeida Camargo; MAGRO, Américo Ribeiro; GOMES, Rovena (coord.). *Processos judiciais eletrônicos*: inteligência artificial e garantia dos princípios do processo civil - algoritmos de agrupamento e similaridade. Belo Horizonte: Fórum, 2025. p. 119-134. ISBN 978-65-5518-975-9.

DESAFIOS E COMPLEXIDADES NO JULGAMENTO DE CASOS ENVOLVENDO CRIANÇAS E O PAPEL DA INTELIGÊNCIA ARTIFICIAL NO PROCESSO JUDICIAL

CINDIA REGINA MORACA

1 Introdução

A utilização de inteligência artificial (IA) no Judiciário brasileiro representa um marco significativo na transformação da prestação jurisdicional, refletindo a necessidade de inovação em um sistema tradicionalmente lento e burocrático. Nos últimos anos, tribunais de diversas esferas têm incorporado soluções tecnológicas para otimizar processos, melhorar a gestão de recursos e aumentar a eficiência na análise de casos. Segundo o Conselho Nacional de Justiça (2022), essas ferramentas têm o potencial de acelerar o trâmite de processos e democratizar o acesso à justiça ao reduzir filas e permitir decisões mais rápidas e fundamentadas.

Atualmente, diversos tribunais no Brasil, incluindo o Tribunal de Justiça de São Paulo (TJSP), o Supremo Tribunal de Federal (STF), o Superior Tribunal de Justiça (STJ), o Tribunal Superior Eleitoral (TSE), entre outros, já implementaram algum tipo de tecnologia baseada em IA. Essas iniciativas variam desde a automação de tarefas repetitivas até sistemas mais complexos, que auxiliam na previsão de desfechos processuais, como relatado por Silva (2023) em seu estudo sobre a integração da IA no Judiciário. Por exemplo, o uso de *chatbots* para responder a perguntas frequentes dos cidadãos e a análise preditiva para identificar casos que possam ser resolvidos por meio de conciliação são algumas das aplicações em uso.

Entretanto, a adoção de IA no Judiciário brasileiro não está isenta de desafios. Questões éticas, como a transparência nos algoritmos utilizados e a proteção de dados sensíveis, são fundamentais para garantir a confiança pública nas decisões tomadas com o auxílio dessas tecnologias. Oliveira (2021) argumenta que, embora a IA possa oferecer inúmeras vantagens, é crucial que os sistemas sejam desenvolvidos e implementados com um rigoroso controle de qualidade e supervisão humana, evitando a possibilidade de vieses que possam comprometer a imparcialidade das decisões judiciais.

Nesse contexto, este artigo refletirá sobre a utilização de IA em processos envolvendo crianças, que requerem uma atenção especial devido às variáveis sensíveis que afetam diretamente a vida desse público. A natureza delicada desses casos implica que a IA pode não conseguir levar em consideração aspectos fundamentais que envolvam o bem-estar e o desenvolvimento das crianças. Por isso, o papel do juiz nos casos que envolvem esse público deve e precisa ser mais ativo, garantindo que as decisões sejam fundamentadas não apenas em dados, mas também em uma compreensão profunda das necessidades e contextos individuais de cada criança.

2 Pontos positivos e negativos de como o Judiciário brasileiro usa a IA

Segundo Freitas (2022, p. 3), a utilização da IA no Judiciário brasileiro tem avançado de maneira significativa, refletindo uma busca por eficiência e modernização do sistema. Dentre as principais aplicações, destaca-se a automatização de tarefas repetitivas, como o preenchimento de documentos e a triagem de processos. Essa automação não apenas reduz o trabalho manual, mas também libera os profissionais do direito para se concentrarem em atividades mais complexas e estratégicas.

Outra função importante da IA é a análise de dados e padrões. Algoritmos de IA são capazes de examinar grandes volumes de dados judiciais, identificando tendências que podem auxiliar na previsão de decisões judiciais e na análise de jurisprudência. Essa capacidade analítica é especialmente útil para advogados e juízes, permitindo uma compreensão mais profunda do contexto jurídico.

Além disso, assistentes virtuais e *chatbots* têm sido implementados para facilitar o atendimento ao público, fornecendo informações sobre processos e procedimentos, além de orientar sobre a documentação necessária. Essas ferramentas promovem um melhor acesso à informação, contribuindo para a transparência do sistema.

A detecção de fraudes também é uma aplicação relevante da IA. Ferramentas baseadas em inteligência artificial podem identificar possíveis irregularidades nos processos, melhorando a integridade e a confiança no sistema judicial. O acompanhamento e monitoramento de processos em tempo real, por sua vez, permitem alertas sobre prazos e audiências importantes, promovendo uma gestão mais eficiente dos casos.

Os benefícios do uso da IA no Judiciário incluem, entre outros, a eficiência e a redução de tempo. A tecnologia pode diminuir significativamente o tempo necessário para realizar tarefas administrativas e processuais, acelerando o andamento dos processos. Ademais, a automatização minimiza a probabilidade de erros humanos, garantindo maior precisão nas operações judiciais.

No entanto, a adoção de IA não está isenta de desafios. Um dos principais riscos é a dependência excessiva dessa tecnologia, que pode levar a uma diminuição do envolvimento humano em análises que exigem interpretação complexa e julgamento sensível. Além disso, "o processamento de grandes volumes de dados levanta preocupações sobre privacidade e segurança das informações pessoais e jurídicas" (MARTINS; MOREIRA, 2024, p. 50).

A desigualdade no acesso à tecnologia é outro ponto crítico. A implementação de soluções baseadas em IA pode acentuar as disparidades no acesso à justiça, especialmente para indivíduos ou instituições que não dispõem dos recursos necessários para utilizar essas ferramentas. Por fim, a qualidade da IA e o risco de viés algorítmico são preocupações centrais, uma vez que algoritmos mal projetados podem reproduzir ou até amplificar preconceitos existentes, resultando em decisões judiciais injustas.

Em suma, a inteligência artificial no Judiciário brasileiro oferece um panorama de possibilidades promissoras, mas exige um acompanhamento rigoroso e uma reflexão crítica sobre suas implicações éticas e sociais.

3 Pontos negativos e processos

Os pontos negativos da utilização da IA no Judiciário brasileiro apresentam uma série de riscos que podem influenciar de maneira significativa os processos judiciais e suas decisões. Um dos principais problemas é o risco de dependência excessiva da tecnologia. Essa dependência pode resultar em uma redução da qualidade das decisões, pois a IA, embora eficiente em tarefas repetitivas e na análise de dados, pode não captar as nuances, contextos específicos e aspectos emocionais que são essenciais para a justiça (FREITAS, 2022). Além disso, essa confiança nos algoritmos pode enfraquecer a análise crítica e a reflexão profunda dos juízes, promovendo uma abordagem mais mecanicista e menos atenta às complexidades dos casos.

Outro aspecto preocupante diz respeito aos problemas de privacidade e segurança. O vazamento ou o acesso não autorizado a dados judiciais pode comprometer a confidencialidade das partes envolvidas, expondo informações sensíveis e gerando riscos de abusos e chantagens (MARTINS; MOREIRA, 2024). Isso, por sua vez, pode erosionar a confiança no sistema judicial, fazendo com que as partes hesitem em participar dos processos, prejudicando a integridade do sistema como um todo.

A desigualdade no acesso à justiça é uma preocupação adicional. A tecnologia pode acentuar as disparidades entre aqueles que têm acesso a recursos tecnológicos avançados e aqueles que não têm. Isso pode resultar em decisões desiguais, em que uma parte se beneficia do uso de tecnologias que a outra não pode acessar. Além disso, advogados e escritórios de advocacia menores, que não podem investir em tecnologias avançadas, podem enfrentar desvantagens significativas, prejudicando sua capacidade de oferecer uma defesa adequada (SILVA, 2023).

A qualidade da IA e o viés algorítmico também merecem atenção. Se os algoritmos contiverem preconceitos, isso pode levar a decisões que reproduzem ou amplificam desigualdades existentes, resultando em sentenças injustas. A opacidade dos algoritmos pode dificultar a compreensão das decisões, complicando a defesa de recursos ou a contestação de sentenças (GONÇALVES, 2023).

Por fim, a complexidade na implementação e integração de ferramentas de IA pode gerar erros e ineficiências. Problemas técnicos podem resultar em decisões baseadas em informações incorretas, e a resistência dos profissionais do direito à adoção de novas tecnologias pode levar a uma integração inadequada, comprometendo a equidade e a eficácia do sistema judicial.

Em conclusão, os impactos negativos da IA no Judiciário podem afetar profundamente a justiça e a equidade nos julgamentos. Para mitigar esses riscos, é fundamental que as tecnologias sejam implementadas com rigor, supervisionadas de forma adequada e acompanhadas de um compromisso contínuo com a transparência e a proteção dos direitos das partes envolvidas.

A educação e o treinamento dos profissionais do direito, assim como políticas adequadas de privacidade e segurança, segundo Silva (2023), "são cruciais para garantir que a IA contribua positivamente para o sistema judicial, sem comprometer seus princípios fundamentais" (SILVA, 2023, p. 95).

4 Papel do juiz nos processos

O papel dos juízes no julgamento de casos é fundamental para garantir que a justiça seja administrada de maneira correta e equitativa. Como enfatiza Gonçalves (2023, p. 120), "os juízes precisam analisar cada caso individualmente, pois cada um apresenta uma combinação única de fatores legais, fáticos e humanos". Essa análise cuidadosa é essencial para assegurar que as decisões não apenas cumpram a letra da lei, mas também considerem as nuances e complexidades específicas de cada situação.

Uma das principais razões para esta análise crítica e reflexão profunda serem essenciais para garantir decisões justas e equitativas é a diversidade de fatos que cada caso pode envolver (CAPUT, 2021). As evidências apresentadas, o contexto em que os eventos ocorreram e as circunstâncias específicas variam amplamente de um caso para outro.

Essa diversidade exige que o juiz conduza uma investigação detalhada e contextualizada, levando em conta não apenas os dados objetivos, mas também as características pessoais dos envolvidos, como motivações e intenções. Essas nuances são frequentemente cruciais para um julgamento justo, já que a singularidade de cada situação pode influenciar diretamente a decisão final.

> O papel dos juízes, em um contexto de crescente utilização de inteligência artificial no direito, passa por uma adaptação que envolve não apenas o domínio de novas ferramentas tecnológicas, mas também a habilidade de discernir entre decisões automatizadas e a imprescindível atuação humana nas questões sensíveis e subjetivas (CAPUT, 2021, p. 42).

Além disso, o sistema judicial busca garantir não apenas a aplicação da lei, mas também que as decisões sejam justas e proporcionais às circunstâncias do caso. Embora as leis ofereçam diretrizes gerais, sua aplicação deve ser ajustada para refletir a justiça e a proporcionalidade. Os juízes devem considerar o contexto em que cada caso se insere, assegurando que as sentenças não sejam apenas legalmente corretas, mas também justas. Por exemplo, em casos de penalidade, é imprescindível que o juiz avalie fatores como intenção, arrependimento e o impacto sobre a vítima para que a decisão seja adequada às circunstâncias (FREITAS, 2022).

> Embora a inteligência artificial represente um avanço no processamento de dados e na agilidade de decisões, o papel dos juízes permanece fundamental para garantir que os direitos humanos e os valores éticos sejam respeitados. A supervisão humana continua sendo um elemento essencial para a justiça (FREITAS, 2022, p. 7).

A interpretação da lei e da jurisprudência é outra responsabilidade crucial dos juízes. As leis podem ser complexas e, muitas vezes, requerem uma interpretação cuidadosa. Embora a jurisprudência existente forneça orientações, a aplicação da lei a casos específicos frequentemente demanda uma análise adaptativa. Os juízes devem interpretar e aplicar as normas legais de acordo com o contexto, considerando precedentes e como a legislação se aplica às particularidades do caso em questão (OLIVEIRA, 2021). Essa capacidade de adaptação é essencial para garantir que a aplicação do direito evolua em resposta a novos desenvolvimentos legais e sociais.

Os elementos humanos e éticos também desempenham um papel importante nas decisões judiciais. A aplicação da lei deve sempre respeitar os direitos e a dignidade das pessoas envolvidas. Juízes precisam considerar as dimensões humanas dos casos, levando em conta o sofrimento, as motivações e as consequências para as partes. Essa empatia é crucial para garantir que as decisões sejam sensíveis e apropriadas, respeitando princípios éticos fundamentais, como a equidade e o respeito pelos direitos humanos, que muitas vezes transcendem a aplicação estrita da lei (SILVA, 2023).

Além disso, o direito é estruturado em torno de precedentes e princípios jurídicos que orientam a aplicação da lei. Entretanto, a forma como esses princípios são aplicados pode variar conforme as circunstâncias de cada caso. Os juízes devem ser capazes de adaptar os precedentes e princípios jurídicos à natureza específica de cada situação, assegurando que as decisões sejam justas e apropriadas. Mesmo casos que à primeira vista parecem semelhantes podem apresentar diferenças sutis, que exigem uma análise diferenciada, garantindo assim a justiça de forma consistente (MARTINS, 2022).

Em conclusão, a análise detalhada e individualizada dos casos é essencial para assegurar que a justiça seja administrada de maneira justa e equitativa. Cada caso é único, refletindo a complexidade dos fatos, as circunstâncias pessoais e a necessidade de uma interpretação cuidadosa da lei. O papel do juiz é, portanto, fundamental para equilibrar os princípios legais com as necessidades e realidades específicas de cada situação, garantindo que as sentenças sejam apropriadas e justas para todos os envolvidos. Essa abordagem não apenas fortalece a integridade do sistema judicial, mas também promove a confiança da sociedade na capacidade do Judiciário de oferecer justiça verdadeira.

5 Papel do juiz em casos que envolvam crianças

O julgamento de casos que envolvam crianças como vítimas apresenta complexidades e diferenças que demandam uma abordagem sensível e cuidadosa por parte dos juízes (CARVALHO, 2021, p. 27). Um dos principais fatores a ser considerado é o desenvolvimento psicológico e emocional das crianças, que se encontra em diferentes estágios. Essa variabilidade pode impactar a capacidade das crianças de compreender e comunicar os eventos que ocorreram.

Assim, "as técnicas de interrogatório e coleta de depoimentos precisam ser adaptadas para atender às capacidades cognitivas da criança" (SILVA, 2022, p. 20), garantindo que as perguntas sejam formuladas de maneira compreensível. Além disso, o processo judicial pode ter um impacto emocional profundo, e os juízes devem ser diligentes em considerar o estresse e o trauma que o processo pode causar, tomando medidas para minimizar o sofrimento da criança durante todo o trâmite.

Outro aspecto crucial é a proteção e a privacidade da criança durante o processo judicial. É fundamental garantir que a identidade da criança seja resguardada, evitando exposições públicas que possam agravar sua situação. O ambiente em que a criança é ouvida deve ser cuidadosamente adaptado para ser o menos intimidante possível, muitas vezes envolvendo salas de depoimento específicas e suporte psicológico, permitindo que a criança se sinta segura e acolhida (SILVA, 2022).

> O juiz tem um papel central na proteção da identidade da criança em processos judiciais, sendo sua responsabilidade garantir que todas as medidas de preservação sejam tomadas para evitar que a exposição indevida cause danos psicológicos e sociais à criança envolvida (SILVA, 2022, p. 22).

Além disso, a capacidade de testemunho e a credibilidade das declarações feitas pelas crianças podem variar, o que exige uma avaliação meticulosa por parte dos juízes (PEREIRA, 2023, p. 55). A habilidade da criança para expressar suas experiências e sentimentos pode ser limitada, e o juiz deve interpretar essas limitações com cuidado, levando em conta também a possibilidade de influências externas que podem afetar o depoimento.

> Os juízes enfrentam um desafio constante ao avaliar a credibilidade das crianças como testemunhas, especialmente considerando a suscetibilidade infantil a influências externas e a necessidade de um ambiente seguro e adequado durante o processo de depoimento (PEREIRA, 2023, p. 58).

Por fim, conforme o Estatuto da Criança e do Adolescente (ECA), o princípio do "melhor interesse da criança" deve guiar todas as decisões judiciais (BRASIL, 1990). Isso significa que os juízes não apenas considerarão os aspectos legais, mas também o impacto a longo prazo sobre o desenvolvimento e o bem-estar emocional da criança. As sentenças podem incluir recomendações para apoio psicológico e social, o que requer uma compreensão detalhada das necessidades específicas da criança.

Conforme destacado por Carvalho (2021, p. 39), "essa abordagem detalhada e individualizada no julgamento de casos envolvendo crianças reflete a importância do papel dos juízes", já que a análise crítica e sensível das circunstâncias é essencial para garantir que a justiça seja feita de maneira justa e equitativa. Assim como na consideração dos fatores únicos de cada caso em geral, o tratamento específico dos casos que envolvem crianças é fundamental para assegurar que as decisões judiciais não apenas cumpram a lei, mas também respeitem e promovam o bem-estar das partes mais vulneráveis do sistema.

6 Direito da família

O direito de família ocupa uma posição central no ordenamento jurídico, pois trata de questões que envolvem as relações interpessoais mais íntimas e fundamentais da sociedade. Conforme Maria Berenice Dias (2019), é uma "área do Direito que lida com questões de afetividade, e por isso, permeada por uma complexidade emocional que não se observa em outros ramos do Direito".

No âmbito da tecnologia, as relações familiares mudaram também em razão da exposição digital e do quanto a presença nas plataformas e redes sociais exige que o Judiciário acolha os novos filtros civilizatórios, pensando na proteção dos direitos personalíssimos geridos pelo poder familiar.

Um dos principais debates no âmbito do direito de família é sobre a sua transformação ao longo do tempo, acompanhando mudanças sociais. Segundo Rodrigo da Cunha Pereira (2020), "a família, outrora considerada apenas uma unidade econômica e reprodutiva, hoje é reconhecida como um núcleo afetivo que engloba diversos arranjos". Assim, o conceito de família vem sendo ampliado, compreendendo modelos diversos, como famílias monoparentais, homoafetivas, recompostas, o que impacta diretamente as discussões jurídicas sobre direitos e deveres de seus integrantes, que precisam ser contemplados nas decisões judiciais.

As crianças, na esfera do direito de família, têm uma proteção especial assegurada pela Constituição Federal e pelo Estatuto da Criança e do Adolescente (ECA). A centralidade desse princípio visa garantir que qualquer decisão envolvendo menores seja pautada pela proteção integral de seus direitos, assegurando seu desenvolvimento físico, emocional e social, e isso precisa ser avaliado também no viés do uso da tecnologia.

E mais do que isso, crianças são profundamente afetadas por conflitos familiares, como separações, divórcios e disputas de guarda. "Os litígios que envolvem filhos são particularmente delicados, pois a criança se torna, muitas vezes, o foco da disputa entre os genitores, gerando impactos psicológicos negativos que podem perdurar por toda a vida" (FONSECA, 2017). É crucial que o sistema jurídico adote medidas para minimizar esses danos, buscando sempre a proteção do menor envolvido.

Em termos práticos, processos como a guarda e convivência, bem como os de adoção, refletem uma série de debates específicos. Para Maria Celina Bodin de Moraes (2018), "a guarda compartilhada surge como uma solução que tenta equilibrar os direitos e responsabilidades dos pais, garantindo à criança a convivência saudável com ambos os genitores", mas a análise dessa guarda precisa prever a presença digital da criança, pois isso passou a ser ponto de discórdia em disputas familiares.

Outro aspecto relevante no direito de família é a questão da alienação parental, em que um dos pais tenta afastar a criança do outro ou que se utiliza da imagem da criança nos meios digitais para expor a disputa com o outro genitor. Segundo a Lei nº 12.318/2010, a alienação parental é uma forma de abuso emocional que pode gerar sérios prejuízos ao desenvolvimento da criança. "Esse comportamento, quando comprovado, deve ser severamente coibido, pois é uma violação dos direitos da criança à convivência familiar saudável" (PEREIRA, 2020).

O papel do juiz nos processos de família é de suma importância, dado que suas decisões têm impacto direto sobre a vida dos envolvidos, especialmente das crianças. De acordo com Dias (2019), "o juiz deve ser sensível às peculiaridades emocionais e psicológicas presentes nos conflitos familiares, atuando não apenas como um técnico do Direito, mas também como um mediador". Sua função é garantir que as decisões sejam tomadas com base no melhor interesse da criança e no equilíbrio entre os direitos e deveres dos pais, precisando observar os meios digitais como ambiente suscetível à violação de direitos das crianças.

Além disso, a atuação do juiz deve ser pautada pela busca de soluções que priorizem a conciliação e o diálogo entre as partes, evitando o acirramento dos conflitos. "O juiz da vara de família tem o dever de promover a pacificação das relações familiares, utilizando-se de instrumentos como a mediação e a conciliação para alcançar resultados mais justos e menos traumáticos" (MORAES, 2018).

Isso inclui pensar na preservação da imagem das crianças, evitando-se o *sharenting*, fenômeno de comportamento digital que consiste em compartilhar a parentalidade, fazendo grande exposição dos filhos e suas rotinas nas redes sociais, tornando os filhos uma "atração" para amigos, parentes e pessoas mal-intencionadas (TEIXEIRA; MULTEDO, 2021).

Em paralelo, o Judiciário também precisa estar apto a analisar as questões advindas do abandono virtual, fenômeno de comportamento digital que ocorre quando os pais não fiscalizam a presença digital dos filhos, permitindo que sejam vítimas de *grooming*, *bullying* e outros perigos que surgem no ambiente *online* (AGUIRRE, 2021).

Desse modo, o uso da IA no julgamento das ações de família que envolvem crianças precisa de aprimoramento para que essas particularidades sejam inseridas nos critérios de julgamento, uma vez que não se pode basear as decisões apenas no que se conhece da lei, pois a jurisprudência precisa ser construída, observando a nova realidade dos núcleos familiares, em que a tecnologia permeia todas as relações e, muitas vezes, é utilizada como "arma" em prejuízo de crianças e adolescentes.

O direito de família é um campo complexo e sensível, que exige do magistrado uma postura cuidadosa e atenta às consequências emocionais das decisões jurídicas. A proteção à criança, por meio do princípio do melhor interesse, é o foco central das intervenções jurídicas nessa área, cabendo ao juiz o papel fundamental em assegurar que essa proteção seja efetivamente garantida.

7 Discussões

A utilização da IA em casos envolvendo crianças como vítimas ou como parte de disputas familiares apresenta uma série de problemas que podem comprometer a justiça e o bem-estar dessas crianças. Um dos principais desafios é a falta de sensibilidade e de contexto emocional da IA. As decisões judiciais em casos que envolvem crianças requerem uma compreensão profunda das emoções e do ambiente único em que esses indivíduos se encontram. No entanto, a IA tende a focar apenas em dados objetivos, desconsiderando aspectos emocionais que podem ser cruciais para a avaliação do impacto psicológico da situação sobre a criança. Essa abordagem superficial pode resultar em interpretações rasas dos testemunhos e das circunstâncias, impedindo que nuances emocionais essenciais sejam levadas em conta.

Outro problema significativo é a dificuldade que a IA tem em avaliar a credibilidade e a capacidade de testemunho das crianças. A habilidade de uma criança de testemunhar é um aspecto subjetivo e complexo, que demanda um julgamento crítico e contextualizado. A IA, no entanto, pode falhar em realizar essa avaliação de forma adequada, levando a conclusões imprecisas ou inadequadas. A sinceridade e as influências externas que podem afetar a declaração de uma criança são fatores que exigem a percepção e a análise humanas, habilidades que a IA não possui.

Além disso, há um risco real de preconceitos e vieses nos algoritmos utilizados. A IA pode reproduzir preconceitos implícitos presentes nos dados com os quais foi treinada, resultando em decisões injustas, que afetam negativamente as crianças. Essa reprodução de preconceitos pode ser particularmente problemática em um sistema judicial que já luta contra desigualdades e injustiças. A falta de flexibilidade dos algoritmos para se ajustar a novas informações ou contextos específicos também pode levar a decisões que não considerem adequadamente as particularidades de cada caso.

Outro aspecto crítico a ser considerado é a questão da privacidade e proteção dos dados. O uso de IA envolve o processamento de informações pessoais e sensíveis, o que pode comprometer a privacidade das crianças. O armazenamento e a manipulação de dados sensíveis por sistemas de IA apresentam riscos significativos, incluindo a possibilidade de violações de segurança. Além disso, a exposição não intencional de dados pessoais pode ocorrer, colocando em risco a privacidade e proteção das crianças envolvidas.

Diante de todos esses desafios, é evidente que a análise e o julgamento de casos envolvendo crianças requerem uma consideração cuidadosa e sensível às suas necessidades emocionais, psicológicas e de desenvolvimento. A IA, com suas limitações em captar contextos emocionais e subjetivos, pode não ser adequada para lidar com a complexidade desses casos. Portanto, é fundamental que o papel do juiz, com sua capacidade de empatia, compreensão e julgamento crítico, permaneça central nas tomadas de decisão em casos que envolvam crianças. Isso não apenas garante que o processo judicial atenda ao melhor interesse da criança, mas também assegura que as decisões tomadas considerem as nuances emocionais e sociais que são essenciais para a justiça. Assim, a integração de tecnologias como a IA deve ser feita com cautela e sempre sob a supervisão e a interpretação humanas para que os princípios da justiça sejam verdadeiramente respeitados e promovidos.

8 Considerações finais

A utilização da IA no sistema judiciário brasileiro representa um avanço significativo na busca por eficiência e agilidade nos processos judiciais. A automação de tarefas repetitivas, como o preenchimento de documentos e a triagem de processos, não apenas reduz o tempo de trabalho manual, mas também permite que juízes e advogados se concentrem em questões mais complexas e essenciais. Esse uso da IA, quando aplicado corretamente, pode otimizar a gestão dos casos e melhorar o acesso à justiça, especialmente para aqueles que enfrentam barreiras para obter assistência legal.

No entanto, a introdução da IA também traz consigo desafios consideráveis, especialmente em casos que envolvam crianças como vítimas ou núcleo da lide em situações em que o direito de família é o mote do conflito. A análise das complexidades e nuances emocionais é fundamental nesse contexto, uma vez que cada caso apresenta particularidades que não podem ser adequadamente capturadas por algoritmos. As crianças estão em diferentes estágios de desenvolvimento emocional e psicológico, e suas experiências devem ser interpretadas com empatia e cuidado. A IA, ao se basear em dados objetivos, pode desconsiderar esses aspectos críticos, resultando em decisões que não refletem a verdadeira natureza do sofrimento da criança.

A capacidade da IA de avaliar a credibilidade e a capacidade de testemunho das crianças é outra área que merece atenção. O testemunho infantil envolve subjetividade e complexidade, que exigem um julgamento humano criterioso. Os juízes desempenham um papel vital ao interpretar esses depoimentos e ao considerar fatores que podem influenciar a sinceridade da criança. Mormente, no direito de família, a IA pode falhar em capturar essas dinâmicas, o que pode levar a conclusões errôneas ou injustas, prejudicando a proteção e os direitos das crianças.

Adicionalmente, a possibilidade de preconceitos e vieses nos algoritmos de IA é uma preocupação séria. Se os dados utilizados para treinar esses sistemas contiverem preconceitos implícitos, as decisões resultantes podem perpetuar injustiças existentes. Isso é particularmente preocupante em casos que envolvam crianças, em que a integridade do processo judicial é essencial. Portanto, é imperativo que a implementação da IA seja acompanhada por uma supervisão rigorosa e uma avaliação crítica, assegurando que as decisões respeitem os princípios de justiça e equidade.

As questões de privacidade e proteção de dados também são preocupações preponderantes quando se trata de crianças. O manuseio inadequado de informações sensíveis pode resultar em exposições indesejadas, comprometendo a segurança e a privacidade das partes envolvidas. Portanto, é fundamental que quaisquer tecnologias utilizadas no sistema judiciário garantam a proteção dos dados, com medidas rigorosas de segurança e confidencialidade.

Em conclusão, enquanto a inteligência artificial pode ser uma aliada poderosa na otimização de processos judiciais, especialmente na redução do tempo e na melhoria da eficiência, seu uso em casos envolvendo crianças exige um cuidado redobrado. As complexidades emocionais, a necessidade de análise crítica e a proteção dos direitos das crianças devem sempre estar no centro das tomadas de decisão.

Assim, a interação entre a tecnologia e o julgamento humano deve ser cuidadosamente equilibrada, garantindo que a justiça não seja apenas rápida, mas também justa e sensível às necessidades dos mais vulneráveis. O futuro da justiça no Brasil dependerá de uma integração inteligente entre IA e práticas judiciais humanas, em que a tecnologia serve como um apoio, e não como um substituto, ao julgamento crítico e à empatia que os juízes devem trazer para cada caso.

Referências

AGUIRRE, João Ricardo Brandão. A responsabilidade parental e o abandono digital. *In*: SANCHES, Patrícia Corrêa (coord.); PEREIRA, Rodrigo da Cunha; DIAS, Maria Berenice (org.). *Direito das famílias e sucessões na era digital.* Belo Horizonte: IBDFAM, 2021. p. 616.

BRASIL. Tribunal de Justiça do Estado de São Paulo. *Relatório sobre a Prática Judicial em Casos Envolvendo Crianças e Adolescentes.* São Paulo, 2024. Disponível em: https://www.tjsp.jus.br. Acesso em: 10 set. 2024.

BRASIL. Conselho Nacional de Justiça. (2022). *Relatório de Inovação no Judiciário.* Brasília, DF.

BRASIL. *Lei n. 13.709, de 14 de agosto de 2018.* Institui a Lei Geral de Proteção de Dados Pessoais. Diário Oficial da União, Brasília, DF, 15 ago. 2018. Disponível em: https://www.in.gov.br/en/web/dou/-/lei-n-13.709-de-14-de-agosto-de-2018-186405943. Acesso em: 20 set. 2024.

BRASIL. *Lei n. 8.069, de 13 de julho de 1990.* Estatuto da Criança e do Adolescente. Diário Oficial da União, Brasília, DF, 16 jul. 1990. Disponível em: https://www.in.gov.br/en/web/dou/-/lei-n-8.069-de-13-de-julho-de-1990-186397145. Acesso em: 20 set. 2024.

CAPUT, G. M. Inteligência artificial e o direito: uma análise crítica. *Revista de Direito Digital*, v. 10, n. 2, p. 35-50, 2021.

CARVALHO, M. T. M. O impacto do processo judicial na criança: aspectos emocionais e legais. *Revista Brasileira de Direito da Infância*, v. 7, n. 1, p. 25-40, 2021.

COMPARATO, Fábio Konder. *A afirmação histórica dos direitos humanos.* 3. ed. São Paulo: Saraiva, 2015.

DIAS, Maria Berenice. *Manual de direito das famílias.* 11. ed. São Paulo: Revista dos Tribunais, 2019.

FONSECA, Marília. *Crianças e conflitos familiares.* São Paulo: Saraiva, 2017.

FREITAS, J. A. A utilização da inteligência artificial no judiciário brasileiro: avanços e desafios. *Revista Brasileira de Direito e Tecnologia*, v. 12, n. 1, p. 1-10, 2022.

FREITAS, R. C. As implicações da inteligência artificial no sistema judicial. *Revista Brasileira de Direito e Tecnologia*, v. 5, n. 1, p. 1-20, 2022.

GONÇALVES, A. F. O papel do juiz na era da inteligência artificial. *Revista de Estudos Judiciários*, v. 14, n. 3, p. 115-130, 2023.

INSTITUTO DE DIREITO E TECNOLOGIA DA UNIVERSIDADE FEDERAL DO RIO DE JANEIRO. *Inteligência artificial e direito*: a nova era do Judiciário. Rio de Janeiro: UFRJ, 2023. Disponível em: https://www.idt.ufrj.br. Acesso em: 10 set. 2024.

LIMA, Maria Helena; SILVA, João Paulo. *Direitos da criança e justiça*: desafios e perspectivas. São Paulo: Editora Jurídica Brasileira, 2023.

MARTINS, Flávia; MOREIRA, Carlos Alberto. *Proteção de dados e privacidade de crianças no sistema judiciário*. Rio de Janeiro: Editora Segurança e Privacidade, 2024.

MARTINS, L. R. A automatização no judiciário: desafios e oportunidades. *Revista de Direito e Tecnologia*, v. 6, n. 2, p. 45-60, 2022.

MARTINS, R. S. Privacidade e segurança de dados no contexto da inteligência artificial. *Revista de Direito Digital*, v. 8, n. 2, p. 45-60, 2022.

MORAES, Maria Celina Bodin de. *Teoria crítica dos direitos de família*. Rio de Janeiro: Renovar, 2018.

OLIVEIRA, Gustavo G. O papel da IA na transformação do judiciário brasileiro. *Revista Brasileira de Direito e Tecnologia*, [S.l.], v. 2, n. 2, p. 45-60, 2023. Disponível em: https://www.revistabradeit.com.br. Acesso em: 10 set. 2024.

OLIVEIRA, Gustavo G.; MENDES, Ana Clara. A aplicação da inteligência artificial no julgamento de casos envolvendo menores: riscos e benefícios. *Revista Brasileira de Direito e Tecnologia*, v. 3, n. 1, p. 25-45, 2024. Disponível em: https://www.revistabradeit.com.br. Acesso em: 10 set. 2024.

OLIVEIRA, M. R. Ética e Transparência na Aplicação de IA no Judiciário Brasileiro. *Journal of Law and Society*, v. 15, n. 1, 2021, p. 33-50.

PEREIRA, R. S. A credibilidade das crianças como testemunhas: desafios e considerações. *Revista de Psicologia e Direito*, v. 6, n. 3, p. 50-65, 2023.

PEREIRA, Rodrigo da Cunha. *Direito das famílias*: uma abordagem plurijurídica. 3. ed. São Paulo: Atlas, 2020.

SILVA, J. P. Inteligência artificial no Judiciário: avanços e desafios. *Revista de Direito e Tecnologia*, v. 10, n. 2, 2023, p. 45-60.

SILVA, J. P. A. Ética e privacidade na utilização de inteligência artificial no direito. *Revista de Ética e Tecnologia*, v. 4, n. 1, p. 90-104, 2023.

SILVA, L. P. A. A importância da proteção da identidade da criança em processos judiciais. *Revista de Direito e Proteção da Criança*, v. 5, n. 2, p. 15-30, 2022.

SILVA, M. R. Desafios e oportunidades da inteligência artificial no sistema judicial. *Revista de Direito e Tecnologia*, v. 9, n. 1, p. 90-105, 2023.

SILVEIRA, Carlos A.; VIEIRA, André K. A Inteligência Artificial no Poder Judiciário Brasileiro. *Revista Brasileira de Política Judicial*, [S.l.], v. 1, n. 1, p. 15-30, 2022. Disponível em: https://www.revistas.usp.br/rbpj. Acesso em: 10 set. 2024.

TAVARES, Ricardo; ALMEIDA, Luiz Henrique (orgs.). *Tecnologia e justiça*: o impacto da inteligência artificial no sistema judiciário. São Paulo: Editora Acadêmica, 2023.

TEIXEIRA, Ana Carolina Brochado; MULTEDO, Renata Vilela. (Over)shareting e o abuso da conduta dos pais no ambiente digital. *In*: SANCHES, Patrícia Corrêa (coord.); PEREIRA, Rodrigo da Cunha; DIAS, Maria Berenice (org.). *Direito das famílias e sucessões na era digital*. Belo Horizonte: IBDFAM, 2021.

Informação bibliográfica deste livro, conforme a NBR 6023:2018 da Associação Brasileira de Normas Técnicas (ABNT):

MORACA, Cindia Regina. Desafios e complexidades no julgamento de casos envolvendo crianças e o papel da inteligência artificial no processo judicial. *In*: ALLEMAND, Luiz Cláudio; SANTOS, Coriolano Aurélio de Almeida Camargo; MAGRO, Américo Ribeiro; GOMES, Rovena (coord.). *Processos judiciais eletrônicos*: inteligência artificial e garantia dos princípios do processo civil - algoritmos de agrupamento e similaridade. Belo Horizonte: Fórum, 2025. p. 135-150. ISBN 978-65-5518-975-9.

A UTILIZAÇÃO DE MODELOS COMPUTACIONAIS *LARGE LANGUAGE MODELS* (LLMS) NA FORMAÇÃO DA DECISÃO JUDICIAL E A LEGITIMIDADE DA PRESTAÇÃO JURISDICIONAL: POR UM DEVIDO PROCESSO TECNOLÓGICO

DIOGO AUGUSTO DEBS HEMMER

RICARDO PADOVINI PLETI FERREIRA

> *"Crer no progresso não significa que o processo já se efetuou."*
>
> (Franz Kafka, *A metamorfose*)

1 Introdução

O presente estudo tem por principal finalidade discutir a utilização de *softwares* com modelo de base de inteligência artificial de *large language models* (LLMs) na formação de decisões pelo Poder Judiciário, bem como refletir sobre sua aderência à função do Estado de entregar a jurisdição, a partir da promulgação da Constituição Federal de 1988.

O debate em questão se mostra relevante, vez que, ao tempo da promulgação da Carta Republicana, os mecanismos tecnológicos atualmente disponíveis não existiam. Portanto, cabe analisar se a função do Estado de prestar a jurisdição – com recorte para formação da decisão judicial –, a partir da Constituição da República de 1988, pode ser adequadamente realizada mediante a utilização dessas ferramentas tecnológicas.

Indaga-se, ainda: a formação da decisão judicial, conforme o compromisso democrático, pressupõe o protagonismo do juiz? Ou a formação da decisão judicial pressupõe tão somente a participação do juiz? Alternativamente, a formação da decisão judicial, enquanto atividade do Estado, pode ser autônoma diante dos avanços tecnológicos? Quais seriam os riscos envolvidos no uso de tais tecnologias para auxiliar na prestação jurisdicional?

Tais questionamentos revelam-se, particularmente, perturbadores diante da realidade judiciária brasileira, em que existe imenso contingente de processos judiciais em tramitação. Os dados da 21ª edição do relatório Justiça em Números, elaborado pelo Conselho Nacional de Justiça, apontam que existem 83,8 milhões de processos em trâmite para o ano de 2023, distribuídos em 91 tribunais.[1]

O relatório apresenta, por meio do quadro abaixo,[2] que a quantidade de processos novos no ano de 2023 foi o maior número histórico dos últimos 20 anos, com 35 milhões de processos novos, assim distribuídos:

Segmento	Casos Novos 1º Grau	Casos Novos 2º Grau	Total de Casos Novos	Variação percentual com o ano anterior
Justiça Estadual	21.845.376	3.315.164	25.160.540	6,7%
Justiça Federal	4.648.275	430.714	5.078.989	13,0%
Justiça do Trabalho	3.283.788	912.754	4.196.542	28,7%
Justiça Eleitoral	74.223	10.408	84.631	-55,6%
Justiça Militar Estadual	2.239	1.619	3.858	-3,2%
Tribunais Superiores			755.425	4,9%
Total	29.856.095	4.670.659	35.282.179	9,4%

O relatório também aponta que o Conselho Nacional de Justiça tem adotado uma série de medidas para dar efetividade e eficiência às atividades do Poder Judiciário, contemplando iniciativas que vão desde a informatização e digitalização de processos, julgamentos virtuais, até a utilização de ferramentas tecnológicas para amparar as atividades do Judiciário. Além disso, uma série de programas de transformação estão em curso, tais como o Programa Justiça 4.0, Juízo 100% Digital

---

[1] CONSELHO NACIONAL DE JUSTIÇA. *Justiça em Números 2024*. Brasília: CNJ, 2024. p. 15. Disponível em: https://www.cnj.jus.br/wp-content/uploads/2024/05/justica-em-numeros-2024.pdf. Acesso em: 17 nov. 2024.

[2] CONSELHO NACIONAL DE JUSTIÇA. *Justiça em Números 2024*. Brasília: CNJ, 2024. p. 15. Disponível em: https://www.cnj.jus.br/wp-content/uploads/2024/05/justica-em-numeros-2024.pdf. Acesso em: 17 nov. 2024.

e Núcleo de Justiça 4.0, Balcão Virtual, Plataforma Digital do Poder Judiciário, entre outros.[3]

Nessa ordem de ideias, o Programa Justiça 4.0, do Conselho Nacional de Justiça, emprega novas tecnologias e inteligência artificial com objetivo de:

> Catalisar a transformação digital que visa aprimorar a justiça em um serviço (seguindo o conceito de *justice as a service*), aproximando ainda mais esse poder das necessidades dos(as) cidadãos(as) e ampliando o acesso à justiça. As inovações tecnológicas têm como propósito dar celeridade à prestação jurisdicional e reduzir despesas orçamentárias decorrentes desse serviço público.[4]

A partir de 2022, a popularização de *softwares* que utilizam modelos computacionais LLM foi particularmente acelerada, protagonizada pela iniciativa de grandes grupos empresariais, como a OpenAI, Google, Microsoft, Apple, entre outros.

Na atual conjuntura tecnológica, galopante em velocidade de desenvolvimento, somada à necessidade de celeridade e correta administração da massa de processos em curso, a adoção de modelos computacionais de LLM e inteligência artificial generativa é uma das direções adotadas pelo Conselho Nacional de Justiça.

Contudo, são inúmeros os riscos da adoção dessa tecnologia sem os devidos cuidados:[5] a excessiva padronização das decisões, o estímulo à aplicação acrítica do padrão, o alheamento da realidade social, a perenização de correntes majoritárias, o questionamento ao magistrado distanciado da padronização, o desequilíbrio no caso e a desumanização do direito.

Na Europa, por exemplo, existe intensa discussão acerca da regulação da utilização de IA, que tem como cerne a ponderação entre o risco de adoção dessa tecnologia e seus benefícios para a sociedade. No dia

---

[3] CONSELHO NACIONAL DE JUSTIÇA. *Justiça em Números 2024*. Brasília: CNJ, 2024. p. 217-246. Disponível em: https://www.cnj.jus.br/wp-content/uploads/2024/05/justica-em-numeros-2024.pdf. Acesso em: 17 nov. 2024.

[4] CONSELHO NACIONAL DE JUSTIÇA. *Justiça em Números 2024*. Brasília: CNJ, 2024. p. 218-219. Disponível em: https://www.cnj.jus.br/wp-content/uploads/2024/05/justica-em-numeros-2024.pdf. Acesso em: 17 nov. 2024.

[5] MARTÍN, Nuria Belloso. Algoritmos predictivos al servicio de la justicia: ¿una nueva forma de minizar el riesgo y la incertitumbre? *In*: NUNES, Dierle; LUCON, Paulo Henrique dos Santos; WOLKART, Erick Navarro (orgs.). *Inteligência artificial e Direito Processual*: os impactos da virada tecnológica no Direito Processual. Salvador: Juspodivm, 2022. p. 541-543.

22 de maio de 2019,[6] a Organização de Cooperação pelo Desenvolvimento Econômico (OCDE) emitiu documento que serve como diretriz aos países signatários sobre o uso de inteligência artificial.

> 1) IA deve buscar o desenvolvimento sustentável e o bem-estar das pessoas e do planeta por meio da promoção de crescimento inclusivo; 2) Sistemas de IA devem ser desenvolvidos para respeitarem o Estado de Direito, os direitos humanos, os valores democráticos e a diversidade, bem como devem incluir salvaguardas – como a intervenção humana, quando necessária – que garantam uma sociedade justa; 3) Deve haver transparência e informação sobre os sistemas de IA, garantindo-se que as pessoas compreendam os resultados obtidos pela IA e possam contestá-los; 4) Durante o seu ciclo de vida, os sistemas de IA devem funcionar de forma robusta e segura, com contínua análise e gerenciamento de riscos potenciais; 5) Organizações e indivíduos envolvidos no desenvolvimento, implantação ou operação dos sistemas de IA devem ser responsabilizados pelo seu funcionamento adequado e em harmonia com os demais princípios.[7]

Em 2 de maio de 2024,[8] na última reunião do Conselho Ministerial da OCDE, com adesão de 47 países, houve atualização dessa norma intergovernamental para definição de princípios e recomendações de uso dos sistemas de IA, com destaque para os seguintes itens:

> 1.2 a) Os intervenientes na IA devem respeitar o Estado de Direito, os direitos humanos, as políticas democráticas e valores centrados no ser humano durante todo o ciclo de vida do sistema de IA. Estes incluem a não discriminação e a igualdade, liberdade, dignidade, autonomia dos indivíduos, privacidade e proteção de dados, diversidade, justiça, justiça social e direitos trabalhistas internacionalmente reconhecidos. Isto também inclui o endereçamento de falta de informação e a amplificação da desinformação pela IA, respeitando, ao mesmo tempo, a liberdade de expressão e outros direitos e liberdades protegidos pelo direito internacional aplicável.
>
> (...)

---

[6] OECD. *What are the OECD Principles on AI?* Disponível em: https://www.oecd-ilibrary.org/docserver/6ff2a1c4-en.pdf?expires=1731879766&id=id&accname=guest&checksum=57C8A17BD9F4D565929E2579D2D94019. Acesso em: 17 nov. 2024.

[7] OECD. *What are the OECD Principles on AI?* Disponível em: https://www.oecd-ilibrary.org/docserver/6ff2a1c4-en.pdf?expires=1731879766&id=id&accname=guest&checksum=57C8A17BD9F4D565929E2579D2D94019. Acesso em: 17 nov. 2024.

[8] OECD. *Revised Recommendation of the Concil on Artificial Intelligence*. Disponível em: https://one.oecd.org/document/C/MIN(2024)16/FINAL/en/pdf.

1.3. Transparência e explicabilidade: Os intervenientes na IA devem comprometer-se com a transparência e a divulgação responsável em relação aos sistemas de IA. Para este fim, devem fornecer informações significativas, adequadas ao contexto e consistentes com o estado da arte: i. promover uma compreensão geral dos sistemas de IA, incluindo as suas capacidades e limitações, ii. conscientizar as partes interessadas sobre suas interações com os sistemas de IA, inclusive no local de trabalho, iii. sempre que viável e útil, fornecer informações claras e fáceis de compreender sobre as fontes de dados/contributos, fatores, processos e/ou lógica que levaram à previsão, conteúdo, recomendação ou decisão, para permitir que as pessoas afetadas por um sistema de IA possam entender o resultado (*output*) e, iv. fornecer informações que permitam às pessoas afetadas negativamente por um sistema de IA desafiar os seus resultados.[9]

Frise-se, entretanto, que o Brasil não se comprometeu com a norma intergovernamental emitida pela OCDE de forma direta. No entanto, por participar do G20, entende-se que deve ser cumprida também por esse país.

Em seu relatório de pesquisa *O uso de inteligência artificial generativa pelo Poder Judiciário brasileiro*, elaborado no ano de 2024, o próprio Conselho Nacional de Justiça aponta que existem preocupações éticas e riscos associados ao uso de IA generativa, divididos em dois grandes grupos: os de natureza estocásticas – abordados neste estudo – e de dados e treinamento.[10]

---

[9] 1.2 Respect for the rule of law, human rights and democratic values, including fairness and privacy: a) AI actors should respect the rule of law, human rights, democratic and human-centred values throughout the AI system lifecycle. These include non-discrimination and equality, freedom, dignity, autonomy of individuals, privacy and data protection, diversity, fairness, social justice, and internationally recognised labour rights. This also includes addressing misinformation and disinformation amplified by AI, while respecting freedom of expression and other rights and freedoms protected by applicable international law. OECD. Revised Recommendation of the Concil on Artificial Intelligence. (...) 1.3. Transparency and explainability AI Actors should commit to transparency and responsible disclosure regarding AI systems. To this end, they should provide meaningful information, appropriate to the context, and consistent with the state of art: i. to foster a general understanding of AI systems, including their capabilities and limitations, ii. to make stakeholders aware of their interactions with AI systems, including in the workplace, iii. where feasible and useful, to provide plain and easy-to-understand information on the sources of data/input, factors, processes and/or logic that led to the prediction, content, recommendation or decision, to enable those affected by an AI system to understand the output, and, iv. to provide information that enable those adversely affected by an AI system to challenge its output. Disponível em: https://one.oecd.org/document/C/MIN(2024)16/FINAL/en/pdf. Acesso em: 17 nov. 2024.

[10] CNJ. *O uso da inteligência artificial generativa no Poder Judiciário brasileiro*. Disponível em: https://www.cnj.jus.br/wp-content/uploads/2024/09/cnj-relatorio-de-pesquisa-iag-pj.pdf.

Apesar da imensa gama de assuntos correlacionados à utilização da inteligência artificial pela sociedade e seus desafios, o presente trabalho tem como foco a questão da falta de transparência gerada pelas *black boxes* das soluções de IA, da qual deflui flagrante ameaça ao devido processo legal e, consequentemente, ao Estado Democrático de Direito.[11] Tal constatação permite questionar: tais mecanismos tecnológicos são adequados à prestação da atividade jurisdicional de forma legítima, na forma preconizada pela CF/88? É o que o presente texto tratará de averiguar.

2 A atividade jurisdicional e a legitimidade das decisões judiciais

A Constituição Federal de 1988 consagrou o Brasil como um Estado Democrático de Direito (CF/88, art. 1º) e, atrelada à ideia de Estado de Direito, está a concepção de acesso à justiça como direito social dos indivíduos,[12] assumindo o Poder Judiciário o monopólio da Jurisdição e aplicação da lei (CF, artigo 5º, XXXV).

No âmbito constitucional, a jurisdição é exercida pelo conjunto de órgãos do Poder Judiciário, estabelecidos no artigo 92 da Constituição. Esses órgãos compreendem o Supremo Tribunal Federal (STF), o Superior Tribunal de Justiça (STJ), os Tribunais Regionais Federais (TRFs) e os juízes federais, a Justiça Comum, a Justiça Militar, a Justiça do Trabalho e a Justiça Eleitoral, cada um com suas respectivas competências, discriminadas nos artigos 102 a 111-A.

Por outro lado, a Emenda Constitucional nº 45/2004 introduziu o inciso LXXVIII no artigo 5º do texto, assegurando a todos, "no âmbito judicial e administrativo, a razoável duração do processo e os meios que garantam a celeridade de sua tramitação". Desse modo, a escolha do constituinte idealizou que os conflitos no Estado brasileiro sejam resolvidos através da aplicação do direito, através do acesso à justiça, conferindo ao Poder Judiciário o monopólio da jurisdição.

---

[11] Podemos acrescentar à lista de problemas decorrentes do uso da IA no Judiciário os seguintes: insegurança cibernética, conflitos éticos, vieses dos algoritmos e violação de direitos fundamentais, inclusive das garantias processuais, que são, sabe-se, condições de legitimidade democrática da atuação judicial. PAES, Arnaldo Barbosa. *Do 'juiz artesão' ao 'juiz robô'*: os riscos do uso da IA. Disponível em: https://www.conjur.com.br/2024-set-14/do-juiz-artesao-ao-juiz-robo-os-riscos-do-uso-da-ia/. Acesso em: 15 nov. 2024.

[12] MEIRELLES, Delton R. S. Meios alternativos de resolução de conflitos: justiça coexistencial ou eficiência administrativa? *Revista Eletrônica de Direito Processual*, Rio de Janeiro, v. 1, n. 1, out./dez. 2007, p. 78.

Com base em inovações legislativas, dando-se efetividade ao acesso à justiça, houve ampliação das maneiras do Estado exercer a função jurisdicional, com a utilização de meios alternativos à resolução de conflitos, trazidas pela Lei de Arbitragem (Lei nº 9.307/1996), Lei da Desjudicialização (Lei nº 11.441/2007), Lei de Mediação Extrajudicial (Lei 13.140/2015), além da instituição de uma política judiciária nacional de tratamento de conflitos, instituída por meio da Resolução nº 125/2010, do Conselho Nacional de Justiça. Constata-se, com isso, que a atividade jurisdicional do Estado não se resume ao acesso à justiça através do processo judicial.

Mais além, a noção de acesso à justiça trazida pelo texto constitucional traz consigo a necessidade de que a tutela jurisdicional seja qualificada pela rapidez, efetividade e adequação.[13]

No mesmo contexto, por meio da EC nº 45/2004, houve a criação do Conselho Nacional de Justiça (CNJ), órgão ligado ao Poder Judiciário, com atribuição de controle administrativo, financeiro e disciplinar do Judiciário conferida pelo artigo 103-B, §4º, da Constituição Federal. O presente estudo tem como foco a atividade administrativa do Conselho Nacional de Justiça através da promoção de programas que visem ao uso de tecnologias, em especial as que adotam como modelo computacional os *large language models* (LLMs).[14]

Conforme a IBM, os *large language models* utilizam imensas quantidades de dados para entender e gerar linguagem natural e outros tipos de conteúdo para executar tarefas. Ainda de acordo com a IBM, esses modelos trazem inteligência artificial generativa e são revolucionários pela facilidade de uso, versatilidade e capacidade de geração de texto.[15]

---

[13] DIDIER JR., Fredie. Notas sobre a garantia constitucional do acesso à justiça: o princípio do direito de ação ou da inafastabilidade do Poder Judiciário. *Revista de Processo*, São Paulo, v. 27, n. 108, out./dez. 2002, p. 26.

[14] Vale mencionar percepção análoga oferecida por Danielle Keats Citron quanto ao problema abordado nesse artigo: *The twenty-first century's automated decision-making systems bring radical change to the administrative state that last century's procedural structures cannot manage. In the past, computer systems helped humans apply rules to individual cases. Now, automated systems have become the primary decision makers.* Os sistemas automatizados de tomada de decisão do século XXI trazem mudanças radicais ao Estado administrativo que as estruturas processuais do século passado não conseguem gerir. No passado, os sistemas informáticos ajudaram os humanos a aplicar regras a casos individuais. Agora, os sistemas automatizados tornaram-se os principais decisores. CITRON, Danielle Keats. Technological Due Process. U of Maryland Legal Studies Research Paper n. 2007-26. *Washington University Law Review*, vol. 85, p. 1.249-1.313, 2007. p. 1252. Disponível em: https://ssrn.com/abstract=1012360. Acesso em: 16 nov. 2024.

[15] IBM. *O que é LLM (grandes modelos de linguagem)?* Disponível em: https://www.ibm.com/br-pt/topics/large-language-models. Acesso em: 15 nov. 2024.

No âmbito da atuação regulatória dessas novas tecnologias pelo CNJ, foi expedida a Resolução nº 332/2020, do CNJ,[16] que traz a necessidade de que a adoção de inteligência artificial pelo Poder Judiciário respeite os direitos fundamentais, não seja discriminatória, haja qualidade, segurança e controle do usuário, haja publicidade, transparência e contínuo desenvolvimento. Além disso, a resolução traz como objetivo da utilização da inteligência artificial, pelo Poder Judiciário, a promoção de "bem-estar dos jurisdicionados e a prestação equitativa da jurisdição, bem como descobrir métodos e práticas que possibilitem a consecução desses objetivos".

Atento à transformação tecnológica advinda da popularização e facilidade de acesso a essa tecnologia, o Conselho Nacional de Justiça editou a Resolução nº 335/2020, que criou a Plataforma Digital do Poder Judiciário Brasileiro (PDPJ-BR), tendo como um de seus objetivos "instituir plataforma única para publicação e disponibilização de aplicações, microsserviços e modelos de inteligência artificial (I.A.), por meio de computação em nuvem".[17]

A mesma resolução determina que as soluções tecnológicas compreendam os conceitos de portabilidade, mobilidade, acessibilidade, usabilidade e segurança da informação, sejam adaptáveis ao uso de ferramentas de aprendizado de máquina e de inteligência artificial, otimizem os fluxos de trabalho, automatizem atividades rotineiras ou sequenciais, incrementem a robotização e foquem prioritariamente na redução da taxa de congestionamento de processos e melhora na qualidade dos serviços prestados.

A Resolução nº 370/2021, por sua vez, institui a Estratégia Nacional de Tecnologia da Informação e Comunicação Judiciário (ENTIC-JUD), que tem como principal objetivo a programação de governança ágil e a transformação digital do Poder Judiciário. Contudo, diversos riscos permeiam a viabilização concreta dessas diretrizes. Dentre elas, merece ênfase o fato de que a adoção de novas tecnologias, como inteligência artificial (IA), automação e processos judiciais eletrônicos, exige plena salvaguarda dos direitos fundamentais dos jurisdicionados.

Por consequência, a explicabilidade dos algoritmos utilizados no Judiciário é essencial para que o jurisdicionado compreenda e confie nas

---

[16] CONSELHO NACIONAL DE JUSTIÇA. *Resolução n. 332, de 21 de agosto de 2020*. Disponível em: https://atos.cnj.jus.br/files/original191707202008255f4563b35f8e8.pdf.

[17] CONSELHO NACIONAL DE JUSTIÇA. *Resolução n. 335, de 29 de setembro de 2020*. Disponível em: https://atos.cnj.jus.br/atos/detalhar/3496. Acesso em: 15 nov. 2024.

decisões judiciais. Ferramentas de IA devem ser auditáveis, permitindo que as decisões e processos sejam revisados e, quando necessário, questionados. A transparência no uso de algoritmos é uma exigência ética e legal para evitar que decisões judiciais sejam automatizadas sem o devido controle humano. Nesse cenário, exsurge a discussão acerca dos riscos da adoção dessas tecnologias sem a devida certeza de que não colocaram em xeque o devido processo legal e seus corolários, quais sejam, a ampla defesa e o contraditório.

3 O problema das *black boxes* inerentes às soluções baseadas em inteligência artificial

O avanço exponencial das soluções tecnológicas ocorre, simultaneamente, com a multiplicação do número de demandas levadas ao Poder Judiciário. Com isso, torna-se imperioso assumir uma posição frente ao inevitável impasse decorrente da popularização do uso da inteligência artificial em detrimento da morosidade do Judiciário e da necessidade de adequação orçamentária, dois grandes objetivos do Conselho Nacional de Justiça transcritos do relatório Justiça em Números, já mencionado.

Nesse contexto, como a IA opera a partir de algoritmos que utilizam dados para aprendizagem e transformação de entrada em saída, constata-se que a informatização dos processos (adoção de sistemas para andamento processual e migração dos processos físicos para o digital, por exemplo) tem criado um ambiente rico para a adoção dessas tecnologias.[18]

Conforme os dados processuais vão se tornando cada vez mais "digeríveis" para as máquinas que operam através de algoritmos de inteligência artificial, há a possibilidade de alimentar programas que processem e encontrem padrões para que cheguem a uma decisão lógica ao final. E isso em nome de uma dita celeridade e eficiência que os seres humanos jamais poderiam alcançar na sua limitação biológica.[19]

---

[18] BOLZAN DE MORAIS, J. L.; KUNZENDORFF MAFRA, L. Inteligência artificial em decisões judiciais: opacidade versus garantias processuais. *Novos Estudos Jurídicos*, Itajaí (SC), v. 28, n. 3, p. 516-535, 2023. p. 524. DOI: 10.14210/nej.v28n3. Disponível em: https://periodicos.univali.br/index.php/nej/article/view/19815. Acesso em: 15 nov. 2024.

[19] BOLZAN DE MORAIS, J. L.; KUNZENDORFF MAFRA, L. Inteligência artificial em decisões judiciais: opacidade versus garantias processuais. *Novos Estudos Jurídicos*, Itajaí (SC), v. 28, n. 3, p. 516-535, 2023. p. 524. DOI: 10.14210/nej.v28n3. Disponível em: https://periodicos.univali.br/index.php/nej/article/view/19815. Acesso em: 15 nov. 2024.

Na verdade, o maior problema no que diz respeito ao uso indiscriminado de tecnologias de inteligência artificial de *large language models* (LLMs) para tomada de decisões judiciais não está relacionado, necessariamente, à possibilidade de tomada de decisões automatizadas, de forma autônoma, por ferramentas de IA. Essa é uma realidade que não há como evitar, mas diante da qual cabe ao Poder Judiciário apenas cuidar para que seja adequadamente implementada.

O principal problema ao qual este texto se dedica está relacionado a "como" essas decisões são tomadas. Isso porque a opacidade algorítmica, compreendida esta como a dificuldade ou impossibilidade de entender como um algoritmo funciona, toma decisões ou chega a conclusões, mostra-se suscetível de configurar obstáculo intransponível ao exercício da ampla defesa e ao contraditório. Tal problema, por sua vez, coloca em risco a legitimidade das decisões judiciais, pois tais princípios são verdadeiros baluartes do devido processo legal, que consiste em um dos principais pilares do Estado Democrático de Direito.

Para melhor explicar essa afirmação, é necessário recorrer, antes, ao alerta feito por Ana Frazão e Carlos Goettenauer no texto *Black box e o direito face à opacidade algorítmica*:

> Basta a descrição do problema para se observar que são muitas as variáveis sobre as quais se precisaria ter um mínimo de supervisão e *accountability* para assegurar que os *outputs* sejam fidedignos e confiáveis. *Entretanto, não havendo transparência, não há como avaliar nem a qualidade dos dados nem a qualidade do processamento. Daí a triste conclusão de que os resultados algorítmicos, na atualidade, correspondem a uma verdadeira black box.* (Grifo nosso)[20]

A opacidade algorítmica (ou *black box*) consiste, então, "na impossibilidade de se conhecer objetivamente os caminhos pelos quais as informações de entrada se transformaram nas informações de saída".[21]

---

[20] FRAZÃO, Ana; GOETTENAUER, Carlos. *Black box* e o direito face à opacidade algorítmica. In: BARBOSA, Mafalda Miranda et al. *Direito digital e inteligência artificial*: diálogos entre Brasil e Europa. 1. ed. Indaiatuba: Foco, 2021. p. 28.

[21] BOLZAN DE MORAIS, J. L.; KUNZENDORFF MAFRA, L. Inteligência artificial em decisões judiciais: opacidade versus garantias processuais. *Novos Estudos Jurídicos*, Itajaí (SC), v. 28, n. 3, p. 516-535, 2023. DOI: 10.14210/nej.v28n3. p. 516-535. p. 525-526. Disponível em: https://periodicos.univali.br/index.php/nej/article/view/19815. Acesso em: 15 nov. 2024.

Registre-se, ainda, que esse problema ocorre em dois níveis: um de acesso, no sentido de transparência do sistema de IA, referente à estrutura mesma do sistema ou, de maneira simples, sobre o "como funciona" (?); e um de explicabilidade, ou seja, a possibilidade de ser capaz de compreender "como se chegou ao resultado" (?). De modo simples e sintético, podemos resumir tais frentes em duas perguntas: "como decide?" e o "como decidiu?".

A tecnologia possibilitou a captura de dados gerados pela vida cotidiana e forneceu os meios para que esses dados alimentassem programas de inteligência artificial. Esses *softwares*, de acordo com sua programação, podem identificar padrões e produzir resultados lógicos, alicerçando-se, para tanto, em algoritmos.

Ao analisar o seu funcionamento, Frank Pasquale utiliza o termo "caixa-preta"[22] para descrever a opacidade que é peculiar a esses algoritmos. Essa expressão, além de se referir a dispositivos de gravação em aviões, trens e automóveis, também simboliza um sistema que opera de forma enigmática. Nesse contexto, é possível observar apenas os dados de entrada e saída, *sem compreender como ocorre a transformação entre ambos*.

A menos que se confie de forma cega na operação matemática, tal funcionamento se aproxima de uma espécie de "religião digital", em que os números são valorizados acima das palavras, em uma era em que, nas palavras de Pasquale, "todos os mistérios cabem num gráfico de barras".[23]

E com base nesse reconhecimento da opacidade algorítmica como verdadeira *"black box"*, os autores já citados, Ana Frazão e Carlos Goettenauer, chegam à inevitável conclusão abaixo transcrita:

> Ora, sem a devida transparência, é muito provável que a programação possa estar permeada de vieses e preconceitos dos programadores, intencionais ou não, que podem levar a erros de diagnóstico ou a graves discriminações. Mais do que isso, é possível que as correlações encontradas no processamento sejam consideradas equivocadamente causalidades, fator que pode reforçar discriminações.
>
> A falta de transparência torna-se ainda mais preocupante quando se sabe que tais algoritmos são aperfeiçoados a partir da inteligência artificial, por meio da qual, com a aprendizagem de máquina (*machine learning*) e

---

[22] PASQUALE, Frank. *The Black Box Society*. Cambridge: Harvard University Press, 2015. p. 3.
[23] PASQUALE, Frank. *The Black Box Society*. Cambridge: Harvard University Press, 2015. p. 3.

com as redes neurais artificiais, mais e mais algoritmos se desenvolvem independentemente, aprimorando a si mesmos e aprendendo com os próprios "erros". Como não é possível entender completamente esse processo, diante da sua complexidade e multiplicidade de passos ou etapas, fala-se até mesmo na chamada "eficácia irracional dos dados".[24]

Portanto, verifica-se que os algoritmos podem perpetuar injustiças, preconceitos e discriminações[25] e, no que diz respeito ao problema ora abordado, tem-se que a ausência de compreensão adequada do processo de tomada de decisão realizado com base na utilização de tecnologias LLMs pode culminar na possibilidade de que um ato exarado pelo Estado no exercício de sua função jurisdicional resulte em verdadeira encurralada kafkiana[26] dos jurisdicionados que venham a ser atingidos pelos seus efeitos.

Não foi por outra razão que Cathy O'Neil chegou a se referir aos algoritmos como "armas matemáticas de destruição", vez que:

> Longe de serem neutros e objetivos, *embutem em seus códigos uma série de decisões e opiniões que não podem ser contestadas, até porque não são conhecidas*. Daí o seu potencial de destruição silenciosa, na medida em que podem basear seus julgamentos em preconceitos e padrões passados que automatizam o status quo e ainda podem ser utilizados para toda sorte de discriminações e violações de direitos. (Grifos nossos)[27]

Conforme já mencionado, sabe-se que o direito fundamental ao devido processo legal engloba, como desdobramentos, os direitos fundamentais do contraditório e da ampla defesa, mas esses só podem ser exercidos, efetivamente, quando houver como ter ciência do processo de decisão judicial. Isso porque o direito ao devido processo legal pressupõe como contraponto o dever imposto ao Estado-Juiz

---

[24] FRAZÃO, Ana; GOETTENAUER, Carlos. *Black box* e o direito face à opacidade algorítmica. In: BARBOSA, Mafalda Miranda et al. *Direito digital e inteligência artificial*: diálogos entre Brasil e Europa. 1. ed. Indaiatuba: Foco, 2021. p. 29.

[25] AGRAWAL, A.; GANS, J. *Prediction machines*: the simple economics of artificial intelligence. Brighton: Harvard Business Press, 2018.

[26] Kafkiano consiste em um termo usado com base nas obras do escritor tcheco Franz Kafka (1883-1924), classificando uma situação desesperadora, claustrofóbica e traumática, a qual não se visualiza uma possível solução ao final. Em todos os livros de Kafka, o personagem principal, na verdade uma extensão do ego do autor, não consegue impedir o curso dos acontecimentos funestos e o iminente desenlace trágico. Uma das obras do autor que melhor reflete esse cenário é *O processo*.

[27] O'NEIL, C. *Weapons of math destruction*: how big data increases inequality and threatens democracy. Nova York: Crown, 2016.

de revelar os fundamentos das decisões judiciais, sem o qual não há garantia da legitimidade do exercício do poder jurisdicional.

Não foi por outra razão que o §1º do art. 489 do Código de Processo Civil de 2015 erigiu a fundamentação da decisão judicial como um dos elementos essenciais da sentença. E ainda foi além, pois o §1º do mesmo dispositivo cuidou de relacionar situações que, por contrariarem a transparência da exposição dos fundamentos, prejudicam a fundamentação de qualquer decisão judicial.[28] O *códex* processual vai além quando institui normas fundamentais para aplicação de normas processuais, dando-se destaque à necessidade das partes conhecerem e terem oportunidade de se manifestar acerca do fundamento utilizado na decisão, em primazia ao princípio da proibição da decisão surpresa.[29]

Daí a necessidade de que as decisões judiciais derivem de uma criação transparente, calcada em uma argumentação sólida e vinculada com os valores do Estado Democrático de Direito. Nessa linha, Danielle Keats Citron argumenta que o uso de sistemas de inteligência artificial em processos legais exige uma abordagem regulatória que assegure não apenas a eficácia e eficiência, mas também a transparência, a explicabilidade e a *accountability* dos algoritmos.[30]

Sob essa ótica, Sílvia Piva oferta os seguintes exemplos capazes de bem ilustrar o problema ora apontado:

---

[28] Art. 489. São elementos essenciais da sentença: I - o relatório, que conterá os nomes das partes, a identificação do caso, com a suma do pedido e da contestação, e o registro das principais ocorrências havidas no andamento do processo; II - os fundamentos, em que o juiz analisará as questões de fato e de direito; III - o dispositivo, em que o juiz resolverá as questões principais que as partes lhe submeterem. § 1º Não se considera fundamentada qualquer decisão judicial, seja ela interlocutória, sentença ou acórdão, que: I - se limitar à indicação, à reprodução ou à paráfrase de ato normativo, sem explicar sua relação com a causa ou a questão decidida; II - empregar conceitos jurídicos indeterminados, sem explicar o motivo concreto de sua incidência no caso; III - invocar motivos que se prestariam a justificar qualquer outra decisão; IV - não enfrentar todos os argumentos deduzidos no processo capazes de, em tese, infirmar a conclusão adotada pelo julgador; V - se limitar a invocar precedente ou enunciado de súmula, sem identificar seus fundamentos determinantes nem demonstrar que o caso sob julgamento se ajusta àqueles fundamentos; VI - deixar de seguir enunciado de súmula, jurisprudência ou precedente invocado pela parte, sem demonstrar a existência de distinção no caso em julgamento ou a superação do entendimento. BRASIL. *Lei n. 13.105, de 16 de março de 2015*. Código de Processo Civil. Disponível em: https://www.planalto.gov.br/ccivil_03/_ato2015-2018/2015/lei/l13105.htm. Acesso em: 08 out. 2024.

[29] Art. 10. O juiz não pode decidir, em grau algum de jurisdição, com base em fundamento a respeito do qual não se tenha dado às partes oportunidade de se manifestar, ainda que se trate de matéria sobre a qual deva decidir de ofício.

[30] CITRON, Danielle Keats. Technological Due Process. U of Maryland Legal Studies Research Paper n. 2007-26. *Washington University Law Review*, vol. 85, p. 1249-1313, 2007. p. 1250. Disponível em: https://ssrn.com/abstract=1012360. Acesso em: 16 nov. 2024.

Imagine, por exemplo, um candidato a emprego que foi rejeitado automaticamente por um sistema de triagem de currículos, sem que suas qualificações específicas ou experiências únicas fossem devidamente consideradas pelo algoritmo. Ou um paciente cujo plano de tratamento foi negado por uma IA utilizada por uma seguradora de saúde, com base em uma análise automatizada de risco, sem uma revisão personalizada do seu caso clínico. Ainda, uma motorista que recebeu uma multa por infração de trânsito emitida automaticamente por um sistema de monitoramento de tráfego, sem a possibilidade de contestar as circunstâncias que poderiam justificar a situação.[31]

A partir desses exemplos, a professora da USP infere que "a falta de transparência e a ausência de mecanismos de recurso comprometem a legitimidade das decisões automatizadas".[32] E assim o é porque as instituições necessitam de legitimidade para funcionar efetivamente, "o que exige que as pessoas acreditem que a instituição está alinhada com os valores sociais, afinal, qualquer poder, quando percebido seu exercício como ilegítimo, tende a ser rejeitado pela sociedade".[33]

Porém, a inteligência artificial funciona com base em algoritmos complexos, cuja lógica interna não é facilmente acessível ou transparente para os seres humanos. Como resultado, compreender e avaliar integralmente a motivação de uma decisão judicial gerada por uma IA

---

[31] PIVA, Sílvia. *O devido processo tecnológico e a legitimidade das decisões automatizadas sob o contexto do PL 2338/23*. Disponível em: https://jornal.usp.br/artigos/o-devido-processo-tecnologico-e-a-legitimidade-das-decisoes-automatizadas-sob-o-contexto-do-pl-2338-23/#:~:text=%C3%89%20essencial%2C%20portanto%2C%20que%20o,a%20proteger%20direitos%20j%C3%A1%20existentes.&text=(As%20opini%C3%B5es%20expressas%20nos%20artigos,editoriais%20para%20artigos%20de%20opini%C3%A3o.)&text=A%20reprodu%C3%A7%C3%A3o%20de%20mat%C3%A9rias%20e,e%20o%20nome%20do%20fot%C3%B3grafo. Acesso em: 15 nov. 2024.

[32] PIVA, Sílvia. *O devido processo tecnológico e a legitimidade das decisões automatizadas sob o contexto do PL 2338/23*. Disponível em: https://jornal.usp.br/artigos/o-devido-processo-tecnologico-e-a-legitimidade-das-decisoes-automatizadas-sob-o-contexto-do-pl-2338-23/#:~:text=%C3%89%20essencial%2C%20portanto%2C%20que%20o,a%20proteger%20direitos%20j%C3%A1%20existentes.&text=(As%20opini%C3%B5es%20expressas%20nos%20artigos,editoriais%20para%20artigos%20de%20opini%C3%A3o.)&text=A%20reprodu%C3%A7%C3%A3o%20de%20mat%C3%A9rias%20e,e%20o%20nome%20do%20fot%C3%B3grafo. Acesso em: 15 nov. 2024.

[33] PIVA, Sílvia. *O devido processo tecnológico e a legitimidade das decisões automatizadas sob o contexto do PL 2338/23*. Disponível em: https://jornal.usp.br/artigos/o-devido-processo-tecnologico-e-a-legitimidade-das-decisoes-automatizadas-sob-o-contexto-do-pl-2338-23/#:~:text=%C3%89%20essencial%2C%20portanto%2C%20que%20o,a%20proteger%20direitos%20j%C3%A1%20existentes.&text=(As%20opini%C3%B5es%20expressas%20nos%20artigos,editoriais%20para%20artigos%20de%20opini%C3%A3o.)&text=A%20reprodu%C3%A7%C3%A3o%20de%20mat%C3%A9rias%20e,e%20o%20nome%20do%20fot%C3%B3grafo. Acesso em: 15 nov. 2024.

pode se revelar uma tarefa extremamente difícil ou até inviável. Essa característica contrasta diretamente com o princípio da transparência e do controle da fundamentação.[34]

É inquestionável o fato de que a fundamentação das decisões tem também, como valor "endoprocessual", a oportunização do contraditório. Sob esse viés, Sánchez-Arjona entende que pode ser prejudicado o direito dos litigantes por não conhecerem os algoritmos que a ferramenta utiliza nas tomadas de decisão ou, mais precisamente, como a máquina chegou a determinado resultado.[35]

A partir dessa constatação, o autor conclui que se torna fundamental a desclassificação dos algoritmos, já que, "se os resultados não puderem ser contestados devido ao desconhecimento do percurso seguido e do motivo de uma decisão específica, o direito de defesa poderia deixar de existir".[36]

> *Essa questão da legitimidade torna-se ainda mais complexa no contexto da IA, em que as decisões são frequentemente tomadas por algoritmos que operam de forma opaca, como caixas-pretas, sem transparência quanto aos critérios utilizados. A dificuldade em compreender e questionar essas decisões levanta sérias preocupações sobre a justiça e a equidade dos processos automatizados. Assim, a legitimidade das decisões automatizadas não pode ser assegurada apenas pela precisão técnica dos algoritmos, mas também pela garantia de que essas decisões são tomadas em conformidade com os princípios do devido processo tecnológico e que há mecanismos de recurso adequados para os afetados. (Grifos nossos)*[37]

Pois bem, no início do texto, restou demonstrado que, no Brasil, o uso da inteligência artificial pelo Judiciário consiste em um caminho sem volta. Por outro lado, os riscos oriundos de sua aplicação na tomada de decisões judiciais recomendam cautela em sua implantação.

---

[34] FERRAJOLI, Luigi. *Direito e razão*: Teoria do garantismo penal. São Paulo: Editora Revista dos Tribunais, 2002. p. 498.

[35] SÁNCHEZ-ARJONA, Mercedes Llorente. *Inteligencia Artificial, valoración del riesgo y derecho al debido processo*. Navarra: Thompson Reuters Aranzadi, 2022. p. 392.

[36] SÁNCHEZ-ARJONA, Mercedes Llorente. *Inteligencia Artificial, valoración del riesgo y derecho al debido processo*. Navarra: Thompson Reuters Aranzadi, 2022. p. 392.

[37] PIVA, Sílvia. *O devido processo tecnológico e a legitimidade das decisões automatizadas sob o contexto do PL 2338/23*. Disponível em: https://jornal.usp.br/artigos/o-devido-processo-tecnologico-e-a-legitimidade-das-decisoes-automatizadas-sob-o-contexto-do-pl-2338-23/#:~:text=%C3%89%20essencial%2C%20portanto%2C%20que%20o,a%20proteger%20o direitos%20j%C3%A1%20existentes.&text=(As%20opini%C3%B5es%20expressas%20 nos%20artigos,editoriais%20para%20artigos%20de%20opini%C3%A3o.)&text=A%20 reprodu%C3%A7%C3%A3o%20de%20mat%C3%A9rias%20e,e%20o%20nome%20 do%20fot%C3%B3grafo. Acesso em: 15 nov. 2024.

Como forma de materializar tal cautela, propõe-se que a gradativa implementação das soluções de IA seja acompanhada de mecanismos que garantam o devido processo tecnológico, com ênfase em técnicas de governança (inclusive algorítmica ou de código aberto), tal como o próximo tópico tratará de abordar.

4 O devido processo tecnológico e a governança no exercício da função jurisdicional

A expressão "devido processo tecnológico" é de autoria de Danielle Keats Citron, que tratou do assunto no âmbito do direito administrativo e conclamou acadêmicos e *experts* da área tecnológica a "trabalharem juntos para moldar os contornos do devido processo na era da automatização".[38]

A contribuição dessa autora consistiu em sugerir uma abordagem sistemática para se decidir entre a automatização e a discrição humana diante de situações que necessitem da aplicação da lei.

Conforme a autora, as decisões que são mais bem abordadas através de princípios não devem ser automatizadas, tais como aquelas políticas que exijam, explícita ou implicitamente, o exercício do arbítrio humano. Nessa perspectiva, o próprio tomador de decisão pode sinalizar explicitamente que a automação é inadequada. Ou, por outro lado, é possível indicar isso incluindo termos indeterminados que exigem que os julgadores considerem normas conflitantes que não se compatibilizariam com a mera subsunção de fatos a normas.[39]

Outro ponto que também merece destaque no pensamento da referida autora está relacionado à proposição de que tanto os mecanismos legais como tecnológicos se destinem a assegurar o combate a

---

[38] CITRON, Danielle Keats. Technological Due Process. U of Maryland Legal Studies Research Paper n. 2007-26. *Washington University Law Review*, vol. 85, p. 1249-1313, 2007. p. 1301. Disponível em: https://ssrn.com/abstract=1012360. Acesso em: 16 nov. 2024.

[39] Decisions best addressed with standards should not be automated. Policies that explicitly or implicitly require the exercise of human discretion cannot be automated. For instance, agencies should not automate policies that allow individuals to plead extenuating circumstances that software cannot anticipate. Legal materials providing that a "decision maker may" take a given action explicitly signal that automation is inappropriate. Others implicitly do so by including indeterminate terms that require decision makers to consider conflicting norms that resist precise weighting. CITRON, Danielle Keats. Technological Due Process. U of Maryland Legal Studies Research Paper n. 2007-26. *Washington University Law Review*, vol. 85, p. 1249-1313, 2007. p. 1304. Disponível em: https://ssrn.com/abstract=1012360. Acesso em: 16 nov. 2024.

vieses de automação e a aumentar a precisão de decisões sobre direitos individuais constitucionalmente relevantes.

Por outro lado, convém obtemperar que devem ser continuamente atualizadas as regras procedimentais relacionadas à formação de decisões judiciais com base em IA. Não se trata apenas de impedir a criação do "juiz-robô", mas também de velar pelas melhores práticas e procedimentos destinados à promoção da resposta estatal ao jurisdicionado.

Sobre o devido processo tecnológico, a autora assim o delineia:

> Este devido processo tecnológico fornece novos mecanismos para substituir os regimes processuais que a automação põe em perigo. Em certos casos, regras substitutas podem ser usadas para proteger a transparência, a responsabilização e a justiça na elaboração de regras e na adjudicação de pleitos individuais. Noutros, podem ser implementados novos princípios procedimentais para evitar a elaboração de regras processuais deficientes e a tomada de decisões governamentais arbitrárias.[40]

Nesse sentido, é apropriado inferir que um meio de obstar a restrição dos direitos de ampla defesa e contraditório está em desenhar sistemas de IA que tenham a transparência e a *accountability* como seus principais objetivos, de modo a impedir a elaboração de regras incompatíveis com os valores constitucionais ou eivadas de falhas processuais.[41]

Sob essa perspectiva, uma importante ferramenta para tutela do devido processo tecnológico pode ser identificada em uma governança de código aberto, que permita aos destinatários da resposta jurisdicional compreender a forma como a decisão foi construída. Quanto a isso, não se ignoram os significativos desafios na criação de modelos que

---

[40] This technological due process provides new mechanisms to replace the procedural regimes that automation endangers. In certain instances, surrogate rules can be used to protect the transparency, accountability, and fairness of rulemaking and adjudication. In others, new standards can be implemented to prevent procedurally defective rulemaking and arbitrary government decision making. CITRON, Danielle Keats. Technological Due Process. U of Maryland Legal Studies Research Paper n. 2007-26. *Washington University Law Review*, vol. 85, p. 1249-1313, 2007. p. 1258. Disponível em: https://ssrn.com/abstract=1012360. Acesso em: 16 nov. 2024.

[41] Automated systems must be designed with transparency and accountability as their primary objectives, so as to prevent inadvertent and procedurally defective rulemaking. This approach incorporates several basic norms of behavior. CITRON, Danielle Keats. Technological Due Process. U of Maryland Legal Studies Research Paper n. 2007-26. *Washington University Law Review*, vol. 85, p. 1249-1313, 2007. p. 1308. Disponível em: https://ssrn.com/abstract=1012360. Acesso em: 16 nov. 2024.

garantam a interpretação e a explicabilidade do método de decisão utilizado por uma IA, mas se deduz que esse é o preço que deve ser pago para se usufruir de todas as benesses que tal solução tecnológica pode proporcionar.[42]

5 Conclusão

Pelo exposto, verifica-se que a adoção de tecnologias de LLMs para a tomada de decisões judiciais consiste em importante ferramenta para aprimoramento da prestação jurisdicional, que, inclusive, vem sendo adotada, gradativamente, pelo Poder Judiciário brasileiro.

Contudo, verifica-se que os riscos inerentes à implementação dessa nova tecnologia merecem redobrado cuidado e consequente parcimônia na utilização dessa tecnologia disruptiva. Tal cautela tem por fundamento a necessidade de atualização dos mecanismos de salvaguarda do devido processo legal, bem como da ampla defesa e do contraditório.

Daí se falar em um devido processo tecnológico que, além de garantir a preservação dos direitos e garantias fundamentais consignados na Constituição da República de 1988, também possibilite a transparência e a explicabilidade do funcionamento algorítmico. De outro modo, o Brasil estará na contramão do desenvolvimento sustentável, preconizado pelos mais recentes tratados internacionais cujas principais potências mundiais são signatárias e vêm alcançando a adesão progressiva dos demais países do globo.

Referências

AGRAWAL, A.; GANS, J. *Prediction machines*: the simple economics of artificial intelligence. Brighton: Harvard Business Press, 2018.

BOLZAN DE MORAIS, J. L.; KUNZENDORFF MAFRA, L. Inteligência artificial em decisões judiciais: opacidade versus garantias processuais. *Novos Estudos Jurídicos*, Itajaí (SC), v. 28, n. 3, p. 516-535, 2023. DOI: 10.14210/nej.v28n3. p. 516-535. Disponível em: https://periodicos.univali.br/index.php/nej/article/view/19815. Acesso em: 15 nov. 2024.

---

[42] Quanto a esse ponto, Cynthia Rudyn defende que o mais importante é criar modelos que são, antes de tudo, interpretáveis. Nada simples, porém, conforme a autora, algo possível. RUDYN, Cynthia. *Stop Explaining Black Box Machine Learning Models for High Stakes Decisions and Use Interpretable Models Instead*. Disponível em: https://arxiv.org/abs/1811.10154. Acesso em: 17 nov. 2024.

CITRON, Danielle Keats. Technological Due Process. U of Maryland Legal Studies Research Paper n. 2007-26. *Washington University Law Review*, vol. 85, p. 1249-1313, 2007. Disponível em: https://ssrn.com/abstract=1012360. Acesso em: 16 nov. 2024.

CONSELHO NACIONAL DE JUSTIÇA. *Justiça em Números 2024*. Brasília: CNJ, 2024. p. 15.

CONSELHO NACIONAL DE JUSTIÇA. *O uso da inteligência artificial generativa no Poder Judiciário brasileiro*. Disponível em: https://www.cnj.jus.br/wp-content/uploads/2024/09/cnj-relatorio-de-pesquisa-iag-pj.pdf. Acesso em: 17 nov. 2024

CONSELHO NACIONAL DE JUSTIÇA. *Resolução n. 332, de 21 de agosto de 2020*. Disponível em: https://atos.cnj.jus.br/files/original191707202008255f4563b35f8e8.pdf. Acesso em: 15 nov. 2024

CONSELHO NACIONAL DE JUSTIÇA. *Justiça em Números 2024*. Brasília: CNJ, 2024. p. 15. Disponível em: https://www.cnj.jus.br/wp-content/uploads/2024/05/justica-em-numeros-2024.pdf. Acesso em: 17 nov. 2024.

DIDIER JR., Fredie. Notas sobre a garantia constitucional do acesso à justiça: o princípio do direito de ação ou da inafastabilidade do Poder Judiciário. *Revista de Processo*, São Paulo, v. 27, n. 108, out./dez. 2002.

FERRAJOLI, Luigi. *Direito e razão*: teoria do garantismo penal. São Paulo: Editora Revista dos Tribunais, 2002.

FRAZÃO, Ana; GOETTENAUER, Carlos. *Black box* e o direito face à opacidade algorítmica. *In*: BARBOSA, Mafalda Miranda *et al*. *Direito digital e inteligência artificial*: diálogos entre Brasil e Europa. 1. ed. Indaiatuba: Foco, 2021.

IBM. *Large Language Models*. Disponível em: https://www.ibm.com/br-pt/topics/large-language-models. Acesso em: 15 nov. 2024.

MEIRELLES, Delton R. S. Meios alternativos de resolução de conflitos: justiça coexistencial ou eficiência administrativa? *Revista Eletrônica de Direito Processual*, Rio de Janeiro, v. 1, n. 1, out./dez. 2007.

O'NEIL, C. *Weapons of math destruction*: how big data increases inequality and threatens democracy. Nova York: Crown, 2016.

ORGANIZAÇÃO PARA A COOPERAÇÃO E DESENVOLVIMENTO ECONÔMICO (OCDE). *Recommendation of the Council on Artificial Intelligence*. Disponível em: https://legalinstruments.oecd.org/en/instruments/OECD-LEGAL-0449. Acesso em: 17 nov. 2024.

OCDE. *Revised Recommendation of the Concil on Artificial Intelligence*. Disponível em: https://one.oecd.org/document/C/MIN(2024)16/FINAL/en/pdf. Acesso em: 17 nov. 2024.

OECD. *What are the OECD Principles on AI?* Disponível em: https://www.oecd-ilibrary.org/docserver/6ff2a1c4-en.pdf?expires=1731879766&id=id&accname=guest&checksum=57C8A17BD9F4D565929E2579D2D94019. Acesso em: 17 nov. 2024.

PASQUALE, Frank. *The Black Box Society*. Cambridge: Harvard University Press, 2015.

PIVA, Sílvia. *O devido processo tecnológico e a legitimidade das decisões automatizadas sob o contexto do PL 2338/23*. Disponível em: https://jornal.usp.br/artigos/o-devido-processo-tecnologico-e-a-legitimidade-das-decisoes-automatizadas-sob-o-contexto-do-pl-2338-23/#:~:text=%C3%89%20essencial%2C%20portanto%2C%20que%20o,a%20proteger%20direitos%20j%C3%A1%20existentes.&text=(As%20opini%C3%B5es%20expressas%20nos%20artigos,editoriais%20para%20artigos%20de%20opini%C3%A3o.)&text=A%20reprodu%C3%A7%C3%A3o%20de%20mat%C3%A9rias%20e,e%20o%20nome%20do%20fot%C3%B3grafo. Acesso em: 15 nov. 2024.

RUDYN, Cynthia. *Stop Explaining Black Box Machine Learning Models for High Stakes Decisions and Use Interpretable Models Instead*. Disponível em: https://arxiv.org/abs/1811.10154. Acesso em: 17 nov. 2024.

SÁNCHEZ-ARJONA, Mercedes Llorente. *Inteligencia Artificial, valoración del riesgo y derecho al debido proceso*. Navarra: Thompson Reuters Aranzadi, 2022.

Informação bibliográfica deste livro, conforme a NBR 6023:2018 da Associação Brasileira de Normas Técnicas (ABNT):

HEMMER, Diogo Augusto Debs; FERREIRA, Ricardo Padovini Pleti. A utilização de modelos computacionais *large language models* (LLMs) na formação da decisão judicial e a legitimidade da prestação jurisdicional: por um devido processo tecnológico. *In*: ALLEMAND, Luiz Cláudio; SANTOS, Coriolano Aurélio de Almeida Camargo; MAGRO, Américo Ribeiro; GOMES, Rovena (coord.). *Processos judiciais eletrônicos*: inteligência artificial e garantia dos princípios do processo civil - algoritmos de agrupamento e similaridade. Belo Horizonte: Fórum, 2025. p. 151-170. ISBN 978-65-5518-975-9.

INTELIGÊNCIA ARTIFICIAL NO JUDICIÁRIO BRASILEIRO: OPORTUNIDADES E DESAFIOS

FABIANA EWALD RICHINITTI

1 Introdução

Inteligência artificial (IA) é uma área da ciência da computação que estimula a imaginação humana há décadas e desperta, em igual medida, fascínio e receio. Comumente associada à ficção científica, figura em livros e filmes como uma ferramenta poderosa – ora capaz de salvar o mundo, ora capaz de destruir a humanidade.

Entretanto, o emprego de máquinas inteligentes no dia a dia não é realidade de um futuro distante: nas últimas décadas, devido aos avanços tecnológicos e à crescente disponibilidade de dados, a inteligência artificial passou a permear os mais variados setores – e o Judiciário não é exceção.

O painel *Projetos com inteligência artificial no Poder Judiciário*, disponível na página do Conselho Nacional de Justiça na *internet*, realiza um levantamento das iniciativas envolvendo a utilização de inteligência artificial nos tribunais brasileiros.

A pesquisa indica que, em 2023, 62 dos 94 tribunais participantes têm projetos com IA. Ao todo, à época da pesquisa, eram 140 projetos – um aumento de 26,13% em relação ao ano de 2022. O estudo evidenciou que as principais motivações para o uso de ferramentas de inteligência artificial são a busca por eficiência e celeridade e o aumento da precisão e consistência em tarefas repetitivas.[1]

---

[1] CONSELHO NACIONAL DE JUSTIÇA. *Pesquisa sobre o uso de inteligência artificial IA no Poder Judiciário 2023*. Brasília: CNJ, 2024. p. 27.

Muitas dessas iniciativas visam acelerar e organizar o trâmite processual através da identificação de padrões e semelhanças entre os processos. Para isso, utilizam-se algoritmos de agrupamento e similaridade através dos quais a máquina, ao analisar os dados e padrões do processo, o insere em determinado grupo.

O Projeto Victor, do Supremo Tribunal Federal (STF), por exemplo, utiliza algoritmos para auxiliar na análise dos recursos extraordinários recebidos pelo tribunal, em especial para identificar se os recursos se enquadram em um dos 27 temas mais recorrentes de repercussão geral.[2] O *site* do tribunal cuida de evidenciar um importante fato: Victor analisa os recursos recebidos e sinaliza quando o caso dos autos contém temas de repercussão geral. Entretanto, esse apontamento é validado pela efetiva apreciação do caso concreto pelos ministros.[3]

No Superior Tribunal de Justiça (STJ), a plataforma Athos, treinada a partir da leitura de centenas de milhares de ementas de acórdãos publicados entre 2015 e 2017, promove a indexação e o agrupamento automático de processos similares. O objetivo é localizar – mesmo antes da distribuição aos ministros – processos que possam ser submetidos à afetação para julgamento sob o rito dos recursos repetitivos. No Núcleo de Gerenciamento de Precedentes (NUGEP), a ferramenta atua identificando processos que tenham a mesma controvérsia jurídica, com vistas à fixação de teses vinculantes.[4]

Outro sistema adotado pelo STJ, o Sócrates, realiza o monitoramento, agrupamento de processos e identificação de precedentes por meio de inteligência artificial (IA). A primeira versão, Sócrates 1.0, é destinada aos gabinetes dos ministros e pode identificar grupos de processos similares em um universo de 100 mil processos em menos de 15 minutos. Além disso, monitora automaticamente os 1,5 mil novos processos que chegam diariamente ao tribunal para seleção de matérias de interesse.

A versão mais sofisticada do projeto, o Sócrates 2.0., visa à gestão otimizada do acervo do STJ e possui ações que incluem a identificação de controvérsias idênticas ou com abrangência delimitada para análise

---

[2] FGV. *Tecnologia aplicada à gestão dos conflitos no âmbito do poder judiciário brasileiro*: relatório de pesquisa, 1ª fase. Rio de Janeiro: FGV, 2020. p. 27.

[3] SUPREMO TRIBUNAL FEDERAL. Projeto Victor avança em pesquisa e desenvolvimento para identificação dos temas de repercussão geral. *Portal STF*, Brasília, DF, 28 jan. 2022. Disponível em: https://portal.stf.jus.br/noticias/verNoticiaDetalhe.asp?idConteudo=471331&ori=1. Acesso em: 8 nov. 2024.

[4] FGV. *Tecnologia aplicada à gestão dos conflitos no âmbito do poder judiciário brasileiro*: relatório de pesquisa, 1ª fase. Rio de Janeiro: FGV, 2020. p. 27.

e afetação à sistemática dos recursos repetitivos, o fomento de novas formas de triagem para potencializar o julgamento de mais processos em menos tempo, a identificação dos casos com potencial de inadmissão para registro à Presidência e o subsídio à Escola Corporativa do STJ nas definições de capacitação que melhor atendam à compreensão das matérias pendentes de julgamento.

Outros dois interessantes sistemas utilizados pelo tribunal são, respectivamente, o e-Juris, responsável por realizar a extração das referências legislativas e jurisprudência citadas nos acórdãos, e o TUA, que ajuda a classificar de forma automática os assuntos dos processos que chegam ao tribunal para fins de distribuição às seções conforme o ramo do direito.[5]

Todas essas e as muitas outras iniciativas em IA que têm se popularizado nos tribunais brasileiros nos últimos anos – dentre as quais é imprescindível mencionar, ainda, o Programa Justiça 4.0, lançado em 2020 pelo Conselho Nacional de Justiça (CNJ)[6] – visam garantir mais celeridade, eficácia e economia ao sistema. Alinham-se, assim, e como será explorado neste artigo, aos princípios basilares do processo civil.

Contudo, como igualmente se ilustrará a seguir, a adoção dessas ferramentas pode também representar uma ameaça significativa a esses mesmos princípios, especialmente se implementadas sem a devida cautela e atenção às complexas questões éticas envolvidas.

Iniciativas de automatização e padronização mal-executadas ou excessivas, por exemplo, podem criar situações de discriminação algorítmica ou ignorar a singularidade dos casos concretos, tornando o processo decisório rígido e desumanizado. Além disso, tais abordagens podem comprometer a transparência e a *accountability* do sistema.

2 Impactos positivos da utilização de inteligência artificial pelo Judiciário

2.1 Celeridade processual, eficiência e a razoável duração do processo

A morosidade é, com frequência, apontada como o principal problema a ser enfrentado pelo Judiciário brasileiro. Esse desafio não

---

[5] FGV. *Tecnologia aplicada à gestão dos conflitos no âmbito do poder judiciário brasileiro*: relatório de pesquisa, 1ª fase. Rio de Janeiro: FGV, 2020. p. 29.
[6] CONSELHO NACIONAL DE JUSTIÇA. *Cartilha de Justiça 4.0*. Brasília: CNJ, 2021. p. 5.

é novo: ainda em 1984, Barbosa Moreira atribuiu a morosidade do trâmite processual no Brasil a uma "longa série de questões: falhas da organização judiciária, deficiências na formação profissional de juízes e advogados, precariedade das condições sob as quais se realiza a atividade judicial na maior parte do país, uso arraigado de métodos de trabalho obsoletos e irracionais, escasso aproveitamento de recursos tecnológicos".[7]

Entretanto, a dificuldade de dar resposta a todas as ações ajuizadas vem aumentando. Ao final do ano de 2023, havia, ao todo, 83,8 milhões de processos em tramitação. Desconsiderados os 18,5 milhões de processos sobrestados ou em arquivo provisório, existiam 63,6 milhões de ações judiciais em andamento.[8]

A pesquisa realizada pelo CNJ, relativa aos dados coletados dos tribunais espalhados pelo país, aponta a existência de um indicador denominado "tempo de giro do acervo", que consiste no tempo que demoraria para cada justiça dar baixa no estoque de processos caso nenhuma nova demanda ingressasse no sistema.

Na Justiça Estadual, em que o estoque equivale a 2,4 vezes a demanda,[9] por exemplo, seria necessário dois anos e sete meses para que, mantido o mesmo padrão de produtividade dos magistrados e servidores, fossem baixados todos os processos até então tramitando.

Esses dados pintam um futuro pessimista para a justiça brasileira: é razoável acreditar que a tendência é que a quantidade de processos siga aumentando conforme se intensifica e desenvolve o estado de hiperconexão que caracteriza o século XXI. Uma decorrência natural dessa sociedade tão conectada é a massificação de demandas, fenômeno que tem sido observado com frequência nos tribunais, compondo boa parcela dos acervos judiciais.

Um estudo realizado pelo CNJ em 2009 – veja-se que há 15 anos esta já era uma preocupação do Judiciário – busca analisar as causas no aumento do ajuizamento de ações e o surgimento das chamadas demandas massificadas:

---

[7] MOREIRA, José Carlos Barbosa. *Temas atuais de direito público*: a razoável duração do processo, o princípio constitucional da efetividade e as possíveis soluções para a morosidade processual. *In*: PAVAN, Dorival Renato (coord.). Campo Grande: Puccinelli Centro de Estudos Jurídicos/UCDB, 2008. p. 105.

[8] CONSELHO NACIONAL DE JUSTIÇA. *Justiça em números 2024*. Brasília: CNJ, 2024. p. 133.

[9] CONSELHO NACIONAL DE JUSTIÇA. *Justiça em números 2024*. Brasília: CNJ, 2024. p. 138.

A massificação de demandas é influenciada especialmente por: (i) massificação de informação, movimento potencializado por advogados e pela mídia; (ii) massificação do consumo e incapacidade de gestão empresarial de qualidade de bens e de serviços cada vez mais sofisticados e diversificados; (iii) massificação na captação da clientela e ponderação da relação custo vs. benefício; (iv) massificação e padronização da atuação em processos administrativos e judiciais: gestão de processos judiciais repetitivos por advogados, pelas empresas (terceirização de serviços advocatícios), pelos procuradores e pelo Judiciário.[10]

Merece especial destaque o fato de a massificação de informação ter sido elencada, em 2009, muito antes da popularização das redes sociais, como um dos fatores determinantes para o aumento no ajuizamento de demandas repetitivas. Em outro momento do relatório, quando listados os principais meios de comunicação com os consumidores, a internet sequer é citada:

> A televisão, o rádio, os jornais e as revistas impressas são os principais meios veiculadores de informações que interessam aos consumidores. Nesses meios de comunicação, aparecem desde os resultados de testes sobre a qualidade de produtos e serviços até a previsão de novos direitos e a sinalização dos mecanismos pelos quais esses direitos podem ser protegidos.
>
> Em muitos casos, é a mídia que faz com que os consumidores identifiquem a lesão ao seu direito e, diante disso, vão buscar uma solução no Judiciário ou nas esferas extrajudiciais.[11]

É fácil imaginar a dimensão do desafio do exponencial aumento no ajuizamento de demandas atualmente, uma vez que a preocupação já existia antes do advento das redes sociais, grandes responsáveis por facilitarem muito o acesso à informação.

O artigo 5º, LXXVIII, da Constituição Federal, introduzido pela Emenda Constitucional nº 45, de 8 de dezembro de 2004, assegura

---

[10] ESCOLA DE DIREITO DA FUNDAÇÃO GETULIO VARGAS DE SÃO PAULO – DIREITO GV. *Relatório final de pesquisa*: "*Diagnóstico sobre as causas de aumento das demandas judiciais cíveis, mapeamento das demandas repetitivas e propositura de soluções pré-processuais, processuais e gerenciais à morosidade da Justiça*". Coordenação: GABBAY, Daniela Monteiro et al. São Paulo, nov. 2010. p. 159.

[11] ESCOLA DE DIREITO DA FUNDAÇÃO GETULIO VARGAS DE SÃO PAULO – DIREITO GV. *Relatório final de pesquisa*: "Diagnóstico sobre as causas de aumento das demandas judiciais cíveis, mapeamento das demandas repetitivas e propositura de soluções pré-processuais, processuais e gerenciais à morosidade da Justiça". Coordenação: GABBAY, Daniela Monteiro et al. São Paulo, nov. 2010. p. 111.

a todos, no âmbito judicial e administrativo, a razoável duração do processo e os meios que garantam a celeridade de sua tramitação.

Nesse sentido, o uso de *softwares* e modelos de aprendizado de máquina pode auxiliar na análise de grandes conjuntos de dados e automatizar tarefas repetitivas, como o procedimento de admissibilidade e distribuição dos processos de acordo com a matéria. Além disso, a inteligência artificial é uma ferramenta excelente para amparar nas tomadas de decisão por ser capaz de identificar padrões e tendências com muito mais facilidade do que um ser humano.

Uma das grandes vantagens da utilização de inteligência artificial no dia a dia dos tribunais é a velocidade com que as máquinas operam: levam apenas alguns minutos para fazer o que demandaria muitas horas de um servidor humano.[12]

Reis Freire[13] argumenta que, principalmente em relação às causas repetitivas, a justiça realizada de forma artesanal chegou ao limite e defende o abandono desse modelo, que reputa obsoleto. Exatamente por isso, propõe que o estudo do direito, não apenas o Judiciário, se combine com as demais ciências a fim de se adequar aos novos tempos, dando lugar à inserção de novas tecnologias capazes de tornar mais célere a prestação jurisdicional.

Investir na utilização de tecnologias de análise de dados pode representar importante apoio no enfrentamento das ações de massa. Nesse sentido, duas iniciativas atualmente em desenvolvimento pelo TRF-4 chamam a atenção: uma, que prevê a triagem automática de processos a partir da análise dos dados contidos na petição inicial, identificando de pronto quando se trata de demandas repetitivas; a outra, complementar à primeira, utiliza-se de análise preditiva e geração automática de conteúdo para propor sugestões de modelos de minutas[14] e solucionar essas lides de menor complexidade.

A sugestão de minutas é interessante porque se trata do uso da tecnologia aplicada ao apoio à decisão. Nesse caso, o modelo de inteligência artificial não está tomando a decisão de forma automatizada,

---

[12] TRIBUNAL DE JUSTIÇA DO ESTADO DE RONDÔNIA (TJRO). *Sinapses*. Disponível em: https://www.tjro.jus.br/noticias/item/11953-sinapses-termo-de-cooperacao-tecnica-com-o-cnj-completa-1-ano. Acesso em: 20 out. 2024.

[13] REIS, Paulo; FRIEDE, Rejane. *A problemática das demandas massificadas ante uma Justiça artesanal*. Disponível em: https://www.conjur.com.br/2017-jun-07/reis-friede-demandas-massificadas-justica-artesanal. Acesso em: 12 mar. 2023.

[14] FGV. *Tecnologia aplicada à gestão dos conflitos no âmbito do poder judiciário brasileiro*: relatório de pesquisa, 1ª fase. Rio de Janeiro: FGV, 2020. p. 38.

mas apenas fazendo – com base na análise dos dados com que foi alimentada e na análise de como determinado gabinete costuma julgar processos assemelhados – uma sugestão, que pode ou não ser acatada pelo operador do direito.

Assim, a máquina pode interferir – e acelerar – o procedimento desde o início: analisa os processos que chegam ao tribunal, os agrupa por similaridade e sugere a minuta para esses casos idênticos, com base nos dados de decisões passadas.

Tesheiner e Thamay discorrem sobre essa problemática do ajuizamento de processos idênticos em contradição à celeridade processual:

> Com efeito, a violação aos princípios da celeridade e da economia processual é de fácil visualização, pois se obrigarmos o magistrado a elaborar uma decisão para cada caso, desconsiderando a existência de demandas idênticas – nas quais o patrono só muda o nome do postulante, nada mais –, estaremos onerando o Judiciário com um trabalho que o patrono dos demandantes não teve, o que não parece razoável.[15]

Outra forma como os algoritmos de aprendizado de máquina e ferramentas de análise de dados podem tornar mais eficiente o processo decisório no atual cenário de hiperjudicialização é através do importante papel que desempenham na jurimetria – área do direito que vem ganhando destaque e é bem descrita por Raul Mariano Junior:

> A jurimetria é uma abordagem de estudo empírico do Poder Judiciário que vem ganhando importância nos últimos anos, aliada à ideia da visão econômica do direito, na qual se pretende avaliar, diagnosticar e planejar a oferta e o uso dos serviços judiciários, a partir de tratamento estatístico de seus dados.[16]

Em outras palavras, trata-se da forma como a disciplina do direito se utiliza da estatística para estudar seu funcionamento a partir da análise de dados relevantes, tais como o tempo de tramitação, o resultado das decisões e o perfil dos envolvidos. A ideia é avaliar e

---

[15] TESHEINER, José Maria R.; THAMAY, Rennan Faria K. *Teoria geral do processo*. Editora Saraiva, 2022. p. 47. Acesso em: 18 mar. 2023.
[16] M. JUNIOR, Raul. *E-Due Process*: devido processo digital e acesso à justiça. Grupo Almedina (Portugal), 2023. p. 341. Acesso em: 16 mar. 2023.

planejar a oferta e o uso dos serviços judiciários com base em análises estatísticas desses dados.

Mariano Junior prevê que, mais do que ajudar no processo decisório, a disponibilização dessas informações extraídas das análises de dados poderá ser crucial na prevenção de disputas e no acesso dos cidadãos às informações aos seus direitos.[17] É um método que capacita a tomada de melhores e mais fundamentadas escolhas.

Outra maneira que a inteligência artificial pode ser muito útil é no apoio à produção textual. Theo Franco[18] reflete que, com o desenvolvimento impressionante dos modelos de processamento de linguagem natural (vide o ChatGPT), é possível pensar na aplicação em larga escala de uma tecnologia que auxilie na redação dos despachos e das decisões, haja vista a capacidade que os modelos de linguagem possuem de prever as próximas palavras que o usuário utilizará, a partir do contexto e do estilo de texto comumente produzido.

2.2 Economia

Segundo o relatório mais recente divulgado pelo CNJ,[19] no ano de 2023, as despesas com o Judiciário brasileiro ultrapassaram a monta de cento e trinta e dois bilhões de reais, dos quais mais de cento e dezenove bilhões correspondem apenas a gastos com recursos humanos. A força de trabalho do Judiciário brasileiro é composta por mais de 424 mil pessoas. São mais de 18 mil magistrados, cerca de 280 mil servidores e quase 113 mil auxiliares.

Outro dado que chama atenção é que, do – exorbitante – valor despendido em 2023, mais de 2,4 bilhões de reais, isto é, 25% do montante, foram gastos em informática. Esses gastos podem ser reflexo do movimento de modernização do Judiciário que tem sido incentivado através de programas como o Justiça 4.0.

Essa modernização do Judiciário, com a crescente aplicação de tecnologias de inteligência artificial nos procedimentos internos dos tribunais, tem o potencial de tornar toda essa estrutura mais econômica.

---

[17] NUNES, M. G. *Jurimetria*: como a estatística pode reinventar o Direito. São Paulo: Revista dos Tribunais, 2016. p. 341-343.

[18] FRANCO, Theo. *Diretor do Núcleo de Interoperabilidade de Sistemas e Inteligência Artificial do TRF4*. Entrevista. 2021. Disponível em: https://www.youtube.com/watch?v=0nv1cX1B8Gw. Acesso em: 10 nov. 2024.

[19] CONSELHO NACIONAL DE JUSTIÇA. *Justiça em números 2024*. Brasília, DF, 2024. p. 81.

Tais adaptações vão ao encontro do princípio da economia processual, que, em síntese, prevê que os atos processuais devem buscar produzir o resultado desejado, despendendo, dentro do possível, o mínimo de tempo e dinheiro.[20]

Nesse sentido, a economia processual está relacionada à ideia de que o sistema judiciário deve gastar menos dinheiro e recursos na condução dos processos, mas sem prejudicar na efetividade da justiça. E a IA pode ajudar a tornar o sistema mais econômico de várias maneiras.

Uma dessas maneiras é por meio do uso de tecnologias como os *chatbots* e assistentes virtuais, que podem orientar as partes envolvidas em um processo judicial, fornecendo informações sobre o andamento do caso e esclarecendo dúvidas – fazer, portanto, o trabalho que atualmente cabe em grande parte aos cartórios, nos quais atua boa parcela dos mais de 280 mil servidores humanos que compõem a folha salarial da justiça.

De forma mais geral, é perfeitamente possível prever que, conforme as tecnologias inovadoras forem tomando cada vez mais espaço no dia a dia dos foros e tribunais, menos sentido terá a manutenção de um corpo de funcionários tão robusto.

Ademais, aqueles servidores que ainda forem necessários terão mais tempo para trabalhar com qualidade e dedicarem-se a funções que exigem mais habilidade técnica – tarefas muito simples ou inteiramente manuais podem ser absorvidas pelas máquinas e automações.

2.3 Efetividade

Às partes, de nada adianta um processo célere, econômico e ineficaz. A prestação jurisdicional só é efetiva quando a determinação contida na sentença proferida pode ser cumprida – isto é, quando a pretensão que levou a parte a buscar tutela judicial não apenas é reconhecida em sentença, como pode ser exercida e satisfeita, de forma a gerar efeitos no mundo dos fatos.

Nesse sentido, sempre importa lembrar que o processo é um instrumento através do qual a justiça pode ser realizada, e nunca um fim em si mesmo. É o que explica Barbosa Moreira:

> Querer que o processo seja efetivo é querer que desempenhe com eficiência o papel que lhe compete na economia do ordenamento

---

[20] CAVALCANTI, Marcos. *Incidente de resolução de demandas repetitivas* (IRDR). São Paulo (SP): Editora Revista dos Tribunais. 2016. p. 167.

jurídico. Visto que esse papel é instrumental em relação ao direito substantivo, também se costuma falar da instrumentalidade do processo. Uma noção conecta-se com a outra e por assim dizer a implica. Qualquer instrumento será bom na medida em que sirva de modo prestimoso à consecução dos fins da obra a que se ordena; em outras palavras, na medida em que seja efetivo. Vale dizer: será efetivo o processo que constitua instrumento eficiente de realização do direito material.[21]

Marinoni ensina que o direito de ação, expresso na Constituição Federal em seu art. 5º, XXXV, não depende apenas do acesso ao Judiciário, mas da adoção de técnicas processuais que tornem viável a obtenção da tutela:

> Mas o direito de ação não depende apenas de prestações estatais destinadas a remover os obstáculos econômicos que impedem o acesso à justiça, mas igualmente de prestações normativas instituidoras de técnicas processuais idôneas à viabilidade da obtenção das tutelas prometidas pelo direito substancial.
> O direito de ação não é simplesmente o direito à resolução do mérito ou a uma sentença sobre o mérito. O direito de ação é o direito à efetiva e real viabilidade da obtenção da tutela do direito material.[22]

O dicionário jurídico escrito por Leib Soibelman assim define o conceito de efetividade:

> Efetividade, derivado de efeitos, do latim effectivus, de efficere (executar, cumprir, satisfazer, acabar), indica a qualidade ou o caráter de tudo o que se mostra efetivo ou que está em atividade. Quer assim dizer o que está em vigência, está sendo cumprido ou está em atual exercício, ou seja, que está realizando os seus próprios efeitos. Opõe-se assim ao que está parado, ao que não tem efeito, ou não pode ser exercido ou executado.[23]

O relatório Justiça em Números do ano de 2024 destaca que grande parte dos casos em trâmite nos tribunais brasileiros são processos em fase de execução. A pesquisa demonstra que a execução, isto é, o momento em que a decisão proferida no processo de conhecimento é

---

[21] MOREIRA, José Carlos Barbosa. Por um processo socialmente efetivo. *Revista de Processo*, São Paulo. v. 105, jan./mar. 2002, p. 181-190.
[22] MARINONI, Luiz Guilherme. O direito de ação como direito fundamental (consequências teóricas e práticas). *Revista dos Tribunais*, v. 873, jul. 2008. p. 11-30.
[23] SOIBELMAN, Leib. *Enciclopédia do advogado*. Rio de Janeiro: Ed. Rio, 1983. p. 142.

concretizada, é a etapa de maior morosidade do processo judicial, com tempo médio de tramitação de cinco anos e sete meses.

Segundo dados levantados pela pesquisa, do acervo de 81 milhões de processos pendentes de baixa no final do ano de 2023, mais da metade desses processos (56,5%) estava em fase de execução.[24]

Trata-se de realidade conhecida por qualquer pessoa que já tenha acompanhado um bom número de processos de execução: muitas vezes, o Judiciário esgota as ferramentas previstas em lei para busca de patrimônio capaz de satisfazer o crédito executado, sem sucesso.

Diante desse quadro, a utilização de tecnologias inovadoras é valiosa no auxílio da busca por patrimônio dos devedores.

A ferramenta Sistema Nacional de Investigação Patrimonial e Recuperação de Ativos (SNIPER), criada pelo programa Justiça 4.0, do CNJ, utiliza um sistema de automação que cruza referências em diversos bancos de dados e destaca vínculos – sigilosos ou não – entre pessoas físicas e jurídicas, a fim de identificar bens e ativos que podem ser utilizados para a satisfação de um crédito – tudo isso em menos de cinco segundos. Além disso, o SNIPER está preparado para receber qualquer base de dados de interesse, o que permite que ele amplie ainda mais suas capacidades de investigação. Revela, de forma gráfica, informações societárias, patrimoniais e financeiras que seriam dificilmente perceptíveis em uma simples análise documental, tornando possível identificar os grupos econômicos e as partes. Com isso, são apresentadas novas soluções para que a sentença seja cumprida.[25]

Vale reforçar, entretanto, que o SNIPER é uma ferramenta de automação, isto é, um instrumento que substitui tarefas manuais e/ou repetitivas. Camargo[26] define o que é uma automação:

> Assim, um controle automático é aquele em que o próprio dispositivo é capaz de perceber mudanças que afetam o sistema, decidir sobre a necessidade de realizar alguma ação corretiva e atuar sobre o sistema, sem intervenção humana.
>
> Portanto, quando falamos de automação, estamos nos referindo ao processo de instalar controles automáticos em um equipamento, uma máquina ou um processo.

---

[24] CONSELHO NACIONAL DE JUSTIÇA. *Justiça em Números 2024*. Brasília, DF, 2024. p. 286.

[25] CONSELHO NACIONAL DE JUSTIÇA. *Conheça o Sniper*: investigação patrimonial em segundos. 2022. Disponível em: https://youtu.be/VTUmv3VoPrE. Acesso em: 9 nov. 2024.

[26] CAMARGO, Valter Luís Arlindo de. *Elementos de Automação*. Editora Saraiva, 2014.

Do conceito acima colacionado, é possível extrair a diferença básica entre automação e inteligência artificial: enquanto a primeira é mais focada na substituição de tarefas manuais, a segunda, como foi exposto ao longo deste trabalho, visa à substituição de tarefas que exigem habilidades cognitivas e de aprendizado, e o faz a partir do uso de dados e algoritmos.

É possível imaginar, entretanto, uma ferramenta de auxílio à busca patrimonial que una as duas ferramentas: a utilização de inteligência artificial em sistemas de automação poderia trazer ainda mais eficiência e precisão a processos automatizados.

Com o uso de inteligência artificial, as ferramentas de automação de investigação patrimonial poderiam tornar-se muito mais poderosas, agilizando e aumentando a efetividade do processo. Por exemplo, utilizando-se de técnicas avançadas de análise de dados – como o aprendizado de máquina –, seria possível aprimorar a capacidade de cruzar, processar e reunir informações de diferentes fontes de dados de forma mais rápida e precisa, permitindo que a ferramenta exiba vínculos patrimoniais, societários e financeiros em tempo real, fornecendo informações atualizadas.

Também auxiliariam na identificação de padrões entre diferentes conjuntos de dados históricos e informações, facilitando a localização de bens ocultos ou transferidos a terceiros – situações que passariam despercebidas por servidores humanos.

Assim, pode-se supor que, na mesma medida em que crescer a adesão ao uso da inteligência artificial na etapa de execução dos processos judiciais, haverá uma significativa elevação nas chances de se obter a satisfação de créditos provenientes de decisões judiciais pelos tribunais.

3 Desafios éticos à utilização de IA nas decisões judiciais

3.1 Vieses tendenciosos e bolhas de preconceito algorítmico

A ficção científica sempre explorou a ideia de que a inteligência artificial pode se voltar contra os humanos. Filmes como *O exterminador do futuro* e *Matrix* retratam um futuro em que as máquinas assumem o controle e colocam a humanidade em risco. Embora esses filmes sejam obras de ficção, eles refletem as preocupações reais que muitas pessoas têm sobre o uso da IA.

Em relação à utilização de inteligência artificial no Judiciário, o receio é bem-vindo: existe a possibilidade de a máquina ser programada com vieses e preconceitos que levem a interferências indevidas nas decisões automatizadas ou no próprio julgador, quando este é auxiliado por um sistema baseado em tecnologia da computação. O resultado são decisões automatizadas discriminatórias e injustas – uma máquina alimentada com dados enviesados acaba tomando decisões igualmente parciais.

Raul Mariano Junior[27] destaca que o mero agrupamento de casos semelhantes ou a sugestão de minuta automatizada, exemplos em que a máquina está apenas auxiliando o humano, já são capazes de interferir de forma potencialmente injusta no processo decisório:

> Quando um sistema classificador de processos, como o Victor do STF, separar uma centena de recursos como não sendo casos de repercussão e propondo ao ministro que não os aceite, a influência já terá sido concretizada na mente do julgador, que eventualmente, não tendo condições materiais de certificar-se caso a caso, quanto à correção da escolha realizada pelo sistema, tenderá a acatá-la, pois se tiver de conferir todos os documentos dos processos indicados, ou requisitar a conferência a um assessor, o trabalho do algoritmo terá sido em vão, e retornaria ao trabalho manual de antes, com o tempo de leitura e interpretação humanos, anulando os ganhos da automação e da leitura e processamento computadorizado dessas peças processuais.

Um exemplo concreto de preconceito algorítmico influenciando na tomada de decisões discriminatórias é o caso do *software* de análise de riscos *Correctional Offender Management Profiling for Alternative Sanctions* (COMPAS), usado desde os anos 2000 nos Estados Unidos para, a partir da análise de 137 pontos do histórico criminal do condenado, ajudar juízes a prever a probabilidade de reincidência e decidir sobre o deferimento da liberdade condicional.

Em 2016, Angwin *et al.*[28] analisaram a eficácia do COMPAS em mais de 7.000 indivíduos presos no condado de Broward, Flórida. A análise indicou que as previsões eram pouco confiáveis e racialmente tendenciosas. Embora a precisão geral do COMPAS para réus brancos

---

[27] M. JUNIOR, Raul. *E-Due Process*: devido processo digital e acesso à justiça. Grupo Almedina (Portugal), 2023.

[28] ANGWIN, J. *et al. Machine* Bias: There's software used across the country to predict future criminals. And it's biased against blacks. *ProPublica*, 2016, May 23.

fosse ligeiramente maior do que a dos réus negros, os erros cometidos pelo *software* afetaram de maneira diferente os réus negros e brancos, subestimando a reincidência para brancos e superestimando para réus negros. Em resposta, a Northpointe, empresa desenvolvedora do programa, argumentou que a pontuação COMPAS não era tendenciosa contra negros, mas a discordância dizia respeito a diferentes definições de justiça. A taxa de reincidência geral mais alta dos réus negros também foi destacada pela desenvolvedora.

Em 2018, Dressel e Farid[29] publicaram um artigo destacando as limitações das abordagens algorítmicas para prever as taxas de reincidência criminal e a necessidade de cautela ao usar *softwares* como o COMPAS para tomar decisões que afetam significativamente a vida e o bem-estar dos réus criminais.

A pesquisa realizada levanta questionamentos importantes sobre a utilização de *softwares* comerciais nas tomadas de decisão em justiça criminal, uma vez que apresenta dados no sentido de que os *softwares* não são mais capazes de prever uma reincidência de forma justa e precisa do que as pessoas sem qualquer conhecimento em justiça criminal que responderam a enquete *online* por eles capitaneada. O texto sugere que mais pesquisas são necessárias para desenvolver métodos precisos e justos para prever as taxas de reincidência.

Esse foi um cuidado que o Conselho Nacional de Justiça, órgão de controle interno do Poder Judiciário, responsável pelo cumprimento das suas funções dos juízes, tomou quando da emissão da Resolução nº 332, que dispõe sobre a ética, a transparência e a governança na produção e no uso de inteligência artificial no Poder Judiciário.

A resolução determina, no artigo 23, *caput* e §2º, que a utilização de IA em matéria penal "não deve ser estimulada, sobretudo com relação à sugestão de modelos de decisões preditivas" e que "os modelos de Inteligência Artificial destinados à verificação de reincidência penal não devem indicar conclusão mais prejudicial ao réu do que aquela a que o magistrado chegaria sem sua utilização".

Essa preocupação, evidentemente, não se limita ao campo do direito penal: se a máquina replica a cosmovisão e os preconceitos presentes nos dados que a alimentam, ela corre o risco de perpetuar discriminações históricas, distorcendo a aplicação do direito de modo geral.

---

[29] DRESSEL, J.; FARID, H. The accuracy, fairness, and limits of predicting recidivism. *Science Advances*, 2018. Disponível em: https://doi.org/10.1126/sciadv.aao5580. Acesso em: 2 nov. 2024.

Existe ainda a questão da simplificação promovida pela máquina, que opera através de um conjunto de comandos e previsões estatísticas, nunca com a sensibilidade de que um julgador humano é capaz. Quando algoritmos são treinados para padronizar análises e decisões, existe o risco de que nuances e sutilezas – tantas vezes visíveis apenas ao olhar humano – se percam, levando a julgamentos que desconsideram as circunstâncias únicas de cada litígio.

Os próprios desenvolvedores de sistemas de inteligência artificial aplicada ao direito entendem que a máquina deve servir de apoio ao julgador, mas não deverão substituí-lo:

> Sobre esse ponto é importante frisar que, como participamos de projetos reais de aplicação de *deep learning* ao direito, costumamos sempre firmar a posição de que, em todos os AI Systems que construímos para o mercado jurídico (incluindo o Judiciário) e governamental, sempre deixamos o humano no comando do output final das atividades da máquina. As pessoas estão sempre no comando. Essa tecnologia é muito, muito potente, por isso, nós humanos é que precisamos ensinar as máquinas e corrigi-las para que aprendam e evoluam sem desvios.[30]

Em síntese, o simples uso de soluções automatizadas para classificar e agrupar pessoas, fatos ou perfis pode resultar em decisões viesadas e com interferências cognitivas, mesmo com revisões realizadas pelos operadores do direito. Ainda assim, é essencial que tais revisões ocorram e que os magistrados não deixem que a promessa da celeridade trazida pela IA os faça negligenciar sua responsabilidade de garantir, através de uma avaliação criteriosa, que as decisões sejam justas, imparciais e adequadas às particularidades do caso concreto.[31]

Ademais, é essencial que os sistemas de IA sejam projetados e treinados com a maior diversidade possível de dados, a fim de minimizar os vieses e preconceitos inconscientes que podem ser reproduzidos pelas máquinas.

---

[30] FERNANDES, R. V. C.; CARVALHO, A. G. P. C. (orgs.). *Tecnologia jurídica & direito digital*: II Congresso Internacional de Direito, Governo e Tecnologia – 2018. Belo Horizonte: Fórum, 2018.

[31] M. JUNIOR, Raul. *E-Due Process*: devido processo digital e acesso à justiça. Portugal. Grupo Almedina, 2023. p. 241.

3.2 Falta de transparência dos algoritmos e *accountability*

A transparência é um dos princípios mais importantes do processo civil, prevista tanto no Código de Processo Civil quanto na Constituição Federal. Segundo o art. 93, IX, da Constituição, todas as decisões judiciais devem ser fundamentadas, sob pena de nulidade. Já o art. 489 do CPC dispõe que a decisão judicial deve ser clara, precisa e congruente com o pedido formulado, devendo o juiz analisar todas as questões relevantes para a solução da controvérsia.

No entanto, quando as decisões são tomadas por algoritmos de inteligência artificial, a transparência pode ser comprometida. Isso porque, muitas vezes, os algoritmos são desenvolvidos com base em dados históricos e estatísticas, sem que haja uma compreensão clara de como esses dados foram interpretados.

Ainda assim, a Resolução nº 332, do CNJ, estabelece a transparência como um dos princípios fundamentais na utilização da inteligência artificial pelo Judiciário. É que a transparência e a explicabilidade dos algoritmos são essenciais para que os operadores do direito, bem como as partes afetadas e a sociedade como um todo, possam compreender como as decisões foram tomadas e identificar eventuais erros ou vieses.

Dierle Nunes e Ana Luiza Pinto Coelho Marques afirmam que as decisões tomadas por humanos são impugnáveis, uma vez que é possível delimitar os fatores que ensejaram determinada resposta, bem como o próprio decisor deve fundamentar suas decisões. Entretanto, os juristas destacam que "os algoritmos utilizados nas ferramentas de inteligência artificial são obscuros para a maior parte da população – algumas vezes até para seus programadores – o que os torna, de certa forma, inatacáveis".[32]

No mesmo sentido, Caplan *et al.*[33] elucidam que, embora possa parecer que os algoritmos sejam cálculos imparciais, uma vez que eles levam em consideração pontos de referência, objetivos, e fornecem um resultado padrão, ainda há muitos problemas com essas entradas e saídas.

Essa falta de transparência está diretamente relacionada ao fenômeno conhecido como "caixa-preta", termo usado para descrever

---

[32] NUNES, D.; MARQUES, A. L. P. C. Inteligência artificial e direito processual: vieses algorítmicos e os riscos de atribuição de função decisória às máquinas. *Revista de Processo*, v. 285, 2018, p. 421-447.

[33] CAPLAN, R. *et al.* Algorithmic Accountability: A Primer. *Data & Society*, 2018, p. 28.

a falta de compreensão ou explicação sobre o processo de tomada de decisão dentro de um algoritmo ou de uma rede neural. Em outras palavras, fica impossível saber o caminho percorrido para que a IA chegue aos resultados gerados.

Nesse sentido, uma possível razão pela qual a IA pode ser uma caixa-preta para os humanos é que ela depende de algoritmos de aprendizado de máquina que internalizam dados de maneiras que não são facilmente auditadas ou compreendidas pelos humanos, e a falta de transparência pode surgir da complexidade da estrutura do algoritmo – como no caso da rede neural profunda, característica dos processos de *deep learning*. É o que Yavar Bathaee elucida:

> Nenhum único neurônio nessas redes codifica uma parte distinta do processo de tomada de decisão. Milhares ou centenas de milhares de neurônios trabalham juntos para chegar a uma decisão. Uma camada ou grupo de neurônios pode codificar alguma característica extraída dos dados (por exemplo, um olho ou um braço em uma fotografia), mas frequentemente o que é codificado não será inteligível para os seres humanos. O resultado final é semelhante à maneira como se "sabe" andar de bicicleta. Embora se possa explicar o processo descritivamente ou até fornecer etapas detalhadas, essa informação é improvável de ajudar alguém que nunca tenha andado antes a equilibrar em duas rodas. Aprende-se a andar de bicicleta tentando fazê-lo repetidamente e desenvolvendo uma compreensão intuitiva. Porque uma rede neural está aprendendo com a experiência, seu processo de tomada de decisão é igualmente intuitivo. Seu conhecimento não pode, na maioria dos casos, ser reduzido a um conjunto de instruções, nem se pode, na maioria dos casos, apontar para qualquer neurônio ou grupo de neurônios para determinar o que o sistema achou interessante ou importante. Seu poder vem do "conexionismo", a ideia de que um grande número de unidades computacionais simples pode, juntas, realizar tarefas computacionalmente sofisticadas. A complexidade das grandes redes de neurônios multicamadas é o que dá origem ao Problema da Caixa Preta.[34]

Dentre as diretrizes estabelecidas pela Resolução nº 332, do CNJ, está a previsão, feita no artigo 24, da utilização de *software* de código aberto que facilite a integração ou a interoperabilidade dos sistemas utilizados pelos órgãos do Judiciário. Isso porque o acesso ao

---

[34] BATHAEE, Yavar. The Artificial Intelligence Black Box and the Failure of Intent and Causation. *Harvard Journal of Law & Technology*, v. 31, n. 2, 2018. p. 45. Disponível em: https://jolt.law.harvard.edu/assets/articlePDFs/v31/The-Artificial-Intelligence-Black-Box-and-the-Failure-of-Intent-and-Causation-Yavar-Bathaee.pdf. Acesso em: 16 out. 2024.

código-fonte aberto torna o procedimento mais transparente e permite a revisão das operações efetuadas pelos sistemas – essa ideia está relacionada com o conceito de *accountability*.

Accountability é crucial quando se trata da utilização de inteligência artificial no Poder Judiciário. A responsabilidade pela tomada de decisão é um aspecto fundamental nesse contexto. De acordo com Bathaee, quando uma IA é supervisionada por seres humanos, a responsabilidade da tomada de decisão é do ser humano que a está utilizando, mesmo que a IA esteja presente no processo. Nesses casos, é importante que exista uma transparência em relação ao funcionamento da IA para que se possa determinar como ela está tomando as decisões e qual o seu efeito na tomada de decisão final.[35]

Por outro lado, quando a IA é uma caixa-preta, ou seja, quando seus processos de tomada de decisão são incompreensíveis para os seres humanos, a confiança cega nas decisões da máquina pode significar que quem a opera está agindo de má-fé. Nesses casos, é necessário ter uma prestação de contas efetiva para garantir a transparência e a responsabilização pela tomada de decisão. É importante ressaltar que, mesmo que a decisão tenha sido da IA, a responsabilidade final ainda é do ser humano que a está utilizando, o que reforça a importância da *accountability* no uso da inteligência artificial no Poder Judiciário.

Além disso, a transparência na utilização de IA no Judiciário não se limita apenas à explicabilidade dos algoritmos e à auditoria dos sistemas, mas também envolve a transparência nos dados utilizados. Isso porque, como foi analisado anteriormente, a qualidade dos dados é fundamental para a precisão das decisões tomadas pelos algoritmos e sistemas, e a falta de transparência na coleta e tratamento desses dados pode deixar passar erros e vieses.

A utilização de máquinas que trabalhem de forma opaca, isto é, que tomem decisões que não possam ser explicadas logicamente, é um enorme problema, que afeta muito mais do que apenas as partes de um eventual processo. Na verdade, não é exagero prever que essa prática seria potencialmente capaz de fazer ruir toda a confiança depositada no sistema judiciário, circunstância que, ao fim, colocaria em risco todo o Estado de Direito.

---

[35] BATHAEE, Yavar. The Artificial Intelligence Black Box and the Failure of Intent and Causation. *Harvard Journal of Law & Technology*, v. 31, n. 2, 2018. p. 45. Disponível em: https://jolt.law.harvard.edu/assets/articlePDFs/v31/The-Artificial-Intelligence-Black-Box-and-the-Failure-of-Intent-and-Causation-Yavar-Bathaee.pdf. Acesso em: 16 out. 2024.

4 Conclusão

A questão da utilização da inteligência artificial (IA) pelo sistema judiciário brasileiro é bastante complexa e exige reflexão e cautela. Neste artigo, foram analisadas algumas das maneiras como, atualmente, os tribunais pátrios têm implementado as tecnologias de aprendizado de máquina e análise de dados para melhorar a prestação jurisdicional, bem como foram examinados os potenciais riscos e benefícios do uso da IA no contexto jurídico.

É inegável que as tecnologias de IA podem ser muito úteis ao sistema judiciário, especialmente no auxílio das atividades administrativas, dentre as quais se destacam o agrupamento por similaridade, a realização do juízo de admissibilidade dos recursos, a classificação dos processos por assunto, o tratamento de demandas em grande escala, a busca patrimonial, a extração de dados de acórdãos, o atendimento de advogados e partes através de *chatbot* etc.

A justiça tem um alto custo à sociedade e uma resposta longe do ideal, com uma atuação caracterizada pela morosidade e tribunais apresentando altas taxas de congestionamento sem qualquer perspectiva de redução substancial pelos meios tradicionais – mais tribunais, mais servidores, mais juízes.

Os maiores gargalos da justiça brasileira estão atrelados à ineficácia dos processos de execução e ao perfil da demanda: há um enorme acervo formado, em sua maioria, tanto por execuções ou ações em fase de cumprimento de sentença quanto por processos massificados.

A fase executória poderá se beneficiar muito de tecnologias inovadoras. Sistemas de busca de bens, movidos por IA, podem permitir o cruzamento e a análise de dados em grande dimensão, facilitando que o direito reconhecido se torne efetivo em muito menos tempo.

No entanto, é nos processos massificados – ou seja, naqueles caracterizados pela repetição e previsibilidade dos atos – que faz mais sentido pensar a IA, especialmente os algoritmos de agrupamento e similaridade, como uma tecnologia capaz de aprimorar significativamente a prestação jurisdicional. Isso ocorre ao padronizar – e, consequentemente, acelerar – os procedimentos e as respostas jurisdicionais cabíveis a esses casos.

Ainda, e apesar de esta hipótese justificadamente causar receio, a IA pode ser muito útil na elaboração das decisões judiciais, ainda que apenas em relação a demandas massificadas.

É que o risco de ter uma máquina – incapaz de compreender sutilezas e de sentir empatia – julgando causas individualizadas, que versem sobre questões delicadas envolvendo a harmonização e até mesmo viabilização do convívio social, é muito maior do que qualquer um dos benefícios listados neste trabalho – na prática, significaria transferir a resolução de litígios complexos à máquina, em um alarmante processo de desumanização.

Entretanto, naqueles processos repetitivos e de menor complexidade, que envolvem quase sempre apenas a elaboração de minutas e documentos padronizados, a IA, desde que devidamente supervisionada por um magistrado que se responsabilize pela decisão produzida, pode produzir seus efeitos benéficos – de redução significativa do tempo e do custo dos processos – sem comprometer valores caros à ordem jurídica.

O presente artigo também demonstrou que a existência de vieses algorítmicos deve desencorajar a utilização de IA pela justiça penal, em especial no auxílio da redação de minutas, exatamente como prevê, acertadamente, a Resolução nº 332, do CNJ. No que diz respeito aos processos civis, a análise apresentada serve como um alerta e uma provocação, destacando a necessidade de que a utilização de tecnologias no âmbito civil seja sempre acompanhada de cautela e supervisão.

Ainda, para que seja possível avaliar a justiça por trás de decisões tomadas por máquinas, é importante que estas sejam transparentes o suficiente. Assim, a máquina deverá ser sempre operada e acompanhada de perto por um ser humano, que estará responsável pelos *inputs* realizados. Dessa maneira, diminui-se consideravelmente o risco de a ferramenta passar a operar de forma incompreensível, o que certamente abalaria a confiança das pessoas no Judiciário e significaria um abalo irreparável ao Estado de Direito.

Esse ajuste entre as promessas tentadoras e os perigos iminentes trazidos pelas novas tecnologias é justamente o grande desafio da atualidade: não se trata apenas de acompanhar as inovações tecnológicas, mas de tentar prever o real impacto delas de modo a investir naquelas abordagens mais capazes de impactar a sociedade e as instituições de forma positiva.

Vale ressaltar que a melhor abordagem de aplicação das tecnologias baseadas em inteligência artificial divide opiniões até mesmo entre os estudiosos do assunto. O uso dessas ferramentas, em especial no contexto da justiça, pode ser visto, ao mesmo tempo, com esperança e com preocupação – motivo por que este trabalho buscou debruçar-se tanto sobre as oportunidades quanto sobre os desafios da utilização de inteligência artificial no sistema judiciário.

Contudo, independentemente do viés a partir do qual se analisa a questão, a verdade é que a inteligência artificial alcançou um nível de influência nas mais variadas esferas da vida em sociedade do qual não é mais possível retornar. No Judiciário, não é diferente.

Assim, não se trata de ser a favor ou contra a crescente utilização de tais ferramentas, o que importa a partir de agora é saber se apropriar da tecnologia sem jamais desconsiderar a necessidade de estabelecer limites de adequação à lei e aos aspectos sociais e filosóficos potencialmente afetados.

Referências

ANGWIN, J. et al. *Machine* Bias: There's software used across the country to predict future criminals. And it's biased against blacks. *ProPublica*, 2016, May 23.

BATHAEE, Yavar. The Artificial Intelligence Black Box and the Failure of Intent and Causation. *Harvard Journal of Law & Technology*, v. 31, n. 2, 2018. p. 45. Disponível em: https://jolt.law.harvard.edu/assets/articlePDFs/v31/The-Artificial-Intelligence-Black-Box-and-the-Failure-of-Intent-and-Causation-Yavar-Bathaee.pdf. Acesso em: 16 out. 2024.

CAMARGO, Valter Luís Arlindo de. *Elementos de Automação*. Editora Saraiva, 2014.

CAPLAN, R. et al. Algorithmic Accountability: A Primer. *Data & Society*, 2018. p. 28.

CAVALCANTI, Marcos. *Incidente de resolução de demandas repetitivas* (IRDR). São Paulo (SP): Editora Revista dos Tribunais. 2016. p. 167.

CONSELHO NACIONAL DE JUSTIÇA. *Cartilha de Justiça 4.0*. Brasília: CNJ, 2021.

CONSELHO NACIONAL DE JUSTIÇA. *Conheça o Sniper*: investigação patrimonial em segundos. 2022. Disponível em: https://youtu.be/VTUmv3VoPrE. Acesso em: 9 nov. 2024.

CONSELHO NACIONAL DE JUSTIÇA. *Pesquisa uso de inteligência artificial IA no Poder Judiciário 2023*. Brasília: CNJ, 2024. p. 27.

CONSELHO NACIONAL DE JUSTIÇA. *Justiça em números 2024*. Brasília: CNJ, 2024.

DRESSEL, J.; FARID, H. The accuracy, fairness, and limits of predicting recidivism. *Science Advances*, 2018. Disponível em: https://doi.org/10.1126/sciadv.aao5580. Acesso em: 2 nov. 2024

ESCOLA DE DIREITO DA FUNDAÇÃO GETULIO VARGAS DE SÃO PAULO – DIREITO GV. *Relatório final de pesquisa*: "Diagnóstico sobre as causas de aumento das demandas judiciais cíveis, mapeamento das demandas repetitivas e propositura de soluções pré-processuais, processuais e gerenciais à morosidade da Justiça". Coordenação: GABBAY, Daniela Monteiro et al. São Paulo, nov. 2010.

FERNANDES, R. V. C.; CARVALHO, A. G. P. C. (orgs.). *Tecnologia jurídica & direito digital*: II Congresso Internacional de Direito, Governo e Tecnologia. Belo Horizonte: Fórum, 2018.

FGV. *Tecnologia aplicada à gestão dos conflitos no âmbito do Poder Judiciário brasileiro*: relatório de pesquisa, 1ª fase. Rio de Janeiro: FGV, 2020.

FRANCO, Theo. *Diretor do Núcleo de Interoperabilidade de Sistemas e Inteligência Artificial do TRF4*. Entrevista. 2021. Disponível em: https://www.youtube.com/watch?v=0nv1cX1B8Gw. Acesso em: 10 nov. 2024.

M. JUNIOR, Raul. *E-Due Process*: Devido Processo Digital e Acesso à Justiça. Grupo Almedina (Portugal), 2023. Acesso em: 16 mar. 2023.

MARINONI, Luiz Guilherme. O direito de ação como direito fundamental (consequências teóricas e práticas). *Revista dos Tribunais*, v. 873, jul. 2008, p. 11-30.

MOREIRA, José Carlos Barbosa. Por um processo socialmente efetivo. *Revista de Processo*, São Paulo. v. 105, jan./mar. 2002. p. 181-190.

MOREIRA, José Carlos Barbosa. *Temas atuais de direito público*: a razoável duração do processo, o princípio constitucional da efetividade e as possíveis soluções para a morosidade processual. *In*: PAVAN, Dorival Renato (coord.). Campo Grande: Puccinelli Centro de Estudos Jurídicos/UCDB, 2008. p. 105.

NUNES, D.; MARQUES, A. L. P. C. Inteligência artificial e direito processual: vieses algorítmicos e os riscos de atribuição de função decisória às máquinas. *Revista de Processo*, v. 285, 2018. p. 421-447.

NUNES, M. G. *Jurimetria*: como a estatística pode reinventar o Direito. São Paulo: Revista dos Tribunais, 2016.

REIS, Paulo; FRIEDE, Rejane. *A problemática das demandas massificadas ante uma Justiça artesanal*. Disponível em: https://www.conjur.com.br/2017-jun-07/reis-friede-demandas-massificadas- justica-artesanal. Acesso em: 12 mar. 2023.

SOIBELMAN, Leib. *Enciclopédia do advogado*. Rio de Janeiro: Ed. Rio, 1983.

SUPREMO TRIBUNAL FEDERAL. Projeto Victor avança em pesquisa e desenvolvimento para identificação dos temas de repercussão geral. *Portal STF*, Brasília, DF, 28 jan. 2022. Disponível em: https://portal.stf.jus.br/noticias/verNoticiaDetalhe.asp?idConteudo=471331&ori=1. Acesso em: 8 nov. 2024.

TESHEINER, José Maria R.; THAMAY, Rennan Faria K. *Teoria geral do processo*. Editora Saraiva, 2022. Acesso em: 18 mar. 2023.

TRIBUNAL DE JUSTIÇA DO ESTADO DE RONDÔNIA (TJRO). *Sinapses*. Disponível em: https://www.tjro.jus.br/noticias/item/11953-sinapses-termo-de-cooperacao-tecnica-com-o-cnj-completa-1-ano. Acesso em: 20 out. 2024.

Informação bibliográfica deste livro, conforme a NBR 6023:2018 da Associação Brasileira de Normas Técnicas (ABNT):

RICHINITTI, Fabiana Ewald. Inteligência artificial no Judiciário brasileiro: oportunidades e desafios. *In*: ALLEMAND, Luiz Cláudio; SANTOS, Coriolano Aurélio de Almeida Camargo; MAGRO, Américo Ribeiro; GOMES, Rovena (coord.). *Processos judiciais eletrônicos*: inteligência artificial e garantia dos princípios do processo civil - algoritmos de agrupamento e similaridade. Belo Horizonte: Fórum, 2025. p. 171-192. ISBN 978-65-5518-975-9.

INTELIGÊNCIA ARTIFICIAL NO JUDICIÁRIO BRASILEIRO: OPORTUNIDADES, DESAFIOS E CONSIDERAÇÕES ÉTICAS

FÁBIO VALENTINI DE CARVALHO

1 Introdução

A velocidade no avanço de novas tecnologias tem impulsionado mudanças significativas em várias áreas da sociedade, e a inteligência artificial (IA), alinhada ao movimento de modernização global, ao proporcionar maior eficácia e rapidez às atividades, tem afetado, inclusive, o sistema judicial.

A IA já é utilizada nos Estados Unidos, Reino Unido e membros da União Europeia, o que evidencia seu potencial revolucionário na gestão da justiça.

No âmbito interno, pelo fato de o Poder Judiciário contar com aproximadamente 84 milhões de processos em curso,[1] a IA, por possibilitar a automação de atividades cotidianas e a avaliação de grandes quantidades de dados, apoiando diretamente magistrados e servidores, surge como um recurso promissor para solucionar sua crise estrutural, caracterizada pela sobrecarga e pela lentidão na solução de conflitos, com os consequentes atrasos "na entrega da justiça".

---

[1] JUSTIÇA em Números 2024: Barroso destaca aumento de 9,5% em novos processos. *Portal CNJ*. Disponível em: https://www.cnj.jus.br/justica-em-numeros-2024-barroso-destaca-aumento-de-95-em-novos-processos/. Acesso em: 8 set. 2024.

Justifica-se este artigo pela necessidade de examinar os efeitos da implementação da IA na esfera judicial, ponderando benefícios *versus* desafios éticos, com base em experiências globais e nacionais, contribuindo para estimular debates e formação de opinião crítica.

2 Inteligência artificial (IA) e o direito: uma revolução em andamento

Desde a introdução de tecnologias para digitalização de processos até a utilização de algoritmos complexos para a avaliação de grandes quantidades de dados, a inteligência artificial (IA) tem transformado o panorama geral de todo o sistema judicial.

A jornada de transformação digital expressiva pela qual vem passando o Poder Judiciário nacional iniciou-se com a digitalização de processos, culminando com a criação do Processo Judicial Eletrônico (PJe), uma plataforma que possibilitou o fluxo digital do andamento processual e acelerou a automação no sistema judicial, representando uma primeira resposta significativa ao acúmulo de processos enfrentado pelos tribunais.

Apesar de o PJe ter representado um grande avanço na modernização do Judiciário, a verdadeira transformação vem ocorrendo com a utilização das tecnologias de inteligência artificial (IA), revolucionando através do emprego de algoritmos de aprendizado da máquina (*machine learning*), a avaliação automática de petições, a detecção de padrões e a proposição de soluções legais com base em grandes quantidades de dados.

Nacionalmente, sistemas como o Victor, no Supremo Tribunal Federal (STF), e o Athos, no Superior Tribunal de Justiça (STJ), são exemplos concretos de como a inteligência artificial está sendo empregada para aprimorar a administração de processos e acelerar seu fluxo.

É preciso se ter em mente que a utilização da IA no Poder Judiciário vem ultrapassando a mera automatização de tarefas repetitivas como ferramenta e sendo aplicada, inclusive, como IA generativa, capaz de ler documentos legais, reconhecer precedentes, repercussão geral, pressupostos de admissibilidade e, até mesmo, antecipar desfechos de processos com base em padrões pretéritos.

A par do universo de possibilidades proporcionadas pela inteligência artificial (IA) no campo jurídico, significativos e preocupantes também se apresentam os desafios.

Se, por um lado, seu avanço é uma resposta concreta ao anseio uníssono da sociedade pela eficiência no Poder Judiciário (automatizando tarefas repetitivas, promovendo a uniformidade das decisões e aprimorando o tempo de resposta), por outro, a clareza e a transparência dos algoritmos e a preservação do princípio da imparcialidade são questões centrais a serem enfrentadas.

3 Conceitos fundamentais de algoritmos e inteligência artificial (IA)

Desde os mais simples, como ao ligar o computador, até os mais complexos, define-se algoritmo como "uma sequência finita de ações executáveis que visam obter uma solução para um determinado tipo de problema".[2]

Os mais sofisticados, como os de *machine learning*, são capazes de "aprender" com os dados e tomar decisões, utilizados na elaboração de sistemas de inteligência artificial (IA), que, para além de simples ferramentas, dizem respeito a sistemas que buscam replicar capacidades cognitivas humanas.

O processamento de linguagem natural (PLN) habilita a inteligência artificial (IA) a realizar pesquisas jurisprudenciais aprofundadas, localizar precedentes pertinentes e fornecer respostas fundamentadas em padrões identificados em decisões passadas.

Os algoritmos de agrupamento e similaridade (SAS) operam com base em técnicas de processamento de linguagem natural (PLN), que possibilitam ao sistema reconhecer termos e expressões comuns em processos judiciais. Com base nessa avaliação, o sistema divide os casos em temas e subtemas, assegurando que todos os casos com características semelhantes sejam tratados de maneira uniforme; ou seja, mediante avaliação semântica e textual, detectam padrões e formam grupos de casos que podem ser analisados em conjunto e, assim, poupam tempo e recursos do tribunal, como no sistema Athos, conduzido pelo STJ.[3]

---

[2] O QUE É algoritmo? *Coodesh*. Disponível em: https://coodesh.com/blog/dicionario/o-que-e-algoritmo/. Acesso em: 9 set. 2024.

[3] SILVA FIGUEIREDO, Guilherme. *Projeto Athos*: um estudo de caso sobre a inserção do Superior Tribunal de Justiça na era da inteligência artificial. 2022. 113 p. Programa de Mestrado Profissional em Direito, Regulação e Políticas Públicas – Universidade de Brasília, Brasília, 2022. Disponível em: http://repositorio.unb.br/handle/10482/44557. Acesso em: 5 set. 2024.

Para os extremamente otimistas, os algoritmos de agrupamento e similaridade (SAS), por possibilitarem a administração mais eficaz de processos repetitivos, o aumento da uniformidade das decisões e a "segurança jurídica" pela padronização excessiva, têm se revelado instrumentos essenciais para o aperfeiçoamento do sistema judicial.

4 Exemplos práticos de implementação de IA em tribunais brasileiros

Modernizando setores públicos e privados, a implementação da inteligência artificial (IA) no Judiciário está alinhada ao movimento global de transformação digital no intuito de proporcionar mais eficácia e rapidez em suas respostas à sociedade.

O Conselho Nacional de Justiça (CNJ), o Supremo Tribunal Federal (STF) e o Superior Tribunal de Justiça (STJ) vêm desenvolvendo sistemas próprios de inteligência artificial para atender suas necessidades e especificidades.

Não apenas os tribunais superiores, mas também os tribunais regionais e estaduais estão adotando soluções fundamentadas em inteligência artificial (IA) para aprimorar suas operações.

De forma similar à ocorrida quando da implementação do Processo Judicial Eletrônico (PJe), vêm se observando descentralidade e falta de uniformidade nos muitos projetos de inteligência artificial que estão sendo desenvolvidos e empregados pelas diversas cortes do país. Não obstante cada tribunal apresente características e necessidades próprias, certamente far-se-á necessário repensar essa realidade que vem se apresentando a fim de homogeneizar o conjunto dos sistemas para que, a exemplo do ocorrido com os diversos sistemas de PJe implantados, não suscitem ressalvas, críticas ou até mesmo desconfianças.

4.1 IA no Supremo Tribunal Federal

A utilização da inteligência artificial (IA) no sistema judiciário brasileiro ganhou destaque com o lançamento do projeto Victor, desenvolvido pelo Supremo Tribunal Federal (STF) em parceria com a Universidade de Brasília (UNB), que, por seu pioneirismo, é considerado um marco para o Judiciário nacional.

Aprimorando a triagem de recursos, auxiliando na análise da admissibilidade recursal, emprega algoritmos de aprendizado de máquina (*machine learning*) para detectar automaticamente a existência de repercussão geral em recursos que chegam ao STF.[4]

Projetado para processar pesquisa textual das peças do processo e sua leitura por máquina, essa automação resulta em um aumento considerável dos números dos casos avaliados, pois o Victor tem a capacidade de executar essa análise em segundos, o que, de forma manual, por servidores ou magistrados, levaria muito mais tempo.[5]

Segundo o STF, se o sistema Victor decidir pelo enquadramento em tema de repercussão geral, devolve-se o processo para apreciação da instância originária. Caso contrário e em não havendo outros aspectos processuais, o recurso é distribuído aos demais ministros.[6]

Outra inovação lançada pelo STF, a RAFA 2030 (Redes Artificiais Focadas na Agenda 2030) utiliza IA para classificar os processos judiciais, padronizando-os segundo os 17 Objetivos de Desenvolvimento Sustentável (ODS) da Agenda 2030 da Organização das Nações Unidas (ONU).[7]

A VitórIA, terceiro sistema de inteligência artificial desenvolvido pelo STF, tem o objetivo de agrupar processos de temas repetidos ou semelhantes, ampliando a capacidade do tribunal de lidar com grandes volumes de casos com rapidez, tratamento uniforme e segurança jurídica,[8] autorizando à corte máxima a incorporação da IA VitórIA, por meio da Resolução nº 800/2023, à plataforma STF-Digital.

---

[4] BRASIL. Supremo Tribunal Federal. *Projeto Victor avança em pesquisa e desenvolvimento para identificação dos temas de repercussão geral*. 19 ago. 2021. Disponível em: https://portal.stf.jus.br/noticias/verNoticiaDetalhe.asp?idConteudo=471331&ori=1. Acesso em: 9 ago. 2024.

[5] BRASIL. Supremo Tribunal Federal. *Projeto Victor avança em pesquisa e desenvolvimento para identificação dos temas de repercussão geral*. 19 ago. 2021. Disponível em: https://portal.stf.jus.br/noticias/verNoticiaDetalhe.asp?idConteudo=471331&ori=1. Acesso em: 9 ago. 2024.

[6] BRASIL. Supremo Tribunal Federal. *Projeto Victor avança em pesquisa e desenvolvimento para identificação dos temas de repercussão geral*. 19 ago. 2021. Disponível em: https://portal.stf.jus.br/noticias/verNoticiaDetalhe.asp?idConteudo=471331&ori=1. Acesso em: 9 ago. 2024.

[7] BRASIL. Supremo Tribunal Federal. *Inteligência artificial permitirá classificação dos processos do STF sob a ótica dos direitos humanos*. 17 maio 2022. Disponível em: https://portal.stf.jus.br/noticias/verNoticiaDetalhe.asp?idConteudo=487134&ori=1. Acesso em: 9 set. 2024.

[8] VITÓRIA é a terceira inteligência artificial (IA) usada no STF. *Convergência Digital*, 12 maio 2023. Disponível em: https://convergenciadigital.com.br/inovacao/vitria-a-terceira-inteligncia-artificial-ia-usada-no-stf/. Acesso em: 8 set. 2024.

4.2 IA no Superior Tribunal de Justiça

Pela análise semântica das peças dos recursos, facilitando a triagem dos processos, identificando casos similares e empreendendo buscas de julgamentos anteriores que possam ser utilizados como precedente, nasceu o Sócrates 1.0. O Sócrates 2.0, de maior abrangência, entre outras funcionalidades, aponta, "de forma automática, o permissivo constitucional invocado para a interposição do recurso, os dispositivos de lei descritos como violados ou objeto de divergência jurisprudencial e os paradigmas citados para justificar a divergência".[9]

Para gerenciar o grande volume de demandas repetitivas e empregando algoritmos de agrupamento e similaridade, o Superior Tribunal de Justiça desenvolveu o projeto Athos de inteligência artificial,[10] capaz de agrupar processos que tratam de temas recorrentes, permitindo que os ministros analisem esses casos em conjunto e tomem decisões de maneira uniforme.

4.3 IA no CNJ, AGU, TJMG, TJPR, TJSP e TJRJ

Instituída pelo CNJ, uma das iniciativas mais relevantes foi a Plataforma Digital do Poder Judiciário Brasileiro (PDPJ-Br), por meio da Resolução nº 335, de 2020, que busca a promoção de maior integração entre os tribunais, incentivando e fomentando o desenvolvimento colaborativo de sistemas.[11]

A solução computacional Sinapses, instituída pela Resolução nº 332/2020, é mantida pelo CNJ "com o objetivo de armazenar, testar, treinar, distribuir e auditar modelos de Inteligência Artificial".[12]

---

[9] BRASIL. Superior Tribunal de Justiça. *Revolução tecnológica e desafios da pandemia marcaram gestão do ministro Noronha na presidência do STJ*. 23 ago. 2020. Disponível em: https://www.stj.jus.br/sites/portalp/Paginas/Comunicacao/Noticias/23082020-Revolucao-tecnologica-e-desafios-da-pandemia-marcaram-gestao-do-ministro-Noronha-na-presidencia-do-STJ.aspx. Acesso em: 11 set. 2024.

[10] SILVA FIGUEIREDO, Guilherme. *Projeto Athos*: um estudo de caso sobre a inserção do Superior Tribunal de Justiça na era da inteligência artificial. 2022. 113 p. Programa de Mestrado Profissional em Direito, Regulação e Políticas Públicas – Universidade de Brasília, Brasília, 2022. Disponível em: http://icts.unb.br/jspui/handle/10482/44357. Acesso em: 5 set. 2024.

[11] PLATAFORMA Digital do Poder Judiciário Brasileiro – PDPJ-Br. *Portal CNJ*. Disponível em: https://www.cnj.jus.br/tecnologia-da-informacao-e-comunicacao/plataforma-digital-do-poder-judiciario-brasileiro-pdpj-br/. Acesso em: 8 out. 2024.

[12] PLATAFORMA Sinapses / Inteligência Artificial. *Portal CNJ*, ago. 2020. Disponível em: https://www.cnj.jus.br/sistemas/plataforma-sinapses/. Acesso em: 8 out. 2024.

Também se destaca como uma plataforma destinada a conectar soluções de inteligência artificial a diversos tribunais brasileiros, incentivando a uniformização e expansão do emprego dessas tecnologias em todo o território nacional.

O objetivo do CNJ é assegurar às cortes o compartilhamento de experiências e soluções exitosas de modelos de inteligência artificial (IA) para satisfazer suas necessidades particulares, aprimorando o sistema judicial como um todo.

A Advocacia-Geral da União (AGU) também tem se auxiliado de inteligência artificial (IA) generativa para a automação de tarefas, como produção de documentos jurídicos, como petições e pareceres, integradas ao Super Sapiens, "sistema institucional de gestão de documentos".[13]

Não apenas as cortes superiores, mas também os tribunais regionais e estaduais estão adotando soluções fundamentadas em IA para aprimorar suas operações.

O Tribunal de Justiça de Minas Gerais (TJMG) também tem desenvolvido soluções de inteligência artificial generativa, como, por exemplo, a DORA, que "decodifica o áudio e o transforma em palavras escritas, permitindo a geração de documentos em formatos compatíveis com o sistema de processo eletrônico PJe, corrigindo eventuais erros ortográficos e identificando o falante conforme o timbre da voz".[14]

Outro exemplo, desenvolvido pelo Tribunal de Justiça do Paraná (TJPR), o sistema LARRY procura por processos semelhantes em trâmite e, *sempre que houver um processo semelhante, o LARRY informará a existência de uma nova demanda*.[15]

O Tribunal de Justiça de São Paulo (TJSP) vem fortalecendo a implementação de sistemas de IA para auxiliar magistrados na análise e classificação automática de petições, especialmente em temas como

---

[13] BRASIL. Advocacia-Geral da União. *AGU passa a utilizar ferramentas de inteligência artificial na produção de documentos jurídicos*. 24 set. 2024. Disponível em: https://www.gov.br/agu/pt-br/comunicacao/noticias/agu-passa-a-utilizar-ferramentas-de-inteligencia-artificial-na-producao-de-documentos-juridicos. Acesso em: 8 out. 2024.

[14] MINAS GERAIS. Tribunal de Justiça de Minas Gerais. *TJMG lança ferramenta de degravação e transcrição de audiências*. 18 jun. 2024. Disponível em: https://www.tjmg.jus.br/portal-tjmg/noticias/tjmg-lanca-ferramenta-de-degravacao-e-transcricao-de-audiencias.htm. Acesso em: 18 set. 2024.

[15] PARANÁ. Tribunal de Justiça do Estado do Paraná. *TJPR lança novo módulo do Robô Larry*. 14 dez. 2022. Disponível em: https://www.tjpr.jus.br/destaques/-/asset_publisher/1lKI/content/tjpr-lanca-novo-modulo-do-robo-larry/18519. Acesso em: 9 set. 2024.

precedentes, peticionamento eletrônico e custas judiciais, contribuindo para a celeridade processual e redução de atividades repetitivas.[16]

O ASSIS, no Tribunal de Justiça do Estado do Rio de Janeiro (TJRJ),[17] é exemplo de como a IA pode auxiliar juízes na elaboração de relatórios, decisões e sentenças mediante análise automática dos dados do processo e sugestão de minutas nos padrões decisórios do magistrado, acelerando significativamente o tempo de julgamento de processos, principalmente nos de menor complexidade.

5 O Conselho Nacional de Justiça e o uso da inteligência artificial (IA) no Judiciário brasileiro

O Conselho Nacional de Justiça (CNJ) vem incentivando a adoção de tecnologias inovadoras, como a inteligência artificial (IA) generativa, percebida como uma estratégia promissora, no intuito de modernizar o Poder Judiciário nacional.

Para tanto, o CNJ tem empreendido esforços no sentido de que seu uso seja consciente, pautado pela transparência e ética, focando em práticas que garantam a clareza, a imparcialidade e a equidade nas atividades automatizadas, em respeito aos princípios do devido processo legal.

5.1 Diretrizes e recomendações do Conselho Nacional de Justiça

Uma das recomendações mais importantes é no sentido de a inteligência artificial (IA) ser utilizada como recurso adicional a auxiliar no trabalho dos magistrados. A atividade judicial não pode ser substituída pela IA.

É essencial clareza e transparência a garantir às partes interessadas compreensão quanto aos critérios empregados pelos algoritmos, assegurando a possibilidade de contestação e recurso. A ausência

---

[16] SÃO PAULO. Tribunal de Justiça do Estado de São Paulo. *Modernização de equipamentos e Inteligência Artificial marcam transformação digital no TJSP*. 2023. Disponível em: https://www.tjsp.jus.br/Noticias/Noticia?codigoNoticia=95786. Acesso em: 10 out. 2024.

[17] FERRAMENTA de IA vai auxiliar juízes fluminenses na elaboração de minutas de sentença. *Portal CNJ*, 2 set. 2024. Disponível em: https://www.cnj.jus.br/ferramenta-de-ia-vai-auxiliar-juizes-fluminenses-na-elaboracao-de-minutas-de-sentenca/. Acesso em: 24 set. 2024.

desses componentes pode provocar incerteza jurídica às atividades automatizadas e desconfiança dos envolvidos.

Ademais, o CNJ tem orientado os tribunais a estabelecerem e implementarem uma sólida governança algorítmica, que envolve a formação de comitês encarregados de supervisionar se os algoritmos utilizados estão respeitando os princípios de imparcialidade, não discriminação e igualdade, avaliando eventuais inclinações algorítmicas que possam surgir com o decurso do tempo. Auditorias frequentes também se mostrarão como instrumentos importantes de avaliação da eficácia e equidade dos sistemas de inteligência artificial (IA) empregados no Poder Judiciário.

São orientações que, a par de incentivarem o uso da tecnologia, denotam a preocupação do CNJ com a sua utilização consciente e ética, respeitando os princípios processuais e a preservação dos direitos e garantias das partes.

6 O relatório do CNJ sobre IA generativa no Poder Judiciário

Em 2024, o CNJ divulgou o relatório *O uso da inteligência artificial generativa no Poder Judiciário brasileiro*.[18]

É inegável o potencial da IA generativa no auxílio aos tribunais sobrecarregados, considerando sua habilidade de gerar textos e sugestões automáticas a partir da coleta de dados.

Por outro lado, o documento também destaca riscos atrelados, pois, apesar de suas múltiplas funcionalidades, é essencial garantir a transparência do processo decisório, já que a IA emprega modelos complexos de *machine learning*, e os algoritmos precisam justificar de maneira clara as suas conclusões.

A questão da privacidade, a proteção dos dados e a cibersegurança também foram apontadas como riscos, pois, além de manipulação de grandes quantidades de dados, inclusive pessoais e sensíveis, os sistemas podem estar vulneráveis a ataques externos.

Mecanismos de auditoria serão capazes de detectar e corrigir possíveis falhas ou vieses algorítmicos que conduzam a resultados inconsistentes ou discriminatórios.

---

[18] BRASIL. Conselho Nacional de Justiça. *O uso da inteligência artificial generativa no Poder Judiciário brasileiro*: relatório de pesquisa no Poder Judiciário Brasileiro. Disponível em: https://www.cnj.jus.br/wp-content/uploads/2024/09/cnj-relatorio-de-pesquisa-iag-pj.pdf. Acesso em: 9 ago. 2024.

Em suma, o relatório elenca valores fundamentais para a IA: "Transparência, ligada ao risco de opacidade; confiabilidade, ligada ao risco de erro; segurança, ligada ao risco de ataque cibernético; *fairness* ou não discriminação; privacidade e proteção de dados pessoais; e responsabilidade, no sentido de prestação de contas e reparação de possíveis danos".

São recomendações que salvaguardam a humanização da justiça, não transferindo à IA o protagonismo do processo decisório.

7 Benefícios da integração da IA no Judiciário

A integração de tecnologias de inteligência artificial (IA) ao sistema judicial brasileiro tem mostrado grande potencial de solução de alguns dos grandes problemas estruturais enfrentados pelos tribunais, como o acúmulo de processos e a morosidade do andamento processual.

São notáveis os avanços na redução de falhas e no aprimoramento do fluxo de trabalho pela otimização de tempo e, ao diminuir o tempo de resposta às partes interessadas, reforça-se a confiança no sistema e no princípio constitucional da razoável duração do processo.

Para os árduos defensores do auxílio da inteligência artificial (IA) na triagem e agrupamento de processos repetitivos, há o benefício direto de diminuir consideravelmente o tempo despendido pela estrutura judicial e o benefício indireto de permitir aos magistrados debruçarem sobre questões de maior complexidade que requerem análise jurídica mais pormenorizada.

Para além da eficiência numérica, os extremamente otimistas enxergam na inteligência artificial (IA), através da avaliação sistemática dos precedentes do tribunal, a melhoria na padronização e uniformidade das decisões judiciais e o emprego de algoritmos de agrupamento e similaridade. Ao possibilitar a análise conjunta de processos com tópicos idênticos ou parecidos, aplicando-se soluções jurídicas uniformes, reduz-se a chance de decisões conflitantes.

Nessa linha de entendimento, outra vantagem visualizada é o aumento da previsibilidade nas decisões judiciais.

A previsibilidade é *conditio sine qua non* para a segurança jurídica, uma vez que possibilita aos envolvidos em uma disputa prever, com razoável grau de certeza, a postura que o tribunal adota em suas decisões, com base em precedentes já consolidados, prevenindo a litigância predatória, a extensão desnecessária da duração dos processos e incentivando a busca por soluções consensuais.

Contudo, para além das vantagens citadas no mundo ideal, os sistemas de IA aumentariam a transparência no processo decisório pela verificação dos algoritmos e suas lógicas e contribuiriam para o processo judicial mais equitativo pelo emprego de algoritmos que examinam dados de maneira imparcial, reduzindo o risco de decisões arbitrárias ou baseadas em preconceitos, até mesmo inconscientes.

8 Desafios éticos e jurídicos do uso da IA

Vieses algorítmicos, clareza das decisões automatizadas, segurança dos dados e os limites éticos na substituição do julgamento humano se apresentam como desafios centrais do uso da IA no Poder Judiciário.

8.1 Vieses algorítmicos e discriminação

A utilização de inteligência artificial em decisões judiciais, mesmo que de forma assistida, suscita a questão ética sobre o perigo de vieses algorítmicos, podendo restar prejudicada a imparcialidade se as informações utilizadas espelharem preconceitos sociais ou deficiências estruturais do sistema judicial.

Ao serem alimentados com grandes quantidades de dados históricos, os algoritmos podem acabar por reproduzir preconceitos ou desigualdades já existentes na sociedade, o que é particularmente alarmante.

Um caso ilustrativo de como a inteligência artificial pode perpetuar injustiças é a aplicação de algoritmos preditivos no sistema penal americano, no qual pesquisas indicaram que determinados sistemas de inteligência artificial, como o COMPAS,[19] tinham maior tendência a categorizar criminosos negros como de alto risco de reincidência, ou seja, mais propensos à reincidência do que os condenados brancos, mesmo em circunstâncias nas quais os dados objetivos não corroboravam essa classificação. Esse tipo de viés constitui um perigo considerável para a integridade do sistema judicial; por isso, a relevância de os algoritmos empregados serem submetidos a avaliações éticas e de conformidade rigorosas.

---

[19] LARSON, Jeff et al. *How we analyzed the COMPAS recidivism algorithm*. 23 maio 2016. Disponível em: https://www.propublica.org/article/how-we-analyzed-the-compas-recidivism-algorithm. Acesso em: 1º out. 2024.

Apesar do estágio embrionário de uso da IA no Judiciário, o CNJ já tem expressado preocupação quanto aos vieses algorítmicos, que podem se expressar por variadas formas de discriminação, como raça, gênero e classe social.

8.2 Transparência e explicabilidade das decisões automatizadas

Transparência e explicabilidade são dois alicerces fundamentais para garantir que a utilização da inteligência artificial honre os direitos das partes envolvidas em processos judiciais e estejam em harmonia com os princípios constitucionais, notadamente do devido processo legal.

Compromete-se a confiança de todo o sistema judicial, sem clareza e explicitabilidade.

As partes interessadas têm o direito de compreender o processo decisório e os critérios utilizados. Para assegurar a credibilidade do sistema, é crucial que os algoritmos possam ser auditados, e suas decisões, compreendidas.

Novamente, o caso do sistema COMPAS[20] ilustra claramente os perigos da ausência de explicitabilidade. Esse sistema recebeu críticas por dificultar a compreensão das partes ou de seus advogados sobre como o algoritmo determinava a chance de reincidência do acusado. A falta de esclarecimentos precisos complicava a contestação dos resultados, suscitando dúvidas sobre a neutralidade do sistema. Para prevenir situações similares no Brasil, o CNJ tem ressaltado a necessidade de que todos os sistemas de inteligência artificial empregados no Judiciário possam ser auditados, e suas falhas, corrigidas.

8.3 Proteção de dados e conformidade com a LGPD

No Brasil, a Lei Geral de Proteção de Dados (LGPD) – Lei nº 13.709, de 14 de agosto de 2018 – representou um progresso significativo, embora ainda enfrente desafios na sua implementação e na conscientização da população sobre seus direitos.

---

[20] LARSON, Jeff et al. *How we analyzed the COMPAS recidivism algorithm*. 23 maio 2016. Disponível em: https://www.propublica.org/article/how-we-analyzed-the-compas-recidivism-algorithm. Acesso em: 1º out. 2024.

Aprovada em 2018, a lei estabelece normas para o uso, coleta, armazenamento e compartilhamento de dados. Sua finalidade é garantir a transparência e segurança quando do tratamento dos dados pessoais.

Partindo da regra de que qualquer pessoa natural ou jurídica, de direito público ou privado, deve obediência à citada lei quando do tratamento dos dados pessoais, inclusive nos meios digitais, por estabelecer normas gerais "de interesse nacional" e "ser observadas pela União, Estados, Distrito Federal e Municípios" (artigo 1º e parágrafo único), se permite concluir que deva também ser observada pelo Poder Judiciário, inclusive quando se utiliza de sistemas de inteligência artificial.

Ao manipular um grande volume de dados pessoais, como de saúde e registros criminais, os sistemas de IA devem adotar mecanismos de preservação sólidos, como a criptografia e a anonimização dos dados, esta última prevista pela própria lei, contra acessos indevidos, não autorizados, para não resultar em discriminação ou prejuízos irreparáveis aos seus titulares.

Ademais, como os sistemas de IA pressupõem seu desenvolvimento e manipulação dos dados por terceiros, normalmente por grandes empresas de tecnologia, as conhecidas *big techs*, caberá aos tribunais a árdua tarefa de garantir o princípio do livre acesso aos titulares acerca do uso de seus dados (acesso, correção e eliminação), como também o cumprimento, pelos fornecedores da tecnologia de IA, das regras de tratamento e da proteção dos dados definidas pela lei, por meio de disposições contratuais que reforcem responsabilidades e penalidades em caso de violação.

A LGPD estabelece um quadro regulatório que deve ser rigorosamente cumprido por todos os envolvidos no intuito de assegurar que a aplicação da inteligência artificial no âmbito judicial seja feita de forma segura e ética, protegendo a privacidade e a dignidade dos titulares dos dados.

8.4 Limites éticos na decisão automatizada: o papel humano

Eventual "terceirização" das funções jurisdicionais para "juízes-robôs" certamente abalará a confiança do Poder Judiciário.

O protagonismo humano continua sendo fundamental para a "entrega da justiça".

Reiteradamente, o CNJ tem reforçado a inteligência artificial como recurso auxiliar na automação de tarefas mais diretas e repetitivas, e não como um substituto da função jurisdicional. A interpretação e a implementação do direito requerem uma avaliação crítica, própria do ser humano. Assim, o magistrado deve manter a palavra final nas decisões tomadas, garantindo que os sistemas de inteligência artificial sejam empregados como auxílio ao seu julgamento, e nunca como substitutos totais.

A responsabilidade apresenta-se como desafio ético importante à reflexão.

No sistema convencional, os juízes são responsáveis por seus despachos, suas decisões e sentenças.

No entanto, a partir do momento em que as minutas de despachos, decisões e sentenças sejam elaboradas por sistemas de inteligência artificial, a questão da responsabilidade se torna mais complexa.

A quem será atribuída a responsabilidade por possíveis falhas ou injustiças decorrentes de uma decisão/sentença automatizada? Imprescindíveis a fixação clara, e os limites da responsabilidade e a transparência sobre a tecnologia empregada no caso concreto, na medida em que o juiz que emprega a IA deve estar apto a justificar e responder por seus atos.

Assim, considerando que o emprego de inteligência artificial no Judiciário, pela automação de algumas atividades, auxilie na eficiência do fluxo processual, é fundamental que, antes de sua efetiva implementação, obedeça a limites éticos claros, sem perder de vista que o valor humano deva ser mantido em todas as fases, pelo fato de a justiça ser, acima de tudo, resultado da avaliação humana.

Cabe e caberá aos magistrados o dever de fiscalizar e zelar pelo processo judicial, assegurando direitos essenciais, como dignidade humana e tratamento isonômico entre as partes.

9 O marco regulatório brasileiro para IA: Projeto de Lei nº 2.338/2023

O Poder Legislativo, compreendendo a rapidez no avanço do uso da IA, inclusive no Poder Judiciário, vem empreendendo esforços ao Projeto de Lei nº 2.338/2023 no intuito de estabelecer um quadro regulatório consistente para a aplicação da inteligência artificial no país.

O projeto de lei visa definir normas que garantam os direitos fundamentais e a implementação segura e confiável dessa tecnologia.

Além da previsão acerca do dever de transparência dos sistemas e da consequente compreensão e possibilidade de contestação por parte de quem se sentir afetado pela tecnologia, o normativo também traz previsão sobre o estabelecimento de mecanismos de governança algorítmica, sanções administrativas e previsão sobre responsabilidade civil.

Direitos como à privacidade e à proteção dos dados pessoais nos termos da LGPD também foram resguardados, enfatizando a importância de tratar com segurança e confidencialidade as informações processadas pelos sistemas de inteligência artificial, notadamente em processos judiciais pelo uso de dados pessoais, inclusive sensíveis, "como origem geográfica, raça, cor ou etnia, gênero, orientação sexual, classe socioeconômica, idade, deficiência, religião ou opiniões políticas", segundo texto do projeto.[21]

Enfim, embora o Projeto de Lei nº 2.338/2023 represente uma resposta à carência de regulamentação legal sobre o uso da inteligência artificial no país, questiona-se se, quando for efetivamente aprovada, a lei atenderá aos anseios da população e dos profissionais, dada a velocidade com que as tecnologias avançam no cotidiano da sociedade.

10 O papel da ONU e os sistemas judiciais eficientes

A Agenda 2030 para o desenvolvimento e melhoria global até 2030 da Organização das Nações Unidas (ONU) estabelece 17 Objetivos de Desenvolvimento Sustentável (ODS), merecendo destaque central, para o que ora interessa, o objetivo 16 como premissa de "fomentar a paz, a justiça e instituições eficientes", no sentido de "promover sociedades pacíficas e inclusivas para o desenvolvimento sustentável, proporcionar o acesso à justiça para todos e construir instituições eficazes, responsáveis e inclusivas em todos os níveis",[22] ressaltando a relevância de sistemas judiciais que possam assegurar o acesso igualitário à justiça para todos.

O ODS 16 propõe, entre outros aspectos, o aprimoramento das instituições públicas, incluindo o sistema judiciário, com o objetivo de assegurar sua eficácia, transparência e acessibilidade.

---

[21] BRASIL. Senado Federal. *Projeto de Lei nº 2338, de 2023*. Disponível em: https://www25.senado.leg.br/web/atividade/materias/-/materia/157233. Acesso em: 9 set. 2024.

[22] ONU. *Sustainable Development Goal 16*: Paz, Justiça e Instituições Eficazes. Disponível em: https://brasil.un.org/pt-br/sdgs/16. Acesso em: 9 set. 2024.

Nessa seara, a integração da inteligência artificial no Poder Judiciário pode ser determinante para atingir esse objetivo, na medida em que a automação e a análise de grande volume de dados agilizam o fluxo dos processos.

A Agenda 2030 também destaca a importância de os sistemas judiciais incorporarem princípios de sustentabilidade, garantindo que as inovações tecnológicas auxiliem na diminuição das desigualdades no acesso à justiça. Não se limita a assegurar que os tribunais sejam mais ágeis e eficazes numericamente, mas que estejam ao alcance de todos, principalmente os pertencentes a grupos vulneráveis.

Contudo, a ONU também chama a atenção para o enorme número de ameaças ligadas ao emprego dessas tecnologias.

Em prol de um uso mais seguro e confiável, foi aprovada pela Assembleia Geral da ONU resolução que, embora não vinculativa, dispõe sobre a governança da tecnologia, revelando a preocupação dos Estados sobre o risco de comprometimento dos objetivos da Agenda 2030.

No relatório acerca da *Governança da inteligência artificial para a humanidade*,[23] a ONU apresenta sete recomendações para a governança global da inteligência artificial, "Painel Científico Internacional sobre IA, Diálogo Político sobre Governança da IA, intercâmbio de padrões de IA, Rede Global de Desenvolvimento de Talentos sobre IA, Fundo Global de IA, Estrutura Global de Dados de IA e Escritório de IA dentro do Secretariado da ONU", defendendo uma abordagem interligada diante do déficit de regulamentação.

Assim, a ONU tem incentivado a elaboração de normas globais que orientem a aplicação da IA nos sistemas judiciais de diversas nações, garantindo que a aplicação de novas tecnologias respeite os direitos humanos, particularmente no que diz respeito à igualdade e à não discriminação, garantindo acesso de todos a um sistema de justiça eficaz e prevenindo o crescimento das desigualdades.

Adicionalmente, fomenta-se também a cooperação internacional para a criação de boas práticas no emprego de inteligência artificial no setor judiciário, incentivando a troca de experiências entre nações e a formação de redes globais de especialistas que possam contribuir para a gestão dessa tecnologia.

---

[23] ONU. *Governança da inteligência artificial para a humanidade*. 17 set. 2024. Disponível em: https://brasil.un.org/pt-br/279185-governança-da-inteligência-artificial-para-humanidade. Acesso em: 25 set. 2024.

As metas estabelecidas na Agenda 2030 são essenciais para direcionar o uso consciente da inteligência artificial nos sistemas judiciais, assegurando que essas tecnologias aprimorem a eficácia dos processos sem prejudicar os princípios básicos da justiça e dos direitos humanos.

Em suma, a atualização dos sistemas judiciais deve vir acompanhada de governança robusta, que garanta o uso ético, seguro e transparente.

11 Considerações finais

A implementação da inteligência artificial (IA) no sistema judicial nacional representa uma mudança de paradigma.

Os cerca de 84 milhões de processos em curso e a lentidão de tramitação processual, embora sendo a estrutura do Poder Judiciário brasileiro uma das maiores do mundo, são dados que incentivam o uso da IA como "solução" para a crise sistêmica que se enfrenta.

O artigo 5º, inciso LXXVIII, da Constituição Cidadã de 1988 consigna como direito fundamental "a todos, no âmbito judicial e administrativo (...), a razoável duração do processo e os meios que garantam a celeridade de sua tramitação".

Como a realidade tem se mostrado diversa, espera-se que, no futuro próximo, a IA assuma um papel cada vez mais presente, e, inegavelmente, é unânime o anseio de todos por uma justiça célere e eficaz.

No entanto, merecem muitas reflexões os desafios éticos a serem enfrentados e ainda carentes de resposta.

Para o ingresso na magistratura, exige-se concurso público de provas e títulos, além de tempo mínimo de experiência em atividade jurídica e, uma vez aprovados, previsão de participação dos magistrados em cursos oficiais de preparação, aperfeiçoamento e promoção, constituindo etapa obrigatória do processo de vitaliciamento.

Enfim, a atividade jurisdicional é complexa, na medida em que não se pode simplificar o conceito do ato de julgar à subsunção da lei ao caso concreto.

Para além da análise jurídica, o ato de julgar envolve ética, aspectos históricos, sociais e individuais.

Para proferir uma decisão que afetará definitivamente a vida das pessoas, não se pode simplificar a missão jurisdicional, como dito acima, muito menos conceber tal missão a uma simples subsunção a algoritmos e, consequentemente à padronização excessiva de decisões/sentenças, o que poderia levar, em última instância, à desumanização da justiça.

Se já é preocupante a utilização da IA em atividades de classificação de processos, pelo agrupamento de dados, palavras/textos similares, a automatização de decisões e sentenças revelar-se-ia até mesmo temerária.

Primeiro porque, atualmente, o Poder Judiciário, para o desenvolvimento de sistemas de IA, algoritmos, vem estabelecendo parcerias e/ou contratando empresas de tecnologia da informação, normalmente as chamadas *big techs*. Nenhum problema se a parceria/contratação não envolver uma espécie de "terceirização da justiça".

Como delegar o desenvolvimento de algoritmos, inclusive a possibilidade de resultados de minutas de decisões/sentenças, mantendo a proteção de dados pessoais, a segurança jurídica e a imparcialidade próprias do Poder Judiciário?

Ao que parece, ainda não existe resposta conclusiva.

A imparcialidade e a proteção de dados poderiam restar comprometidas se as parceiras/empresas contratadas para implementar sistemas de IA simultaneamente apresentarem interesses próprios em contendas de que sejam partes.

Para justificar o cumprimento das metas numéricas impostas, o Poder Judiciário não pode simplesmente embarcar na implementação de tecnologias sem conhecer, de antemão, os impactos na sociedade. Até porque sua aplicação exige uma análise aprofundada sobre vieses algorítmicos, transparência e responsabilidade.

Como os algoritmos são treinados para coleta de dados históricos, podem espelhar preconceitos sociais e outras formas de discriminação, e, assim, o potencial para a injustiça das decisões se intensifica, por faltar a transparência necessária sobre os códigos. E, considerando a possibilidade de falhas dos sistemas de inteligência artificial, a questão da fixação clara da responsabilidade e seus limites é outro ponto que eleva o nível de preocupação na medida em que o juiz que emprega a IA deve estar apto a justificar e responder por seus atos.

Enfim, desde atividades preparatórias até o processo decisório, são visualizados riscos na implementação da IA, inclusive por faltar preparo a quem recebe os resultados da máquina, sejam servidores ou magistrados, de questioná-los e, certamente, a tendência é acabar por acolhê-los integralmente.

Sob outro viés, a utilização da IA poderia reforçar ainda mais as desigualdades existentes tanto de acesso como de resultado processual, na medida em que pessoas com possibilidades financeiras de contratar escritórios de advocacia que mapeiam a forma de comportamento das IAs restariam privilegiadas ao terem suas teses acolhidas pelo acesso à "melhor tecnologia".

Assim, é preciso acautelar-se do otimismo exacerbado de implantação da inteligência artificial como "solução mágica" para acabar com a lentidão do fluxo processual e o consequente acúmulo de processos em andamento e represados sem solução final.

Certamente, a crise não se apaziguará apenas com a redução dos números, é preciso mais. É preciso que a sociedade confie no sistema de justiça.

Para que a confiança seja solidificada, os sistemas de IA não poderão assumir o protagonismo judicial. O magistrado deve permanecer no centro do processo decisório.

Em suma, a inteligência artificial possui o potencial de revolucionar significativamente setores públicos e privados, sendo muitos os benefícios proporcionados pelo auxílio das tecnologias.

No que tange especificamente à sua aplicação ao Poder Judiciário, é certo que todos anseiam por torná-lo mais rápido, eficaz e acessível. Da mesma forma, é consenso que a integração da tecnologia tem o condão de aprimorá-lo.

No entanto, a pretexto de alcançar tais objetivos, não se pode minimizar os riscos envolvidos.

Questões éticas e legais necessitam ser cautelosamente ponderadas, como a possibilidade de vieses algorítmicos, a falta de clareza em certos processos decisórios e os obstáculos ligados à proteção de dados. É preciso consolidar uma estrutura regulatória apta a garantir o uso seguro, a neutralidade dos algoritmos e a transparência dos processos automatizados, em conformidade com os princípios constitucionais, especialmente da legalidade e do devido processo legal.

A mudança de paradigma deve ocorrer de forma consistente e pautada por princípios éticos e legais, assegurando que a tecnologia esteja sempre a serviço da justiça e da salvaguarda dos direitos fundamentais.

Referências

BRASIL. Advocacia-Geral da União. *AGU passa a utilizar ferramentas de inteligência artificial na produção de documentos jurídicos*. 24 set. 2024. Disponível em: https://www.gov.br/agu/pt-br/comunicacao/noticias/agu-passa-a-utilizar-ferramentas-de-inteligencia-artificial-na-producao-de-documentos-juridicos. Acesso em: 8 out. 2024.

BRASIL. Conselho Nacional de Justiça. *Ferramenta de IA vai auxiliar juízes fluminenses na elaboração de minutas de sentença.* Portal CNJ, 2 set. 2024. Disponível em: https://www.cnj.jus.br/ferramenta-de-ia-vai-auxiliar-juizes-fluminenses-na-elaboracao-de-minutas-de-sentenca/. Acesso em: 24 set. 2024.

BRASIL. Conselho Nacional de Justiça. *Justiça em Números 2024: Barroso destaca aumento de 9,5% em novos processos.* Portal CNJ. Disponível em: https://www.cnj.jus.br/justica-em-numeros-2024-barroso-destaca-aumento-de-95-em-novos-processos/. Acesso em: 8 set. 2024.

BRASIL. Conselho Nacional de Justiça. *O uso da Inteligência Artificial Generativa no Poder Judiciário Brasileiro*: relatório de pesquisa. 2024. Disponível em: https://www.cnj.jus.br/publicacoes-2/. Acesso em: 9 ago. 2024.

BRASIL. Conselho Nacional de Justiça. *Plataforma Digital do Poder Judiciário Brasileiro – PDPJ-Br.* Portal CNJ. Disponível em: https://www.cnj.jus.br/tecnologia-da-informacao-e-comunicacao/plataforma-digital-do-poder-judiciario-brasileiro-pdpj-br/. Acesso em: 8 out. 2024.

BRASIL. Conselho Nacional de Justiça. *Plataforma Sinapses / Inteligência Artificial.* Portal CNJ, ago. 2020. Disponível em: https://www.cnj.jus.br/sistemas/plataforma-sinapses/. Acesso em: 8 out. 2024.

BRASIL. Conselho Nacional de Justiça. *Processo Judicial Eletrônico (PJe).* Portal CNJ. Disponível em: https://www.cnj.jus.br/programas-e-acoes/processo-judicial-eletronico-pje/. Acesso em: 9 nov. 2024.

BRASIL. Conselho Nacional de Justiça. *Resolução nº 185.* 18 dez. 2013. Disponível em: https://atos.cnj.jus.br/files/resolucao_comp_185_18122013_05072019170712.pdf. Acesso em: 8 ago. 2024.

BRASIL. *L13709.* 14 ago. 2018. Disponível em: https://www.planalto.gov.br/ccivil_03/_ato2015-2018/2018/lei/l13709.htm. Acesso em: 9 nov. 2024.

BRASIL. Senado Federal. *PL 2338/2023.* Disponível em: https://www25.senado.leg.br/web/atividade/materias/-/materia/157233. Acesso em: 9 set. 2024.

BRASIL. Supremo Tribunal Federal. *Inteligência artificial permitirá classificação dos processos do STF sob a ótica dos direitos humanos.* 17 maio 2022. Disponível em: https://portal.stf.jus.br/noticias/verNoticiaDetalhe.asp?idConteudo=487134&ori=1. Acesso em: 9 set. 2024.

BRASIL. Supremo Tribunal Federal. *Projeto Victor avança em pesquisa e desenvolvimento para identificação dos temas de repercussão geral.* 19 ago. 2021. Disponível em: https://portal.stf.jus.br/noticias/verNoticiaDetalhe.asp?idConteudo=471331&ori=1. Acesso em: 9 ago. 2024.

BRASIL. Supremo Tribunal Federal. *Revolução tecnológica e desafios da pandemia marcaram gestão do ministro Noronha na presidência do STJ.* 23 ago. 2020. Disponível em: https://www.stj.jus.br/sites/portalp/Paginas/Comunicacao/Noticias/23082020-Revolucao-tecnologica-e-desafios-da-pandemia-marcaram-gestao-do-ministro-Noronha-na-presidencia-do-STJ.aspx. Acesso em: 11 set. 2024.

CAMBI, Eduardo Augusto Salomão; AMARAL, Maria Eduarda Toledo Pennacchi Tibiriçá. Inteligência artificial no Poder Judiciário, discriminação algorítmica e direitos humanos-fundamentais. *Suprema - Revista de Estudos Constitucionais*, v. 3, n. 2, p. 189-218, 13 dez. 2023. Disponível em: https://doi.org/10.53798/suprema.2023.v3.n2.a250. Acesso em: 8 nov. 2024.

EUA, Reino Unido e UE assinam 1º tratado internacional de IA. *CNN Brasil*, 5 set. 2024. Disponível em: https://www.cnnbrasil.com.br/economia/macroeconomia/eua-reino-unido-e-ue-assinam-1o-tratado-internacional-de-ia/. Acesso em: 8 nov. 2024.

HARTMANN PEIXOTO, Fabiano. Projeto Victor: Relato do Desenvolvimento da Inteligência Artificial na Repercussão Geral do Supremo Tribunal Federal. *Revista Brasileira de Inteligência Artificial e Direito*, v. 1, n. 1, p. 20, 2020.

LARSON, Jeff et al. *How we analyzed the COMPAS recidivism algorithm*. 23 maio 2016. Disponível em: https://www.propublica.org/article/how-we-analyzed-the-compas-recidivism-algorithm. Acesso em: 1º out. 2024.

MINAS GERAIS. Tribunal de Justiça do Estado de Minas Gerais. *Central de triagem promove celeridade processual e auxilia no combate à litigância predatória*. 3 abr. 2024. Disponível em: https://www.tjmg.jus.br/portal-tjmg/noticias/central-de-triagem-promove-celeridade-processual-e-auxilia-no-combate-a-litigancia-predatoria.htm. Acesso em: 9 set. 2024.

MINAS GERAIS. Tribunal de Justiça do Estado de Minas Gerais. *TJMG lança ferramenta de degravação e transcrição de audiências*. 18 jun. 2024. Disponível em: https://www.tjmg.jus.br/portal-tjmg/noticias/tjmg-lanca-ferramenta-de-degravacao-e-transcricao-de-audiencias.htm. Acesso em: 18 set. 2024.

NUNES, Dierle; PINTO COELHO MARQUES, Ana Luiza. Inteligência artificial e direito processual: vieses algorítmicos e os riscos de atribuição de função decisória. *Revista de Processo*, v. 285, p. 421-447, nov. 2018. Disponível em: https://www.academia.edu/37764508/INTELIGÊNCIA_ARTIFICIAL_E_DIREITO_PROCESSUAL_VIESES_ALGORÍTMICOS_E_OS_RISCOS_DE_ATRIBUIÇÃO_DE_FUNÇÃO_DECISÓRIA_ÀS_MÁQUINAS_Artificial_intelligence_and_procedural_law_algorithmic_bias_and_the_risks_of_assignment_of_decision_making_function_to_machines. Acesso em: 9 ago. 2024.

O QUE é algoritmo? *Coodesh*. Disponível em: https://coodesh.com/blog/dicionario/o-que-e-algoritmo/. Acesso em: 9 set. 2024.

ONU. *Governança da Inteligência Artificial para a Humanidade*. 17 set. 2024. Disponível em: https://brasil.un.org/pt-br/279185-governança-da-inteligência-artificial-para-humanidade. Acesso em: 25 set. 2024.

ONU. *ONU adota por consenso resolução para reger a inteligência artificial*. 21 mar. 2024. Disponível em: https://news.un.org/pt/story/2024/03/1829446. Acesso em: 11 set. 2024.

ONU. *Sustainable Development Goal 16*: Paz, Justiça e Instituições Eficazes. Disponível em: https://brasil.un.org/pt-br/sdgs/16. Acesso em: 9 set. 2024.

PARANÁ. Tribunal de Justiça do Estado do Paraná. *TJPR lança novo módulo do Robô Larry*. 14 dez. 2022. Disponível em: https://www.tjpr.jus.br/destaques/-/asset_publisher/1lKI/content/tjpr-lanca-novo-modulo-do-robo-larry/18319. Acesso em: 9 set. 2024.

PEREIRA SIQUEIRA, Dirceu; SANTOS DE MORAIS, Fausto; FERREIRA DOS SANTOS, Marcel. Inteligência artificial e jurisdição: dever analítico de fundamentação e os limites da substituição dos humanos por algoritmos no campo da tomada de decisão judicial. *Seqüência Estudos Jurídicos e Políticos*, 2022. Disponível em: https://periodicos.ufsc.br/index.php/sequencia/article/view/90662. Acesso em: 8 nov. 2024.

RODRIGUES BATISTA REIS, Beatriz. *Sistema Athos e o impacto da inteligência artificial na prestação jurisdicional do Superior Tribunal de Justiça*. 2023. 34 p. Trabalho de Conclusão de Curso – Universidade Presbiteriana Mackenzie, São Paulo, 2023.

ROSS Intelligence. *Forbes*. Disponível em: https://www.forbes.com/profile/ross-intelligence/. Acesso em: 8 nov. 2024.

SÃO PAULO. Tribunal de Justiça do Estado de São Paulo. *Inteligência Artificial no Poder Judiciário*. Disponível em: https://www.tjsp.jus.br/Download/SecaoDireitoPublico/Pdf/Cadip/InformativoEspecialCadipInteligenciaArtificial.pdf. Acesso em: 8 nov. 2024.

SÃO PAULO. Tribunal de Justiça do Estado de São Paulo. *Modernização de equipamentos e Inteligência Artificial marcam transformação digital no TJSP*. 2023. Disponível em: https://www.tjsp.jus.br/Noticias/Noticia?codigoNoticia=95786. Acesso em: 10 out. 2024.

SILVA FIGUEIREDO, Guilherme. *Projeto Athos*: um estudo de caso sobre a inserção do Superior Tribunal de Justiça na Era da Inteligência Artificial. 2022. 113 p. Programa de Mestrado Profissional em Direito, Regulação e Políticas Públicas – Universidade de Brasília, Brasília, 2022. Disponível em: http://icts.unb.br/jspui/handle/10482/44557. Acesso em: 5 set. 2024.

SILVA, Gabriel Lange da; SOUZA, Luana Santos de; SOUZA, Ingryd Stéphanye Monteiro de. Desafios e riscos de utilização (in)adequada da inteligência artificial como ferramenta de resolução de demandas no sistema judiciário. *Revistaft*, volume 28, edição 134, maio 2024. Disponível em: https://revistaft.com.br/desafios-e-riscos-de-utilizacao-inadequada-da-inteligencia-artificial-como-ferramenta-de-resolucao-de-demandas-no-sistema-judiciario/. Acesso em: 8 nov. 2024.

UNES, Dierle; PINTO COELHO MARQUES, Ana Luiza. Inteligência artificial e direito processual: vieses algorítmicos e os riscos de atribuição de função decisória às máquinas. *Revista de Processo*, nov. 2018. Disponível em: https://www.academia.edu/37764508/INTELIGÊNCIA_ARTIFICIAL_E_DIREITO_PROCESSUAL_VIESES_ALGORÍTMICOS_E_OS_RISCOS_DE_ATRIBUIÇÃO_DE_FUNÇÃO_DECISÓRIA_ÀS_MÁQUINAS_Artificial_intelligence_and_procedural_law_algorithmic_bias_and_the_risks_of_assignment_of_decision_making_function_to_machines. Acesso em: 8 nov. 2024.

URUPÁ, Marcos. Dados pessoais: aos seis anos, LGPD ainda precisa de efetividade, dizem especialistas. *Teletime*, 15 ago. 2024. Disponível em: https://teletime.com.br/15/08/2024/dados-pessoais-aos-seis-anos-lgpd-ainda-precisa-de-eficacia-dizem-especialistas/. Acesso em: 9 nov. 2024.

VITÓRIA é a terceira inteligência artificial (IA) usada no STF. *Convergência Digital*, 12 maio 2023. Disponível em: https://convergenciadigital.com.br/inovacao/vitria-a-terceira-intelignca-artificial-ia-usada-no-stf/. Acesso em: 8 set. 2024.

Informação bibliográfica deste livro, conforme a NBR 6023:2018 da Associação Brasileira de Normas Técnicas (ABNT):

CARVALHO, Fábio Valentini de. Inteligência artificial no Judiciário brasileiro: oportunidades, desafios e considerações éticas. *In*: ALLEMAND, Luiz Cláudio; SANTOS, Coriolano Aurélio de Almeida Camargo; MAGRO, Américo Ribeiro; GOMES, Rovena (coord.). *Processos judiciais eletrônicos*: inteligência artificial e garantia dos princípios do processo civil - algoritmos de agrupamento e similaridade. Belo Horizonte: Fórum, 2025. p. 193-214. ISBN 978-65-5518-975-9.

# INTELIGÊNCIA ARTIFICIAL NO PODER JUDICIÁRIO: IDENTIFICAÇÃO E MITIGAÇÃO DE VIESES PARA ASSEGURAR A EFETIVA PRESTAÇÃO DA TUTELA JURISDICIONAL COM A OBSERVÂNCIA DOS PRINCÍPIOS CONSTITUCIONAIS E DO PROCESSO CIVIL

GUSTAVO GOBI MARTINELLI

1 Introdução

A inteligência artificial (IA) vem se consolidando como a tecnologia mais influente do mundo contemporâneo, prometendo transformar diversos setores da sociedade, incluindo o Poder Judiciário.

Diante disso, sua adoção pelo poder público traz preocupações éticas e legais, notadamente, quanto à transparência, à confiabilidade e ao gerenciamento de riscos de vieses. Isso porque as IAs são desenvolvidas e treinadas com dados produzidos por seres humanos, podendo trazer consigo os vieses que naturalmente existem em nossa sociedade.

Contudo, ante a possibilidade de impactos negativos, podendo prejudicar determinados grupos ou indivíduos, faz-se necessária uma análise crítica para a adoção de ferramentas de IA, bem como para o seu desenvolvimento, implementação e operação.

Por esse motivo, este trabalho discute temas relacionados às inteligências artificiais, principalmente aos vieses que podem ocorrer durante todo o seu ciclo de vida, propondo estratégias de mitigação.

No próximo capítulo, é abordada, brevemente, a questão sobre a possibilidade de dominação dos seres humanos pelas ferramentas de IA.

No capítulo três, são tratados os conceitos do desenvolvimento de inteligências artificiais, momento em que é exibida a estrutura de um *dataset* para adentrar aos riscos na utilização de IAs.

Já no capítulo quatro, são explicados os possíveis vieses e em qual fase do desenvolvimento de uma IA eles podem ocorrer.

No capítulo cinco, algumas formas de mitigação aos riscos de vieses são apresentadas.

No capítulo seis, são elaboradas considerações sobre o princípio da transparência do poder público e a auditoria da OAB, tão necessária ao correto funcionamento das ferramentas de IA.

Por fim, no capítulo sete, são trazidas as considerações finais.

2 Desconstruindo mitos: a impossibilidade da dominação humana pela inteligência artificial

Para uma análise em profundidade das ferramentas de inteligência artificial (IA), é preciso compreender que a IA não substituirá o ser humano nem o dominará. Pelo menos, não da forma como ela foi concebida até o presente momento.

É exatamente por esse motivo que o termo "ferramenta" de inteligência artificial é empregado aqui. Logo, toda a especulação sobre o possível domínio da humanidade pela IA pode se tratar de mero argumento para chamar a atenção para essa temática.

Isso não exclui o quão surpreso um indivíduo pode ficar ao utilizar uma ferramenta de *large language model* (LLM), que é um modelo de IA que processa linguagem natural, como a língua portuguesa. O exemplo mais conhecido é o ChatGPT (OPENAI, 2024).

Como esse não é o foco do presente trabalho, de forma breve, vale mencionar o que ensinam Nicolelis e Cicurel (2015) quando explicam que computador era uma pessoa que exercia a profissão de computar (calcular), pois era isto que um computador fazia: calculava.

Outro ponto de vista é observar que o verbo no inglês acrescido do sufixo "-er" se traduz no sujeito que pratica determinada ação. Como exemplo, tem-se: *computer* (comput + er), *teacher* (teach + er) e *singer* (sing + er), que, em tradução livre, são computador, professor e cantor, respectivamente. Diante disso, novamente, computador era quem computava ou calculava.

É preciso ter clareza sobre esse tema, pois esse foi um dos tópicos que contribuíram para a criação do mito da singularidade (KURZWEIL, 2005) ou supremacia da inteligência artificial.

Observe-se a suposição *church-turing* trazida por Nicolelis e Cicurel (2015, p. 52), que afirma que "qualquer função que é naturalmente considerada como 'computável' pode ser computada por uma máquina universal de Turing".

Após publicar seu famoso artigo (TURING, 1950) sobre o jogo da imitação, que traz o comumente conhecido "teste de Turing", Alan Turing analisou seu postulado e concluiu que sua máquina não conseguiria executar tarefas que não fossem computáveis.

Como solução, ele criou uma segunda máquina, chamada Oráculo. Sobre isso, Nicolelis e Cicurel (2015, p. 65) afirmam o seguinte:

> Já ciente das limitações da sua máquina de Turing, na sua tese de doutorado, publicada em 1939 (Turing 1939), Alan Turing tentou superá-las ao conceber um novo conceito que ele chamou de máquina do Oráculo. O objetivo central dessa máquina do Oráculo foi a introdução de uma ferramenta do mundo real para reagir a tudo aquilo que "não podia ser realizado mecanicamente" pela Máquina de Turing. [...] Em outras palavras, o Oráculo seria sempre chamado para resolver um passo não-computável!

Fica evidente que o mito da dominação humana pela IA já foi solucionado pelo próprio Alan Turing. Nicolelis e Cicurel (2015, p. 66) complementam informando que:

> Curiosamente, Turing foi o primeiro a sugerir que essas máquinas do Oráculo não poderiam ser puramente mecânicas. [...] Dessa forma, Turing demonstrou que algumas máquinas do Oráculo são naturalmente mais poderosas que máquinas de Turing. E assim, ele concluiu: "Nós não devemos especular mais sobre a natureza desse Oráculo além de dizer que ele não pode ser uma máquina".

Nesse sentido, "[...] qualquer tentativa de simular corretamente a complexidade intrínseca de um cérebro animal em um computador digital ou qualquer outra máquina de Turing está fadada ao fracasso" (NICOLELIS; CICUREL, 2015, p. 12).

Logo, da forma como foi construída toda a arquitetura das inteligências artificiais, não é preciso temê-las. Pelo contrário. Deve-se investir em sua pesquisa e desenvolvimento, e na democratização do acesso a elas.

Após isso, fica evidente que, se a IA não vai dominar a humanidade e se ela é uma ferramenta, é preciso debater sua utilização de forma pragmática, pois elas já são usadas hoje pelo Poder Judiciário brasileiro (CNJ, 2024), como se abordará mais adiante.

3 Conceitos sobre o desenvolvimento de inteligências artificiais

Para uma melhor compreensão, esclarece-se que o termo inteligência artificial contém dois outros termos comumente utilizados, são eles: aprendizado de máquina (*machine learning*) e aprendizado profundo (*deep learning*). Nesse sentido, quando se desejar abordar determinado conceito, o nome correto será utilizado.

Do mesmo modo, ao se mencionarem as palavras programa, aplicação, aplicativo, algoritmo, *software* ou sistema, assume-se aqui que todos comunicam o mesmo significado, de que se trata de um programa de computador ou *smartphone*.

A imagem 1 informa que o aprendizado profundo está inserido no aprendizado de máquina, e este, por sua vez, está inserido no conceito de inteligência artificial.

Imagem 1 – Áreas da inteligência artificial

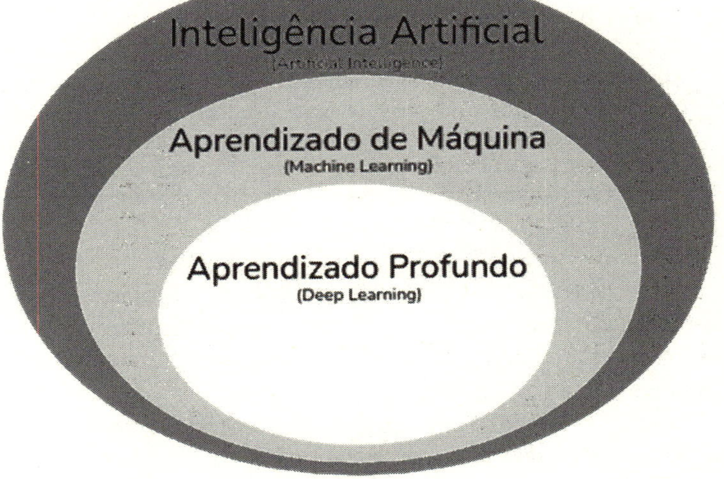

Fonte: O autor.

O termo inteligência artificial traz consigo grande relevância quanto à palavra inteligência. Porém, como já foi dito anteriormente, não se trata de inteligência propriamente dita.

Trata-se de uma ferramenta que foi idealizada, projetada, criada, desenvolvida, treinada e avaliada por seres humanos para ser utilizada por seres humanos.

Cumpre salientar que não é objetivo aqui exaurir o tema do desenvolvimento de todos os tipos de ferramentas de IA, mas, sim, estabelecer, resumidamente, as etapas que esse tipo de sistema deve passar para se tornar, então, o que se chama de inteligência artificial. Sobre isso, evita-se utilizar termos muito específicos dessa área.

Por oportuno, salienta-se que o termo modelo significa um tipo de IA. Pode-se chamar uma IA de modelo tanto na fase de desenvolvimento quanto na fase de operação, que é quando todos já a estão utilizando.

As etapas enunciadas a seguir referem-se ao desenvolvimento ou criação de uma IA, ou seja, do desenvolvimento e treinamento à disponibilização dela.

Quando se utilizam IAs, como o ChatGPT da OpenAI, o Gemini do Google, o Claude do Anthropic, entre inúmeras outras, faz-se uso de modelos pré-treinados, momento em que a empresa fornecedora é quem treina e mantém a IA.

A escolha entre usar modelos treinados ou pré-treinados é uma decisão muito importante, que deve ser avaliada com cautela. Essa questão será tratada posteriormente.

Após essas considerações, observa-se a imagem 2.

Imagem 2 – Etapas para o desenvolvimento de uma inteligência artificial

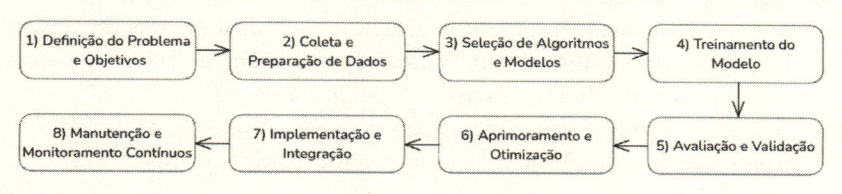

1) Definição do Problema e Objetivos → 2) Coleta e Preparação de Dados → 3) Seleção de Algoritmos e Modelos → 4) Treinamento do Modelo → 5) Avaliação e Validação → 6) Aprimoramento e Otimização → 7) Implementação e Integração → 8) Manutenção e Monitoramento Contínuos

Fonte: O autor.

Toda ferramenta atende a determinado objetivo. Definir esse objetivo é o primeiro passo. Assim, também uma IA será concebida para tentar solucionar algum problema ou demanda. Como exemplo, vale mencionar que uma IA criada para traduzir textos não atenderá ao objetivo de identificar carros.

A segunda etapa visa reunir um conjunto de dados, chamado *dataset*, que será utilizado no treinamento do modelo. Essa etapa é, certamente, a mais importante de todo o processo, pois, como será visto adiante, um *dataset* que esteja enviesado pode comprometer o correto funcionamento da IA.

Como terceira atividade, avalia-se quais algoritmos e técnicas melhor atendem a solução, como a utilização de modelos de aprendizado supervisionado, não supervisionado, entre outros.

No quarto passo, é realizado o treinamento do modelo com o *dataset* citado acima. Nesse momento, inúmeros ajustes podem ocorrer para o modelo alcançar métricas que confirmem que ele atende ao objetivo proposto.

Após o treinamento, realizam-se avaliações e testes ou validações. A finalidade é ver o funcionamento e verificar as métricas do modelo, agora, treinado. Caso os índices não sejam satisfatórios, será preciso ajustar o pré-processamento e/ou os hiperparâmetros[1] e treinar o modelo novamente, repetindo também esse passo.

A fim de evitar problemas já conhecidos, é uma boa prática utilizar *datasets* diferentes para o treinamento, para a avaliação e para os testes. Contudo, os *datasets* devem estar dentro do mesmo conjunto de dados ou propósito, sendo comum que um mesmo *dataset* seja dividido entre essas etapas para que seja mais bem treinado, avaliado e testado.

Quando o modelo funciona como o esperado e as métricas planejadas são alcançadas, passa-se para a fase de aprimoramento e otimização, com a possibilidade de realização de ajustes finos (*fine-tuning*) no modelo. Os ajustes finos são assim chamados, pois refinam o modelo já treinado, geralmente, utilizando um *dataset* mais específico para o fim que se deseja, aumentando seu desempenho. Essa etapa também pode envolver o ajuste de hiperparâmetros.

Além disso, é nesse momento que eventuais vieses devem ser avaliados e corrigidos. Sendo esse o tema central do trabalho, será retomado adiante.

Com a IA treinada, avaliada, testada e aprimorada, deve-se realizar sua implementação e integração, que ocorre quando o modelo

---

[1] Hiperparâmetros são configurações de parâmetros específicos para o treinamento de um modelo.

deixa a fase de desenvolvimento para ingressar na operação, que se traduz na sua utilização real.

Com o modelo já em utilização pelos usuários, é preciso realizar, constantemente, sua manutenção e monitoramento contínuos.

Assim como os aplicativos de um *smartphone* ou os programas de um computador, qualquer IA também precisa sofrer manutenções e atualizações. Isso, por si só, demonstra que uma IA é mais um sistema como muitos outros.

3.1 Estrutura de um *dataset*

O *dataset* possui inquestionável relevância para o desenvolvimento de uma inteligência artificial, pois se constitui no conjunto de dados que o modelo utilizará para "aprender", ou seja, é com esses dados que o modelo será treinado.

Como os modelos de linguagem de grande escala, do inglês *large language models* (LLM), estão entre os mais utilizados, será apresentada a estrutura de um *dataset* utilizado para o treinamento de modelos de processamento de linguagem natural, do inglês, *natural language processing* (NLP), mais especificamente, modelos usados para IAs de perguntas e respostas.

Um tipo de *dataset* para IAs de perguntas e respostas é o *Stanford Question Answering Dataset* – SQuAD (RAJPURKAR, 2024). Ele é exibido na imagem 3.

Imagem 3 – *Dataset* do tipo SQuAD

	A	B	C	D	E	F
1	Id	title	context	question	ans_start	text
2	56be4	Super_Bowl_50	O Super Bowl 50 foi um jogo de futebol americano para determinar o campeão da Liga Nacional de Futebol Americano (NFL) para a temporada de 2015. O campeão da Conferência Americana de Futebol Americano (AFC), Denver Broncos, derrotou o campeão da Conferência Nacional de Futebol Americano (NFC), Carolina Panthers 24–10, para ganhar seu terceiro título do Super Bowl. O jogo foi disputado em 7 de fevereiro de 2016, no Levi's Stadium na área da Baía de São Francisco em Santa Clara, Califórnia. Como este foi o 50º Super Bowl, a liga enfatizou o "aniversário de ouro" com várias iniciativas com temas de ouro, além de suspender temporariamente a tradição de nomear cada jogo do Super Bowl com números romanos (sob os quais o jogo seria conhecido como " Super Bowl L "), de modo que o logotipo possa exibir com destaque os algarismos arábicos 50.	Qual time da NFL representou a AFC no Super Bowl 50?	208	Denver Broncos

Fonte: Hugging Face, SQuAD-pt_BR-V1.1.

Desse *dataset*, destacam-se quatro colunas: *context, question, ans_start* e *text*.

A coluna *context* – em português, contexto – traz um grande trecho de texto que contém a resposta para a pergunta que está na coluna *question* – em português, pergunta. A coluna *text*, – em português, texto –, assim como a coluna *context*, também contém a resposta à pergunta da coluna *question*. Porém, possui a resposta exata. Já a coluna *ans_start* ou *answer_start* – em português, início da resposta – contém o número ou índice do caractere da coluna *context*, onde se inicia a resposta à pergunta. A imagem 4 exibe esse ponto com mais clareza.

Imagem 4 – Contagem de caracteres até a resposta da pergunta

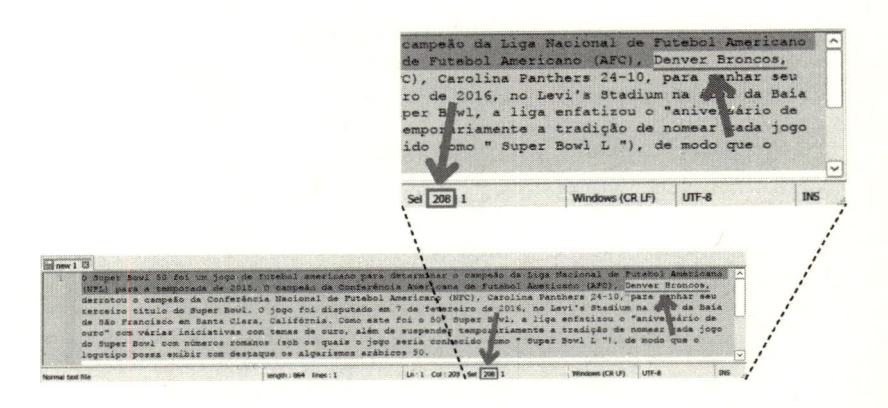

Fonte: O autor.

A imagem 3 exibe a pergunta "qual time da NFL representou a AFC no Super Bowl 50?". A coluna *ans_start* traz o valor "208", que é o caractere onde a resposta a essa pergunta se inicia. Sendo, portanto, a resposta à pergunta, *"Denver Broncos"*.

Comparando as imagens 3 e 4, é possível verificar toda a lógica desse tipo de *dataset*.

Até a data deste artigo, o *dataset* de treino do SQuAD-pt_BR-V1.1 (HUGGING FACE, 2024), utilizado na imagem 3, continha, aproximadamente, 78 mil registros ou linhas.

Essas linhas contêm todas as colunas citadas anteriormente. Contudo, a cada nova linha, mudam-se os valores, mas a lógica permanece a mesma. Sendo assim, o treino do modelo com esse *dataset* acontece com 78 mil contextos, perguntas, índices das respostas, e respostas.

Embora não se possa generalizar, a situação mais encontrada é a de que um modelo poderá generalizar a partir do treinamento realizado com o *dataset*.

Nesses casos, o modelo aprende os padrões gerais dos textos no *dataset* para poder responder a outras, mas não todas, perguntas e respostas. Se for necessário mais alguma informação ou refinamento, poderá ser feito um ajuste fino (*fine-tuning*), já abordado anteriormente.

Para treinar uma IA do tipo perguntas e respostas, é necessário fornecer um contexto para que ela consiga generalizar ao receber uma pergunta. Generalização, de forma ampla, é a capacidade da IA de aplicar os padrões aprendidos durante o treinamento para gerar respostas adequadas a novas entradas.

Além do contexto, é preciso notar que a pergunta, a resposta e onde a resposta está precisam ser informados também.

Isso deixa claro que é preciso uma profunda intervenção humana para entregar as informações corretamente, como elas são, para que a inteligência artificial possa "aprender" e começar a operar.

Logo, mesmo que existam aprendizados não supervisionados de máquina, que, ainda assim, dependem da ação humana, resta demonstrado que a inteligência artificial é resultado de um processo humano, desde a sua matéria-prima até o produto final.

Nesse sentido, será debatida posteriormente a inexistência de neutralidade em textos e posicionamentos, ainda que estes sejam científicos. Esse talvez seja o ponto nevrálgico das IAs, pois caso um *dataset* esteja contaminado por padrões não representativos, essa situação pode se traduzir em uma IA enviesada, que gera danos a determinados grupos ou indivíduos.

Por oportuno, vale lembrar que o *dataset* não é a única fonte de riscos para uma IA, pois o enviesamento pode se dar de inúmeras formas.

No próximo tópico, cuida-se de exemplificar algumas preocupações com a aplicação indiscriminada e sem a supervisão adequada das IAs.

3.2 Riscos na utilização de inteligências artificiais

Reitera-se, como dito alhures, que não é a intenção deste trabalho desmerecer ou desencorajar o uso de inteligências artificiais. Pelo contrário! Ao demonstrar os riscos já identificados com a aplicação das IAs, quer-se que eles sejam devidamente tratados e mitigados para que o emprego da IA não sofra impactos negativos com problemas já conhecidos.

Sobre o gerenciamento de riscos para inteligências artificiais, Melissa Hamilton (2020) cita ferramentas que já estão em utilização por sistemas judiciários. Essas ferramentas objetivam avaliar os riscos de um réu reincidir, por exemplo. Isso importa, pois essa avaliação pode mudar o resultado final de uma sentença.

Conforme ensina a autora, já existem diversas ferramentas para a avaliação de riscos em relação ao réu e outras situações que já são usadas. Como exemplo, citam-se: (i) *Correctional Offender Management Profile for Alternative Sanctions* (COMPAS); (ii) *Historical Clinical Risk Management*-20 (HCR-20; (iii) *Level of Service/Case Management Inventory* (LS/CMI); (iv) *Offender Group Reconviction Scale*, entre outras.

Os critérios sugeridos pela autora para avaliação dessas ferramentas são:

(i) adequação (*fitness*): se a avaliação de riscos está de acordo com o contexto da sentença;

(ii) precisão (*accuracy*): se a ferramenta é capaz de diferenciar entre reincidentes e não reincidentes (discriminação), e se prevê com precisão a probabilidade de reincidência (calibração);

(iii) confiabilidade (*realiability*): se a ferramenta possui consistência em diferentes casos e com diferentes usuários ou avaliadores.

A autora apela para que os juízes sejam os guardiões, sempre responsáveis por avaliar cientificamente essas ferramentas. Para tanto, os magistrados devem questionar a validade científica das ferramentas de avaliação de riscos, exigir evidências que comprovem a precisão, adequação e confiabilidade da ferramenta ao contexto específico da sentença, avaliar os benefícios na utilização da ferramenta, bem como compreender a metodologia de pontuação da ferramenta, os dados utilizados para o seu desenvolvimento (*datasets*), as taxas de erros e a frequência com que *overrides* são aplicados.

O trabalho define que *overrides* ocorrem quando um juiz, responsável por utilizar uma ferramenta de avaliação de riscos numa decisão, rejeita a predição do algoritmo e a substitui por outra com resultado diferente.

A pesquisa de Melissa Hamilton (2020) é fundamental para comprovar a complexidade na utilização de ferramentas de inteligência artificial, demonstrando a necessidade de validação e transparência quando de sua aplicação.

Melissa Hamilton (2020) ainda defende que o contexto do réu sempre esteja relacionado com sua decisão, pois não se pode aplicar uma regra geral a todos os casos sem compreender corretamente sua casuística.

Por esse motivo, reforçando a necessidade de análise crítica pelos juízes, a autora destaca alguns problemas identificados com essa abordagem, são eles: (i) falta de transparência dos desenvolvedores que alegam sigilo sobre o método e os dados utilizados; (ii) viés de fidelidade, que permite a profissionais contratados pela acusação ou defesa justificarem resultados a benefício de quem os contratou; (iii) *overrides* sem justificativas, como já explicado anteriormente; e (iv) a dependência de dados específicos, que também já foi explicada, sobre a necessidade de considerar a casuística do caso e do réu.

Embora no trabalho citado os juízes ainda decidam, se preocupando apenas com a avaliação de riscos feita pela IA, Lenio Streck (2023) aduz que "[...] aliás, no Brasil robôs já fulminam recursos. Logo, robôs julgam o seu recurso, uma vez que fulminar de plano um recurso é o mesmo que julgar o recurso. Robô julga. E julga também casos (já mostrei aqui e aqui semana passada) de tributos e quejandices outras". No contexto do artigo, robô é um algoritmo de IA que realiza atividades repetitivas.

Sobre as afirmações do autor Lenio Streck, cabem alguns questionamentos, como: (i) com quais *datasets* os robôs foram treinados? (ii) Quais foram as métricas obtidas com a avaliação dos robôs? (iii) Quais são os critérios utilizados para o julgamento dos robôs? (iv) Uma vez compreendida a lógica do julgamento dos robôs, é possível burlá-la? (v) A possibilidade de vieses nas decisões dos robôs foi devidamente avaliada e tratada?

A transparência do Poder Judiciário argumentada neste trabalho se traduz na comunicação ostensiva das características de automações ou simples usos feitos com o auxílio da IA. Tudo porque algoritmos de IA podem cometer, não raros, equívocos e erros.

Cite-se o caso do magistrado brasileiro que utilizou em sua sentença um precedente inexistente do Superior Tribunal de Justiça (STJ) que foi inventado pelo ChatGPT, usado para auxiliar na elaboração da decisão. Essa questão somente foi descoberta após uma pesquisa realizada pelo advogado da parte (CONJUR, 2023).

Quando uma IA "inventa" um texto, como no caso citado acima, costuma-se chamar de *hallucination* ou alucinação. Contudo, este trabalho considera que esse termo seja incorreto, pois assume que, em momento pretérito, a IA estava lúcida e consciente, sendo essas características impossíveis às ferramentas de IA. Portanto, considera-se que o termo confabulação ou *confabulation* seja o mais correto, pois "[...] reflete a geração de informações falsas sem percepção consciente" (SMITH; GREAVES; PANCH, 2023).

Em outro estudo, Hao (2019) constata que algoritmos de inteligência artificial, especialmente para a avaliação de risco de reincidência, similar ao trabalho da autora Melissa Hamilton (2020), por serem alimentados com dados históricos, estariam mais propensos a avaliar erroneamente, gerando prejuízos para comunidades minoritárias, pois as indicariam com maiores riscos, perpetuando as disparidades já existentes do sistema criminal.

Os erros cometidos por IAs não ocorrem apenas no Poder Judiciário. Obermeyer *et al.* (2019) evidenciam os problemas de vieses raciais em algoritmos de saúde, evidenciando, inclusive, que menos dinheiro é gasto no tratamento de pacientes negros em comparação a pacientes brancos, mesmo que tenham apresentado uma carga de doença significativamente maior do que em pacientes brancos.

Segundo os autores, essa diferença ocorre por causa de desigualdades no acesso a cuidados de saúde, entre outras situações.

Por esse motivo, é preciso prestar especial atenção a inúmeros pontos do desenvolvimento de uma inteligência artificial, notadamente, aos seus possíveis vieses. É o que se aborda no próximo tópico.

4 Vieses conhecidos nas ferramentas de inteligência artificial

Como foco deste artigo, a questão dos vieses nas inteligências artificiais merece especial atenção, pois como as IAs são treinadas com dados gerados pelos seres humanos, ainda que durante a realização de atividades científicas, é preciso estar atento à natural existência de vieses.

Segundo Tversky e Kahneman (1974), o viés pode ser classificado como erro sistemático e previsível do julgamento humano, que busca simplificar esse processo através de heurísticas. Para esses autores, vieses não são causados por fatores motivacionais, como ilusões ou distorções de julgamento por recompensas ou punições, mas, sim, quando indivíduos são incentivados à precisão e recompensados por respostas corretas. Para os autores, a existência de vieses não se limita a leigos, pois pesquisadores experientes também são propensos aos vieses quando pensam intuitivamente.

Ainda de acordo com Tversky e Kahneman (1974), os indivíduos tomam decisões em situações de incerteza. Tudo porque pensamentos e cálculos mais complexos são evitados para se adotarem "atalhos mentais" ou "regras de bolso", que simplificam o processo de julgamento. A esses "atalhos mentais" é dado o nome de heurística.

Concordam e complementam com essa definição de viés Baron e Hershey (1988) quando afirmam que há tendência à heurística para avaliar as decisões pelos seus resultados. Nesse sentido, uma decisão é boa ou ruim de acordo com seus argumentos. O único ponto divergente entre os autores é que estes trazem que alguns indivíduos creem que certas pessoas tenham a sorte como uma propriedade que lhes assiste em suas decisões.

Sendo assim, o estudo do tema dos vieses é de inquestionável importância quando se pretende adotar sistemas de inteligência artificial, desde o auxílio em atividades como classificação, resumo e organização de informações, até para a tomada de decisões, como já ocorre com o Poder Judiciário.

Segundo dados do Conselho Nacional de Justiça – CNJ (2024, p. 15):

> No âmbito da Administração Pública nacional, os tribunais têm liderado as aplicações de inteligência artificial. De acordo com dados de pesquisa do CNJ, 66% dos tribunais brasileiros têm projetos de IA em desenvolvimento e, no âmbito do Sinapses, já há registro de 147 sistemas de IA aplicados a diferentes tarefas nos tribunais.
>
> Atualmente, predominam nas aplicações de IA aos tribunais e à prática jurídica em geral os modelos de aprendizado de máquina que extraem padrões em documentos por meio de métodos estatísticos, nos quais se baseiam as predições e as decisões automatizadas. Isso significa que, à exceção de possíveis mecanismos auxiliares de ontologias semânticas na classificação de informações extraídas, os modelos de IA não são dotados de representação do conhecimento jurídico ou capacidade de realização de inferências típicas do raciocínio jurídico. Ou seja, a tecnologia empregada não simula a capacidade humana de interpretação, construção de conceitos jurídicos, argumentação e realização de inferências práticas a partir de normas jurídicas ou éticas.

Sobre algumas das aplicações da IA no Poder Judiciário, conforme o CNJ (2024, p. 21-22), tem-se que:

[...] ocorrem tanto nas atividades-meio (administrativas), quanto nas atividades-fim, a saber:

a. Automação de tarefas repetitivas: eficiência operacional e economia de tempo dos servidores e das servidoras.

b. Suporte à decisão e eficiência operacional: auxílio a decisões e redução do tempo de tramitação dos processos.

c. Melhoria em serviços de atendimento: uso de IA em balcões virtuais, chatbots e tradução de "juridiquês" para linguagem comum.

d. Otimização de processos administrativos: IA aplicada em licitações, estratégias administrativas e resolução de problemas administrativos.

e. Análise aprofundada de documentos e precedentes: melhoria da análise jurídica e da identificação de litispendência e demandas predatórias.

f. Apoio à tomada de decisão judicial: auxílio a magistrados em minutas de decisão e julgamentos.

g. Concentração em análises processuais: foco em análises qualificadas e contribuições diretas para atividades judicantes.

h. Minimização de deficiências processuais: redução de erros e ineficiências no processo judicial.

i. Eficiência na prestação jurisdicional: agilização do processamento judicial, especialmente em anos eleitorais

Dentre as atividades citadas acima, todas elas, mas, principalmente, os itens e, f, g, h, e, i, podem sofrer com os vieses das IAs.

Para se ter certeza de que não existem vieses nas iterações das IAs, é preciso realizar testes com a finalidade de avaliar essas questões. As formas de se mitigarem vieses serão abordadas no próximo capítulo.

As IAs generativas provavelmente são as mais suscetíveis de sofrerem com vieses.

Sobre qual modelo de IA seria utilizado para as IAs generativas de texto, o relatório do CNJ informa que "a maioria usa ferramentas abertas na Internet" (CNJ, 2024, p. 81).

Como ainda não existem grandes fornecedores de IAs generativas de texto no Brasil, é natural que grandes *players*, como a OpenAI, o Google, a Anthropic, entre outros, estejam nessa lista.

Os principais fornecedores de IA referem-se a modelos pré-treinados. Um dos possíveis problemas que eles podem apresentar é a questão do idioma, pois as IAs podem receber as solicitações e executá-las em português, mas isso não garante que elas foram treinadas com *datasets* construídos em língua portuguesa sobre todos os temas sobre os quais conseguem executar.

É preciso esclarecer que as IAs generativas foram treinadas para saber o idioma português, mas provavelmente não foram treinadas sobre história do Brasil em português. Possivelmente, receberam esse treinamento com conteúdos em inglês.

Portanto, argumenta-se que algumas IAs traduzem a solicitação para o inglês; por exemplo, utilizam os dados em inglês para retornar e, quando retornam, fazem uma nova tradução para o português. E isso ocorre com toda nova solicitação realizada.

Especificamente sobre vieses em inteligências artificiais, cite-se a Associação Brasileira de Normas Técnicas (ABNT), que, em seu relatório técnico, ABNT ISO/IEC TR 24027 (2024, p. 2), traz que viés é a "diferença sistemática no tratamento de certos objetos, pessoas ou grupos em comparação com outros".

No entanto, o mesmo relatório técnico ressalta que "[...] são as diferenças sistemáticas na percepção humana, na observação e na representação resultante do ambiente e das situações que tornam possível a operação dos algoritmos de ML (*Machine Learning*) [*sic*]" (ABNT, 2024, p. 3).

Sobre o problema dos vieses em inteligências artificiais, Suresh e Guttag (2021) propõem um *framework*[2] para identificar e tratar essas questões. Mesmo que o documento da ABNT citado anteriormente e outros autores também criem classificações para os vieses que podem existir, a proposição de Suresh e Guttag (2021) é feita dentro do ciclo de vida de uma inteligência artificial, tornando mais fácil a sua compreensão. Veja a imagem 5 a seguir.

---

[2] No contexto deste trabalho, *framework* pode ser entendido como um conjunto estruturado de definições e processos, bem como um modelo teórico ou conceitual.

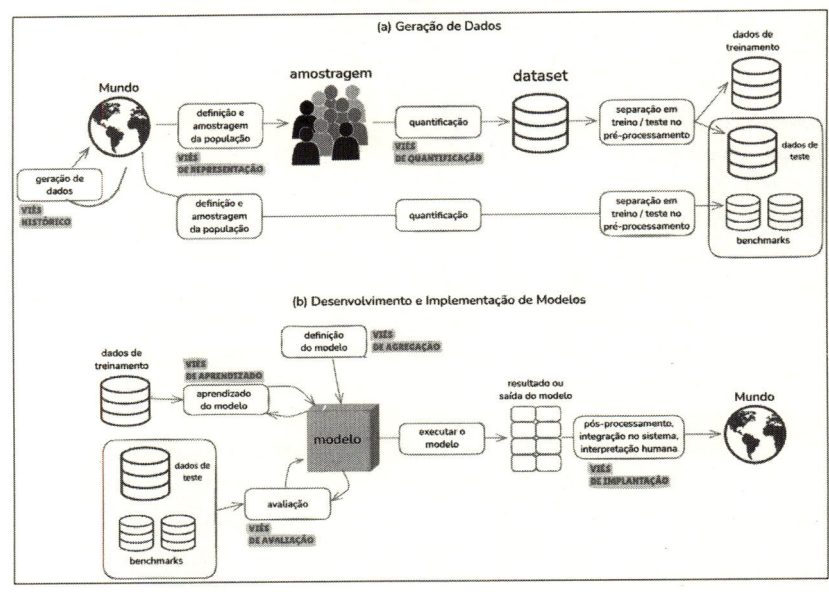

Imagem 5 – Possíveis vieses dentro do ciclo de vida
de uma inteligência artificial

Fonte: Suresh e Guttag (2021), com redesenho e tradução do autor.

A imagem 5 possui dois processos, a saber: (a) geração de dados, exemplificando como os dados são gerados no mundo (1), passando por definições com base na amostragem da população (2), para depois serem quantificados (3). Após isso, pode-se criar um *dataset*, que é posteriormente segregado em *dataset* de treino e *dataset* de testes num pré-processamento.

Já o fluxo (b) desenvolvimento e implementação de modelos é uma continuação do fluxo (a) que traz a definição do modelo (4) e que utiliza os *datasets* já criados para o "aprendizado" do modelo (5) e para a sua avaliação (6). Com o sucesso da avaliação, é possível executar o modelo para validar suas métricas. Caso os resultados sejam satisfatórios, tem-se a implantação do modelo (7), disponibilizando-o para sua utilização, exemplificado na imagem como o mundo. Isso gera um fluxo de retroalimentação de dados do mundo para o mundo.

Cada um dos itens numericamente marcados pode conter um viés, conforme a nomenclatura adotada pelos autores. Sendo assim, passa-se a explicá-los.

(1) *Viés histórico*: ocorre quando os dados gerados e coletados, ainda que medidos e amostrados, contêm informações que geram resultados negativos ou prejudiciais a determinada população ou grupo. Como exemplo, pode-se citar dados que possuam conteúdos racistas, misóginos, homofóbicos, entre outros.

(2) *Viés de representação*: no momento em que a amostra selecionada para o desenvolvimento não representa ou sub-representa parte da população, falhando ao generalizar para um subconjunto dela, tem-se esse viés. Segundo os autores, isso pode ocorrer de várias formas:

I. ao se definir a população-alvo, ela não reflete a população que utiliza o modelo – um modelo que utiliza dados populacionais do Nordeste do Brasil pode não representar a população do Sul do país;

II. ao se definir a população-alvo, ela contém grupos sub-representados – um conjunto de dados de saúde cuja seleção se deu por idades no intervalo de 18-40 pode sub-representar mulheres grávidas ou pessoas calvas;

III. a amostra da população é limitada ou desigual – uma amostra da população utilizada não contém todas as informações e pode não representar a todos que nela se encontram.

(3) *Viés de quantificação ou viés de medição*: pode ocorrer durante o processo de escolha, coleta e cálculo das características e rótulos para o uso em predições de aprendizado de máquina. Para esse viés, os autores utilizam o conceito de *proxy*, que é uma funcionalidade ou rótulo, de medidas concretas, que são escolhidas para aproximar outras ideias ou conceitos, que os autores chamaram de *constructo*; sendo assim, esse viés pode surgir quando *proxies* não refletem com precisão o *constructo* pretendido. Segundo os autores, os *proxies* se tornam problemáticos quando:

I. o *proxy* é excessivamente simplificado para um *constructo* mais complexo;

II. o método de quantificação varia em diferentes grupos;

III. a precisão da quantificação varia em diferentes grupos.

(4) *Viés de agregação*: "o viés de agregação surge quando um modelo de tamanho único é usado para dados nos quais há grupos subjacentes ou tipos de exemplos que devem ser considerados de forma diferente" (SURESH; GUTTAG, 2021).

Mesmo que um conjunto de dados específicos represente pessoas ou grupos distintos que tenham origens, culturas ou normas diferentes, esse viés pode resultar num modelo que não atende a nenhum grupo.

Como já foi abordado anteriormente, caso seja desenvolvido um modelo para prever a reincidência criminal, treinado com dados de todo o país, mas sem considerar as diferenças regionais e socioeconômicas que influenciam a criminalidade, o modelo poderia reforçar desigualdades existentes, gerar decisões judiciais enviesadas, influenciando magistrados a serem mais rigorosos ou apresentar um desempenho pior em regiões com características específicas.

Como consequência, seriam verificados o aumento da população carcerária, a perpetuação de ciclos de pobreza e marginalização, entre outras situações possíveis.

(5) *Viés de aprendizado*: ocorre quando decisões de modelagem, tomadas durante o desenvolvimento do modelo, conduzem a resultados injustos ou imprecisos para determinados grupos ou subconjuntos de dados. Esse viés pode afetar a equidade e a imparcialidade do modelo, por exemplo.

(6) *Viés de avaliação*: surge quando os dados utilizados para avaliar o modelo não representam a população que esse modelo atenderá na prática. No momento em que um modelo é treinado com dados sobre a saúde de jogadores de futebol, sua avaliação será enviesada caso ela seja realizada com dados sobre a saúde de nadadores, por exemplo.

(7) *Viés de implantação*: ocorre quando o objetivo definido para um modelo não encontra equivalência na forma como ele é utilizado.

Sobreleva ressaltar que a ocorrência desses vieses não é excludente, ou seja, todos os sete vieses podem ocorrer simultaneamente quando do desenvolvimento de um modelo.

Diante disso, observando os vieses como riscos ao desenvolvimento de modelos, faz-se necessário elaborar um ou mais planos de mitigação para essas situações, tema do próximo tópico.

5 Mitigando vieses nas ferramentas de inteligência artificial

Selecionado o modelo que será utilizado, a fim de se evitarem vieses, algumas ações precisam ser adotadas.

Em modelos pré-treinados, todas as questões relevantes sobre os possíveis vieses devem ser debatidas com o fornecedor da IA para a continuidade da utilização da ferramenta fornecida. Algumas empresas possuem formas de prevenir a ocorrência de muitos vieses. Em determinados casos, isso pode ser suficiente. Porém, é necessário avaliar se esses mecanismos conseguem mitigar os riscos.

Já para modelos que serão treinados, o *framework* apresentado acima é um ótimo ponto de partida para desenvolver uma nova ferramenta já pensando em mitigar possíveis vieses.

Nesse caso, é primordial "o conhecimento do contexto e do uso pretendido de um modelo, devendo informar a identificação e o tratamento de fontes de danos" (SURESH; GUTTAG, 2021).

Há três pontos que norteiam todo esse processo com segurança, tendo sempre como resultado a mitigação de riscos oriundos dos vieses, entre outros.

O primeiro passo é focar na ética. É preciso que ela seja sempre a prioridade em detrimento de qualquer outro objetivo no desenvolvimento e utilização da IA.

O segundo é formalizar um *framework* – a imagem 5 traz uma sugestão de *framework*. Por esse motivo, a entidade deve formalizar como funciona sua relação com as inteligências artificiais. Possivelmente, um documento orientativo de boas práticas também pode ser elaborado para desenvolvedores e usuários das IAs.

Por oportuno, recomenda-se a capacitação dos colaboradores no uso das IAs. Mesmo que pareça simples, os usuários precisam saber que uma IA pode confabular. Além disso, devem compreender o que é um *prompt*[3] e como elaborá-lo de forma a minimizar eventuais comportamentos ou retornos inesperados da IA, por exemplo.

Ainda que essa temática não seja de autoria exclusiva de Shneiderman (2022), ele publicou uma obra sobre inteligências artificiais centradas em humanos – do inglês, *human-centered AI*.

Quando Shneiderman (2022, p. 53) estabelece o desenvolvimento de sistemas de IA *"reliable, safe and trustworthy"* – no português, sistemas de IA confiáveis, seguros e merecedores de confiança –, o terceiro adjetivo carrega consigo a certeza de que a IA tenha sido desenvolvida com ética, valores morais e transparência.

---

[3] *Prompt* pode ser compreendido como comandos ou instruções que uma IA recebe do usuário.

O autor define ainda *"reliable, safe and trustworthy"* como quatro níveis de recomendações: (i) sistemas confiáveis baseados em práticas sólidas de engenharia de *software*, (ii) cultura de segurança por meio de estratégias de gestão empresarial, (iii) certificação confiável por supervisão independente e (iv) regulamentação por órgãos governamentais.

No primeiro nível, as práticas sólidas de engenharia de *software* trazem a responsabilidade humana, a justiça e a explicabilidade como características, que incluem:

1. trilhas de auditoria e ferramentas de análises;
2. fluxos de trabalho para a engenharia de *software*;
3. testes de verificação e validação;
4. testes de vieses para reforçar a justiça;
5. interfaces de usuários explicáveis.

Note-se que o autor destaca a necessidade de testes específicos para detectar vieses.

Nesse nível, a ideia do autor é que a segurança dos sistemas de IA funcione como na aviação civil, propiciando insumos para uma investigação de forma que se possa compreender o que tenha ocorrido num sistema de IA.

Reitera-se o que já foi dito sobre a utilização de modelos pré-treinados, pois é necessário compreender o funcionamento desses sistemas para mapear como a mitigação de vieses pode ser realizada.

Vale lembrar que os modelos pré-treinados possuem um aviso legal (*disclaimer*), pois não se trata de mero alerta, informando que a IA "[...] pode cometer erros. Considere verificar informações importantes" ou que a IA "[...] pode cometer erros. Por isso, cheque as respostas".

Toda inteligência artificial "comete erros" ou confabula. Tudo porque, como já foi informado, trata-se de sistemas, e não de inteligências, e, como todo sistema, pode conter erros de desenvolvimento, funcionamentos inesperados, entre outros.

Principalmente quando a intenção é melhorar a prestação da tutela jurisdicional através da tecnologia, o Poder Judiciário precisa adotar os meios necessários à garantia da transparência e da eficiência, minimamente.

Ao adotar a transparência, o Poder Judiciário não cumpre apenas uma previsão constitucional, mas também permite que ele receba contribuições para a melhoria contínua das ferramentas de IA.

Não exclusivamente, mas, principalmente, a Ordem dos Advogados do Brasil (OAB) deve participar da auditoria e monitoramento das ferramentas de IA utilizadas pelo Poder Judiciário.

Alguns autores sugerem caminhos simples para a transparência das ferramentas de IA, o que se verá no próximo capítulo.

6 O princípio da transparência do poder público e a auditoria da OAB

A transparência com as ferramentas de IA se torna simples com a adoção de alguns dispositivos. Mitchell *et al.* (2019) propõem a adoção de cartões de modelos, que é um documento que centraliza e informa as principais características do modelo de IA adotado.

Além disso, também são utilizadas planilhas ou folhas de dados de IA – do inglês, *factsheets* (IBM, 2024). Elas complementam os cartões de modelo por trazerem informações mais técnicas sobre as IAs.

Ambas as ferramentas objetivam propiciar uma profícua governança das ferramentas de IA. Para uma correta gestão das ferramentas de IA, deve-se adotar ambos os documentos.

A imagem 6 traz um padrão de cartão de modelo de IA.

Imagem 6 – Cartão de modelo de IA

Cartão de Modelo

Detalhes do Modelo: Informações básicas sobre o modelo.
- Pessoa ou organização que desenvolveu o modelo.
- Data do modelo.
- Versão do modelo.
- Tipo do modelo.
- Informações sobre algoritmos de treinamento, parâmetros, restrições de justiça ou outras abordagens aplicadas e características.
- Artigo ou outro recurso para mais informações.
- Detalhes de citação: como o modelo deve ser citado ou referenciado.
- Licença ou formas de licenciamento.
- Onde enviar perguntas ou comentários sobre o modelo.

Uso Pretendido: Casos de uso previstos durante o desenvolvimento.
- Usos principais pretendidos.
- Usuários principais.
- Casos de uso fora do escopo.

Fatores: Os fatores podem incluir grupos demográficos ou fenotípicos, condições ambientais, atributos técnicos, dentre outros.
- Fatores relevantes.
- Fatores de avaliação.

Métricas: As métricas devem ser escolhidas para refletir os potenciais impactos reais do modelo.
- Medidas de desempenho do modelo.
- Limiares de decisão.
- Abordagens de variação.

Dados de Avaliação: Detalhes sobre os conjuntos de dados usados para as análises quantitativas no cartão.
- Conjuntos de dados.
- Motivação.
- Pré-processamento.

Dados de Treinamento: Pode não ser possível fornecer na prática. Quando possível, esta seção deve refletir os Dados de Avaliação. Se tal detalhamento não for possível, informações mínimas permitidas devem ser fornecidas aqui, como detalhes da distribuição sobre vários fatores nos conjuntos de dados de treinamento.

Análises Quantitativas:
- Resultados unitários.
- Resultados interseccionais.

Considerações Éticas: Quais dados foram utilizados, o sistema tomará decisões que influenciarão sobre vidas humanas, mitigações, riscos e danos, e, casos de uso.

Advertências e Recomendações: Caso existam considerações adicionais para a utilização do modelo.

Fonte: Mitchell *et al.* (2019), com tradução do autor.

Um exemplo da utilização na prática de cartões de modelo é o Cartão do Modelo GPT-3 (OPENAI, 2020).

Enquanto os cartões de modelo fornecem informações gerais sobre o modelo de IA usado, as planilhas de dados fornecem informações mais técnicas, podendo segregar-se em fases da construção de um modelo de IA, como a de desenvolvimento e a de implantação (*deployment*).

A imagem 7 exibe uma planilha de dados com informações gerais do modelo.

Imagem 7 – Planilha de dados de IA

Model information	
Model description	Machine learning model developed to determine the risk level associated with a loan application
IBM OpenPages model	MOD_0000001
IBM OpenPages model status	Decommissioned
Tags	
Model ID	a20f37d6-10cf-4bb3-a979-1cf3ac5a6268
Last modified	May 23, 2022, 06:54 AM
Created	May 13, 2022, 07:02 AM
Created by	admin
Prediction type	classification
Algorithm	XGBClassifier
Model type	wml-hybrid_0.1
Software specification	hybrid_0.1

Fonte: IBM (2024).

Já a imagem 8 traz os dados utilizados no treinamento do modelo.

Imagem 8 – Planilha de dados de IA com informações
sobre o treinamento do modelo

Training information	
Watson Studio project	Banking Demo Project
Training data source	banking_demo_train.csv
Asset type	Data asset
Source type	CSV
Number of features	20
Hybrid pipeline	autoai-kb_rt22.1-py3.9

Fonte: IBM (2024).

A imagem 9 exibe a planilha de dados contendo as métricas do modelo.

Imagem 9 – Planilha de dados de IA com as métricas do modelo

Metric	Training data	Holdout data
Accuracy	0.78608155	0.78957915
Average precision	0.9146177	0.48432884
Balanced accuracy	0.7368683	0.73770833
F1	0.846288	0.8497854
Log loss	-0.4453025	-0.45171252
Precision	0.8100078	0.8092643
Recall	0.88624495	0.89487834
Roc auc	0.84444326	0.15521967

Fonte: IBM (2024).

A utilização de cartões de modelo combinados com as planilhas de dados atende a transparência esperada do Poder Judiciário.

A governança das ferramentas de IA pela justiça brasileira é fundamental para o sucesso da inclusão dessa tecnologia como efetiva ferramenta auxiliar da justiça.

Uma vez que as informações sejam disponibilizadas, permite à OAB acompanhar, observar e auditar as ferramentas de IA, o que aumenta a transparência e permite que a OAB auxilie no funcionamento dessas ferramentas. Isso porque os advogados são diretamente impactados pela utilização das ferramentas de IA.

Ainda resta responder outras questões, como: qual providência será adotada pelo Poder Judiciário após verificar que uma IA adotou posicionamentos discriminatórios e injustos? Essas decisões discriminatórias, ainda que pequenas decisões oriundas de automatizações, permitirão a coisa julgada, perpetuando injustiças? Poderão elas ser questionadas por recursos, ações autônomas ou até mesmo por ações rescisórias? E os efeitos de eventual revogação, serão *ex nunc* ou *ex tunc*?

Nota-se que ainda há muito trabalho a ser feito e, para evitar situações como as que foram questionadas, a OAB deve fazer parte do grupo permanente de governança de IA do Poder Judiciário.

7 Considerações finais

Há tempos se notifica que a inteligência artificial chegaria provocando mudanças sociais inimagináveis. Porém, o que se viu foram ferramentas com grandes potenciais, mas distantes da revolução anunciada.

Ainda assim, as ferramentas de IA possuem um enorme potencial para transformar o Poder Judiciário. Porém, essa tecnologia demanda especial atenção e uma gestão rigorosa para assegurar a observância de princípios constitucionais, como a igualdade, a transparência e a justiça em si.

Nesse ínterim, os vieses destacam-se como o principal desafio, exigindo atenção constante para evitar que decisões automatizadas perpetuem desigualdades ou cometam injustiças.

Por esse motivo, este trabalho exibiu instrumentos que permitem avaliar e conduzir a utilização das ferramentas de IA de forma a assegurar uma correta prestação da tutela jurisdicional.

Sendo assim, ao se desenvolver ou utilizar ferramentas de IA concebidas centradas em humanos, tem-se a ética como sua base, tornando-as mais confiáveis.

Para isso, não se poderá deixar de fornecer a transparência necessária para todos os envolvidos e os destinatários dos efeitos de eventuais decisões.

Portanto, a adoção de ferramentas de IA pelo Poder Judiciário é fortemente encorajada, de forma que sejam usadas como instrumentos de promoção da justiça e dos direitos e garantias fundamentais, contribuindo para um avanço tecnológico que respeita e beneficia toda a sociedade.

Referências

ABNT ISO/IEC TR 24027. *Tecnologia da Informação - Inteligência artificial (IA) - Viés em sistemas de IA e tomada de decisão auxiliada por IA*. 2024.

ANTHROPIC. *Claude*. Disponível em: https://claude.ai. Acesso em: 17 nov. 2024.

BARON, J.; HERSHEY, J. C. Outcome bias in decision evaluation. *Journal of Personality and Social Psychology*, vol. 54, n. 4, 1988, p. 569-579. Disponível em: https://www.sas.upenn.edu/~baron/papers/outcomebias.pdf. Acesso em: 21 nov. 2024.

CONJUR. *CNJ vai investigar juiz que usou tese inventada pelo ChatGPT para escrever decisão*. 2023. Disponível em: https://www.conjur.com.br/2023-nov-12/cnj-vai-investigar-juiz-que-usou-tese-inventada-pelo-chatgpt-para-escrever-decisao/. Acesso em: 24 nov. 2024.

CONSELHO NACIONAL DE JUSTIÇA – CNJ. *Relatório de Pesquisa*: o uso da inteligência artificial generativa no Poder Judiciário Brasileiro. Disponível em: https://www.cnj.jus.br/wp-content/uploads/2024/09/cnj-relatorio-de-pesquisa-iag-pj.pdf. Acesso em: 17 nov. 2024.

GOOGLE. *Gemini*. 2024. Disponível em: https://gemini.google.com/app. Acesso em: 17 nov. 2024.

HAMILTON, M. Judicial gatekeeping on scientific validity with risk assessment tools. *Behav Sci Law*, v. 38, 2020, p. 226–245. Disponível em: https://doi.org/10.1002/bsl.2456. Acesso em: 18 nov. 2024.

HAO, K. MIT Technology Review. *AI is sending people to jail - and getting it wrong*. 2019. Disponível em: https://www.technologyreview.com/2019/01/21/137783/algorithms-criminal-justice-ai/. Acesso em: 24 nov. 2024.

HUGGING FACE. *SQuAD-pt_BR-V1.1*. Disponível em: https://huggingface.co/datasets/vsvasconcelos/SQuAD-pt_BR-V1.1. Acesso em: 17 nov. 2024.

IBM. *Using AI Factsheets for AI Governance*. 2024. Disponível em: https://dataplatform.cloud.ibm.com/docs/content/wsj/analyze-data/factsheets-model-inventory.html?context=cpdaas. Acesso em: 24 nov. 2024.

IBM. *Viewing model and deployment details with AI Factsheets*. 2024. Disponível em: https://dataplatform.cloud.ibm.com/docs/content/wsj/analyze-data/factsheets-viewing.html?context=cpdaas#model-factsheet. Acesso em: 24 nov. 2024.

KURZWEIL, R. *The singularity is near*: when humans transcend biology. New York: Viking, 2005.

MITCHELL, M.; WU, S.; ZALDIVAR, A. et al. *Model Cards for Model Reporting*. Disponível em: https://doi.org/10.1145/3287560.3287596. Acesso em: 24 nov. 2024.

NICOLELIS, M.; CICUREL, R. *O cérebro relativístico*: como ele funciona e por que ele não pode ser simulado por uma máquina de Turing. São Paulo: Kios Press, 2015.

OBERMEYER, Z.; POWERS, B.; VOGELI, C. et al. Dissecting racial bias in an algorithm used to manage the health of populations. *Science*, 2019, 366, p. 447-453. Disponível em: https://www.science.org/doi/10.1126/science.aax2342. Acesso em: 24 nov. 2024.

OPENAI. *ChatGPT*. Disponível em: https://chatgpt.com/. Acesso em: 17 nov. 2024.

OPENAI. *GPT-3 Model Card*. Disponível em: https://github.com/openai/gpt-3/blob/master/model-card.md. Acesso em: 24 nov. 2024.

RAJPURKAR, P. *SQuAD2.0*: the Stanford question answering dataset. Disponível em: https://rajpurkar.github.io/SQuAD-explorer/. Acesso em: 18 nov. 2024.

RAJPURKAR, P.; ZHANG, J.; LOPYREV, K. et al. *SQuAD*: 100,000+ questions for machine comprehension of text. Disponível em: https://nlp.stanford.edu/pubs/rajpurkar2016squad.pdf. Acesso em: 18 nov. 2024.

SHNEIDERMAN, B. *Human-Centered AI*. Oxford University Press: Glasgow, 2022.

SMITH, A.; GREAVES, F.; PANCH, T. Plos Digital Health. *Hallucination or Confabulation? Neuroanatomy as metaphor in Large Language Models*. 2023. Disponível em: https://doi.org/10.1371/journal.pdig.0000388. Acesso em: 24 nov. 2024.

STRECK, L. *Se o robô é para casos simples, chamemos o porteiro! Sem ofensa!* Disponível em: https://www.conjur.com.br/2023-fev-06/lenio-streck-robo-casos-simples-chamemos-porteiro-ofensa/. Acesso em: 24 nov. 2024.

SURESH, H.; GUTTAG, J. *A Framework for Understanding Sources of Harm throughout the Machine Learning Life Cycle*. Disponível em: https://doi.org/10.48550/arXiv.1901.10002. Acesso em: 18 nov. 2024.

TURING, A. M. Computing machinery and intelligence. *Mind*, 1950, p. 433-460.

TVERSKY, A.; KAHNEMAN, D. Judgment under Uncertainty: heuristics and biases. *Science*, New Series, v. 185, n. 4157, p. 1124-1131, 27 set. 1974. Disponível em: https://www.jstor.org/stable/1738360. Acesso em: 21 nov. 2024.

Informação bibliográfica deste livro, conforme a NBR 6023:2018 da Associação Brasileira de Normas Técnicas (ABNT):

MARTINELLI, Gustavo Gobi. Inteligência artificial no Poder Judiciário: identificação e mitigação de vieses para assegurar a efetiva prestação da tutela jurisdicional com a observância dos princípios constitucionais e do processo civil. *In*: ALLEMAND, Luiz Cláudio; SANTOS, Coriolano Aurélio de Almeida Camargo; MAGRO, Américo Ribeiro; GOMES, Rovena (coord.). *Processos judiciais eletrônicos*: inteligência artificial e garantia dos princípios do processo civil - algoritmos de agrupamento e similaridade. Belo Horizonte: Fórum, 2025. p. 215-241. ISBN 978-65-5518-975-9.

A INTELIGÊNCIA ARTIFICIAL E O POSITIVISMO TECNOLÓGICO NO PROCESSO DE TOMADA DE DECISÃO

HENRIQUE ALVES PINTO

TÚLIO ARANTES BOZOLA

Introdução

De modo sintético, pode-se definir o conceito de internet como a "rede de comunicações descentralizada e automantida".[1] Por meio dessa rede, são reduzidas significativamente grandes distâncias territoriais, possibilitando um enorme e crescente fluxo de interações em, praticamente, todas as áreas da existência humana na era da modernidade. Não apenas o surgimento e o aprimoramento da internet têm impactado sensivelmente a experiência humana, como também os impressionantes avanços proporcionados pela inteligência artificial pautada pela linguagem algorítmica. Esses avanços tecnológicos trazem grandes impactos sociais, que podem ser comparados ao início da Revolução Industrial, "quando se substituía a força animal pelo vapor, momento em que as sociedades modernas iniciaram um caminho sem volta na sua história".[2]

---

[1] BIAZATTI, Bruno de Oliveira; VILELA, Pedro. *Competência Internacional dos Tribunais Domésticos e Litígios de Internet*. Belo Horizonte: Instituto de Referência em Internet e Sociedade, 2018. Disponível em: irisbh.com.br/wp-content/uploadas/2018/06/Governanca_global_da_internet_IRIS.pdf. Acesso em: 8 nov. 2024.

[2] HOBSBAWN, Eric. *A Era das Revoluções*: 1789-1848. Rio de Janeiro: Paz e Terra, 2012. p. 32.

Definitivamente, o cenário jurídico, especialmente a prestação de tutela jurisdicional, não ficaria alheio a todas essas transformações proporcionadas pelas novas tecnologias automatizadas. Até mesmo porque, para além do aspecto da territorialidade, um dos elementos abordados no estudo da jurisdição, com o aumento das interações humanas provocadas pela tecnologia, novos conflitos estão surgindo, o que demanda um olhar mais atento por parte do Poder Judiciário na busca da prestação jurisdicional. E diante de tais questionamentos, várias discussões são encontradas na doutrina nacional, bem como na estrangeira, em textos que tratam da forma como o Poder Judiciário tem desenvolvido e utilizado a inteligência artificial no processo de tomada de decisão, além da necessidade de sua regulação, amparada por seus aspectos éticos.

Sob esse prisma, este texto pretende analisar, sem a pretensão de oferecer uma resposta definitiva a essas importantes questões, (i) de que maneira o aprofundamento do uso das tecnologias automatizadas na busca por uma justiça mais eficiente pode acabar provocando a criação de uma prestação jurisdicional mais pragmática; e, através dessa reflexão, (ii) compreender quais seriam os possíveis impactos percebidos pela implementação de uma justiça mais pragmática sem as devidas ponderações éticas que devem ser levadas em consideração no processo de tomada de decisão. Trata-se de uma abordagem que não pretende demonizar o uso da inteligência artificial no exercício da atividade jurisdicional, mas, ao mesmo tempo, busca demonstrar que a sua utilização de forma acrítica pode trazer sérios riscos ao destinatário final da cadeia de produção da decisão judicial, que é o jurisdicionado.

O que pode ser justificado pelo fato de que o direito processual civil contemporâneo, a exemplo da técnica redacional das cláusulas gerais contidas no Código Civil de 2002, também se revela complexo e fluído, cujo objetivo é atender às expectativas tanto da comunidade jurídica quanto da própria sociedade. E como as novas tecnologias são um dos mecanismos de fortalecimento de acesso à justiça, faz-se necessário analisar esse fenômeno diante do atual quadro de efetivação da jurisdição constitucional mediante a aceitação do ativismo judicial na implementação de direitos fundamentais, o que leva a atividade jurisdicional a ser abordada como uma das vertentes metodológicas da teoria geral do processo, pois ela está bem além da mera resolução intersubjetiva de conflitos.

Por meio dessa abordagem, este estudo pretende contribuir para que outros estudiosos do direito processual civil possam enfrentar com maior profundidade as mais variadas e complexas questões relacionadas à utilização de inteligência artificial no processo de tomada de decisão judicial.

1 O pragmatismo jurídico enquanto instrumento de justificação da utilização de inteligência artificial pelo Poder Judiciário

O pragmatismo jurídico é uma corrente jusfilosófica influenciada pelo pensamento utilitarista. O utilitarismo é uma teoria sobre os fundamentos da conduta moral e sobre o critério que, em última análise, permite avaliar e julgar as ações que são praticadas pelos indivíduos, as condutas que eles devem seguir e as normas por eles adotadas no curso de suas vidas. Uma das concepções centrais do utilitarismo tem como premissa o fato de analisar em que medida as ações das pessoas podem contribuir para a construção de uma felicidade geral em detrimento de suas próprias felicidades individuais, por meio do cálculo das consequências dessas mesmas ações praticadas pelos indivíduos. Para Stuart Mill,[3] um dos principais pensadores utilitaristas do século XIX, as ações são corretas na proporção em que tendem a "promover a felicidade, e erradas na proporção em que tendem a produzir o reverso da felicidade. Por felicidade entende-se prazer e ausência de dor; e, por infelicidade, dor e a privação do prazer". Já Jeremy Bentham,[4] o pai do utilitarismo, voltou-se para a realização de reformas sociais que pudessem tornar a sociedade melhor. Dentre tais transformações sociais, tendo por base o seu utilitarismo e a ideia de que a sociedade deveria ser organizada para promover a felicidade das pessoas, Bentham propunha, por exemplo, a separação entre Estado e Igreja, o direito ao divórcio, o direito para animais, além de uma reforma prisional.

Bentham defendia que o utilitarismo não deveria ser aplicado indiscriminadamente a toda e qualquer escolha moral individual, devendo ser utilizado sobretudo como uma referência nas reformas e mudanças na legislação – nesse caso, a sociedade, suas normas e instituições que deveriam ser organizadas na busca da felicidade da coletividade, de acordo com o utilitarismo por ele defendido.

---

[3] MILL, John Stuart. *Utilitarismo*. Tradução: Pedro Galvão. Portugal: Porto, 2005. p. 32.
[4] BENTHAM, Jeremy. *An Introduction to the Principles of Morals and Legislation*. [S. l.]: Ed. White Dog Publishing, 2010. E-book. p. 23.

A despeito da contribuição proporcionada por esses dois pensadores no campo da filosofia que estuda as concepções da ética, observa-se que, de maneira geral, o utilitarismo é dotado de dois componentes: a teoria do que é valioso e a teoria da ação correta.

Assim, o utilitarismo que aqui se deseja ressaltar é um tipo de hedonismo, que afirma que a única coisa que tem valor em si é o prazer ou a felicidade. Além disso, esse mesmo utilitarismo carrega consigo um tipo de consequencialismo ao afirmar que o que torna uma ação correta são as suas consequências. Em outras palavras, ao avaliar se algo está correto, o indivíduo deve avaliar as suas consequências práticas. Trata-se de um critério prático e coerente das ações, conforme proposto por Bentham.

Nesse sentido, por ser o pragmatismo jurídico uma linha teórica que se enquadra entre as teorias contemporâneas da justiça e que, por conta do consequencialismo oriundo do utilitarismo, nele encontra uma de suas bases de apoio, será feita, na sequência, uma breve análise a respeito de algumas de suas características, bem como da correlação da importância desse aporte teórico ligado ao processo de utilização de inteligência artificial pelos principais tribunais do Judiciário brasileiro.

Enquanto corrente filosófica, o pragmatismo compartilha a ideia de que a veracidade de uma hipótese deve ser aferida de acordo com as consequências práticas da sua aplicação. Para Posner, o âmago do pragmatismo "é meramente uma tendência em basear ações em fatos e consequências".[5] Uma importante regra metodológica da concepção pragmatista é da subdeterminação da teoria pelos dados, tidos como estruturas convencionais que servem para organizar e classificar regularidades empíricas sem qualquer valor objetivo a eles agregado. Logo, "a relação dessas estruturas com as consequências empíricas é o único meio para avaliar suas escolhas, contudo, por meio de critérios de praticidade e de características estéticas como simplicidade".[6]

No que se refere à vertente jurídica, um dos objetivos principais do pragmatismo é afastar das decisões judiciais a análise de questões prejudiciais e metafísicas, mantendo o foco do julgador em uma suposta

---

[5] POSNER, Richard Allen. *Direito, Pragmatismo e Democracia*. Rio de Janeiro: Forense, 2010. p. 2.

[6] CHIAPPIN, J. R. N.; LEISTER, Carolina. A concepção pragmatista/utilitarista e sua importância na relação entre epistemologia e ciência na emergência da ciência contemporânea. *Cognitio-Estudos: Revista Eletrônica de Filosofia*, São Paulo, v. 5, n. 2, p. 114-118, jul./dez. 2008. Disponível em: http://www.pucsp.br/pos/Filosofia/Pragmatismo. Acesso em: 5 nov. 2024.

objetividade no trato de algumas questões que podem ser consideradas complexas. Assim, a decisão proferida pelo Poder Judiciário deve se fundamentar naquilo que seria mais interessante do ponto de vista de suas consequências. Em outros termos, "se Platão é o pai do idealismo metafísico, o pragmatismo busca se constituir como o inverso do platonismo, ou seja, afastando o Direito de fundamentações lastreadas em filosofias idealistas e morais (tal como a de Dworkin)".[7]

Por enfatizar a concepção de contextualismo, o pragmatismo jurídico prioriza a importância do contexto histórico e das experiências humanas de cada indivíduo nas investigações científicas e teóricas de justiça. Assim, se todo conhecimento surge em dado contexto, não é necessário idealizar conceitos abstratos, absolutos, válidos e atemporais, ou seja, aplicáveis e válidos para quaisquer realidades. De acordo com Posner, "além do conhecimento ser local ele também é perspectivo, sendo moldado pelas condições históricas e outras condições nas quais é produzido".[8]

Não se busca desconsiderar a importância de outras características do pragmatismo jurídico, como o antifundamentalismo, que, resumidamente, pode ser considerado como a contraposição a argumentos metafísicos como suportes teóricos de decisões judiciais, e o experimentalismo, que parte da premissa de que toda a análise e estruturação do pensamento partem da experimentação, ou seja, o conhecimento só pode ser tido como provado quando demonstrada a sua utilidade ou eficácia prática. Porém, observa-se que o grande destaque do pragmatismo jurídico, até mesmo porque essa corrente da filosofia do direito é marcada pelos traços do utilitarismo, como visto anteriormente, é a sua natureza consequencialista.

O consequencialismo preconiza que se priorizem sempre as soluções que produzem os melhores resultados práticos. Daí advém a lógica da praticidade, que substitui as noções idealistas: "É mais construtivo focar nas consequências práticas das decisões jurídicas, usando a teorização apenas para esclarecer essas consequências".[9] Para

---

[7] POSNER, Richard Allen. *Direito, Pragmatismo e Democracia*. Rio de Janeiro: Forense, 2010. p. 3.
[8] POSNER, Richard Allen. *Direito, Pragmatismo e Democracia*. Rio de Janeiro: Forense, 2010. p. 4.
[9] POSNER, Richard Allen. *Direito, Pragmatismo e Democracia*. Rio de Janeiro: Forense, 2010. p. 4-5.

Daniel Sarmento e Cláudio Pereira de Souza Neto,[10] ao analisar a lógica pragmática de Posner, denota-se que:

> Para Posner, o principal critério para a correção de uma decisão judicial diz respeito às suas consequências. Boa decisão é a que produz melhores consequências, e não a que estiver de acordo com os textos legais vigentes ou com alguma ambiciosa teoria moral. Isso não significa que, para Posner, o direito positivo seja irrelevante no processo de adjudicação judicial. Como a estabilidade e a preservação das expectativas dos indivíduos e agentes econômicos são resultados importantes, e os mesmos são promovidos pelo respeito às leis e precedentes, há fortes argumentos pragmáticos para que, pelo menos na maior parte dos casos, leis e precedentes sejam observados. A sua observância, porém, não resulta de um dever de respeito às decisões passadas de autoridades legítimas, e sim de um cálculo de utilidade social. O juiz pragmático, nesse sentido, volta-se muito mais para o futuro do que para o passado.

É exatamente com base no consequencialismo, especialmente diante da correlação entre pragmatismo e utilitarismo, que a Lei de Introdução às Normas do Direito Brasileiro, ao ser alterada pela Lei nº 13.655, de 2018, passou a prever alguns princípios típicos do pragmatismo jurídico no que se refere às consequências das decisões tomadas nas esferas administrativa, controladora e judicial, nos termos dos seus arts. 20[11] e 21.[12]

---

[10] SARMENTO, Daniel; SOUZA NETO, Claudio Pereira de. *Direito Constitucional*: teoria, história e métodos de trabalho. Rio de Janeiro: Forense, 2014. p. 231-232.

[11] "Art. 20. Nas esferas administrativa, controladora e judicial, não se decidirá com base em valores jurídicos abstratos sem que sejam consideradas as consequências práticas da decisão.Parágrafo único. A motivação demonstrará a necessidade e a adequação da medida imposta ou da invalidação de ato, contrato, ajuste, processo ou norma administrativa, inclusive em face das possíveis alternativas." BRASIL. *Decreto-Lei nº 4.657, de 4 de setembro de 1942*. Lei de Introdução às normas do Direito Brasileiro. Rio de Janeiro, RJ: Presidência da República, 1942. Disponível em: https://www.planalto.gov.br/ccivil_03/decreto-lei/del4657compilado.htm. Acesso em: 5 nov. 2024.

[12] "Art. 21. A decisão que, nas esferas administrativa, controladora ou judicial, decretar a invalidação de ato, contrato, ajuste, processo ou norma administrativa deverá indicar de modo expresso suas consequências jurídicas e administrativas. Parágrafo único. A decisão a que se refere o *caput* deste artigo deverá, quando for o caso, indicar as condições para que a regularização ocorra de modo proporcional e equânime e sem prejuízo aos interesses gerais, não se podendo impor aos sujeitos atingidos ônus ou perdas que, em função das peculiaridades do caso, sejam anormais ou excessivos." BRASIL. *Decreto-Lei nº 4.657, de 4 de setembro de 1942*. Lei de Introdução às normas do Direito Brasileiro. Rio de Janeiro, RJ: Presidência da República, 1942. Disponível em: https://www.planalto.gov.br/ccivil_03/decreto-lei/del4657compilado.htm. Acesso em: 5 nov. 2024.

Apesar de todo o entusiasmo em torno da utilização de inteligência artificial pelo Poder Judiciário no processo de tomada de decisão, que pode ser justificada teoricamente nos termos das concepções do pragmatismo jurídico ora apontadas, é preciso cautela. A busca por maior eficiência da justiça brasileira por meio da utilização dessas novas tecnologias, que aumentam consideravelmente a quantidade de julgamentos e reduzem seu acervo processual, não deve ignorar que o sistema jurídico vigente é repleto de vários direitos fundamentais de caráter social e assistencial, que reclamam um olhar mais apurado por parte dos julgadores. Isso porque boa parte dos problemas que envolvem o atraso da prestação jurisdicional não é apenas do Poder Judiciário, mas também dos outros poderes. É o caso do Poder Legislativo, que, ao elaborar o atual Código de Processo Civil, em vigor desde 2016, teve a oportunidade de extinguir definitivamente algumas medidas protelatórias, mas não o fez. Por exemplo, efetuou o sepultamento do recurso dos embargos infringentes, que, tragicamente, embora tenha deixado de ser recurso, foi promovido a uma técnica de julgamento prevista no art. 942[13] da atual Lei Adjetiva Civil, praticamente idêntica à que ocorria por ocasião do seu julgamento à época da vigência do Código de Processo Civil de 1973.

Isso implica a necessidade de conciliar estratégias de aplicação da eficiência processual sem reduzir as garantias fundamentais de acesso à justiça em prol de um aparelho ágil, mas estéril, na reprodução de decisões judiciais. É válido considerar que, embora o Brasil tenha ultrapassado recentemente a marca de mais de 1 milhão de advogados, com aproximadamente um advogado a cada 209 (duzentos e nove) habitantes, o quadro de assistência judiciária gratuita, seja pela Defensoria Pública[14] ou pelos mais de 1.400 (mil e quatrocentos) cursos de direito espalhados pelo país, ainda é bastante precário.

---

[13] "Art. 942. Quando o resultado da apelação for não unânime, o julgamento terá prosseguimento em sessão a ser designada com a presença de outros julgadores, que serão convocados nos termos previamente definidos no regimento interno, em número suficiente para garantir a possibilidade de inversão do resultado inicial, assegurada às partes e a eventuais terceiros o direito de sustentar oralmente suas razões perante os novos julgadores." BRASIL. *Lei nº 13.105, de 16 março de 2015*. Código de Processo Civil. Brasília, DF: Presidência da República, 2015. Disponível em: http://www.planalto.gov.br/ccivil_03/_ato2015-2018/2015/lei/l13105.htm. Acesso em: 5 nov. 2024.

[14] Embora a Constituição Federal tenha optado pela criação de uma estrutura jurídica própria para a defesa dos hipossuficientes, a Defensoria Pública, o Supremo Tribunal Federal já foi provocado em algumas ocasiões determinando que tais entidades federativas efetuassem a criação desse órgão devido ao descaso dos governos estaduais na implementação de tal instituição. "Art. 104 da constituição do Estado de Santa Catarina. Lei complementar

Dessa forma, é imperioso destacar que o princípio de acesso à justiça não deve ser compreendido como mera garantia de provocação do Judiciário, pois nem sempre aqueles que tiveram seu "dia na corte" sentem que, de fato, a "justiça foi feita".[15] O referido princípio abrange a garantia de todos os requisitos necessários para assegurar o acesso à ordem jurídica justa. E acredita-se que apenas haverá acesso à justiça quando o sistema legal estabelecer regras claras para toda a sociedade, mediante a garantia da correção efetiva de ilegalidades por meio de instituições capazes de fornecer a mais adequada aplicação do direito.[16]

Por fim e de acordo com os atuais desdobramentos do direito de acesso à justiça, deve ser mencionada a concepção de que tal direito, na atualidade, não se encerra com a decisão final do processo. Nessa ótica,

---

estadual 155/1997. Convênio com a seccional da Ordem dos Advogados do Brasil (OAB/SC) para prestação de serviço de 'defensoria pública dativa'. Inexistência, no Estado de Santa Catarina, de órgão estatal destinado à orientação jurídica e à defesa dos necessitados. Situação institucional que configura severo ataque à dignidade do ser humano. Violação do inc. LXXIV do art. 5º e do art. 134, caput, da redação originária da Constituição de 1988. Ações diretas julgadas procedentes para declarar a inconstitucionalidade do art. 104 da constituição do Estado de Santa Catarina e da lei complementar estadual 155/1997 e admitir a continuidade dos serviços atualmente prestados pelo Estado de Santa Catarina mediante convênio com a OAB/SC pelo prazo máximo de 1 (um) ano da data do julgamento da presente ação, ao fim do qual deverá estar em funcionamento órgão estadual de defensoria pública estruturado de acordo com a Constituição de 1988 e em estrita observância à legislação complementar nacional (LC 80/1994)." BRASIL. Supremo Tribunal Federal. *Ação Direta de Inconstitucionalidade 4.270 Santa Catarina*. Relator: Min. Joaquim Barbosa, 14 mar. 2012. Disponível em: https://redir.stf.jus.br/paginadorpub/paginador.jsp?docTP=TP&docID=2822197. Acesso em: 4 nov. 2024.

[15] "In conventional usage, the concept seems largely procedural. 'Equal justice' is usually taken to mean 'equal access to justice', which in turn is taken to mean access to law. But as is frequently noted, a purely procedural understanding by no means captures our aspirations. Those who receive their 'day in court' do not always feel that 'justice has been done', and with reason". Tradução livre: "No uso convencional, o conceito parece amplamente processual. 'Justiça igual' é geralmente entendida como 'acesso igual à justiça', que, por sua vez, significa acesso à lei. Mas, como é frequentemente observado, um entendimento puramente procedimental de forma alguma captura nossas aspirações. Quem recebe o seu 'dia no tribunal' nem sempre se sente que 'a justiça foi feita', e com razão". *In*: RHODE, Deborah L. Access to Justice. *Fordham Law Review*, v. 69, 2001, p. 1.786.

[16] Na clássica concepção de Cappelletti e Garth, o acesso à justiça é garantido se o ordenamento possuir duas características elementares: a) assegurar a todos, de forma igualitária, o recurso ao sistema legal; e b) produzir, por meio desse sistema, resultados individual e socialmente justos. CAPPELLETTI, Mauro; GARTH, Bryant. *Acesso à justiça*. Tradução: Ellen Gracie Northfleet. Porto Alegre: Sérgio Antônio Fabris Editor, 1988. p. 8. Na doutrina brasileira, para Cândido Rangel Dinamarco, "só tem acesso à justiça quem recebe justiça, e isso significa ser admitido em juízo, poder participar, contar com a participação adequada do Juiz e, ao fim, receber um provimento jurisdicional consentâneo com os valores da sociedade". DINAMARCO, Cândido Rangel. *Instituições de Direito Processual Civil*. v. 1. São Paulo: Malheiros, 2002. p. 206.

o ordenamento jurídico precisaria ser capaz de implementar o comando contido na ordem judicial, a fim de que vencedores em juízo não saíssem perdedores na vida. Essa característica pode ser encontrada no julgado proferido pela Corte Europeia de Direitos Humanos no caso *Hornsby v. Greece*, em 19 de março de 1997, em que a garantia de acesso às cortes, prevista no art. 6º da Convenção Europeia de Direitos Humanos, seria ilusória se o sistema legal do Estado-Parte permitisse que uma decisão judicial final e vinculante restasse inoperante em detrimento de uma das partes, de modo que a execução de um julgamento proferido por qualquer tribunal deve ser considerada como parte integral da aludida garantia.[17]

No próximo item, serão abordadas algumas conquistas tecnológicas importantes, que já estão sendo utilizadas pelos principais tribunais, voltadas à construção de um Poder Judiciário mais eficiente, assim como os eventuais riscos que elas podem acarretar caso não haja uma discussão mais ampla com a comunidade jurídica.

2 O incremento da utilização da inteligência artificial judicial e os riscos aos jurisdicionados

Sabe-se que o atual direito processual civil praticado no Brasil é um sistema bastante complexo e, ao mesmo tempo, fluído. A exemplo do Código Civil de 2002, ele é permeado por cláusulas gerais, que lhe conferem uma maior capacidade de acompanhar as mudanças da sociedade por meio da interpretação de suas regras e princípios. Esse caráter fica ainda mais evidente, como comentado no item anterior, em virtude das novas acepções ligadas ao direito de acesso à justiça, como a concretização dogmática da jurisdição constitucional, além da aceitação do ativismo judicial enquanto vetor de implementação

---

[17] "Execution of judgments a. Right to prompt implementation of a final and binding judicial decision 92. Article 6 § 1 protects the implementation of final, binding judicial decisions (as distinct from the implementation of decisions which may be subject to review by a higher court) (Ouzounis and Others v. Greece, § 21). 93. The right to execution of such decisions, given by any court, is an integral part of the "right to a court" (Hornsby v. Greece, § 40; Scordino v. Italy (no. 1) [GC], § 196). Otherwise, the provisions of Article 6 § 1 would be deprived of all useful effect (Burdov v. Russia, §§ 34 and 37)." EUROPEAN COURT OF HUMAN RIGHTS. *Guide on Article 6 of the European Convention of Human Rights*: Right to a fair trial. Strasbourg: ECHR, 2013. p. 23. Disponível em: https://rm.coe.int/1680700aaf#:~:text=Article%206%20of%20the%20Convention%20%E2%80%93%20Right%20to%20a%20fair%20trial,-%E2%80%9C1.&text=In%20the%20determination%20of%20his,impartial%20tribunal%20established%20by%20law. Acesso em: 5 nov. 2024.

de direitos fundamentais, o que faz com que a jurisdição passe a ser percebida como instrumento que transpõe a resolução intersubjetiva de conflitos.

Com o aumento exponencial da judicialização da vida, seja em virtude da tecnologia que viabiliza o contato e negócios entre empresas e pessoas para além das fronteiras, ou ainda por conta do surgimento de novas leis e direitos, a eficiência da justiça acaba sendo atingida, o que demanda a sua reestruturação. Esse é um cenário alarmante, especialmente em um país como o Brasil, no qual a escassez de recursos costuma assombrar cotidianamente a população.

Apesar do Judiciário estar frequentemente preocupado em prestar uma jurisdição mais ágil e mais célere na busca por redimensionar o seu papel na democracia brasileira, o fato é que nem sempre uma justiça mais ágil e mais célere implica a efetiva proteção de direitos, principalmente dos pertencentes às camadas menos favorecidas da sociedade.

Como exemplo, é possível citar as dificuldades enfrentadas pela justiça na tentativa de solucionar ou pelo menos conferir uma resposta minimamente satisfatória aos conflitos agrários urbanos e rurais, às demandas ambientais, aos conflitos envolvendo o direito à saúde das pessoas portadoras de necessidades especiais, entre outros.

Como se observa nos últimos anos, a justiça brasileira, preocupada com seus parâmetros decisórios, iniciou um movimento de utilização de inteligência artificial para otimizar seus julgamentos por meio dos tribunais superiores. Para isso, tais tribunais, por meio da padronização de *standards* de fundamentação de suas decisões, convertidos em uma linguagem algorítmica, conseguem julgar milhares de processos que poderiam levar anos para serem julgados. Bons exemplos a serem mencionados são os sistemas dos principais tribunais superiores no Brasil, no caso, o Victor, sistema que opera no Supremo Tribunal Federal desde o ano de 2018, fruto de uma parceria entre a corte e a Universidade de Brasília (UnB), e o Sócrates, sistema utilizado pelo Superior Tribunal de Justiça.

O Victor, de maneira resumida, verifica se o recurso remetido está associado a um dos temas de repercussão geral. Atualmente, já são mais de mil temas de repercussão geral na base de dados da Suprema Corte. Esse sistema, além de outros méritos, reduz o tempo médio de separação e classificação das peças processuais de 15 minutos para menos de 4 segundos, com acurácia de 94%, e o tempo de análise da repercussão geral, de 11 minutos para 10 segundos, com acurácia de mais de 84%.[18]

O Sócrates, desenvolvido pelos próprios servidores do Superior Tribunal de Justiça, efetua a leitura de peças relevantes a fim de detectar o assunto tratado e classificar o processo, antes mesmo da distribuição. O processo de leitura e interpretação automatizada das peças processuais e documentos também superou a barreira da diversidade de formato dos documentos, que obstaculiza o reconhecimento óptico de caracteres. No entanto, ultrapassada essa etapa, a plataforma conseguiu efetuar a leitura do processo, destacar o tema tratado e efetuar a sua classificação com acurácia de 86%.[19]

No entanto, a capacidade desses sistemas de IA ainda levanta questões sobre até onde podem chegar, pois seu potencial de expansão carece de um debate profundo com a comunidade jurídica. Além disso, independentemente da visão que se possa ter a respeito da utilização de inteligência artificial no processo de tomada de decisão, sua presença vem sendo silenciosamente incorporada ao universo jurídico; logo, torna-se necessária uma discussão com toda a comunidade jurídica sob pena da ferramenta se tornar superdimensionada.

Dentre os empregos da inteligência artificial manuseada pelo Judiciário, para além da celeridade da prestação jurisdicional, a sociedade deve se atentar à maneira como os dados que alimentam esses *softwares* são coletados. Esses dados, utilizados nas tarefas de amparo ao julgador, podem ser tratados de forma mecânica em um cenário de demasiada confiança na automatização. Sob seu aspecto jurídico, tais preocupações conectam-se com os desafios de como contestar e revisar decisões baseadas em programas inteligentes, especialmente quando elas se apoiam em técnicas computacionais opacas (*black box*).[20] Essa apreensão se justifica pelo fato de que, em termos humanos, a contestabilidade e a possibilidade de revisão pressupõem inteligibilidade, ou seja, a existência de um conjunto de critérios

---

[18] BRASIL. Supremo Tribunal Federal. *Inteligência artificial vai agilizar a tramitação de processos no STF*. Brasília, DF: STF, 30 maio 2018b. Disponível em: https://portal.stf.jus.br/noticias/verNoticiaDetalhe.asp?idConteudo=380038. Acesso em: 4 nov. 2024.

[19] BRASIL. Superior Tribunal de Justiça. *ST entra na era da inteligência artificial*. Brasília, DF: STJ, 14 jun. 2018a. Disponível em: https://www.stj.jus.br/sites/portalp/Paginas/Comunicacao/Noticias-antigas/2018/2018-06-14_06-51_STJ-entra-na-era-da-inteligencia-artificial.aspx#:~:text=Em%20mais%20uma%20etapa%20na,rotinas%20relacionadas%20ao%20processo%20eletr%C3%B4nico. Acesso em: 8 nov. 2024.

[20] PASQUALE, Frank. *The Black Box Society*: the secret algorithms that control money and information. Cambridge: Harvard University Press, 2015. p. 27.

determinantes que fundamentem certa decisão. A existência de tais critérios, além de essencial para que as partes envolvidas no processo decisional possam identificar eventuais efeitos adversos do uso da inteligência artificial, serve também para a busca de soluções cabíveis em caso de má utilização.

A preocupante opacidade em torno dos sistemas de inteligência artificial utilizados também em sistemas decisionais judiciais está ligada às dificuldades encontradas na sua contestação, no risco de incorporação de vieses que gerem tomadas de decisões discriminatórias ou que ignorem ou diminuam o alcance dos direitos fundamentais e da dignidade humana.

Há, ademais, o risco de que a utilização de forma demasiada e acrítica de tais sistemas gere a falsa crença de que a programação envolvida em tais *softwares* contém a solução de todos os problemas existentes na prática da atividade jurisdicional em geral. Isso, de certa maneira, acaba se justificando pelo clichê da obsessão por eficiência que paira na mentalidade de alguns setores da administração da justiça no Brasil, que é a ideia de que, quanto melhor se possam analisar tendências e a previsão do comportamento da jurisprudência, mais eficiente[21] – e, portanto, mais bem-sucedida – a justiça pode se tornar.

O fato é que não se pode olvidar de que pouca coisa mudou, mesmo com o crescente emprego das novas tecnologias na elaboração de decisões judiciais, que vão muito além do conhecido Processo Judicial Eletrônico (PJe), no âmbito das práticas forenses, devido à sua arraigada cultura formalista e burocratizada. O problema é que o futuro do processo decisório pela tecnologia inteligente nunca foi tão opaco, e seu foco excessivo no poder da previsão e no culto da eficiência acaba criando um sistema extremamente voltado aos anseios do Judiciário em detrimento das necessidades dos jurisdicionados.

Nesse sentido, podem ser apontados três fatores que contribuem, em diversos graus, para que um sistema seja opaco: a complexidade dos modelos matemáticos envolvidos; a dificuldade de entender as operações envolvidas no processamento de dados em larga escala; e a falta de clareza no contexto institucional de uso desses sistemas.[22]

---

[21] WILSON, Mark. As sete tendências mais superestimadas para 2022. *Fast Company Brasil*, São Paulo, 5 jan. 2022. Disponível em: https://fastcompanybrasil.com/tech/as-sete-tendencias-mais-superestimadas-para-2022/. Acesso em: 5 nov. 2024.

[22] BURRELL, Jenna. How the machine 'thinks': understanding opacity in machine learning algorithms. *Big Data & Society*, [s. l.], v. 3, n. 1, p. 1-12, 2016. p. 3.

No primeiro fator, em se tratando de modelos matemáticos de inteligência artificial, sabe-se que os melhores modelos, sob o aspecto da assertividade, são dotados de complexas estruturas matemáticas, o que dificulta a compreensão de como as respostas são geradas em suas saídas.[23] Por outro lado, há modelos matematicamente bem simples e de fácil compreensão sobre como suas saídas são geradas. No contexto de interpretação da decisão, o ideal é que as aplicações de inteligência artificial no universo jurídico sejam assertivas e com alto nível de compreensão. Desse modo, o foco não é apenas buscar modelos assertivos, mas também pesquisar métodos que tragam essa interpretação aos modelos utilizados na elaboração das decisões.[24] Assim, a interpretabilidade é medida pelo grau que um observador humano tem de compreender as razões por trás de uma predição feita por um modelo de inteligência artificial. Isso justifica a necessidade de agregação de um novo elemento decisional derivado do dever de fundamentação, no caso, a explicabilidade, já que as decisões agora estão sendo tomadas por um novo elemento, que também precisa prestar contas a respeito de seu *modus operandi*.

Quanto ao segundo fator, o da dificuldade de se entenderem as operações no processo de dados em larga escala, sabe-se que um dos pontos que podem fazer com que o modelo de implementação de aprendizado profundo seja bem-sucedido, como é o caso do utilizado pelo Poder Judiciário no Brasil, é o de que ele deve ser submetido a uma fase de treinamento com um conjunto de dados suficientes para que ele "aprenda" para depois poder ser utilizado.[25] Todavia, diante da diversidade de sistemas de inteligência artificial que estão sendo utilizados pelos tribunais brasileiros, as combinações matemáticas, que convertem a jurisprudência predominante em linguagem algorítmica aplicada à decisão, podem ser dificilmente compreendidas e até mesmo auditadas. Há, ainda, o fato de que vários desses algoritmos estão protegidos intelectualmente por sigilo industrial, o que impede o acesso

---

[23] SILVA, Nilton Correia da. Inteligência Artificial. *In*: FRAZÃO, Ana; MULHOLLAND, Caitlin (coord.). *Inteligência Artificial e Direito*: ética, regulação e responsabilidade. São Paulo: Revista dos Tribunais, 2019. p. 35-52. p. 46.

[24] SILVA, Nilton Correia da. Inteligência Artificial. *In*: FRAZÃO, Ana; MULHOLLAND, Caitlin (coord.). *Inteligência Artificial e Direito*: ética, regulação e responsabilidade. São Paulo: Revista dos Tribunais, 2019. p. 35-52. p. 47.

[25] SILVA, Nilton Correia da. Inteligência Artificial. *In*: FRAZÃO, Ana; MULHOLLAND, Caitlin (coord.). *Inteligência Artificial e Direito*: ética, regulação e responsabilidade. São Paulo: Revista dos Tribunais, 2019. p. 35-52. p. 47.

ao seu código-fonte para comprovar se eles estão em conformidade com as leis ou padrões exigidos pelo poder público ou organizações internacionais.

Cabe ressaltar que, se para os sistemas mais simples de inteligência artificial, como o *analytics*, que realiza apenas cruzamento de dados, sua compreensão pode ser de relativa eficácia, por outro lado, quando o assunto é o aprendizado profundo,[26] a depender do avançado grau do sistema – que tende a emular o sistema nervoso humano, viabilizando que seus algoritmos aprendam com ambientes externos mais dinâmicos –, a compreensão matemática de seus códigos tende a ser ainda mais complexa. Essa dificuldade pode se revelar tanto para quem está diretamente ligado ao desenvolvimento de tal tecnologia, já que o sistema pode chegar a determinado nível de complexidade que dificulta dizer se ele está operando corretamente, quanto para um terceiro externo, eventualmente contratado ou convidado para auditar tais modelos operacionais.

Além disso, outro desafio a ser enfrentado pelas tecnologias autônomas decisionais é a maneira pela qual elas lidarão com um cenário de completa ou parcial ausência de dados para serem utilizados na fase de treinamento de seus modelos. Isso porque a legislação no Brasil, sob a qual a jurisprudência dos tribunais se erigiu ao longo dos anos e que

---

[26] Demonstrando algumas dificuldades enfrentadas pelos modelos de aprendizado profundo, cabe registrar a perspicaz observação de Pedro Domingos, ao relatar metaforicamente a história escrita por Jorge Luis Borges, *Funes, o memorioso*, que narra a trajetória de um jovem que tinha uma memória perfeita. "À primeira vista isso pode parecer um dom, mas na verdade é uma terrível maldição. Funes pode lembrar a forma exata das nuvens no céu em um momento arbitrário no passado, porém tem dificuldades para entender que um cão visto de perfil às 15:14 é o mesmo visto às 15:15. Sua própria face no espelho o surpreende sempre que ele a vê. Funes não pode generalizar; para ele, duas coisas só são iguais se se parecem até o último detalhe. Um aprendiz de regras ilimitado seria como Funes e também não funcionaria. Aprender é esquecer os detalhes e, ao mesmo tempo, lembrar as partes importantes. Os computadores são esse tipo de sábio idiota: podem se lembrar de tudo, mas não é isso que queremos que façam. O problema não está restrito à memorização indiscriminada de instâncias. Sempre que um aprendiz encontra um padrão nos dados que não é verdadeiro no mundo real, dizemos que ele sobreajustou os dados. O sobreajuste é o problema central do *machine learning*. Foram escritos mais artigos sobre ele do que qualquer outro tópico. Um aprendiz poderoso, seja simbolista, conexionista ou de qualquer outro tipo, tem de se preocupar com padrões delirantes. A única maneira segura de evitá-los é restringir severamente o que o aprendiz pode guardar, por exemplo, exigindo que o padrão seja um conceito conjuntivo curto. Infelizmente, isso é um exagero e não permite que o aprendiz veja a maioria dos padrões verdadeiros detectáveis nos dados. Logo, um bom aprendiz está sempre na linha tênue entre a cegueira e o delírio". DOMINGOS, Pedro. *O Algoritmo Mestre*: como a busca pelo algoritmo de machine learning definitivo recriará nosso mundo. Tradução: Aldir José Coelho Corrêa da Silva. São Paulo: Novatec, 2017. p. 95.

hoje é o dado utilizado na programação da inteligência artificial judicial, ao ser revogada ou alterada pelo Poder Legislativo, gera um grande entrave para a boa operabilidade do sistema tecnológico, que tem entre suas pretensões a estabilidade e a previsibilidade. Contudo, a depender do caso, tais dados serão descartados da alimentação dos programas inteligentes porque suas informações já não mais se adequam com o que foi modificado ou retirado do sistema. E mesmo que os modelos de aprendizado de máquinas sejam suficientemente capazes de aprender de modo gradual por meio da apresentação de novos dados, assim como fazem os seres humanos, eles ainda não conseguem generalizar o conhecimento de uma forma suficientemente eficaz para solucionar situações novas.[27]

Assim, justifica-se, mais uma vez, a relevância de colocar esse tema em debate, tanto pela busca de melhores alternativas para o desenvolvimento e aprimoramento desses sistemas de inteligência artificial quanto pela necessária regulação dessa ferramenta.

3 A corrida tecnológica judicial e o surgimento do positivismo tecnológico

Nos dias de hoje, sabe-se que a sociedade global vive a era dos algoritmos. Se antigamente a palavra "algoritmo" praticamente não significava nada para várias pessoas, na atualidade, essa linguagem matemática faz parte de quase todas as atividades cotidianas no mundo civilizado. Eles estão nos nossos carros, em nossas casas, nos utensílios domésticos, fornecem sugestões baseadas em nossas preferências quando compramos livros pela *internet* ou assistimos a séries e filmes em algum serviço de *streaming*, gerenciam fábricas, elaboram diagnósticos, auxiliam crianças e adultos no aprendizado, ou seja, fazem parte do nosso dia a dia e vão muito além da tecnologia utilizada em telefones celulares e *laptops*. Sem exagero, é possível afirmar que, se todos os algoritmos parassem de funcionar repentinamente, o mundo como hoje é conhecido se depararia com uma série de dificuldades não apenas na retomada de suas atividades, como também na caminhada de sua contínua evolução.

---

[27] SILVA, Nilton Correia da. Inteligência Artificial. *In*: FRAZÃO, Ana; MULHOLLAND, Caitlin (coord.). *Inteligência Artificial e Direito*: ética, regulação e responsabilidade. São Paulo: Revista dos Tribunais, 2019. p. 35-52. p. 48.

Para Pedro Domingos, de forma resumida, algoritmo é uma sequência de instruções que diz a um computador o que fazer.[28] É uma fórmula que divide complexas tarefas em processos menores. Como exemplo, pode-se citar um aplicativo utilizado por motoristas, no qual o algoritmo reconhece o destino como a principal tarefa e a divide em tarefas menores, que são os caminhos percorridos, tais como os desvios, retornos, velocidade máxima da via, entre outras, tendo como objetivo deixar o passageiro no local desejado.

Assim, de maneira simplificada, quando a informação ingressa, o caminho a ser tomado pela inteligência artificial baseada na linguagem algorítmica já está previamente determinado, pois o seu resultado já é conhecido. No aplicativo mencionado acima, o algoritmo programado confere as instruções das conversões que deverão ser realizadas pelo motorista, mas o sistema já sabe qual foi o caminho previamente delineado pelo programador.

Obviamente, essa leitura é uma simplificação das discussões já efetuadas neste estudo. Esse cenário é capaz de implicar graves distorções sistêmicas, já que a realidade que pretende ser otimizada por meio da utilização de inteligência artificial na tomada de decisão judicial pode ser bem mais complexa do que aquela que se apresenta antes mesmo de serem coletados os dados para seu treinamento e implementação.[29]

Apesar de tais constatações, a linguagem algorítmica vem sendo utilizada pelo Poder Judiciário brasileiro de modo gradativo e aplicada com êxito às atividades mais simples. Como exemplo, a inteligência artificial foi adotada para a contagem dos prazos processuais, em que a configuração do programador fica submetida ao crivo dos profissionais do direito que experimentarão os efeitos da certificação de tempestividade ou intempestividade do ato praticado. O mesmo ocorre em situações nas quais um sistema operacional de busca contínua de ativos financeiros é utilizado, e os dados inseridos – valor, contas atingidas, período de busca – podem ser expostos e submetidos ao contraditório.

---

[28] DOMINGOS, Pedro. *O Algoritmo Mestre*: como a busca pelo algoritmo de machine learning definitivo recriará nosso mundo. Tradução: Aldir José Coelho Corrêa da Silva. São Paulo: Novatec, 2017. p. 26.

[29] BRAGA, Carolina. Discriminação nas decisões por algoritmos: Polícia Preditiva. *In*: FRAZÃO, Ana; MULHOLLAND, Caitlin (coord.). *Inteligência Artificial e Direito*: ética, regulação e responsabilidade. São Paulo: Revista dos Tribunais, 2019. p. 681.

Contudo, a situação se complexifica quando um sistema automatizado passa a ser utilizado para identificar alguns elementos da demanda, tais como a causa de pedir, o pedido e o interesse de agir, aliados ao enquadramento jurídico da pretensão ajuizada, cujo objetivo é a delimitação do objeto de julgamento por meio de consultas à jurisprudência catalogada de determinado tribunal. A busca pelo resultado sobre aquele conflito deduzido em juízo pelos demandantes se configura em um contexto completamente distinto, diante da dificuldade de controle encontrada pela inteligência artificial judicial, seja por conta da opacidade e dos vieses que podem estar contidos em seus algoritmos, seja pelo nível e forma de compreensão dos problemas jurídicos por parte do programador na tentativa de convertê-los na linguagem algorítmica que opera tais sistemas decisionais.

Uma boa demonstração de tal dificuldade é o caso ocorrido nos Estados Unidos, no estado de Wisconsin. Nele, o *software* privado *Correctional Offender Management Profiling for Alternative Sanctions*, conhecido como COMPAS, foi empregado na dosimetria da pena aplicada a um condenado no ano de 2013. Naquela ocasião, um dos argumentos utilizados pelo réu, ao recorrer à Suprema Corte de Wisconsin, estava baseado no fato de que, como o algoritmo manuseado pelo COMPAS não era de conhecimento público, seria necessário que a empresa que o desenvolveu apresentasse uma explicitação, revelando quais foram os critérios adotados pelo programa que resultaram em sua condenação, justificada pelo alto risco de reincidência do recorrente, que poderia provocar mais violência, e pela grande probabilidade de evasão. Nesse sentido, o juiz do caso utilizou o programa computacional para elaborar a sua decisão e, deve ser ressalvado, os juízes de 1º grau do estado de Wisconsin que fizeram uso do aludido sistema automatizado não tiveram acesso ao código-fonte do seu algoritmo. No caso em questão, houve, inclusive, questionamentos sobre o direcionamento do sistema em relação aos afro-americanos.

Para surpresa de boa parte de quem acompanhava o caso, a Suprema Corte de Wisconsin negou o recurso do réu, justificando a sua improcedência no fato de que a sentença proferida pelo juiz foi fundamentada nos antecedentes do acusado e na gravidade do crime por ele praticado.

Esse exemplo evidencia que a utilização de sistemas de inteligência artificial no processo de tomada de decisão:

> [...] pode levar a um panorama equivalente ao positivismo clássico, com a tomada mecânica de decisões com base em padrão decisório previamente definido, dissociado do caso concreto e sem a fundamentação em contraditório pelo juiz do caso. Se no positivismo clássico, o juiz era simplesmente a boca que enunciava a vontade da lei, tendo o arcabouço legislativo todas as respostas para os conflitos, agora a inteligência artificial apresentará a solução do caso concreto, através de um complexo, opaco e incontrolável sistema randômico de tomada de decisão. O juiz simplesmente enunciará o resultado, chancelando-o. Uma espécie de positivismo tecnológico.[30]

Essa concepção de justiça que se desenha com o incremento do uso das tecnologias inteligentes, de fato, acaba gerando o retorno do positivismo jurídico, que volta a ser conduzido dinamicamente pela linguagem algorítmica. Esse contexto implicaria uma crença famigerada e acrítica de que "o universo pode ser representado por uma linguagem matemática, integrando-se a um sistema de leis a serem descobertas, e os métodos válidos nas ciências da natureza devem ser estendidos às ciências sociais",[31] o que reforça várias teses positivistas já superadas, tais como:

> (i) o conhecimento científico é objetivo e fundado na distinção entre sujeito e objeto e no método descritivo, para que seja preservado de opiniões, preferências ou preconceitos;
>
> (ii) a ciência é o único conhecimento verdadeiro, depurado de indagações teológicas ou metafísicas, que especulam acerca de causas e princípios abstratos insuscetíveis de demonstração;
>
> (iii) o método científico empregado nas ciências naturais, baseado na observação e na experimentação, deve ser estendido a todos os campos de conhecimento, inclusive às ciências sociais.[32]

---

[30] SALOMÃO, Luis Felipe; VARGAS, Daniel Vianna. Inteligência Artificial no Judiciário. Riscos de um positivismo tecnológico. *Justiça & Cidadania*, Rio de Janeiro, 7 abr. 2022. Disponível em: https://www.editorajc.com.br/inteligencia-artificial-no-judiciario-riscos-de-um-positivismo-tecnologico/. Acesso em: 8 nov. 2024.

[31] BARROSO, Luís Roberto. *Curso de Direito Constitucional Contemporâneo*. São Paulo: Saraiva, 2016. p. 273.

[32] BARROSO, Luís Roberto. *Curso de Direito Constitucional Contemporâneo*. São Paulo: Saraiva, 2016. p. 273.

Para o positivismo,[33] o direito é norma fundada em juízos de fato que visam ao conhecimento da realidade. Em termos teóricos, isso pouco difere do fato de que o precedente, enquanto resultado do julgamento proferido pelo Judiciário por meio do processo, também pode ser considerado norma. E como essa norma (precedente) forma o conjunto de dados que configura o núcleo da programação operacional da computação inteligente de julgamento utilizada, especialmente pelos tribunais superiores, é possível dizer que o processo de tomada de subsunção efetuado pela inteligência artificial remonta ao normativismo de Hans Kelsen,[34] no qual a validade da norma decorre do procedimento seguido para sua criação, independentemente do seu conteúdo. Tal prática, na atualidade, costuma ser atribuída à busca por mais eficiência[35] na prestação jurisdicional, especialmente justificada pelas altas estatísticas do Poder Judiciário no tocante ao grande número de demandas distribuídas em sua estrutura, além daquelas que ainda

---

[33] "O positivismo jurídico foi resultado de uma sistematização do direito que formou um conjunto de textos legais dispostos nos códigos pelos legisladores." BOBBIO, Norberto. *O positivismo jurídico*: lições de filosofia do direito. São Paulo: Ícone, 1995. p. 78-79. E é exatamente nesse contexto histórico que a lei seria uma espécie do epicentro do Iluminismo, servindo de mecanismo propiciador do domínio da certeza, ao se contrapor à interpretação judicial, que era considerada arbitrária por envolver a criatividade do juiz, visto como um agente que se apropriava da autoridade do legislador e proporcionava desordem e incerteza ao ordenamento jurídico.

[34] KELSEN, Hans. *Teoria geral do Direito e do Estado*. 3. ed. São Paulo: Martins Fontes, 2000.

[35] Como exemplo dessa digitalização da justiça, na busca por mais celeridade e eficiência na prestação jurisdicional, que ainda precisa de um maior aprimoramento e de mais pesquisas junto à população a respeito dos reais benefícios que ela pode trazer, cita-se o Programa Justiça 4.0, que foi criado durante o período da pandemia de COVID-19. "O Programa Justiça 4.0: inovação e efetividade na realização da Justiça para todos tem como finalidade promover o acesso à Justiça, por meio de ações e projetos desenvolvidos para o uso colaborativo de produtos que empregam novas tecnologias e inteligência artificial. É um catalisador da transformação digital que visa a transformar a justiça em um serviço (seguindo o conceito de *justice as a service*), aproximando ainda mais esse Poder das necessidades dos(as) cidadãos(ãs) e ampliando o acesso à justiça. As inovações tecnológicas têm como propósito dar celeridade à prestação jurisdicional e reduzir despesas orçamentárias decorrentes desse serviço público. Essa iniciativa promoveu um rol de serviços judiciais de fomento à transformação digital, medidas que foram adotadas pelo Poder Judiciário em um ritmo acelerado desde 2020." CONSELHO NACIONAL DE JUSTIÇA. *Relatório da Justiça em Números 2023*. Brasília, DF: CNJ, 2023. p. 166. Disponível em: https://www.cnj.jus.br/wp-content/uploads/2023/09/justica-em-numeros-2023-010923.pdf. Acesso em: 5 nov. 2024. Apesar das inovações trazidas pelo projeto, o programa em questão carece de maiores detalhes a respeito da qualidade da decisão que ele promove ao seu jurisdicionado, especialmente no que se refere ao efetivo direito ao contraditório e ampla defesa, bem como à possibilidade dada aos demandantes ou demandados mais vulneráveis de exercer efetivamente sua influência na relação jurídica processual na busca por uma decisão que atenda realmente às suas necessidades.

não foram julgadas, como apresentado anualmente pelo Conselho Nacional de Justiça.[36]

Obviamente, não se nega, aqui, que o Poder Judiciário se depara cada vez mais com a tarefa de enfrentar um enorme volume de ações diante de várias deficiências estatais espalhadas entre os diferentes estados do país.

De fato, conforme analisado no item 2 deste texto, a prestação jurisdicional precisa ser menos formal e mais ágil, mudando o seu papel e relevância na vida das pessoas que buscam solucionar seus problemas quando, infelizmente, não há alternativa. Afinal, no imaginário popular, os problemas judiciais levam anos para serem resolvidos e, muitas vezes, chegam a um resultado não tão satisfatório, o que gera uma descrença no ato de demandar. Nesse sentido, a jurisdição precisa assumir uma nova concepção, o que pode suscitar algumas transformações nos padrões decisórios, na interpretação e na aplicação do direito, assim como nas suas formas de controle.

Todavia, essas mudanças devem ser implementadas mediante um amplo debate com todos os setores da comunidade jurídica, de modo a se respeitar e fortalecer os direitos fundamentais dos jurisdicionados de acesso à justiça e de fundamentação das decisões judiciais. É necessário reconhecer que as inovações tecnológicas e da inteligência artificial são de grande valia, mas não podem ser consideradas as únicas ferramentas no enfrentamento de antigos e novos desafios da justiça brasileira.

Essa observação é essencial, tendo em vista que a decisão judicial em temas mais sensíveis, como as discussões envolvendo questões de saúde, implementação de políticas públicas, direitos dos vulneráveis, demandas ambientais, entre outras, exigem uma alta dose de sensibilidade e indispensável ética por parte dos seus julgadores. Isso requer um olhar mais humanístico para tais problemas no delineamento do objeto do julgamento, em detrimento do pragmatismo proporcionado pelas máquinas automatizadas no processo decisional.

Assim, a introdução de "algoritmos como parâmetros de fundamentação para alcançar resultados satisfatórios em termos numéricos

---

[36] As informações a respeito dos dados estatísticos do Poder Judiciário apresentados anualmente pelo Conselho Nacional de Justiça são disponibilizadas no relatório da Justiça em Números. O último relatório foi publicado pelo órgão em 2023 e trouxe um levantamento das operações do Poder Judiciário no Brasil referentes ao ano de 2022. O documento, na sua última versão, pode ser encontrado no seguinte sítio: CONSELHO NACIONAL DE JUSTIÇA. *Relatório da Justiça em Números 2023*. Brasília, DF: CNJ, 2023. Disponível em: https://www.cnj.jus.br/wp-content/uploads/2023/09/justica-em-numeros-2023-010923.pdf. Acesso em: 5 nov. 2024.

pode vir a ter resultados perniciosos no tocante à qualidade da prestação jurisdicional e ao respeito às garantias processuais fundamentais".[37]

O estreitamento dos canais da rediscussão dos fatos que geraram uma percepção equivocada promovida pela linguagem computacional da inteligência artificial no processo de tomada de decisão judicial acaba excluindo o direito fundamental de participação das partes da relação jurídica processual. O mesmo ocorre com os potenciais interessados nas questões que estão sendo debatidas no bojo das ações, principalmente em ações coletivas, e que não se encontram formalmente representados e incluídos no feito, mas terão suas esferas jurídicas individuais submetidas à autoridade de tais decisões. Essa situação provoca um retrocesso nas conquistas do contraditório, que foi aprofundado pela jurisprudência no Brasil a partir da promulgação da Constituição da República Federativa do Brasil de 1988 e que, se não for protegido, poderá ser continuamente enfraquecido pela tecnologia ao retirar a legitimidade democrática da decisão judicial. Tal cenário tem potencial para gerar a supressão de garantias constitucionais refletidas no acesso à justiça, conforme afirmado anteriormente.

Essa possibilidade aberta pelo pragmatismo automatizado aumenta o risco de uma hiperintegração, que ocorre na interpretação "quando os fatos de um caso com alguma especificidade e restrição acabam se tornando um parâmetro geral para casos subsequentes que não guardam suficientes padrões de identificação com ele".[38] A hiperintegração pode ser facilmente reproduzida pelas máquinas inteligentes caso os dados que as alimentam não sejam devidamente lapidados e supervisionados. Esse cuidado é necessário, já que existe uma possível tendência do sistema passar a considerar dois casos – o processo a ser julgado e o caso paradigma – como idênticos, por meio de uma operação de generalização, que faz com que o distanciamento entre eles acabe tornando-os semelhantes ou, até mesmo, iguais.[39]

---

[37] SALOMÃO, Luis Felipe; VARGAS, Daniel Vianna. Inteligência Artificial no Judiciário. Riscos de um positivismo tecnológico. *Justiça & Cidadania*, Rio de Janeiro, 7 abr. 2022. Disponível em: https://www.editorajc.com.br/inteligencia-artificial-no-judiciario-riscos-de-um-positivismo-tecnologico/. Acesso em: 8 nov. 2024.

[38] RAMIRES, Mauricio. *Crítica à aplicação de precedentes no Direito brasileiro*. Porto Alegre: Livraria do Advogado, 2010. p. 109.

[39] Nesse sentido, tome-se como exemplo o sistema de inteligência artificial criado e desenvolvido pelo Tribunal de Justiça do estado de Minais Gerais, o Radar, cujo programa foi treinado para efetuar a leitura das peças principais do processo e identificar qual é o pedido, analisando ainda se ele pode estar inserido em algum caso repetitivo. Além disso, a plataforma auxilia a tomada de decisão contemplando teses já estabelecidas pelos

Conclusão

Conforme discutido, acredita-se que o uso das novas tecnologias automatizadas, mesmo que para auxiliar os juízes no processo de tomada de decisão e pautado pelo discurso de maior eficiência e celeridade da prestação jurisdicional, apresenta um grande risco de criar um cenário no qual os jurisdicionados sejam impedidos de exercer indispensáveis direitos fundamentais inerentes ao ambiente coparticipativo de formação das decisões.

E mesmo que tais ferramentas estejam vocacionadas a auxiliar o Judiciário, já estão sendo desenvolvidos e aprimorados algoritmos voltados para efetuar funções decisórias, ainda que de menor complexidade. Nesse contexto, envolvem situações que tratam da análise do juízo de admissibilidade de recursos ou, ainda, a verificação da causa de pedir e do pedido de uma demanda que eventualmente esteja de acordo com a sistemática dos precedentes e súmulas vinculantes para que estes sejam aplicados concretizando o rápido andamento da máquina do Judiciário.

Por mais avançada que seja tal tecnologia, se ela não for capaz de proporcionar aos jurisdicionados o exercício do devido processo legal substancial, não se descarta a tese de que a decisão judicial assim produzida possa ser considerada ilegítima. Afinal, não estará presente um de seus pressupostos de legitimidade, que é a participação dos demandantes na construção da decisão judicial, já que a inteligência artificial judicial não proporciona aos jurisdicionados, em prol da celeridade, espaços discursivos em que as partes terão mais oportunidades de influenciar na elaboração das decisões. Logo, ignorar o modelo coparticipativo e cooperativo[40] – que, no Código de Processo Civil vigente, foi elencado como uma de suas normas fundamentais – pode gerar um ambiente de insegurança jurídica e arbitrariedades.

---

tribunais superiores e pelo próprio tribunal sobre o caso. No ano de 2018, em sessão inédita da 8ª Câmara Cível do respectivo tribunal, foram julgados 280 processos com apenas um clique do computador. MINAS GERAIS. Tribunal de Justiça do Estado de Minas Gerais. *TJMG utiliza inteligência artificial em julgamento virtual.* Belo Horizonte: TJMG, 7 nov. 2018. Disponível em: https://www.tjmg.jus.br/portal-tjmg/noticias/tjmg-utiliza-inteligencia-artificial-em-julgamento-virtual.htm#:~:text=Com%20a%20plataforma%20Radar%2C%20os,demandas%20que%20os%20julgadores%20necessitarem. Acesso em: 7 nov. 2024.

[40] "Art. 6º. Todos os sujeitos do processo devem cooperar entre si para que se obtenha, em tempo razoável, decisão de mérito justa e efetiva." BRASIL. *Lei nº 13.105, de 16 março de 2015.* Código de Processo Civil. Brasília, DF: Presidência da República, 2015. Disponível em: http://www.planalto.gov.br/ccivil_03/_ato2015-2018/2015/lei/l13105.htm. Acesso em: 5 nov. 2024.

Por esse motivo, todas as precauções devem ser levadas em consideração, sob pena do dever de fundamentação judicial, insculpido no art. 93, inc. IX, da Constituição da República,[41] estar sendo exercido por meio de aplicações dedutivistas e mecânicas ou, até mesmo, por falta de vontade dos magistrados, em virtude da comodidade proporcionada por esses programas computacionais.

Desse modo, "a busca desenfreada pela automação e eficiência quantitativa através da inteligência artificial, com julgamento em escala industrial e a utilização de conclusões advindas de algoritmos secretos como base de fundamentação para as decisões judiciais",[42] pode acabar produzindo um "efeito *cliquet*".[43] Isso leva a um retrocesso em relação às várias dimensões do princípio do contraditório, fazendo com que o juiz, "boca da lei" da escola positivista, em que as partes eram meras destinatárias da decisão judicial, seja reconduzido à prática forense através da tecnologia automatizada, tranformando-o agora no juiz "boca da jurisprudência". Esse processo produz um ambiente colaborativo no processo civil completamente alheio aos valores contidos em suas normas fundamentais e difere substancialmente do que foi pensado e desejado pelos estudiosos que contribuíram para a elaboração do seu anteprojeto, que se converteu na Lei nº 13.105, de 16 de março de 2015.

Por fim, embora a nova revolução tecnológica apresente inúmeros benefícios para a prática judicial, os riscos associados são consideráveis.

---

[41] "Art. 93, inc. IX. Todos os julgamentos dos órgãos do Poder Judiciário serão públicos, e fundamentadas todas as decisões, sob pena de nulidade, podendo a lei limitar a presença, em determinados atos, às próprias partes e a seus advogados, ou somente a estes, em casos nos quais a preservação do direito à intimidade do interessado no sigilo não prejudique o interesse público à informação." BRASIL. [Constituição (1988)]. *Constituição da República Federativa do Brasil de 1988*. Brasília, DF: Presidente da República, [2024]. Disponível em: http://www.planalto.gov.br/ccivil_03/constituicao/constituicao.htm. Acesso em: 5 nov. 2024.

[42] SALOMÃO, Luis Felipe; VARGAS, Daniel Vianna. Inteligência Artificial no Judiciário. Riscos de um positivismo tecnológico. *Justiça & Cidadania*, Rio de Janeiro, 7 abr. 2022. Disponível em: https://www.editorajc.com.br/inteligencia-artificial-no-judiciario-riscos-de-um-positivismo-tecnologico/. Acesso em: 8 nov. 2024.

[43] "O efeito cliquet ou princípio do não retorno da concretização, consiste na vedação da eliminação da concretização já alcançada na proteção de algum direito, admitindo-se somente seus aprimoramentos e acréscimos. [...] No Brasil, a proibição do retrocesso é fruto dos seguintes dispositivos constitucionais: 1) Estado democrático de Direito (art. 1º, *caput*); 2) dignidade da pessoa humana (art. 1º, III); 3) aplicabilidade imediata das normas definidoras de direitos fundamentais (art. 5º, §1º); 4) proteção da confiança e segurança jurídica (art. 1º, *caput*, e ainda art. 5º, XXXVI – a lei não prejudicará o direito adquirido, o ato jurídico perfeito e a coisa julgada); e 5) cláusula pétrea prevista no art. 60, §4º, IV." RAMOS, André de Carvalho. *Curso de Direitos Humanos*. 3. ed. São Paulo: Saraiva, 2016. p. 99-100.

Esse cenário demanda coordenação e esforço para a criação de sua regulamentação, bem como exige a adoção de políticas públicas que estimulem objetivos comuns, a exemplo de sua auditabilidade, ou seja, um *accountability* adequado voltado ao desenvolvimento sustentável de longo prazo no manejo de sistemas de inteligência artificial pelo Poder Judiciário.

Referências

BARROSO, Luís Roberto. *Curso de Direito Constitucional Contemporâneo*. São Paulo: Saraiva, 2016.

BENTHAM, Jeremy. *An Introduction to the Principles of Morals and Legislation*. [S. l.]: Ed. White Dog Publishing, 2010. E-book.

BIAZATTI, Bruno de Oliveira; VILELA, Pedro. *Competência Internacional dos Tribunais Domésticos e Litígios de Internet*. Belo Horizonte: Instituto de Referência em Internet e Sociedade, 2018. Disponível em: irisbh.com.br/wp-content/uploads/2018/06/Governanca_global_da_internet_IRIS.pdf. Acesso em: 8 nov. 2024.

BOBBIO, Norberto. *O positivismo jurídico*: lições de filosofia do direito. São Paulo: Ícone, 1995.

BRAGA, Carolina. Discriminação nas decisões por algoritmos: Polícia Preditiva. *In*: FRAZÃO, Ana; MULHOLLAND, Caitlin (coord.). *Inteligência Artificial e Direito*: ética, regulação e responsabilidade. São Paulo: Revista dos Tribunais, 2019. p. 671-693.

BRASIL. [Constituição (1988)]. *Constituição da República Federativa do Brasil de 1988*. Brasília, DF: Presidente da República, [2024]. Disponível em: http://www.planalto.gov.br/ccivil_03/constituicao/constituicao.htm. Acesso em: 5 nov. 2024.

BRASIL. *Decreto-Lei nº 4.657, de 4 de setembro de 1942*. Lei de Introdução às normas do Direito Brasileiro. Rio de Janeiro, RJ: Presidência da República, 1942. Disponível em: https://www.planalto.gov.br/ccivil_03/decreto-lei/del4657compilado.htm. Acesso em: 5 nov. 2024.

BRASIL. *Lei nº 13.105, de 16 março de 2015*. Código de Processo Civil. Brasília, DF: Presidência da República, 2015. Disponível em: http://www.planalto.gov.br/ccivil_03/_ato2015-2018/2015/lei/l13105.htm. Acesso em: 5 nov. 2024.

BRASIL. Superior Tribunal de Justiça. *STJ entra na era da inteligência artificial*. Brasília, DF: STJ, 14 jun. 2018a. Disponível em: https://www.stj.jus.br/sites/portalp/Paginas/Comunicacao/Noticias-antigas/2018/2018-06-14_06-51_STJ-entra-na-era-da-inteligencia-artificial.aspx#:~:text=Em%20mais%20uma%20etapa%20na,rotinas%20relacionadas%20ao%20processo%20eletr%C3%B4nico. Acesso em: 8 nov. 2024.

BRASIL. Supremo Tribunal Federal. *Ação Direta de Inconstitucionalidade 4.270 Santa Catarina*. Relator: Min. Joaquim Barbosa, 14 mar. 2012. Disponível em: https://redir.stf.jus.br/paginadorpub/paginador.jsp?docTP=TP&docID=2822197. Acesso em: 4 nov. 2024.

BRASIL. Supremo Tribunal Federal. *Inteligência artificial vai agilizar a tramitação de processos no STF*. Brasília, DF: STF, 30 maio 2018b. Disponível em: https://portal.stf.jus.br/noticias/verNoticiaDetalhe.asp?idConteudo=380038. Acesso em: 4 nov. 2024.

BURRELL, Jenna. How the machine 'thinks': understanding opacity in machine learning algorithms. *Big Data & Society*, [s. l.], v. 3, n. 1, p. 1-12, 2016.

CAPPELLETTI, Mauro; GARTH, Bryant. *Acesso à justiça*. Tradução: Ellen Gracie Northfleet. Porto Alegre: Sérgio Antônio Fabris Editor, 1988.

CHIAPPIN, J. R. N.; LEISTER, Carolina. A concepção pragmatista/utilitarista e sua importância na relação entre epistemologia e ciência na emergência da ciência contemporânea. *Cognitio-Estudos: Revista Eletrônica de Filosofia*, São Paulo, v. 5, n. 2, p. 114-118, jul./dez. 2008. Disponível em: http://www.pucsp.br/pos/Filosofia/Pragmatismo. Acesso em: 5 nov. 2024.

CONSELHO NACIONAL DE JUSTIÇA. *Relatório da Justiça em Números 2023*. Brasília, DF: CNJ, 2023. Disponível em: https://www.cnj.jus.br/wp-content/uploads/2023/09/justica-em-numeros-2023-010923.pdf. Acesso em: 5 nov. 2024.

DOMINGOS, Pedro. *O Algoritmo Mestre*: como a busca pelo algoritmo de *machine learning* definitivo recriará nosso mundo. Tradução: Aldir José Coelho Corrêa da Silva. São Paulo: Novatec, 2017.

DINAMARCO, Cândido Rangel. *Instituições de Direito Processual Civil*. v. 1. São Paulo: Malheiros, 2002.

EUROPEAN COURT OF HUMAN RIGHTS. *Guide on Article 6 of the European Convention of Human Rights*: Right to a fair trial. Strasbourg: ECHR, 2013. p. 23. Disponível em: https://rm.coe.int/1680700aaf#:~:text=Article%206%20of%20the%20Convention%20%E2%80%93%20Right%20to%20a%20fair%20trial,-%E2%80%9C1.&text=In%20the%20determination%20of%20his,impartial%20tribunal%20established%20by%20law. Acesso em: 5 nov. 2024.

HOBSBAWN, Eric. *A Era das Revoluções*: 1789-1848. Rio de Janeiro: Paz e Terra, 2012.

KELSEN, Hans. *Teoria geral do Direito e do Estado*. 3. ed. São Paulo: Martins Fontes, 2000.

MILL, John Stuart. *Utilitarismo*. Tradução: Pedro Galvão. Portugal: Porto, 2005.

MINAS GERAIS. Tribunal de Justiça do Estado de Minas Gerais. *TJMG utiliza inteligência artificial em julgamento virtual*. Belo Horizonte: TJMG, 7 nov. 2018. Disponível em: https://www.tjmg.jus.br/portal-tjmg/noticias/tjmg-utiliza-inteligencia-artificial-em-julgamento-virtual.htm#:~:text=Com%20a%20plataforma%20Radar%2C%20os,demandas%20que%20os%20julgadores%20necessitarem. Acesso em: 7 nov. 2024.

PASQUALE, Frank. *The Black Box Society*: the secret algorithms that control money and information. Cambridge: Harvard University Press, 2015.

POSNER, Richard Allen. *Direito, Pragmatismo e Democracia*. Rio de Janeiro: Forense, 2010.

RAMIRES, Mauricio. *Crítica à aplicação de precedentes no Direito brasileiro*. Porto Alegre: Livraria do Advogado, 2010.

RAMOS, André de Carvalho. *Curso de Direitos Humanos*. 3. ed. São Paulo: Saraiva, 2016.

RHODE, Deborah L. Access to Justice. *Fordham Law Review*, [s. l.], v. 69, n. 5, p. 1785-1819, 2001. Disponível em: https://ir.lawnet.fordham.edu/cgi/viewcontent.cgi?article=3709&context=flr. Acesso em: 4 nov. 2024.

SALOMÃO, Luis Felipe; VARGAS, Daniel Vianna. Inteligência Artificial no Judiciário. Riscos de um positivismo tecnológico. *Justiça & Cidadania*, Rio de Janeiro, 7 abr. 2022. Disponível em: https://www.editorajc.com.br/inteligencia-artificial-no-judiciario-riscos-de-um-positivismo-tecnologico/. Acesso em: 8 nov. 2024.

SARMENTO, Daniel; SOUZA NETO, Claudio Pereira de. *Direito Constitucional*: teoria, história e métodos de trabalho. Rio de Janeiro: Forense, 2014.

SILVA, Nilton Correia da. Inteligência Artificial. *In*: FRAZÃO, Ana; MULHOLLAND, Caitlin (coord.). *Inteligência Artificial e Direito*: ética, regulação e responsabilidade. São Paulo: Revista dos Tribunais, 2019. p. 35-52.

WILSON, Mark. As sete tendências mais superestimadas para 2022. *Fast Company Brasil*, São Paulo, 5 jan. 2022. Disponível em: https://fastcompanybrasil.com/tech/as-sete-tendencias-mais-superestimadas-para-2022/. Acesso em: 5 nov. 2024.

Informação bibliográfica deste livro, conforme a NBR 6023:2018 da Associação Brasileira de Normas Técnicas (ABNT):

PINTO, Henrique Alves; BOZOLA, Túlio Arantes. A inteligência artificial e o positivismo tecnológico no processo de tomada de decisão. *In*: ALLEMAND, Luiz Cláudio; SANTOS, Coriolano Aurélio de Almeida Camargo; MAGRO, Américo Ribeiro; GOMES, Rovena (coord.). *Processos judiciais eletrônicos*: inteligência artificial e garantia dos princípios do processo civil - algoritmos de agrupamento e similaridade. Belo Horizonte: Fórum, 2025. p. 243-268. ISBN 978-65-5518-975-9.

SUPERVISÃO E TRANSPARÊNCIA NO USO DE ALGORITMOS DE IA NA JUSTIÇA

JOÃO ROBERTO PERES

1 Introdução

A aplicação de inteligência artificial (IA) apoiada em algoritmos para sistemas computacionais no campo jurídico tem se mostrado uma ferramenta poderosa e decisiva na modernização e automação dos processos judiciais. Para simplificar a compreensão, segundo Iqbal H. Sarker, PhD, "IA é um subcampo da ciência da computação focado no desenvolvimento de sistemas e algoritmos de computador capazes de executar tarefas que normalmente exigem cognição humana".[1]

Dentre as soluções tecnológicas para IA jurídicas mais relevantes, os algoritmos de agrupamento e similaridade são a base para Sistemas de Análises Estatísticas (SAE), também relacionados à inteligência analítica (em inglês, *analytics*), e destacam-se por sua capacidade de gerir grandes volumes de dados, otimizando tarefas como a classificação de documentos, a busca por precedentes e até a previsão de decisões judiciais. No entanto, a crescente adoção dessas tecnologias algorítmicas impõe desafios éticos e jurídicos, especialmente no que diz respeito aos riscos quanto à transparência de suas operações e à necessária supervisão humana nos casos das decisões judiciais automatizadas.

---

[1] SARKER, I. AI-based modeling: Techniques, applications, and research issues towards automation, intelligent, and smart systems. *SN Computer Science*, 3(2), 158, (2022). https://www.researchgate.net/publication/358518962_AI-Based_Modeling_Techniques_Applications_and_Research_Issues_Towards_Automation_Intelligent_and_Smart_Systems/link/6205d107634ff774f4c1f9b7/download; https://sarker-research.net/. Acesso em: 3 out. 2024.

"O objetivo principal do sistema judicial é garantir justiça, imparcialidade e consistência na implementação de princípios legais, promovendo assim a coesão social e defendendo a autoridade da lei" (LEE, 2023).[2]

A necessidade de supervisão no uso de IA aplicada ao sistema judicial é crucial para garantir que os algoritmos operem de forma justa, imparcial e em conformidade com os princípios fundamentais do direito. Sem a devida intervenção humana, esses sistemas correm o risco de perpetuar vieses algorítmicos, comprometendo a equidade no processo decisório e ameaçando os direitos das partes envolvidas.

A transparência no funcionamento desses algoritmos também é indeclinável. Decisões automatizadas que afetam o direito das partes não podem ser obscuras, ou melhor, incompreensíveis, especialmente no contexto jurídico, onde a clareza e a justificativa das decisões são sustentáculos fundamentais da justiça. O fenômeno conhecido popularmente como "caixa-preta" dos algoritmos – situação em que a lógica de decisão torna-se incompreensível até mesmo para os criadores de soluções informatizadas que aplicam esses algoritmos – representa uma ameaça direta à legitimidade do processo judicial automatizado. No entanto, ao interpretar o artigo de Wells L. e Bednarz,[3] observa-se que muitos estudos sobre o tema têm sugerido que sistemas de IA habilitados para uso da explicabilidade (*Explainable Artificial Intelligence* – XAI), ao reduzirem a complexidade algorítmica, auxiliam na revelação de falhas nos mesmos, proporcionando a oportunidade de corrigir ou, ao menos, minimizar o enviesamento da máquina, tornando esses sistemas mais confiáveis.

A fim de fortalecer a segurança e a privacidade no uso de algoritmos de IA no setor judicial, várias práticas tecnológicas hoje se tornam fundamentais. Métodos de "sanitização e ofuscação segura" (métodos de limpeza e mascaramento de dados pessoais) permitem proteger informações confidenciais contra acessos indevidos, enquanto a "privacidade diferencial" (tipo de processamento seguro para compartilhar publicamente informações) é essencial para assegurar que

---

[2] LEE, T. V. The Application of Law as a Key to Understanding Judicial Independence. *FIU Law Review*, 17(1), 159, (2023). https://ecollections.law.fiu.edu/cgi/viewcontent.cgi?article=1544&context=lawreview. Acesso em: 3 out. 2024.

[3] WELLS, L; BEDNARZ, T. Explainable AI and Reinforcement Learning – A Systematic Review of Current Approaches and Trends. *Frontiers Artif. Intell*. 4:550030. DOI: 10.3389/frai.2021.550030(2021).https://www.frontiersin.org/journals/artificial-intelligence/articles/10.3389/frai.2021.550030/full. Acesso em: 4 out. 2024.

dados pessoais sejam preservados durante o processamento, mesmo quando submetidos a análises em larga escala. Além disso, técnicas de desduplicação e replicação segura de dados minimizam o risco de redundância e reduzem o uso excessivo de informações, garantindo que os sistemas permaneçam eficientes e protegidos contra a exposição indevida de dados sensíveis.

Ferramentas de desaprendizagem da máquina (*machine unlearning* ou MU) proporcionam um controle valioso, permitindo que dados incorretos ou potencialmente prejudiciais sejam removidos dos algoritmos para evitar decisões enviesadas no futuro. Aliado a isso, o rastreamento de conteúdo até o modelo de origem e a aplicação de "perturbações adversárias" (mecanismos de teste e defesa de modelos de IA contra os ataques de dados enganadores) contribuem para fortalecer a segurança e a confiabilidade dos modelos, aumentando sua resiliência no caso de ataques maliciosos e facilitando auditorias que reforcem a transparência e a responsabilidade. Com a introdução de *blockchain* (registro de dados imutável) para monitoramento de proveniência de dados e o uso de "métricas de factualidade", é possível garantir que a integridade e veracidade das informações se mantenham intactas ao longo de todo o processo judicial, promovendo um sistema mais robusto e confiável.

Como se pode observar, este artigo tem como objetivo explorar as necessidades, tanto ética quanto jurídica, de implementar tecnologias e mecanismos sólidos de supervisão e transparência no uso de algoritmos de IA no setor judicial, com ênfase especial nos algoritmos estatísticos de agrupamento e similaridade. A análise central examina os algoritmos e possíveis vulnerabilidades, bem como os desafios técnicos e jurídicos que acompanham essas tecnologias, além das implicações éticas que surgem com sua adoção indiscriminada. O artigo também busca destacar a importância de estabelecer melhores práticas no uso da IA, aliadas a regulamentações claras, que protejam os direitos fundamentais e promovam um sistema de justiça mais eficiente, justo e acessível.

2 Fundamentação

Nos últimos anos, a IA (programas de computador dedicados, capazes de simular a inteligência humana através do processamento de dados e do aprendizado automático de máquina) tem revolucionado diversos setores da sociedade, sendo o sistema de justiça um dos campos que mais se beneficiam dessas inovações tecnológicas. O uso de IA no ambiente jurídico, que inclui desde a automação de tarefas rotineiras até a análise estatística de grandes volumes de dados, vem crescendo exponencialmente, impulsionado pela necessidade de maior eficiência, rapidez e precisão no tratamento de casos judiciais.

2.1 Algoritmos na inteligência artificial

Um algoritmo, no contexto da inteligência artificial (IA), pode ser compreendido como um conjunto preciso e finito de instruções de programa que um computador segue para realizar uma tarefa específica ou, conforme a citação de Dora Kaufman (2018)[4] em sua publicação, "algoritmo: conjunto de instruções matemáticas que serve para implementar estratégias e objetivos pré-definidos". No contexto da IA, o algoritmo é uma sub-rotina de programa de computador, como uma receita de bolo, onde cada passo, cada ingrediente e cada ordem são cruciais para se obter o resultado desejado.

Na IA, os algoritmos são equivalentes ao "lobo frontal do cérebro humano", que é a parte responsável pelo planejamento, raciocínio, resolução de problemas e julgamentos. São eles que permitem às máquinas analisar dados, aprender, tomar decisões e realizar tarefas que antes eram exclusivas dos seres humanos.

2.2 Como os algoritmos funcionam na IA

- *Entrada de dados*: os algoritmos ou sub-rotinas de um programa de computador recebem dados como entrada, que podem ser números, textos, imagens, áudios, vídeos ou qualquer outra forma de informação digital.
- *Processamento*: os dados são tratados de acordo com as instruções programadas nos algoritmos utilizados especificamente. Isso pode envolver cálculos matemáticos, comparações lógicas, reconhecimento de padrões, entre outras operações.

---

[4] KAUFMAN, D. O protagonismo dos algoritmos da Inteligência Artificial: observações sobre a sociedade de dados. 11ª citação de Dora Kaufman. *Teccogs: Revista Digital de Tecnologias Cognitivas*, TIDD, PUC-SP, São Paulo, n. 17, p. 44-58, jan./jun. 2018. p. 49. Disponível em: https://revistas.pucsp.br/index.php/teccogs/article/view/48589/32069. Acesso em: 4 out. 2024.

- *Saída*: o resultado do processamento é a saída dos algoritmos, que pode ser uma classificação, uma previsão, uma recomendação de decisão ou qualquer outra forma de informação relevante conforme a programação.

2.3 Alguns tipos de algoritmos usados na IA

Há uma ampla variedade de algoritmos definidos academicamente, testados e disponíveis publicamente para uso em programação, especialmente em IA. Esses algoritmos são acessíveis em bibliotecas de código aberto, como TensorFlow e Scikit-Learn, facilitando o desenvolvimento de sistemas inteligentes. Eles oferecem soluções prontas para tarefas como classificação, reconhecimento de padrões e tomada de decisão, sendo amplamente usados para criar inovações em diversas áreas da tecnologia. Para o nosso tema, destacam-se os seguintes tipos de algoritmos:

- *Algoritmos de aprendizado de máquina*: permitem que os sistemas aprendam com os dados, identificando padrões e fazendo previsões (*e.g.*, regressão linear, árvores de decisão, redes neurais).
- *Algoritmos de busca*: utilizados para encontrar informações em grandes conjuntos de dados (*e.g.*, algoritmo de Dijkstra, algoritmo de Kruskal, algoritmo do vizinho mais próximo (kNN), entre outros).
- *Algoritmos de classificação/ordenação*: atribuem rótulos ou categorias a dados (*e.g.*, algoritmo classificador Naive Bayes, algoritmo de ordenação rápida (*quicksort*), pesquisa binária (*binary chop*), entre outros).
- *Algoritmos de agrupamento*: agrupam dados semelhantes em *clusters* (conjunto/grupo de dados) (*e.g.*, k-means, MeanShift, DBSCAN, BIRCH, entre outros).
- *Algoritmos de busca por similaridade*: calculam a similaridade entre pares de pontos de dados, registros, nós ou textos (*e.g.*, *k-nearest neighbors* (KNN), distância euclidiana, *Cosine Similarity*, *Jaro-Winkler*, entre outros).
- *Sistemas especialistas de IA*: programas especialistas de computador agregados ou componentes inter-relacionados (*softwares*), que trabalham em conjunto e podem utilizar diversos tipos de algoritmos para atender a uma ou mais necessidades específicas.

2.4 A importância dos algoritmos para IA

A importância dos algoritmos para IA é crucial, especialmente em sistemas especialistas dedicados a aplicações específicas. Eles podem assumir várias funções definidas pelos programadores. No reconhecimento de padrões, por exemplo, os algoritmos conseguem identificar estruturas complexas em grandes volumes de dados, o que é essencial para aplicações como reconhecimento de imagem e processamento de linguagem natural. Além disso, muitos algoritmos são projetados para aprendizado contínuo e profundo, permitindo que os sistemas se adaptem e melhorem ao longo do tempo, à medida que recebem novas informações e enfrentam diferentes situações. Outro papel importante dos algoritmos é na tomada de decisão: quando corretamente programados, os algoritmos permitem que os sistemas façam escolhas autônomas com precisão, como aprovar ou negar um empréstimo, identificar fraudes ou recomendar produtos com base no perfil dos usuários.

2.4.1 Crescimento do uso de IA no sistema de justiça

O crescimento do uso da IA no sistema de justiça mundial está diretamente relacionado à necessidade de lidar com o aumento do volume de informações e casos judiciais. Os tribunais enfrentam desafios significativos para processar de maneira eficiente essa quantidade crescente de processos, documentos e dados legais. Nesse contexto, a IA surge como uma solução promissora, melhorando a capacidade de gestão de dados, reduzindo o tempo de tramitação e proporcionando uma análise mais precisa das informações disponíveis. Dentre as principais áreas de aplicação, destaca-se a automação de tarefas repetitivas, como a classificação de documentos e a pesquisa jurídica, que podem ser realizadas de forma mais eficiente pelos sistemas de IA.

A IA também tem um papel relevante na análise de precedentes, facilitando a comparação rápida de decisões judiciais anteriores e fornecendo *insights* valiosos para juízes e advogados. Além disso, a previsão de decisões judiciais é uma área em expansão, com algoritmos capazes de prever resultados prováveis com base em dados históricos, ajudando as partes a formularem suas estratégias. Outra aplicação importante é na gestão documental e auditoria legal, na qual a IA revisa contratos, identifica cláusulas problemáticas e apoia processos de *compliance*.

Além disso, a IA é amplamente utilizada em áreas como propriedade intelectual, predição de litígios e investigação de fraudes. Ela pode detectar plágio, monitorar o uso não autorizado de marcas registradas e analisar patentes, bem como prever riscos que possam levar a litígios e auxiliar no gerenciamento de crises. A IA também ajuda na prevenção de crimes como lavagem de dinheiro e evasão fiscal, além de apoiar a resolução de conflitos entre partes, promovendo a reconciliação e sugerindo soluções que beneficiem ambos os lados.

2.5 Principais algoritmos usados em soluções na área jurídica

Dentre as diferentes abordagens da IA aplicadas à justiça, os algoritmos de agrupamento (*clustering*) e de similaridade (*similarity*) têm ganhado destaque pela capacidade de processar grandes volumes de dados e identificar padrões significativos. Esses algoritmos, que compõem uma subcategoria dos sistemas de aprendizado de máquina, oferecem uma nova maneira de lidar com a complexidade do direito ao organizar informações jurídicas de maneira mais eficiente.

Os algoritmos de agrupamento e similaridade (*statistical analysis*) já são amplamente aplicados no campo jurídico, sendo utilizados principalmente para identificar padrões ocultos, agrupar documentos ou casos com características comuns e fornecer comparações úteis entre documentos legais ou decisões judiciais.

A seguir, detalharemos os principais tipos de algoritmos comumente utilizados e suas aplicações no sistema de justiça.

2.6 Algoritmos de agrupamento (*clustering*)

Os algoritmos de agrupamento têm como principal função organizar dados em grupos (*clusters*) que compartilham características semelhantes. No contexto jurídico, essa capacidade é especialmente útil para a análise de grandes volumes de casos judiciais ou documentos legais. Ao agrupar processos com base em critérios como o tipo de litígio, as questões jurídicas envolvidas ou a localização geográfica, os algoritmos de *clustering* podem fornecer uma visão mais clara de tendências e padrões dentro do sistema de justiça.

2.6.1 Exemplos de aplicação

Nos tribunais, algoritmos de *clustering* podem organizar processos judiciais similares em grupos, facilitando a análise e julgamento de casos em massa, como litígios de consumidores, disputas trabalhistas ou ações civis coletivas. Também podem identificar decisões judiciais com temáticas ou fundamentações jurídicas semelhantes, oferecendo uma ferramenta poderosa para advogados na busca por precedentes relevantes. Além disso, empresas de advocacia e departamentos jurídicos podem usar esses algoritmos para classificar e agrupar contratos com base em padrões de cláusulas ou termos jurídicos, auxiliando na revisão contratual e na auditoria de conformidade.

Alguns dos principais algoritmos de agrupamento para IA aplicados na área jurídica incluem os algoritmos denominados: k-means (*clustering method*), DBSCAN (*Density-Based Spatial Clustering of Applications with Noise*) e o Hierarchical Clustering (HC, *Hierarchical Clustering Analysis* ou HCA), entre outros. Cada um desses algoritmos tem suas vantagens específicas, dependendo da estrutura dos dados e dos objetivos da análise.

Como exemplo didático, vamos entender um pouco sobre o algoritmo de agrupamento k-means na área jurídica: imagine um grupo de processos judiciais. Cada processo possui características como tipo de ação, valor da causa, tempo de duração etc. O k-means é como uma ferramenta ou método algorítmico que consegue agrupar esses processos de forma automática, baseando-se em suas características.

Como funciona (passo a passo):
1. *Definição do número de grupos (k)*: inicialmente, decide-se quantos grupos (ou *clusters*) se deseja criar. Por exemplo, pode-se querer agrupar os processos em três categorias: simples, complexos e muito complexos.
2. *Escolha aleatória de centroides*: o algoritmo escolhe aleatoriamente k pontos, chamados de centroides, para representar o centro de cada grupo.
3. *Atribuição de processos aos grupos*: cada processo é atribuído ao grupo cujo centroide está mais próximo.
4. *Cálculo de novos centroides*: após a atribuição, os centroides são recalculados, tornando-se a média de todos os processos dentro de cada grupo.
5. *Repetição*: os passos 3 e 4 são repetidos até que os centroides não mudem significativamente ou até que um número máximo de iterações seja alcançado.

Por que usar o k-means na área jurídica? Esse algoritmo, aplicado em programação de sistemas computacionais, possibilita a organização de grandes volumes de dados, agrupando milhares de processos de forma eficiente e facilitando a análise e a busca. Além disso, ajuda a identificar padrões e tendências nos processos, como tipos de ações mais comuns e a duração média dos processos. O k-means também permite prever o resultado de novos processos com base nos grupos aos quais eles são atribuídos e otimiza recursos ao direcionar esforços para os grupos de processos que mais demandam atenção.

Exemplo prático: imagine um escritório de advocacia que deseja analisar um grande volume de processos trabalhistas. Utilizando o k-means em seus sistemas, poderia-se agrupar esses processos em categorias como:

- *Rescisão contratual*: processos relacionados à demissão de funcionários.
- *Salários e horas extras*: processos envolvendo o pagamento de salários e horas extras.
- *Assédio*: processos relacionados a casos de assédio no trabalho.

Importante: é fundamental ressaltar que a escolha do número de grupos (k) e a definição das características dos processos a serem analisados são etapas cruciais para a obtenção de resultados relevantes. Da mesma forma, vale lembrar que não existe nada em tecnologia que possa estar isento de falhas e erros.

Agora, vamos explorar o algoritmo de agrupamento k-means didaticamente, de uma forma um pouco mais técnica: o algoritmo k-means,[5] como já visto, é uma técnica algorítmica de "aprendizado de máquina não supervisionado" amplamente utilizada para agrupar dados em k *clusters*.

Conceitos fundamentais:

- *Centroides*: são os pontos centrais de cada *cluster*. Representam o "centro de gravidade" dos dados dentro de um grupo.
- *Clusters*: são os grupos formados pelos dados. Cada dado pertence ao *cluster* cujo centroide está mais próximo.

---

[5] FACELI, K.; CARVALHO, A.; SOUTO, M. *Algoritmos de Agrupamento de Dados*. USP, 2005. Disponível em: https://web.icmc.usp.br/SCATUSU/RT/Relatorios_Tecnicos/RT_249.pdf. Acesso em: 8 out. 2024; NUNES, D. *Um breve estudo sobre o algoritmo K-means*. U. Coimbra, 2016. Disponível em: https://estudogeral.uc.pt/bitstream/10316/48034/1/Tese_DiogoNunes.pdf. Acesso em: 10 out. 2024; O QUE É: K-Means Clustering. *Aprender Estatística Fácil*. Disponível em: https://estatisticafacil.org/glossario/o-que-e-k-means-clustering-entenda-o-algoritmo/.

- *Distância*: a distância entre um dado e um centroide é calculada para determinar a qual *cluster* o dado pertence. A medida para cálculo da distância mais comum é a "distância euclidiana".

O Algoritmo k-means em detalhes:

1. *Inicialização*:
- Escolhem-se aleatoriamente k pontos como centroides iniciais.

2. *Atribuição*:
- Cada dado é atribuído ao *cluster* cujo centroide está mais próximo. A distância euclidiana entre um ponto de dado x e um centroide c é calculada da seguinte forma:

distância(x, c) = $\sqrt{((x_1 - c_1)^2 + (x_2 - c_2)^2 + ... + (x_n - c_n)^2)}$

Onde:
- $x_1, x_2, ..., x_n$ são as coordenadas do ponto de dado;
- $c_1, c_2, ..., c_n$ são as coordenadas do centroide;
- n é a dimensionalidade dos dados.

3. *Atualização dos centroides*:
- Os centroides são recalculados como a média de todos os pontos atribuídos a cada *cluster*.
- Seja C_i o conjunto de pontos atribuídos ao *cluster i*, o novo centroide c_i é calculado como:

$c_i = (1/|C_i|) * \Sigma(x \in C_i) x$

Onde:
- $|C_i|$ é o número de pontos no *cluster i*;
- $\Sigma(x \in C_i) x$ é a soma de todos os pontos no *cluster i*.

4. *Repetição*:
- Os passos 2 e 3 são repetidos até que os centroides não mudem significativamente ou até que um número máximo de iterações seja alcançado.

Exemplo prático na área jurídica – visualização em gráfico: imagine que queremos agrupar processos judiciais com base em duas características – valor da causa e tempo de duração. Podemos representar cada processo como um ponto em um gráfico bidimensional, onde o eixo x representa o valor da causa, e o eixo y representa o tempo de duração.

- *Inicialização*: escolhem-se aleatoriamente três pontos (centroides) nesse gráfico.
- *Atribuição*: cada processo é atribuído ao *cluster* cujo centroide está mais próximo, calculando a distância euclidiana entre o processo e cada centroide.
- *Atualização*: recalculamos a posição dos centroides como a média dos processos em cada *cluster*.

- *Repetição*: repetimos os passos 2 e 3 até os centroides convergirem.

Visualmente: os processos se agruparão em torno dos centroides, formando *clusters* distintos. Podemos interpretar esses *clusters* como diferentes "tipos" de processos, por exemplo, processos de baixa complexidade, média complexidade e alta complexidade.

Gráfico ilustrativo:

Gráfico 1 – Agrupamento (*k-means*) de processos judiciais com base em duas características: valor da causa (eixo x) e tempo de duração (eixo y). Cada cor representa um *cluster* distinto, enquanto os "Xs" pretos indicam os centroides, que são os centros dos *clusters* formados

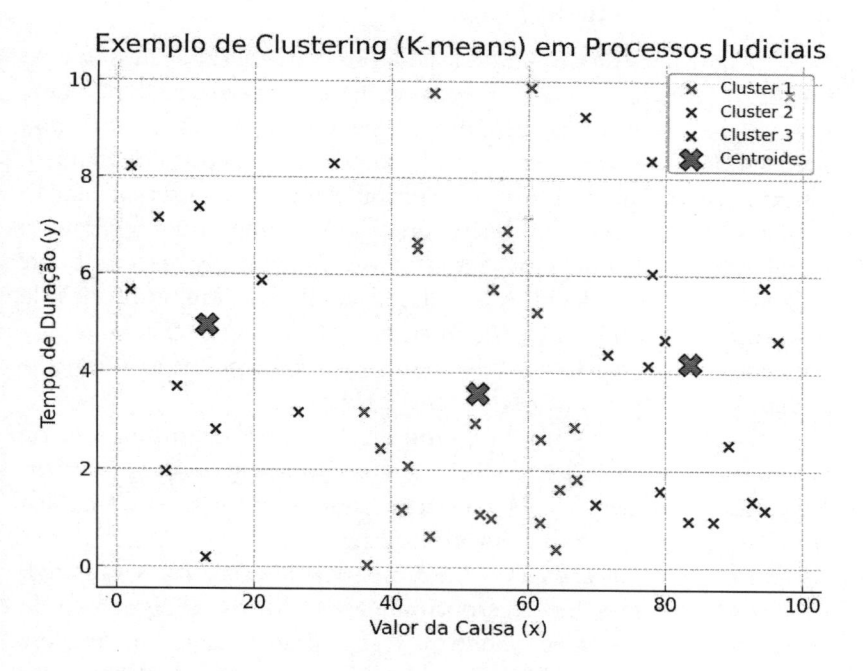

Fonte: Gráfico gerado por inteligência artificial generativa (https://openai.com/index/image-gpt/).

Lembrando: a escolha aleatória dos centroides pode impactar o desempenho do algoritmo, e a técnica como o "k-means++" pode ser usada para melhorar essa inicialização, garantindo uma maior probabilidade de resultados satisfatórios.

2.7 Algoritmos de similaridade (*Similarity Search Algorithms*)

Os algoritmos de busca por similaridade são projetados para comparar dados e identificar itens que compartilham características em comum. No campo jurídico, eles são amplamente utilizados para encontrar precedentes, realizar pesquisas jurídicas e comparar documentos legais. Esses algoritmos analisam a proximidade entre dois conjuntos de dados, considerando tanto termos exatos quanto a semelhança conceitual entre palavras e frases.

2.7.1 Exemplos de aplicação

Algoritmos de similaridade já são amplamente aplicados na área jurídica. Advogados e juízes podem usá-los para localizar rapidamente precedentes relevantes, economizando tempo e fornecendo uma base sólida para a argumentação jurídica. Esses algoritmos também permitem a comparação de contratos ou cláusulas contratuais, facilitando a identificação de discrepâncias ou termos potencialmente problemáticos, o que é particularmente útil em processos de *due diligence* e auditoria legal. Além disso, são eficazes em auditorias de conformidade, revisando documentos para detectar cláusulas que não estejam de acordo com regulamentações ou políticas internas e apoiando o cumprimento de normas jurídicas.

Algoritmos comuns de similaridade com exemplo: Cosine Similarity, Jaccard Index e TF-IDF (*Term Frequency-Inverse Document Frequency*) permitem calcular o grau de similaridade entre documentos com base na frequência e relevância de termos.

Exemplo do algoritmo Cosine Similarity *(Similaridade de Cosseno)*[6] *na área jurídica*: imagine dois documentos jurídicos. O algoritmo de "similaridade de cosseno" mede quão semelhantes esses documentos são, comparando o "ângulo" entre eles em um espaço vetorial. Quanto menor o ângulo, mais semelhantes os documentos serão.

---

[6] VITOR, R. Agrupando frases usando similaridade por cosseno. *Medium*, 2019. Disponível em: https://medium.com/@raivitor/agrupando-frases-usando-similaridade-por-cosseno-c9d7a55be95b. Acesso em: 10 out. 2024.

Como funciona:
1. *Transformação em vetores*:
- Cada documento é transformado em um vetor numérico. Cada palavra do documento se torna uma dimensão desse vetor, e o valor indica quantas vezes a palavra aparece no documento.
- Exemplo: a frase "o réu cometeu um crime" seria representada por um vetor com as dimensões "o", "réu", "cometeu", "um", "crime", cada uma com o valor 1.
2. *Cálculo do cosseno*:
- O cosseno do ângulo entre os dois vetores é calculado, com valores entre -1 e 1:
  - 1: os documentos são idênticos;
  - 0: os documentos não possuem palavras em comum;
  - -1: os documentos são opostos (todas as palavras de um documento são opostas às do outro).

As aplicações práticas da IA na área jurídica são diversas. Um exemplo é a descoberta de documentos, que envolve a busca de precedentes legais relevantes para um caso específico e a identificação de documentos duplicados ou similares em grandes bancos de dados. Outra aplicação importante é a análise de jurisprudência, que permite identificar tendências em decisões judiciais e acompanhar a evolução da interpretação da lei ao longo do tempo. A IA também pode ser utilizada para detectar plágio, comparando documentos para verificar cópias ou paráfrases não autorizadas. Além disso, pode ajudar na classificação de documentos, organizando-os em categorias como contratos e sentenças.

Os assistentes jurídicos informatizados, como *chats*, também têm se mostrado úteis, auxiliando advogados na pesquisa e análise de informações jurídicas. Sistemas de recomendação são outra aplicação prática, sugerindo documentos relevantes para os usuários com base em seus interesses.

Dentre as vantagens dessas tecnologias, destacam-se a simplicidade, já que são fáceis de entender e implementar; a eficiência, pois conseguem lidar com grandes volumes de dados; e a versatilidade, sendo aplicáveis a diversos tipos de documentos textuais. Contudo, existem algumas limitações, como a dificuldade em lidar com sinônimos, que podem não ser identificados como semelhantes. Além disso, a IA não considera o contexto das palavras, como a ordem e a estrutura das frases, e pode gerar ruído, distorcendo os resultados ao tratar palavras comuns como "o", "a" e "e". Esses fatos podem comprometer a precisão em certos casos de uso.

Revisão técnica: o algoritmo de *similaridade de cosseno* é uma medida de similaridade entre dois vetores não nulos em um espaço vetorial. Ele calcula o cosseno do ângulo entre os vetores, com valores próximos de 1 indicando maior similaridade.

Cálculo da similaridade de cosseno:

1. *Representação vetorial*:
- *Tokenização*: os documentos são divididos em palavras (*tokens*).
- *Vetorização*: cada documento é representado como um vetor. O valor da dimensão indica a frequência da palavra no documento, podendo usar a métrica do algoritmo TF-IDF, por exemplo.

2. *Cálculo do produto escalar*:
- O produto escalar entre dois vetores A e B é dado por:
  - $A \cdot B = \sum(A_i \times B_i)$

Onde:
  - A_i e B_i são os valores das dimensões dos vetores A e B, respectivamente.
  - $\sum$ representa a soma de todos os produtos.

3. *Cálculo das normas*:
- A norma de um vetor é dada por:
  - $\|A\| = \sqrt{\sum(A_i^2)}$

4. *Cálculo da Similaridade de Cosseno*:
- A similaridade de cosseno é calculada como:
  - $\text{similaridade} = \frac{A \cdot B}{\|A\| \times \|B\|}$

Exemplo prático: considere dois documentos:
- *Documento A*: "Crime de ameaça".
- *Documento B*: "Crime de peculato".

Após a *tokenização* e *vetorização*, temos os vetores:
- *Vetor A*: [1, 1, 1, 0, 0] (Crime, de, ameaça).
- *Vetor B*: [0, 1, 1, 0, 1] (Crime, de, peculato).

Calculando o produto escalar: $1 \times 0 + 1 \times 1 + 1 \times 1 + 0 \times 0 + 0 \times 1 = 2$

Calculando as normas:
- $\|A\| = \sqrt{1^2 + 1^2 + 1^2} = \sqrt{3}$
- $\|B\| = \sqrt{1^2 + 1^2 + 1^2} = \sqrt{3}$

Similaridade de cosseno: 23×3=23≈0.67\frac{2}{\sqrt{3} \times \sqrt {3}} = \frac{2}{3} \approx 0.673×3 2=32≈0.67

Interpretação: o valor 0,67 indica uma similaridade moderada entre os documentos, já que ambos compartilham as palavras "Crime" e "de".

Vamos gerar um gráfico do resultado: comparando "Crime de ameaça" e "Crime de peculato" com base nos valores vetoriais representados:
- Crime de Ameaça (Vetor A): [1, 1, 1, 0, 0]
- Crime de Peculato (Vetor B): [0, 1, 1, 0, 1]

Gráfico 2 – O gráfico radar visualiza as similaridades e diferenças dos vetores, ajudando a entender a correlação moderada de similaridade (0.67) entre os dois documentos, como calculado pelo algoritmo de similaridade de cosseno

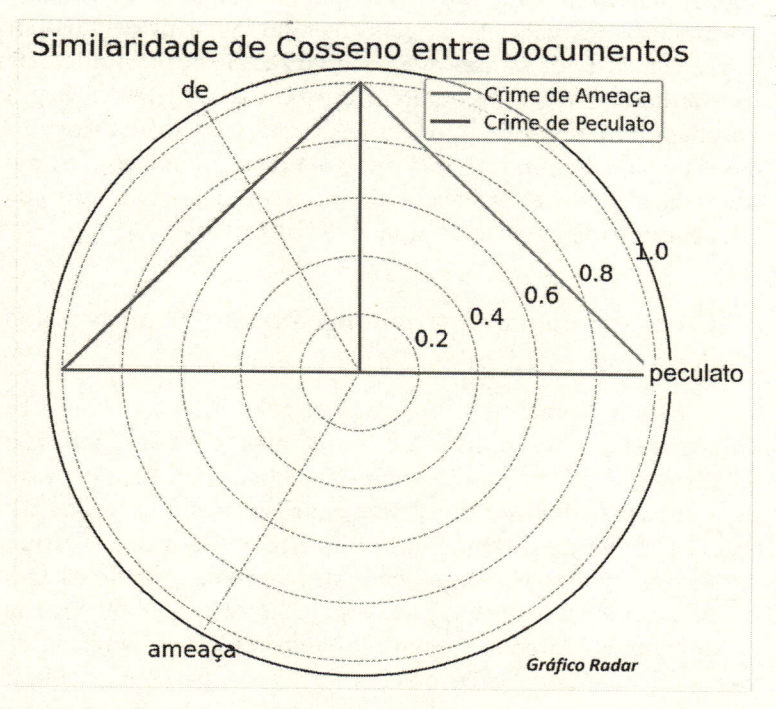

Fonte: Gráfico gerado por inteligência artificial generativa (https://openai.com/index/image-gpt/).

Considerações:
- *Pré-processamento*: a qualidade da representação vetorial dos documentos influencia significativamente os resultados. Técnicas como *stemming*, *lematização* e remoção de *stop words* são fundamentais para melhorar essa representação.
- *Modelos de linguagem*: algoritmos mais sofisticados, como Word2Vec e BERT, podem capturar relações semânticas mais complexas entre palavras, oferecendo uma visão mais profunda das similaridades.
- *Limitações*: a "similaridade de cosseno" não considera a ordem das palavras e pode ser sensível a sinônimos e variações linguísticas, o que representa um risco no uso em certos contextos.

O algoritmo de *similaridade de cosseno* (SC) é uma técnica algorítmica matemática poderosa para medir a similaridade entre documentos textuais. Ao se compreenderem os princípios por trás dessa técnica, pode-se aplicá-la em diversas áreas, incluindo o direito, para automatizar tarefas e obter *insights* valiosos a partir de grandes volumes de dados. O algoritmo SC, que transforma documentos em representações numéricas e calcula o ângulo entre eles, permite identificar padrões, relações e similaridades, podendo auxiliar advogados e juízes em suas atividades cotidianas.

3 Riscos e potenciais problemas no uso de algoritmos de IA na área jurídica

Estatisticamente, o maior risco associado ao uso de IA nas áreas jurídicas e no Judiciário é o atual nível de viés algorítmico. Os algoritmos para Sistemas de Análises Estatísticas (SAE) são projetados para processar dados e identificar padrões, mas o resultado de suas análises depende diretamente da qualidade dos dados utilizados para o treinamento no aprendizado de máquina. Quando os dados de entrada contêm preconceitos sociais, raciais, de gênero ou econômicos, os algoritmos matematicamente podem replicar e amplificar esses vieses em suas conclusões e até em decisões. Isso é particularmente perigoso no sistema de justiça, no qual a equidade e a imparcialidade são fundamentais.

Para exemplificar, nos Estados Unidos, o uso do sistema *Correctional Offender Management Profiling for Alternative Sanctions*

(COMPAS), de acordo com a Wikipedia,[7] foi amplamente discutido e avaliado. Trata-se de um algoritmo utilizado para ponderar o risco de reincidência de indivíduos condenados. Estudos mostraram que o COMPAS tendia a superestimar o risco de reincidência de réus negros e subestimar o risco para réus brancos. Esse é um exemplo claro de como o viés algorítmico pode ter impactos desastrosos, perpetuando desigualdades já presentes no sistema de justiça.

A presença de vieses não intencionais nos algoritmos pode ocorrer por várias razões, incluindo:

- *Dados históricos com conteúdos enviesados*: as bases de dados judiciais e criminais historicamente podem refletir desigualdades sociais e raciais. Se esses dados forem usados para treinar algoritmos sem uma filtragem cuidadosa, por ferramentas como *machine unlearning* (MU), os resultados da IA podem continuar a refletir essas desigualdades.
- *Escolha inadequada de variáveis*: algumas variáveis que parecem neutras podem, na verdade, ser *proxies* para características protegidas, como raça ou gênero. Por exemplo, o uso do histórico criminal ou do bairro de origem pode introduzir vieses indiretos nas decisões judiciais.
- *Falta de diversidade nas equipes de desenvolvimento*: o viés pode ser reforçado quando as equipes que projetam os algoritmos são compostas por um grupo homogêneo de desenvolvedores, que podem não perceber os vieses subjacentes nos dados ou nas regras de decisão do algoritmo. Outro ponto importante é a implementação inadequada dos algoritmos nos sistemas jurídicos.

3.1 Falta de transparência e o problema da "caixa-preta algorítmica"

Mais um desafio crítico no uso de IA no sistema de justiça é a falta de transparência, frequentemente descrita como o "problema da caixa-preta", havendo controvérsias sobre o tema. Segundo Silveira e Silva (2020),[8] muitos algoritmos, especialmente aqueles baseados em

---

[7] COMPAS. *In*: WIKIPÉDIA: a enciclopédia livre. Disponível em: https://en.wikipedia.org/wiki/COMPAS_(software). Acesso em: 7 out. 2024.
[8] SILVEIRA, S. A.; SILVA, T. R. Controvérsias sobre danos algorítmicos: discursos corporativos sobre a discriminação codificada. *Revista Observatório*, vol. 6, n. 4, jul./set. 2020.

aprendizado de máquina – *machine learning* (ML) –, são tão complexos que não permitem a explicação de seus procedimentos. Suas decisões, portanto, não são explicáveis nem compreensíveis para humanos, o que representa um sério problema em termos de responsabilidade e prestação de contas no Judiciário.

Se um réu é condenado ou tem sua liberdade cerceada com base em uma recomendação algorítmica, ele tem o direito de entender como essa decisão foi tomada. No entanto, se o processo de decisão do algoritmo for opaco, será impossível para as partes envolvidas (advogados, juízes, réus) contestar ou mesmo avaliar a justiça da decisão. A falta de explicabilidade compromete princípios fundamentais, como o contraditório e a ampla defesa, que são pilares de um processo judicial justo.

Além disso, a confiança pública no sistema judicial pode ser minada se as decisões forem vistas como baseadas em "máquinas" incompreensíveis, em vez de em julgamentos ponderados e transparentes realizados por seres humanos. Isso pode levar a uma erosão da legitimidade do sistema judicial.

3.2 Automação da injustiça: o perigo da substituição humana

Uma preocupação crescente é o uso de IA para substituir decisões humanas em diversos aspectos do processo judicial. Embora essas tecnologias possam ser ferramentas poderosas para auxiliar juízes, ajudando-os a tomar decisões mais informadas e eficientes, existe o risco significativo de que uma dependência excessiva leve à "automação da injustiça". Em outras palavras, decisões complexas e com profundas implicações para os indivíduos podem acabar sendo entregues a sistemas automatizados, sem a devida consideração das nuances e particularidades de cada caso.

A justiça é inerentemente humana, exigindo o julgamento cuidadoso das circunstâncias e valores envolvidos em cada situação. Algoritmos aplicados em IA, por mais sofisticados que sejam, não têm a capacidade de captar contextos emocionais, sociais ou psicológicos, podendo assim gerar decisões que, embora tecnicamente precisas, podem ser moral ou eticamente inapropriadas. Além disso, a ausência

---

Disponível em: https://sistemas.uft.edu.br/periodicos/index.php/observatorio/article/download/11069/17889/51122. Acesso em: 8 out. 2024.

de *interpretabilidade* dos algoritmos pode dificultar a compreensão e a contestação das decisões, reforçando a necessidade de supervisão humana constante.

Outro ponto crucial é a *padronização* e a *transferibilidade* dos sistemas de IA, pois algoritmos que se mostram eficazes em determinados contextos podem não ser apropriados para todos os casos ou regiões, levando a injustiças por falta de adaptação às especificidades locais. O conceito de *machine unlearning* (MU) – desaprendizagem de máquina – também surge como um mecanismo importante, permitindo que sistemas de IA "desaprendam" informações incorretas ou enviesadas, ajustando suas bases de dados para evitar a replicação de julgamentos equivocados e garantindo uma justiça mais precisa e sensível ao contexto.

Para evitar a desumanização do processo judicial, é necessário que esses sistemas sejam usados com parcimônia, limitando seu papel a tarefas de suporte e proporcionando a *interpretabilidade* e a revisão humana constante. O equilíbrio entre automação e intervenção humana é essencial para que a IA seja usada de forma ética, justa e transparente, garantindo que os valores centrais da justiça não sejam comprometidos.

4 A urgência de regulamentações claras

Diante da complexidade e dos riscos associados ao uso de IA no sistema judicial, é essencial que o Brasil desenvolva regulamentações claras para orientar a aplicação dessas tecnologias. Tais regulamentações devem assegurar que os algoritmos para IA sejam utilizados de maneira transparente, justa e em conformidade com os direitos fundamentais, além de prever mecanismos eficazes de supervisão e responsabilização. A transparência e a explicabilidade dos algoritmos são fundamentais para que seu funcionamento seja claro e suas decisões possam ser compreendidas pelas partes envolvidas em processos judiciais, garantindo o direito de contestação sempre que necessário.

Os algoritmos aplicados no Judiciário devem passar por auditorias regulares para assegurar que operem corretamente e de acordo com os padrões éticos e legais. Essas auditorias também devem verificar a existência de possíveis vieses nos dados utilizados, garantindo que as decisões sejam justas e imparciais. Além disso, é imprescindível que a IA funcione como uma ferramenta de apoio à decisão, sem substituir o papel humano. Juízes e profissionais do direito devem manter a última palavra, considerando as particularidades de cada caso.

A proteção de dados é outro aspecto crucial. A IA frequentemente trabalha com grandes volumes de informações, muitas vezes sensíveis, o que exige regulamentações claras para garantir que esses dados sejam utilizados de forma responsável e em conformidade com leis nacionais e alinhamento internacional. Assegurar a privacidade e a segurança das informações pessoais é essencial para manter a confiança na aplicação dessas novas tecnologias no sistema de justiça.

4.1 Lições da nova Lei Europeia de Regulação da IA

A experiência recente da União Europeia com a sua nova Lei da IA – Regulamento (UE) 2024/1689 –,[9] publicada em 13 de julho de 2024, oferece um referencial importante para estruturas regulatórias que podem servir como base para a formulação de políticas públicas no Brasil e em outros países.

A Lei da IA da UE é pioneira no estabelecimento de um quadro jurídico abrangente para regular a IA, classificando os sistemas de IA com base em seu nível de risco, desde aqueles de risco inaceitável até os de baixo risco. A regulamentação se aplica a diversos setores, incluindo o Judiciário, e impõe normas rigorosas para o desenvolvimento, implementação e supervisão de sistemas de IA que impactam direitos fundamentais e processos de decisões críticas.

4.2 Marco legal da inteligência artificial no Brasil

O Projeto de Lei nº 2.338/2023, que visa estabelecer o marco legal para o uso da inteligência artificial no Brasil, apesar dos avanços, ainda enfrenta desafios. A complexidade da regulamentação da IA e a necessidade de um consenso entre os diversos setores envolvidos têm contribuído para a postergação das discussões. As últimas informações sobre o tema indicam:
- *Adiamento após as eleições municipais*: a votação do projeto foi novamente adiada para um período posterior às eleições municipais de 2024, visando dar aos legisladores tempo suficiente para analisar as propostas e suas implicações.

---

[9] Regulamento (UE) 2024/1689 do Parlamento Europeu e do Conselho, de 13 de junho de 2024. Regras harmonizadas em matéria de inteligência artificial IA (2024). Disponível em: https://eur-lex.europa.eu/legal-content/PT/TXT/PDF/?uri=OJ:L_202401689. Acesso em: 10 out. 2024.

- *Discussões em andamento*: os debates sobre o marco legal da IA continuam a ocorrer em diversos fóruns, com a participação de especialistas, empresas, sociedade civil e órgãos governamentais.
- *Pontos em discussão*: dentre os principais pontos em discussão estão a definição de inteligência artificial, a classificação dos sistemas de IA por nível de risco, os direitos dos usuários, a responsabilidade civil por danos causados por sistemas de IA e a proteção de dados pessoais.

4.3 O que esperar para o futuro?

Espera-se que o Projeto de Lei nº 2.338/2023 ganhe novo impulso e seja votado em plenário. A aprovação de um marco legal para a IA no Brasil, equilibrado e não restritivo, é fundamental para garantir o desenvolvimento seguro e ético dessa tecnologia, além de promover a inovação e a competitividade do país no cenário global.

5 Conclusão: melhores práticas no uso da IA na advocacia e no Judiciário

A introdução da inteligência artificial (IA) no setor jurídico sinaliza uma era promissora, em que a administração da justiça se torna mais ágil e eficiente. No entanto, o uso dessas tecnologias requer atenção rigorosa às regulamentações e práticas éticas que assegurem a proteção dos direitos fundamentais, promovendo processos justos, transparentes e acessíveis. A análise deste artigo destacou os desafios técnicos e jurídicos relacionados à implementação da IA, enfatizando a necessidade de práticas que harmonizem inovação com a preservação dos princípios democráticos que sustentam o Estado de Direito.

Para uma adoção responsável, é essencial que a aplicação da IA no Judiciário seja acompanhada de mecanismos de transparência e explicabilidade, como a inteligência artificial explicável (XAI), que torna os modelos compreensíveis e "transparentes" para os envolvidos. Dessa forma, a lógica das decisões automatizadas é acessível e auditável, favorecendo a confiança pública. Tecnologias como *blockchain* reforçam essa transparência, garantindo registros invioláveis e auditáveis de dados, fortalecendo a rastreabilidade e a integridade das informações utilizadas nos processos.

No que diz respeito à privacidade, o tratamento de dados sensíveis deve ser conduzido com técnicas como sanitização, ofuscação segura e privacidade diferencial, que protegem informações confidenciais e evitam exposição indevida de dados pessoais. A desduplicação e a replicação cuidadosa dos dados ajudam a evitar redundâncias e a reduzir o risco de exposição. Além disso, a prática de "desaprendizagem de máquina" (MU) permite que dados incorretos ou tendenciosos sejam removidos do sistema, corrigindo desvios e evitando que decisões futuras sejam impactadas por erros passados.

A segurança e robustez dos modelos de IA também foram identificadas como áreas críticas, nas quais testes de "perturbações adversárias" são fundamentais para avaliar a resiliência dos sistemas a ataques externos. Esses testes ajudam a assegurar que as decisões da IA permaneçam consistentes, mesmo sob pressão ou tentativa de manipulação. Por outro lado, a necessidade de eliminar vieses algorítmicos e de aplicar "métricas de factualidade" torna-se prática indispensável, assegurando que as decisões sejam justas e baseadas em informações confiáveis.

A proteção dos dados pessoais exige aderência à Lei Geral de Proteção de Dados (LGPD) e a implementação de práticas transparentes, permitindo que as partes compreendam como seus dados são utilizados e tenham a possibilidade de questioná-los, promovendo, assim, um ambiente de confiança pública.

Para assegurar que os sistemas de IA empregados no setor jurídico sigam padrões éticos e legais, é fundamental a realização de auditorias independentes, conduzidas por especialistas externos, e a criação de comitês reguladores. Essas medidas garantem uma supervisão rigorosa, promovendo o uso responsável e transparente da tecnologia.

A regulação ampla da IA, somada ao desenvolvimento contínuo dessas tecnologias e à capacitação dos profissionais do direito, favorece uma adoção consciente da IA, que respeite os valores de justiça e equidade. Dessa forma, a IA pode transformar o setor jurídico, tornando a justiça mais acessível, eficiente e ética, em conformidade com as melhores práticas e com regulamentações que acompanhem a evolução tecnológica. Assim, a inteligência artificial se consolida como uma aliada dos juristas de forma geral e para a administração pública preservar seus valores fundamentais.

Referências

COMPAS. *In*: WIKIPÉDIA: a enciclopédia livre. Disponível em: https://en.wikipedia.org/wiki/COMPAS_(software). Acesso em: 7 out. 2024.

FACELI, K.; CARVALHO, A.; SOUTO, M. *Algoritmos de Agrupamento de Dados*. USP, 2005. Disponível em: https://web.icmc.usp.br/SCATUSU/RT/Relatorios_Tecnicos/RT_249.pdf. Acesso em: 8 out. 2024.

KAUFMAN, D. O protagonismo dos algoritmos da Inteligência Artificial: observações sobre a sociedade de dados. 11ª citação de Dora Kaufman. *Teccogs: Revista Digital de Tecnologias Cognitivas*, TIDD, PUC-SP, São Paulo, n. 17, p. 44-58, jan./jun. 2018. p. 49. Disponível em: https://revistas.pucsp.br/index.php/teccogs/article/view/48589/32069. Acesso em: 4 out. 2024.

LEE, T. V. The Application of Law as a Key to Understanding Judicial Independence. *FIU Law Review*, v. 17, n. 1, p. 159, 2023. Disponível em: https://ecollections.law.fiu.edu/cgi/viewcontent.cgi?article=1544&context=lawreview. Acesso em: 3 out. 2024.

NUNES, D. *Um breve estudo sobre o algoritmo K-means*. U. Coimbra, 2016. Disponível em: https://estudogeral.uc.pt/bitstream/10316/48034/1/Tese_DiogoNunes.pdf. Acesso em: 10 out. 2024.

O QUE É: K-Means Clustering. *Aprender Estatística Fácil*. Disponível em: https://estatisticafacil.org/glossario/o-que-e-k-means-clustering-entenda-o-algoritmo/.

REGULAMENTO (UE) 2024/1689 do Parlamento Europeu e do Conselho, de 13 de junho de 2024. Regras harmonizadas em matéria de inteligência artificial IA (2024). Disponível em: https://eur-lex.europa.eu/legal-content/PT/TXT/PDF/?uri=OJ:L_202401689. Acesso em: 10 out. 2024.

SARKER, I. AI-based modeling: Techniques, applications, and research issues towards automation, intelligent, and smart systems. *SN Computer Science*, v. 3, n. 2, p. 158, 2022. Disponível em: https://www.researchgate.net/publication/358518962_AI-Based_Modeling_Techniques_Applications_and_Research_Issues_Towards_Automation_Intelligent_and_Smart_Systems/link/6205d107634ff774f4c1f9b7/download. Acesso em: 3 out. 2024.

SILVEIRA, S. A.; SILVA, T. R. Controvérsias sobre danos algorítmicos: discursos corporativos sobre a discriminação codificada. *Revista Observatório*, vol. 6, n. 4, jul./set. 2020. Disponível em: https://sistemas.uft.edu.br/periodicos/index.php/observatorio/article/download/11069/17889/51122. Acesso em: 8 out. 2024.

VITOR, R. Agrupando frases usando similaridade por cosseno. *Medium*, 2019. Disponível em: https://medium.com/@raivitor/agrupando-frases-usando-similaridade-por-cosseno-c9d7a55be95b. Acesso em: 10 out. 2024.

WELLS, L; BEDNARZ ,T. Explainable AI and Reinforcement Learning – A Systematic Review of Current Approaches and Trends. *Frontiers Artif. Intell*, 4:550030. DOI: 10.3389/frai.2021.550030(2021). Disponível em: https://www.frontiersin.org/journals/artificial-intelligence/articles/10.3389/frai.2021.550030/full. Acesso em: 4 out. 2024.

Informação bibliográfica deste livro, conforme a NBR 6023:2018 da Associação Brasileira de Normas Técnicas (ABNT):

PERES, João Roberto. Supervisão e transparência no uso de algoritmos de IA na justiça. *In*: ALLEMAND, Luiz Cláudio; SANTOS, Coriolano Aurélio de Almeida Camargo; MAGRO, Américo Ribeiro; GOMES, Rovena (coord.). *Processos judiciais eletrônicos*: inteligência artificial e garantia dos princípios do processo civil - algoritmos de agrupamento e similaridade. Belo Horizonte: Fórum, 2025. p. 269-292. ISBN 978-65-5518-975-9.

O PRINCÍPIO DA IDENTIDADE FÍSICA DO JUIZ NA ERA DA IA

JOÃO VINÍCIUS MANSSUR
KAÍQUE RODRIGUES DE ALMEIDA

Introdução

A crescente popularidade da inteligência artificial tem fomentado um debate sobre a possibilidade de juízes virem a ser substituídos por robôs proferindo decisões automatizadas. Alguns autores teorizam que, em algum momento, a tecnologia alcançará grau de sofisticação que tornará a decisão do robô indistinguível ou até mesmo melhor do que a decisão judicial prolatada por um humano.

Rejeitamos essa hipótese, especialmente no âmbito criminal, focando este trabalho em um dos argumentos jurídicos que podem ser suscitados *de lege lata*, por aplicação do art. 399, §2º, do Código de Processo Penal (CPP). Propomos uma nova interpretação do princípio da identidade física do juiz, no sentido de resguardar a valoração da prova e a sentença criminal ao juiz humano, enquanto garantia fundamental.

1 A transformação digital do Poder Judiciário

Ao longo das últimas décadas, diversos mecanismos digitais foram implementados no ambiente forense. Podemos citar inovações como o peticionamento eletrônico, o processo eletrônico, o balcão virtual para atendimento cartorário, a audiência com participação remota de todas as partes, bem como o julgamento em que todos os juízes estão reunidos virtualmente, de forma sincronizada ou assíncrona, com sustentação oral por meio de videoconferência ou gravação em áudio e vídeo.

Richard Susskind é um dos juristas que teorizou e impulsionou muitas dessas reformas. Ele afirma que essa transformação digital opera como a desmaterialização da justiça, que deixa de estar restrita e imediatamente identificada a um espaço físico específico, como um fórum ou uma sala de audiências, na medida em que a justiça assume a forma essencial de "um serviço".[1]

A adoção da inteligência artificial na prática jurídica está em franca ascensão, como evidenciam diversas iniciativas que buscam facilitar a gestão cartorária e otimizar a prestação jurisdicional. Dentre essas medidas, destacam-se melhorias nos fluxos de categorização e triagem de processos, automação de tarefas e simplificação na recuperação de informações.

A habilidade da inteligência artificial para analisar grandes volumes de dados, articular argumentos complexos e realizar inferências acuradas levanta uma questão crucial sobre seu papel na prática jurídica, especialmente na substituição ou diminuição no número de mãos humanas que hoje são necessárias para atender ao mesmo volume de trabalho.

Essas capacidades tecnológicas desafiam os limites tradicionais das profissões jurídicas e provocam debates sobre a ética, a responsabilidade e a autoridade das decisões automatizadas no sistema de justiça.

2 A inteligência artificial hoje e amanhã

Alexandre Morais da Rosa e Daniel Henrique Arruda Boeing propõem que a inteligência artificial pode ser empregada no direito em três categorias: IA-classificadora, IA-relatora e IA-julgadora.[2]

A IA-classificadora atua como uma ferramenta de suporte, fornecendo subsídios doutrinários e precedentes legais aos operadores

---

[1] SUSSKIND, Richard E. *Online Courts and the Future of Justice*. Oxford: Oxford University Press, 2019. p. 294.
[2] BOEING, Daniel Henrique Arruda; ROSA, Alexandre Morais da. *Ensinando um robô a julgar*: pragmática, discricionariedade, heurísticas e vieses no uso de aprendizado de máquina no judiciário. Florianópolis: Emais, 2020. p. 71-77.

do direito, ajudando-os a analisar as controvérsias de maneira mais eficiente. Essa forma de IA se concentra em organizar e apresentar informações relevantes, tornando o processo de tomada de decisão mais informado e baseado em um conjunto de dados acessível e bem estruturado.

No segundo nível, a IA-relatora avança na funcionalidade ao extrair informações diretamente de documentos, sintetizando argumentos e oferecendo conclusões preliminares. Essa tecnologia vai além da simples organização de dados, permitindo uma análise mais profunda e uma apresentação mais clara dos pontos centrais de um caso. A capacidade da IA-relatora de sintetizar informações complexas de forma coesa não só economiza tempo, mas também aumenta a precisão na preparação das peças judiciais, auxiliando os operadores do direito na identificação dos elementos mais relevantes de cada processo.

Por fim, a IA-julgadora representa o nível mais avançado e, consequentemente, o mais controverso. Essa tecnologia é capaz de realizar inferências preditivas e, em alguns casos, pode até mesmo substituir a atividade humana nas tomadas de decisão.

Os autores ressaltam que não é necessário incorporar todas essas funções de forma integral. A adoção da inteligência artificial pode ser graduada, variando entre uma aplicação mais forte ou mais fraca, conforme a necessidade específica de cada situação.

Desse modo, o Poder Judiciário pode escolher a extensão e a intensidade da IA que deseja implementar, equilibrando a inovação com a indispensável responsabilidade no exercício da justiça.

Atualmente, o uso da IA no sistema de justiça brasileiro é regulamentado pela Resolução CNJ nº 332/2020.[3] Dentre os pontos principais, a resolução regula a constituição de equipes de pesquisa, desenvolvimento e implantação de serviços de inteligência artificial nos tribunais, bem como estabelece princípios para a segurança de dados e para evitar a perpetuação de vieses discriminatórios nas inferências da IA.

Chama a atenção que a regulamentação já autoriza o uso de IA para a elaboração de minuta de decisão judicial, desde que discriminando cada passo até a conclusão inferida pela máquina, sob a supervisão do magistrado competente para a decisão final:

---

[3] BRASIL. *Resolução n. 332, do Conselho Nacional de Justiça, de 21 de agosto de 2020.*

> Art. 19. Os sistemas computacionais que utilizem modelos de Inteligência Artificial como ferramenta auxiliar para a elaboração de decisão judicial observarão, como critério preponderante para definir a técnica utilizada, a explicação dos passos que conduziram ao resultado.
>
> Parágrafo único. Os sistemas computacionais com atuação indicada no caput deste artigo deverão permitir a supervisão do magistrado competente.

O uso da IA é desestimulado para casos criminais, ressalvada a aplicação em temas teoricamente matemáticos, como os cálculos de penas e prescrição, bem como em verificações simples, como a da reincidência e o popular etiquetamento de processos na triagem cartorária:

> Art. 23. A utilização de modelos de Inteligência Artificial em matéria penal não deve ser estimulada, sobretudo com relação à sugestão de modelos de decisões preditivas.
>
> § 1º Não se aplica o disposto no caput quando se tratar de utilização de soluções computacionais destinadas à automação e ao oferecimento de subsídios destinados ao cálculo de penas, prescrição, verificação de reincidência, mapeamentos, classificações e triagem dos autos para fins de gerenciamento de acervo.

É oportuno destacar que a redação do dispositivo é no sentido de não ser devido o estímulo, sem, contudo, proibir o uso peremptoriamente.

Nas palavras de Luís Roberto Barroso, os riscos de vieses discriminatórios da IA ou de falta de sensibilidade devem ser contrapostos aos riscos de ingerência sobre juízes ou desvios de conduta. Conclui-se que, por questões de insuficiência no desenvolvimento tecnológico, não há que se cogitar ainda a aplicação da IA sem a supervisão humana:

> A possibilidade de elaboração de peças por advogados, pareceres pelo Ministério Público e decisões pelos juízes, com base em minutas pesquisadas e elaboradas por IA, irá simplificar a vida e abreviar prazos de tramitação. Por evidente, tudo sob estrita supervisão humana, pois a responsabilidade continua a ser de cada um desses profissionais. Nos tribunais, programas de IA que agrupam processos por assuntos, bem como os que podem fazer resumos de processos volumosos otimizam o tempo e a energia dos julgadores. (...) Há aqui um ponto controvertido e particularmente interessante: o uso da IA para apoiar a elaboração

de decisões judiciais. Muitos temem, não sem razão, os riscos de preconceito, discriminação, falta de transparência e de explicabilidade. Sem mencionar ausência de sensibilidade social, empatia e compaixão. Mas é preciso não esquecer que juízes humanos também estão sujeitos a esses mesmos riscos. Por essa razão, há um outro lado para essa moeda: a perspectiva de que a IA possa, efetivamente, ser mais preparada, imparcial e menos sujeita a interesses pessoais, influências políticas ou intimidações. Isso pode acontecer em qualquer lugar, mas especialmente em países menos desenvolvidos, com menor grau de independência judicial ou maior grau de corrupção. Seja como for, no atual estágio da civilização e da tecnologia, a supervisão de um juiz humano é indispensável. Embora se possa impor a ele um ônus argumentativo aumentado nos casos em que pretenda produzir resultado diverso do proposto pela IA.[4]

Para Luís Greco, o avanço tecnológico permitirá que robôs tomem decisões de maneira indistinguível e, possivelmente, mais bem fundamentada em comparação com decisões humanas. Contudo, para o penalista, a barreira para essa mudança reside na necessidade de haver uma figura humana como responsável pela decisão judicial, estando tal pessoa sujeita, em última instância, a sanções por erros ou desvios.[5]

O Estado deve justificar suas ações juridicamente para se distinguir de mera força bruta, com o direito representando a própria legitimidade desse ato de poder, pois estabelece regras predeterminadas do procedimento e do mérito, todas elas idealmente decorrentes de discussões e debates travados em instituições democráticas. Os funcionários públicos exercem poder por incumbência legal e com responsabilidades por abusos também previstas em lei, delimitando a fronteira entre o exercício legítimo da autoridade e a arbitrariedade punível.

Porém, robôs não podem ser responsáveis por suas decisões, pois, essencialmente, não existem como entidades autônomas. A responsabilização de empresas fornecedoras de juízes-robôs seria inadequada, resultando na privatização do monopólio estatal do poder punitivo. Há também uma falta de responsabilidade individual, dado que a IA é desenvolvida por um grupo de pessoas incapazes de compreender isoladamente o algoritmo, caracterizando uma "caixa-preta tecnológica".

---

[4] BARROSO, Luís Roberto. *Inteligência artificial, plataformas digitais e democracia*: direito e tecnologia no mundo atual. Belo Horizonte: Fórum, 2024. p. 35-36.
[5] GRECO, Luís. *Poder de julgar sem responsabilidade de julgador*: a impossibilidade jurídica do juiz-robô. São Paulo: Marcial Pons, 2020.

Sendo assim, para Luís Greco, embora até tenhamos que reconhecer a iminência de uma tecnologia com plenas capacidades para julgar melhor que humanos, não devemos admitir a substituição do juiz humano pela máquina, pois isso implicaria a falta da responsabilidade que é inerente ao exercício do poder em regimes jurídicos.

Esse argumento é muito bem estruturado, mas parte de uma visão de ameaça contra os responsáveis pelo exercício da função jurisdicional. Não queremos juízes humanos apenas para serem expostos em caso de erro judiciário, atuando somente sob a ameaça da espada de Dâmocles.

Buscamos, neste artigo, desenvolver um argumento jurídico e positivo em defesa da figura do juiz humano, em reinterpretação do princípio da identidade física do juiz.

3 O princípio da identidade física do juiz em sua acepção original

Esse princípio busca garantir que o magistrado que acompanhou a produção das provas, colheu depoimentos das partes e testemunhas, e observou comportamentos e nuances subjetivas seja o mesmo a tomar a decisão final. Essa continuidade busca assegurar uma leitura mais rica e aprofundada dos elementos probatórios, proporcionando uma decisão judicial mais justa e fundamentada.

Portanto, a preservação da identidade física do juiz também reflete na segurança jurídica e na confiança das partes no sistema judiciário. Ao assegurar que o juiz que instruiu o processo e formou juízos instrutórios é o mesmo que proferirá a sentença, o sistema de justiça se protege e protege os jurisdicionados contra a introdução de decisões desconectadas da realidade processual.

O princípio da identidade física do juiz surgiu no ordenamento brasileiro com a publicação do Código de Processo Civil de 1939 (CPC/1939). Segundo consta da Exposição de Motivos, esse código buscava implementar um sistema processual com menos formalismo e mais celeridade, por meio da concentração de atos processuais e da promoção da oralidade. Caberia ao juiz indagar as partes acerca das dúvidas surgidas no curso da instrução, diminuindo a sua inércia em prol da busca da verdade. Sendo assim, a identidade física estava harmonicamente articulada com a ideia de um processo mais concentrado na audiência de instrução.[6]

---

[6] "O princípio que deve reger a situação do juiz em relação à prova e o de concentração dos atos do processo postulam, necessariamente, o princípio da identidade física do juiz. O

O Código de Processo Civil de 1973 (CPC/1973) manteve o princípio, mas passou a prever exceções. Esse modelo foi aperfeiçoado com a reforma promovida pela Lei nº 8.637/1993, de maneira que se consagrou a necessidade de haver a identidade entre a pessoa que "concluiu a audiência de instrução" e a pessoa que julgará a lide, salvo se convocada, licenciada, afastada, promovida ou aposentada. Nessas hipóteses, os autos passam para o sucessor, que poderá determinar a repetição das provas já produzidas caso entenda necessário.

Desde a reforma instituída pela nº Lei 11.719/2008, o processo penal brasileiro passou a abarcar o princípio da identidade física do juiz no art. 399, §2º, do CPP. De forma mais abrangente, a normativa processual penal estabelece que o "juiz que presidiu a instrução deverá proferir a sentença".

Embora o CPP não preveja exceções, a jurisprudência consolidada dos tribunais superiores aplicava as hipóteses do CPC/1973 também ao processo penal. Curiosamente, o novo Código de Processo Civil de 2015 (CPC/2015) não reproduziu o princípio da identidade física do juiz, de modo que também não mais existe a previsão legal das exceções. Ainda assim, a jurisprudência mantém aqueles critérios do CPC/1973 para não reconhecer a nulidade do processo criminal em que houve a substituição do magistrado pelos motivos de convocação, licenciamento, afastamento, promoção ou aposentadoria.

René Ariel Dotti afirma que é correta a adoção desse princípio no processo penal, pois "a ausência, no processo penal, do aludido e generoso princípio permite que o julgador condene, com lamentável frequência, seres humanos que desconhece".[7]

Gustavo Badaró considera que a identidade física do juiz está atrelada a um processo oral, com atos concentrados, não sendo ideal a sua transposição para ritos processuais que não adotem essa estrutura:

> A identidade física do juiz deve atuar integradamente com o sistema da oralidade, que tem como outras características a concentração e a imediação. Assim, nos procedimentos especiais que adotem estrutura

---

juiz que dirige a instrução do processo ha de ser o juiz que decida o litígio. Nem de outra maneira poderia ser, pois, o processo visando a investigação da verdade, somente o juiz que tomou as provas esta realmente habilitado a apreciá-las do ponto de vista do seu valor ou da sua eficácia em relação aos pontos debatidos." Cf. BRASIL. *Exposição de Motivos do Decreto-Lei nº 1.608, de 18 de setembro de 1939.*

[7] DOTTI, René Ariel. O interrogatório à distância: um novo tipo de cerimônia degradante. *Revista de Informação Legislativa*, v. 34, n. 134, p. 269-274, abr./jun. 1997, p. 270.

concentrada, desenvolvendo-se mediante audiência una de instrução, debates e julgamento, terá incidência a regra da identidade física do juiz, por aplicação subsidiária das disposições do procedimento comum ordinário, nos termos do § 5º. do art. 394 do CPP, como, por exemplo: no procedimento especial da Lei nº. 11.343/06 (art. 57, *caput*) e no procedimento sumaríssimo da Lei nº. 9.099/1995 (art. 81, *caput*). Já nos procedimentos em que há previsão de mais de uma audiência, como no caso do procedimento para os crimes eleitorais, não será possível a aplicação da identidade física do juiz.[8]

O princípio vinha sendo limitado pela jurisprudência, na medida em que, ao admitir o interrogatório por carta precatória, declarou o caráter não absoluto do direito do réu de ser ouvido e indagado pelo magistrado que o sentenciaria.[9]

Max Paskin Neto e Maria Danielle Rosa Padilha Ribeiro sustentaram que, "nas salas de audiências nas quais exista o sistema de gravação de som e imagem, este sistema moderno se afiguraria mais adequado aos seus fins do que a vinculação pessoal do magistrado".[10]

Esses autores destacam que os tribunais ratificavam entendimentos pessoais do juiz singular a respeito de um fato que envolvesse sua impressão pessoal sobre a pessoa do orador quando não havia elementos suficientes para reabrir a instrução. Isso deixou de ser um problema com a possibilidade de simplesmente reproduzir a mídia de gravação do ato processual e valorar a prova em instância recursal.

Com a ampla implementação da justiça digital no Brasil, o princípio da identidade física do juiz caminhava para um estágio de superação contra o subjetivismo do magistrado que acompanhou um ato plenamente recuperável em gravações para detida apreciação *a posteriori*.

Resta claro que, em sua gênese, o princípio da identidade física do juiz esteve intimamente relacionado com a audiência presencial e oral, o que traz questionamentos sobre a proposta de transpô-lo para uma

---

[8] BADARÓ, Gustavo Henrique. A regra da identidade física do juiz na reforma do Código de Processo Penal. *Boletim do Instituto Brasileiro de Ciências Criminais*, n. 200, jul. 2009, p. 13.
[9] "O princípio da identidade física do juiz, introduzido no processo penal pela Lei nº 11.719/1908 (art. 399, § 2º, do CPP), não é absoluto e não impede a realização do interrogatório do réu por meio de carta precatória" (STF; HC-AgR 156.749; Primeira Turma; Rel. Min. Roberto Barroso; DJE 17.09.2018).
[10] PASKIN NETO, Max; RIBEIRO, Maria Daniele Rosa Padilha. A desproporcionalidade progressiva do princípio da identidade física do juiz em face dos avanços tecnológicos e do processo eletrônico. *Revista Judiciária do Paraná*, ano VIII, n. 5, maio 2013, p. 201.

nova realidade de audiências no mais das vezes por videoconferência e gravadas em processos eletrônicos, de facílima consulta.

No entanto, entendemos que o advento da IA reascende a utilidade do princípio, em uma nova interpretação de sua função. O que propomos é o reconhecimento da imprescindibilidade da humanidade na justiça criminal. Em oposição ao puro objetivismo da máquina, que é impróprio para o ato de decidir o *status libertatis* de outro ser humano, é necessário reforçarmos a identidade física do juiz como o responsável pelo ato decisório, pela valoração da prova e pelo convencimento motivado que definiu seu juízo de mérito.

4 A impossibilidade de uma "IA-oráculo" e de um "juiz boca do algoritmo"

Previsto no artigo 93, inciso IX, da Constituição Federal de 1988 (CF/88)[11] e reforçado pelo artigo 371 do CPC/2015,[12] o livre convencimento motivado assegura que todas as decisões judiciais sejam devidamente justificadas. Dessa forma, o princípio não só confere ao juiz a liberdade necessária para decidir com base nas provas dos autos, mas também exige que ele seja responsável e transparente em suas decisões, proporcionando um processo justo para todas as partes envolvidas e permitindo o controle recursal.

O CPP reforça a necessidade de justificativas detalhadas nas decisões, assegurando a imparcialidade e o controle por instâncias superiores, promovendo a proteção dos direitos e garantias dos acusados. Isso está presente em dispositivos como o artigo 155,[13] o artigo 381, inciso III,[14] e o artigo 564, inciso V.[15]

---

[11] IX - todos os julgamentos dos órgãos do Poder Judiciário serão públicos, e fundamentadas todas as decisões, sob pena de nulidade, podendo a lei limitar a presença, em determinados atos, às próprias partes e a seus advogados, ou somente a estes, em casos nos quais a preservação do direito à intimidade do interessado no sigilo não prejudique o interesse público à informação; (Redação dada pela Emenda Constitucional nº 45, de 2004).

[12] Art. 371. O juiz apreciará a prova constante dos autos, independentemente do sujeito que a tiver promovido, e indicará na decisão as razões da formação de seu convencimento.

[13] Art. 155. O juiz formará sua convicção pela livre apreciação da prova produzida em contraditório judicial, não podendo fundamentar sua decisão exclusivamente nos elementos informativos colhidos na investigação, ressalvadas as provas cautelares, não repetíveis e antecipadas. (Redação dada pela Lei nº 11.690, de 2008).

[14] Art. 381. A sentença conterá: (...) III - a indicação dos motivos de fato e de direito em que se fundar a decisão.

[15] Art. 564. A nulidade ocorrerá nos seguintes casos: V - em decorrência de decisão carente de fundamentação. (Incluído pela Lei nº 13.964, de 2019).

Diante de narrativas contraditórias veiculadas no processo adversarial, o livre convencimento motivado autoriza o juiz a criticar e comparar provas e depoimentos, desmascarando inverdades ou, em dúvida, não provendo a pretensão acusatória e assegurando o estado de inocência do réu.

Ao exigir fundamentação detalhada, o ordenamento endereça ao juiz o dever de explicar suas razões para aceitar ou rejeitar determinadas provas, incluindo a identificação de alegações falaciosas ou não suficientemente corroboradas para o seu sentir.

Nesse cenário, a identidade física do juiz contribui para uma melhor compreensão das circunstâncias em que se colheu a prova a ser futuramente objeto de livre ponderação pelo magistrado.

É oportuno destacar que os princípios se complementam, mas há um ponto de tensão. A garantia da motivação judicial busca afastar o subjetivismo que represente arbitrariedade do magistrado, considerado como o ponto de vista pessoal não respaldado na lei ou nas provas. Aqui, o humano nunca será absoluta e perfeitamente infalível.

Luigi Ferrajoli considera que a motivação das decisões judiciais reflete e assegura a natureza cognitiva do juízo, vinculando-o à legalidade e à prova das hipóteses acusatórias. Isso torna as decisões verificáveis e refutáveis, baseadas em argumentos que buscam uma verdade relativa. Assim, o poder jurisdicional se funda no saber, não em um poder absoluto. A motivação permite que as decisões sejam controladas tanto juridicamente, pela interpretação correta da lei, quanto do ponto de vista fático, pela suficiência e adequação das provas, sujeitando-se a revisão em apelação e ou em juízo de cassação pelos tribunais superiores.[16]

A IA pode ser uma aliada poderosa do magistrado, analisando grandes volumes de dados, destacando padrões e incongruências, auxiliando na detecção de alegações infundadas e organizando fundamentos para decisões judiciais, complementando a experiência e intuição do juiz e aumentando a precisão e eficiência na análise das provas e na fundamentação das decisões.

Jordi Nieva-Fenoll destaca que boa parte das testemunhas "prepara sua declaração no dia anterior à audiência".[17] O autor cita programas de computação que já são utilizados para valorar, de forma

---

[16] FERRAJOLI, Luigi. *Direito e razão*: teoria do garantismo penal. São Paulo: Editora Revista dos Tribunais, 2002.

[17] NIEVA-FENOLL, Jordi. *Inteligência artificial e processo judicial*. São Paulo: Juspodivm, 2023. p. 115-126.

probabilística, a credibilidade das testemunhas. Ele prevê que outros algoritmos poderão constatar quando um depoimento é lastreado em retórica ou é útil para estabelecer a credibilidade da versão de determinada parte, especialmente na corroboração de provas no contexto de muitos dados.

Esse mesmo raciocínio vale para a apreciação das provas documentais e periciais. Em termos gerais, a IA pode auxiliar na compreensão do elemento de prova dentro de um contexto em que inserida ou produzida, aferindo a sua credibilidade, bem como a qualidade do seu conteúdo em si.

Aqui a crítica de Luís Greco ao denominado assessor-robô parece encontrar seu lugar de incidência. Para esse autor, tais sugestões fornecidas pelo programa de computar geram "uma tentação dificilmente resistível de uma entrega fática da tomada de decisão à máquina".[18]

Em contraponto, Alexis Eliane e Kaíque Rodrigues de Almeida destacam que os juízes já são assessorados por pessoas, no exercício de cargos de confiança ou mesmo servidores concursados, que têm por atribuição legal a mesma tarefa que agora se cogita para a IA, de modo que "o risco de aceitar às cegas as sugestões de um assessor humano também é presente, muito embora não afaste a responsabilidade do juiz pelo exercício da função".[19]

Jordi Nieva-Fenoll faz uma advertência mais profunda com relação ao futuro próximo, no sentido de um algoritmo consolidado pela comunidade jurídica vir a se tornar insuperável:

> É certo que, aportando os dados algoritmos, a sentença conterá uma motivação substancialmente mais robusta e muito menos intuitiva do que se vê. Isso fará com que a defesa foque em combater o algoritmo do aplicativo na situação fática específica, mesmo que, cada vez mais, esse combate seja inútil. Conforme a ferramenta ganhe aceitação, discutir seus resultados será tão ineficiente quanto é discutir, atualmente, se um processador de textos contou corretamente a quantidade de caracteres com ou sem espaços.[20]

---

[18] GRECO, 2022, p. 66.
[19] ELIANE, Alexis; ALMEIDA, Kaíque Rodrigues de. O assessor-robô: um estudo do curso de escrita jurídica com o ChatGPT, credenciado pela ENFAM. In: PEREIRA, Isabelle Diane Gibson; MIRANDA, Matheus de Alencar e; SOUZA, Tatiana Lourenço Emmerich de (orgs.). *Algoritmos, inteligência artificial e novas tecnologias*: repercussões penais, processuais penais, criminológicas e político criminais. São Paulo: Tirant Lo Blanch, 2024. p. 175.
[20] NIEVA-FENOLL, 2023, p. 148.

Em contraponto a essa visão de provável "fim da história", com o desenvolvimento de um algoritmo com feições de oráculo e detentor de conclusões incontestáveis, Alexis Eliane e Kaíque Rodrigues de Almeida consideram que se trata de uma nova versão do "juiz boca da lei", mas agora como o "juiz boca do algoritmo".

Historicamente, a ideia de que o juiz deve ser a "boca da lei" foi defendida pela Escola da Exegese, que acreditava que a legislação deveria ser aplicada rigidamente, sem inovação judicial, pois seria a manifestação da vontade política e soberana do povo e que, pela força do iluminismo filosófico, alcançaria a racionalidade pura e última. Dessa forma, o juiz não teria motivo nem legitimidade para fugir da moldura legal.

Porém, essa visão se mostrou inadequada, pois as leis são expressas em linguagem, que é permeada pela ambiguidade. Além disso, a lei é o produto de consensos políticos das casas legislativas, em conformação de interesses que muitas vezes não coincidem com o arranjo idealizado pela doutrina.

A sociedade está em constante mudança, exigindo interpretações novas para contextos novos. Divergências entre advogados e promotores geram o esgarçamento e a evolução da jurisprudência, tornando o papel do juiz mais complexo e menos mecânico do que o simples reconhecimento de regras.

O uso de IA não elimina as divergências humanas com uma única resposta algorítmica e salvacionista. A IA poderá, na melhor hipótese, enriquecer o debate jurídico ao fornecer ferramentas bem estruturadas para a compreensão e resolução de conflitos.

No contexto democrático,[21] o direito envolve debates interpretativos em que os juízes buscam soluções que respeitem o pluralismo social e os direitos fundamentais:

---

[21] ELIANE; ALMEIDA, 2024, nt. 15: "No pensamento de Dworkin, 'o direito como integridade' implica reconhecer que frequentemente há 'uma resposta certa', bem como exigir do juiz a escolha pela interpretação mais adequada e condizente com as decisões pretéritas e face aos fundamentos que circundam o caso concreto. O autor é contrário à noção de que os juízes têm poderes discricionários para decidir casos difíceis. Do ponto de vista lógico-argumentativo e moral, deve-se reconhecer que somente um argumento merece prosperar. Cf. DWORKIN, Ronald. 'Os direitos podem ser controversos?'. In: _____, Levando os direitos a sério. São Paulo: Martins Fontes, 2002, p. 429-446. A visão de Rawls é no sentido de que o pluralismo admite que exista mais de uma doutrina válida em uma sociedade democrática, ainda que se contradigam. Sendo assim, a escolha por uma determinada interpretação em detrimento de outra é um ato de autoridade dos membros do Poder Judiciário. Isso só se admite em uma sociedade democrática porque é inerente ao 'consenso sobreposto' que unifica os membros dessas doutrinas divergentes.

Isso se manifesta nos tribunais em tendências de defesa de interesses pró-contribuinte ou pró-fisco, por um Estado menos ou mais presente na regulação e na economia, e, na seara criminal, em interpretação mais restritiva ou expansiva da norma penal, dos meios de investigação, do processo e da execução penal.

Essas divergências encontram no direito e nas cortes judiciais um método racional e argumentativo de resolução de conflitos, mas que, em última instância, é um ato determinado por uma maioria julgadora. Particularmente, as decisões no Brasil são tomadas por meio de placares. É uma maioria formada por autoridades competentes que decide qual argumento será vencedor, segundo a concepção por ela compartilhada de um resultado justo.

Sendo assim, não existe e nem existirá um juiz "boca da lei" ou um juiz "boca do algoritmo" em uma sociedade humana, plural e democrática.[22]

Ou seja, ainda que alcancemos grau tecnológico que permita cogitarmos que uma IA terá capacidade de inferência lógica superior à humana no ato de julgar juridicamente, tal instrumento estará a serviço de partes adversárias, em conflitos humanos, e encontrará nas instâncias recursais correntes e tendências jurídicas mais ou menos pendentes para determinadas conclusões de cada parte.

De acordo com a hermenêutica democrática de Peter Häberle, em sociedades plurais há certas divergências que não anulam o entendimento contrário. Não é raro que os tribunais revejam suas posições, não sendo necessário que o posicionamento anterior seja considerado inválido desde a origem para que o novo entendimento passe a vigorar.[23]

Desse modo, nem mesmo a resposta algorítmica será imune a críticas e contraposições a serem dirimidas pelo juiz singular ou por uma instância recursal e colegiada, onde se fará presente o pluralismo democrático em sua acepção jurídica.

Tanto a acusação quanto a defesa tendem a se valer de algoritmos para a estruturação de teses e levantamento de provas de corroboração,

---

Seus conflitos podem ser dirimidos por juízes, desde que existam normas de proteção das garantias fundamentais, bem como existam condições equitativas para que todos possam alcançar a função de julgador, conforme manifestem capacidade individual para tanto, e não somente os membros de um determinado segmento social em razão de desigualdades nas ofertas de condições e oportunidades. Cf. RAWLS, John. *Uma teoria da justiça*. 4ª. ed. São Paulo: Martins Fontes, 2016".

[22] ELIANE; ALMEIDA, 2024, p. 172-175.

[23] HÄBERLE, Peter. *Hermenêutica constitucional*: a sociedade aberta dos intérpretes da constituição: contribuição para a interpretação pluralista e "procedimental" da Constituição. Tradução: Gilmar Ferreira Mendes. Porto Alegre: Sérgio Antonio Fabris Editor, 1997.

o que precisará, ainda, de uma valoração a ser identificada fisicamente com um juiz por ela responsável, pois é de sua decisão, dentro de margens interpretativas válidas.

Conclusão

Conclui-se que, no contexto dos processos criminais, o uso de algoritmos pode conferir maior robustez ao julgamento, contribuindo com ferramentas que auxiliam na organização e análise dos dados probatórios de forma eficiente e consistente. Essas tecnologias oferecem suporte relevante, como a identificação de padrões, a análise comparativa com precedentes e a estruturação de informações complexas, o que favorece a tomada de decisão mais bem fundamentada e empiricamente robusta. Assim, a inteligência artificial emerge como um recurso valioso, embora complementar, ao discernimento do juiz.

A preservação de uma identidade física do juiz é essencial em uma sociedade democrática e plural, na qual o processo judicial reflete a complexidade e diversidade de perspectivas válidas.

Diferentemente de uma "boca do algoritmo", o juiz humano incorpora valores, experiências e a capacidade de avaliar nuances que nenhum algoritmo, por mais avançado, poderia substituir plenamente. A diversidade e a divergência são características inerentes à democracia e ao direito, pois permitem que múltiplos pontos de vista coexistam e sejam discutidos em busca de soluções equilibradas. A presença física e interpretativa do juiz garante que essas divergências não sejam eliminadas de forma binária, mas consideradas com profundidade.

Além disso, um "algoritmo oráculo" é inviável em uma sociedade plural, pois ele poderia comprometer a transparência e a riqueza do processo dialético. A autoridade humana do juiz assegura que a interpretação da lei continue sendo um processo argumentativo, em que a divergência com a parte contrária não implica invalidá-la *ad eternum*, podendo abrir caminho para evoluções interpretativas em novos contextos sociais. Assim, o papel do juiz humanamente identificado é insubstituível para garantir um processo justo e que respeite os princípios de um Estado Democrático de Direito.

Referências

BADARÓ, Gustavo Henrique. A Regra da Identidade Física do Juiz na Reforma do Código de Processo Penal. *Boletim do Instituto Brasileiro de Ciências Criminais*, n. 200, jul. 2009.

BOEING, Daniel Henrique Arruda; ROSA, Alexandre Morais da. *Ensinando um robô a julgar*: pragmática, discricionariedade, heurísticas e vieses no uso de aprendizado de máquina no judiciário. Florianópolis: Emais, 2020.

BRASIL. *Exposição de Motivos do Decreto-Lei nº 1.608, de 18 de setembro de 1939*.

BRASIL. *Resolução nº 332, do Conselho Nacional de Justiça, de 21 de agosto de 2020*.

DOTTI, René Ariel. O interrogatório à distância: um novo tipo de cerimônia degradante. *Revista de Informação Legislativa*, v. 34, n. 134, p. 269-274, abr./jun. 1997, p. 269-274.

ELIANE, Alexis; ALMEIDA, Kaíque Rodrigues de. O assessor-robô: um estudo do curso de escrita jurídica com o ChatGPT, credenciado pela ENFAM. *In*: PEREIRA, Isabelle Diane Gibson; MIRANDA, Matheus de Alencar e; SOUZA, Tatiana Lourenço Emmerich de (orgs.). *Algoritmos, inteligência artificial e novas tecnologias*: repercussões penais, processuais penais, criminológicas e político criminais. São Paulo: Tirant Lo Blanch, 2024. p. 169-180.

FERRAJOLI, Luigi. *Direito e razão*: teoria do garantismo penal. São Paulo: Editora Revista dos Tribunais, 2002.

GRECO, Luís. *Poder de julgar sem responsabilidade de julgador*: a impossibilidade jurídica do juiz-robô. São Paulo: Marcial Pons, 2020.

HÄBERLE, Peter. *Hermenêutica constitucional*: a sociedade aberta dos intérpretes da constituição: contribuição para a interpretação pluralista e "procedimental" da Constituição. Tradução: Gilmar Ferreira Mendes. Porto Alegre: Sérgio Antonio Fabris Editor, 1997.

SUSSKIND, Richard E. *Online Courts and the Future of Justice*. Oxford: Oxford University Press, 2019.

NERY JUNIOR, Nelson. *Código de processo civil comentado e legislação extravagante*. 10. ed. rev. ampl. e atual. São Paulo: Revista dos Tribunais, 2007.

NIEVA-FENOLL, Jordi. *Inteligência artificial e processo judicial*. São Paulo: Juspodivm, 2023.

PASKIN NETO, Max; RIBEIRO, Maria Daniele Rosa Padilha. A desproporcionalidade progressiva do princípio da identidade física do juiz em face dos avanços tecnológicos e do processo eletrônico. *Revista Judiciária do Paraná*, ano VIII, n. 5, maio 2013, p. 193-203.

Informação bibliográfica deste livro, conforme a NBR 6023:2018 da Associação Brasileira de Normas Técnicas (ABNT):

MANSSUR, João Vinícius; ALMEIDA, Kaíque Rodrigues de. O princípio da identidade física do juiz na era da IA. *In*: ALLEMAND, Luiz Cláudio; SANTOS, Coriolano Aurélio de Almeida Camargo; MAGRO, Américo Ribeiro; GOMES, Rovena (coord.). *Processos judiciais eletrônicos*: inteligência artificial e garantia dos princípios do processo civil - algoritmos de agrupamento e similaridade. Belo Horizonte: Fórum, 2025. p. 293-307. ISBN 978-65-5518-975-9.

A (DES)NECESSIDADE DA INTELIGÊNCIA ARTIFICIAL PARA EFETIVAÇÃO DO PRINCÍPIO CONSTITUCIONAL DA RAZOÁVEL DURAÇÃO DO PROCESSO EM DECISÕES DE TRIBUNAIS SUPERIORES

LUIZ ALFREDO ROCHA LIMA

Introdução

O princípio da razoável duração do processo é um princípio processual constitucional disposto no art. 5º, inciso LXXVIII, da Constituição Federal de 1988. Essa previsão constitucional evidencia a importância de que o processo, instrumento de aplicação jurisdicional no Estado de Direito, não tenha um tempo de trâmite no Judiciário que invalide a sua razão de ser, ou seja, faz valer a dignidade da pessoa humana e acesso à justiça para que o sujeito de direito tenha a sua demanda judicial resolvida em tempo hábil que garanta a tutela de seu bem jurídico pretendido.

Por outro lado, tem-se a alta demanda de recurso nos tribunais superiores brasileiros, como o Superior Tribunal de Justiça e o Supremo Tribunal Federal, que, apesar do estrito filtro de admissibilidade recursal previsto em lei e na jurisprudência, não conseguem dar vazão à alta demanda de recursos, o que reflete diretamente no tempo de trâmite e decisão recursal dos tribunais superiores.

Frente a isso, atualmente se vê um aumento na utilização de inteligência artificial no direito, seja pela própria advocacia por meio de aplicação da IA, em suas mais amplas aplicações, ou pelo uso dos próprios tribunais, que vêm interpretando essa inovação como um excelente instrumento tecnológico.

Haja vista a importância do debate sobre o tema, este artigo visa conceituar e demonstrar a importância do princípio constitucional da razoável duração do processo no ordenamento jurídico brasileiro e como o uso de plataformas de inteligência artificial é de fato um meio necessário ou não para a efetiva aplicação desse princípio frente à alta demanda recursal nos tribunais superiores do Brasil, especialmente no Superior Tribunal de Justiça e Supremo Tribunal Federal.

1 O princípio constitucional da razoável duração do processo no direito brasileiro

Em primeiro momento, é importante salientar que o direito processual brasileiro é regido por um supraprincípio que estabelece a base de outros princípios processuais, o princípio do devido processo legal (art. 5º, inciso LIV, da Constituição Federal de 1988), que doutrinariamente possui duas interpretações e aplicações: a primeira, como um princípio limitador do poder estatal de legislar de forma abusiva; e a segunda, como o princípio em sua interpretação tradicional e formal, que demonstra a necessidade do juiz de observar e aplicar as normas processuais para fins de tutelar especialmente o direito material, ou seja, o conceito do processo com um ideal de proteção de direitos.[1]

Desse princípio-base, apesar de servir como orientação ao juiz na aplicação do direito, o direito processual brasileiro utiliza-se de outros princípios que dele decorrem, podendo citar, a título exemplificativo, mas sem a tanto se limitar, o contraditório, a motivação das decisões, a publicidade, a isonomia e, em especial, a razoável duração do processo.[2]

Neste estudo, cumpre destacar como premissa a importância do trâmite processual sem dilações desnecessárias, de modo que, em 2004, esse conceito foi elevado a princípio e norma fundamental por meio da Emenda Constitucional nº 45, dispondo no art. 5º, inciso LXXVIII:[3]

> Art. 5º Todos são iguais perante a lei, sem distinção de qualquer natureza, garantindo-se aos brasileiros e aos estrangeiros residentes no País

---

[1] NEVES, Daniel Amorim Assumpção. *Manual de Direito Processual Civil*. 8. ed. p. 257.
[2] NEVES, Daniel Amorim Assumpção. *Manual de Direito Processual Civil*. 8. ed. p. 258.
[3] CONSTITUIÇÃO FEDERAL. Art. 5º, inciso LXXVIII. Disponível em: https://www.planalto.gov.br/ccivil_03/constituicao/constituicao.htm.

a inviolabilidade do direito à vida, à liberdade, à igualdade, à segurança e à propriedade, nos termos seguintes:

LXXVIII - *a todos, no âmbito judicial e administrativo, são assegurados a razoável duração do processo e os meios que garantam a celeridade de sua tramitação.*

O reconhecimento da razoável duração do processo como norma de direito fundamental a nível constitucional evidencia o entendimento doutrinário, confirmado também pela jurisprudência, de que o aplicador da norma processual deve ter como prioridade a aplicação do direito material, que tem como objetivo a concretização da paz social; portanto, o processo, em sua figura instrumental e técnica do direito, não deve ser um percalço que atrapalhe o direito material. Nesse sentido, a celeridade processual torna-se uma importante condição processual na aplicação da jurisdição.[4]

Simplificando a questão, é de extrema importância que o rito processual não supere a aplicação do direito material, ou seja, o objeto da lide, não se bastando ainda o simples alcance da resolução do mérito, sendo de grande importância que a solução seja encontrada em tempo hábil, configurando ainda o exercício de outro princípio constitucional do processo: o de acesso à justiça.[5]

Restando claro, portanto, a importância da razoável duração do processo, consubstanciado como norma de direito fundamental da Constituição Federal de 1988, surge uma grande questão a ser evidenciada e que é objeto de estudo neste artigo: o desafio dos tribunais brasileiros para a efetivação desse princípio.

Segundo Humberto Theodoro Júnior,[6] são dois os principais instrumentos para efetivação do princípio da razoável duração do processo na justiça brasileira:

> (i) modernização do gerenciamento dos serviços judiciários, para cumprir-se o mandamento constitucional que impõe à Administração Pública o dever de eficiência (CF, art. 37); e
>
> (ii) efetiva sujeição ao princípio da legalidade, fazendo que os trâmites e prazos das leis processuais sejam realmente aplicados e respeitados, não só pelas partes, mas, sobretudo, pelos órgãos judiciais (CF, arts. 5º,

---

[4] THEODORO JUNIOR, Humberto. *Curso de Direito Processual Civil.* vol. I. 2015. p. 83.
[5] THEODORO JUNIOR, Humberto. *Curso de Direito Processual Civil.* vol. I. 2015. p. 83.
[6] THEODORO JUNIOR, Humberto. *Curso de Direito Processual Civil.* vol. I. 2015. p. 84.

LXXVIII, e 37, *caput*). Na maioria das vezes, para se realizar a contento o respeito à garantia de duração razoável do processo, bastará que se cumpra o procedimento legal.

O item "i", referente à modernização do gerenciamento dos serviços judiciários, será mais bem trabalhado à frente, principalmente após estrita análise dos instrumentos legais e procedimentais que hoje os tribunais superiores, em especial o Superior Tribunal de Justiça e o Supremo Tribunal Federal, possuem à mão.

2 Contexto processual contemporâneo: a recorribilidade aos tribunais superiores e a alta demanda judiciária

Cabe destacar, neste ponto, que o ideal da razoável duração do processo, além de expressamente previsto como direito fundamental na Constituição Federal, é também instrumentalizado por meio de outras reformas legislativas de normas especificamente de cunho processual, valendo-se demonstrar esse rol de disposições legislativas, segundo Daniel Amorim Assumpção Neves:[7]

> (a) julgamento antecipado do mérito (art. 355 do Novo CPC); (b) procedimento sumaríssimo (Lei 9.099/1995); (c) procedimento monitório (arts. 700 a 702 do Novo CPC); (d) julgamento de improcedência liminar (art. 332 do Novo CPC); (e) julgamentos monocráticos do relator (art. 932 do Novo CPC); (f) prova emprestada (art. 372 do Novo CPC); (g) processo sincrético; (h) incentivo à prática de atos processuais pelo meio eletrônico (arts. 170; 171; 183, § 1º; 194, 205, § 3º; 228, § 2º; 232; 235, § 1º; 246, V; 263; 270; 334, § 7º; 513, § 2º, III, 837; 854, §§ 6º e 9º; 876, § 1º, III; 879, II; 880, § 3º; 892; 915, § 4º; 945; 979; 1.019, III; 1.038, § 1º, todos do Novo CPC); (i) repressão à chicana processual (art. 77, § 2º, do Novo CPC); *(j) julgamento dos recursos especiais e extraordinários repetitivos (arts. 1.036 a 1.041 do Novo CPC). (l) incidente de resolução de demandas repetitivas (arts. 976 a 987 do Novo CPC);* (m) previsão expressa da tutela da evidência (art. 311 do Novo CPC); (n) aumento da eficácia vinculante de precedentes e súmulas (art. 927 do Novo CPC).

Neste ponto, faz-se necessário o destaque de dois institutos legais de efetivação do princípio da razoável duração do processo, o julgamento dos recursos especiais e extraordinários repetitivos (arts. 1.036 a 1.041 do Novo CPC) e o incidente de resolução de demandas repetitivas

---

[7] NEVES, Daniel Amorim Assumpção. *Manual de Direito Processual Civil*. 8. ed. p. 307.

(arts. 976 a 987 do Novo CPC), institutos utilizados originariamente pela jurisdição extraordinária, o Superior Tribunal de Justiça e o Supremo Tribunal Federal.

A jurisdição extraordinária, como o próprio nome explicita, excetua-se do duplo grau de jurisdição, de modo que toda a justiça nacional está subordinada ao Supremo Tribunal Federal e ao Superior Tribunal de Justiça, acessível por meio do recurso extraordinário e recurso especial, e tão somente para julgar questões de direito federal, e não questões de fato.[8]

Apesar desses tribunais superiores possuírem a competência de julgar novamente as decisões de tribunais estaduais *a quo*, o STJ e STF exclamam um caráter especial e extraordinário, respectivamente, não confundindo-se como terceiro grau de jurisdição, pois sua atuação é presa pela missão constitucional de uniformizar a interpretação das leis federais e, em especial, a Magna Carta.[9]

Dada essa missão constitucional dos tribunais superiores, seu acesso se dá pela interposição de dois recursos, o recurso especial de competência, do STJ, e o recurso extraordinário, de competência do STF, aos quais este estudo dá maior ênfase, conforme disposto na legislação processual pátria:[10]

> Art. 102. Compete ao Supremo Tribunal Federal, precipuamente, a guarda da Constituição, cabendo-lhe:
>
> III - julgar, mediante recurso extraordinário, as causas decididas em única ou última instância, quando a decisão recorrida:
>
> a) contrariar dispositivo desta Constituição;
>
> b) declarar a inconstitucionalidade de tratado ou lei federal;
>
> c) julgar válida lei ou ato de governo local contestado em face desta Constituição.
>
> d) julgar válida lei local contestada em face de lei federal.
>
> [...]
>
> Art. 105. Compete ao Superior Tribunal de Justiça:
>
> III - julgar, em recurso especial, as causas decididas, em única ou última instância, pelos Tribunais Regionais Federais ou pelos tribunais dos Estados, do Distrito Federal e Territórios, quando a decisão recorrida:

---

[8] THEODORO JUNIOR, Humberto. *Curso de Direito Processual Civil*. vol. I. 2015. p. 404.
[9] THEODORO JUNIOR, Humberto. *Curso de Direito Processual Civil*. vol. I. 2015. p. 404.
[10] CONSTITUIÇÃO FEDERAL. Art. 5º, inciso LXXVIII. Disponível em: https://www.planalto.gov.br/ccivil_03/constituicao/constituicao.htm.

a) contrariar tratado ou lei federal, ou negar-lhes vigência;
b) julgar válido ato de governo local contestado em face de lei federal;
c) der a lei federal interpretação divergente da que lhe haja atribuído outro tribunal.

Esses dois recursos extraordinários *lato sensu*, conforme previsão legal, possuem estrita possibilidade para interposição ao respectivo tribunal superior, pois, além dos necessários requisitos recursais presentes também em outros recursos comuns ou ordinários, como a tempestividade, o preparo, legitimidade e interesse recursal, há também os requisitos presentes de forma singular no recurso extraordinário e especial.[11]

Interessante pontuar os requisitos recursais específicos aos recursos extraordinários *lato sensu*. Esses requisitos criam um filtro estrito de admissibilidade, por isso, têm-se (i) a necessidade de interposição contra decisão de única ou última instância; (ii) necessidade de reexame apenas de matéria de direito; e (iii) prequestionamento.[12]

A própria jurisprudência dos tribunais superiores ratifica os requisitos recursais apontados. Temos como exemplos a Súmula nº 279, do STF ("para simples reexame da prova não cabe recurso extraordinário"; a Súmula nº 454, do STF ("a simples interpretação de cláusula contratual não enseja recurso extraordinário"); e, no mesmo sentido, as Súmulas nº 5 e 7, do STJ.[13]

De igual modo, o prequestionamento também é requisito processual consolidado pela jurisprudência, segundo Marcus Vinicius Rios Gonçalves:

> É a jurisprudência do STF e do STJ que regulamenta o prequestionamento e a forma que ele deve observar em cada um desses tribunais. Para que determinada questão constitucional ou legal possa ser oportunamente objeto de RE ou REsp, a parte deve suscitá-la nas instâncias ordinárias, para que possa ser decidida.

Além dos citados, como um importante requisito processual do recurso extraordinário, introduzido pela Emenda Constitucional nº 45, de 2004, temos a repercussão geral (art. 102, §3º).[14]

---

[11] GONÇALVES, Marcus Vinicius Rios. *Direito Processual Civil Esquematizado*. 11. ed. p. 1439.
[12] GONÇALVES, Marcus Vinicius Rios. *Direito Processual Civil Esquematizado*. 11. ed. p. 1443.
[13] GONÇALVES, Marcus Vinicius Rios. *Direito Processual Civil Esquematizado*. 11. ed. p. 1443.
[14] THEODORO JUNIOR, Humberto. *Curso de Direito Processual Civil*. vol. I. 2015. p. 132.

A repercussão geral veio para constituir mais um filtro de admissibilidade do recurso extraordinário, pois o legislador, vislumbrando a exorbitante quantidade de REs interpostos e que ainda se caracterizavam como demandas de menor insignificância, criou esse pressuposto de admissibilidade, com o fim de inibir o desvirtuamento da atuação excepcional do STF.[15]

Por esse pressuposto de admissibilidade gozar de conceito amplo e quase indeterminado, faz-se necessário circundar sua definição, que, segundo Daniel Amorim Assumpção Neves:[16]

> Ainda que a repercussão geral seja prevista por meio de um conceito jurídico indeterminado, cabendo ao Supremo Tribunal Federal traçar seus contornos, a doutrina entende que a transcendência pode ser qualitativa, referindo-se à importância para a sistematização e desenvolvimento do Direito, ou quantitativa, referindo-se ao número de pessoas atingidas pela decisão.

Ocorre que, apesar de toda a excepcionalidade de atuação dos tribunais superiores, bem como os requisitos específicos de admissibilidade, esse fato não os exime da alta demanda de recursos e, por consequência, não afasta o já exposto contexto da mora para admissibilidade e julgamento.

Conforme citado anteriormente, um dos instrumentos jurídicos atuais para efetivar o princípio da duração razoável do processo nos tribunais superiores é o Incidente de Resolução de Demandas Repetitivas (IRDR). Elucidando melhor o instituto, nas palavras de Marcus Vinicius Rios Gonçalves:[17]

> O Presidente do Tribunal de origem, constatando a existência da multiplicidade de recursos envolvendo a mesma questão de direito, seleciona um ou mais deles, os mais representativos da controvérsia, e os remete aos Tribunais Superiores, determinando a suspensão dos demais recursos envolvendo a mesma matéria. Nos paradigmas, os Tribunais Superiores decidem a questão jurídica, uma única vez. A vantagem do mecanismo é permitir ao STF e ao STJ julgar uma só vez questão jurídica que, sem ele, teria de ser decidida inúmeras vezes.

---

[15] NEVES, Daniel Amorim Assumpção. *Manual de Direito Processual Civil*. 8. ed. p. 2904.
[16] NEVES, Daniel Amorim Assumpção. *Manual de Direito Processual Civil*. 8. ed. p. 2907.
[17] GONÇALVES, Marcus Vinicius Rios. *Direito Processual Civil Esquematizado*. 11. ed. p. 1352.

Exemplificando melhor a efetividade do IRDR como instrumento de eficácia do princípio da razoável duração do processo, tem-se que, nas hipóteses de sua admissibilidade do referido incidente, haverá o prazo de um ano para o seu julgamento e, em paralelo, a devida suspensão de processos correlatos, seja de ordem individual ou coletiva.[18]

Sobre os efeitos do julgamento do IRDR, é necessário destacar:[19]

> O acórdão que julgar o incidente deverá analisar todos os fundamentos suscitados concernentes à tese jurídica discutida, tanto os favoráveis como os contrários. O julgamento tem eficácia vinculante sobre todos os processos que tenham permanecido suspensos, por envolverem a mesma questão jurídica. Manda o art. 985 que a tese jurídica acolhida no incidente seja aplicada a todos os processos individuais e coletivos, em curso ou futuros, que tramitem no território de competência do tribunal, inclusive nos juizados especiais do respectivo Estado ou região, sob pena de caber reclamação.

Nesse sentido, é evidente que o IRDR é um importante instrumento para efetivação do princípio da razoável duração do processo, sobretudo nos tribunais superiores.[20]

Apesar de todo esse aparato legal, tem-se uma estatística avassaladora do Conselho Nacional de Justiça, que, conforme o relatório Justiça em Números de 2024, indica que, no ano-base de 2023, houve 35,2 milhões de novos processos no Judiciário, um aumento de 9,2%, considerando o ano anterior. Ao menos, 99,6% dos processos são eletrônicos, o que auxilia a celeridade na tramitação.[21]

O relatório Justiça em Números de 2024 sinaliza ainda, em tópico específico sobre litigiosidade no Judiciário brasileiro:[22]

> Os casos pendentes vêm sofrendo constantes aumentos, tendo passado de 8,6 milhões em 2020, para 9,9 milhões em 2021, 10,4 milhões e 11,7 milhões, ou seja, um acumulado de 3,1 milhões (35,5%) em três anos.

---

[18] GONÇALVES, Marcus Vinicius Rios. *Direito Processual Civil Esquematizado*. 11. ed. p. 1355.

[19] GONÇALVES, Marcus Vinicius Rios. *Direito Processual Civil Esquematizado*. 11. ed. p. 1356.

[20] NEVES, Daniel Amorim Assumpção. *Manual de Direito Processual Civil*. 8. ed. p. 307.

[21] BRASIL. Conselho Nacional de Justiça. *Justiça em Números 2024*: Barroso destaca aumento de 9,5% em novos processos. 2024. Disponível em: https://www.cnj.jus.br/justica-em-numeros-2024-barroso-destaca-aumento-de-95-em-novos-processos/. Acesso em: 8 nov. 2024.

[22] BRASIL. Conselho Nacional de Justiça. *Relatório Justiça em Números*. 2024. p. 134. Disponível em: https://www.cnj.jus.br/wp-content/uploads/2024/05/justica-em-numeros-2024-v-28-05-2024.pdf.

Desses processos, 6,9 milhões (58,7%) são da Justiça Estadual e 4,8 milhões (41,3%) são da Justiça Federal, sendo que a elevação ocorreu predominantemente nos JEFs (incremento de 2,5 milhões). Em menor proporção, também cresceu o volume de casos pendentes de segundo grau (3,3%) e dos Tribunais Superiores (2,5%).

O mesmo estudo ainda indica que houve o acréscimo de 2,5% de processos nos tribunais superiores, o que representa um total de 21,5 mil processos.[23]

O contexto acima demonstra a necessidade de se observar outro ponto sobre a evolução do direito: a crescente da inteligência artificial e seu uso no mundo jurídico.

3 Direito e tecnologia: o crescente uso de plataformas de inteligência artificial no direito

Antes de iniciarmos a discussão sobre inteligência artificial, faz-se necessário abordar a utilização da tecnologia no direito, precisamente sobre a implementação da tecnologia no Judiciário brasileiro.

O primeiro passo da introdução da inovação e tecnologia no Poder Judiciário iniciou-se pela Lei nº 11.419/06, que dispõe sobre o uso eletrônico para a tramitação processual; posteriormente, em 2009, surge o Processo Judicial Eletrônico, que surgiu por iniciativa do CNJ e dos TRFs por meio do Termo de Acordo de Cooperação Técnica nº 073/2009.[24]

Posteriormente, com o advento das medidas restritivas, especialmente sanitárias, surge em 2020 o Juízo 100% Digital, o qual foi de grande estímulo para adaptação da atuação do Judiciário no meio eletrônico, permitindo a realização de audiências e atendimento cartorário por meio de videochamadas.[25]

A partir desses marcos, surge o ideal do Programa Justiça 4.0, que tem como objetivo o acesso à justiça utilizando a aplicação de inovação

---

[23] BRASIL. Conselho Nacional de Justiça. *Relatório Justiça em Números*. 2024. p. 134. Disponível em: https://www.cnj.jus.br/wp-content/uploads/2024/05/justica-em-numeros-2024-v-28-05-2024.pdf.

[24] BRASIL. Conselho Nacional de Justiça. *Relatório Justiça em Números*. 2024. p. 217. Disponível em: https://www.cnj.jus.br/wp-content/uploads/2024/05/justica-em-numeros-2024-v-28-05-2024.pdf.

[25] BRASIL. Conselho Nacional de Justiça. *Relatório Justiça em Números*. 2024. p. 217. Disponível em: https://www.cnj.jus.br/wp-content/uploads/2024/05/justica-em-numeros-2024-v-28-05-2024.pdf.

e tecnologia no meio judicial para buscar a celeridade e economia no orçamento.[26] Exemplificando algumas dessas ações aplicadas dentro do Programa Justiça 4.0, têm-se:[27]

> • Implantação do Domicílio Eletrônico, solução que cria um endereço judicial virtual para centralizar as comunicações processuais, citações e intimações de forma eletrônica às pessoas jurídicas e físicas;
> • Plataforma Digital do Poder Judiciário (PDPJ-Br), como mecanismo de desenvolvimento colaborativo e oferecimento de multiserviço de soluções de sistemas;
> • Consolidação do DataJud como fonte oficial do Sistema de Estatísticas do Poder Judiciário e desenvolvimento de ferramentas de transparência e gestão judiciária baseada em evidências;
> • Plataforma Codex, que permite a captura de peças processuais para aplicação de modelos de Inteligência Artificial (IA);
> • Sinapse, plataforma nacional de armazenamento, treinamento supervisionado, controle de versionamento, distribuição e auditoria dos modelos de IA;
> • Implantação do Núcleo de Justiça 4.0;
> • Implantação do Juízo 100% Digital;
> • Implantação do Balcão Virtual;
> • Implantação dos Pontos de Inclusão Digital.

Antes de adentrar a temática da inteligência artificial no Judiciário brasileiro, é necessário delimitar alguns conceitos.

Inicialmente, devemos entender a IA como um ramo da ciência da computação que possui o objetivo principal de realizar interações multidisciplinares para aumento de *performance* ou reproduzir ações cognitivas tipicamente humanas.[28]

A IA, no conceito instrumental, pode se valer de diversas técnicas para reprodução artificial da capacidade humana de organizar informações para solução de um problema em específico, de modo que, por possibilitar um alto rendimento e armazenagem por meio de

---

[26] BRASIL. Conselho Nacional de Justiça. *Relatório Justiça em Números*. 2024. p. 218. Disponível em: https://www.cnj.jus.br/wp-content/uploads/2024/05/justica-em-numeros-2024-v-28-05-2024.pdf.

[27] BRASIL. Conselho Nacional de Justiça. *Relatório Justiça em Números*. 2024. p. 218. Disponível em: https://www.cnj.jus.br/wp-content/uploads/2024/05/justica-em-numeros-2024-v-28-05-2024.pdf.

[28] PEIXOTO, Fabiano Hartmann. *Direito e Inteligência Artificial, Referenciais Básicos*. Volume 2. 2020. p. 17.

processamento computacional, se tornou um excelente instrumento tecnológico nos últimos anos.[29]

No direito, a IA possui diversas funcionalidades e aplicações, que, segundo Fabiano Hartmann Peixoto, "vão desde sistemas de controle, checagens e verificações de correção; predição de cenários e recomendações; sistemas de análises e estratégias; incrementos em automação de processamento de documentos", entre outras.[30]

Em termos de vantagens, a IA pode aumentar o desempenho do Judiciário na forma quantitativa e qualitativa, abrir novas oportunidades e funções nessa área, bem como novas áreas de estudo, considerando a multidisciplinaridade necessária.[31] Confirmando esse prognóstico, temos alguns recentes eventos noticiados no Judiciário brasileiro.

O Tribunal de Justiça de Goiás, por meio do desenvolvimento de algoritmos de computação evolutiva, desenvolveu, por iniciativa do diretor de auditoria do Tribunal, o projeto que possibilita o uso de inteligência artificial para a seleção de objetos de auditoria. A ferramenta torna mais ágil a gestão e o controle de produtividade das equipes de mapeamento dos processos de auditoria.[32]

No âmbito do desenvolvimento do estudo da IA, o Tribunal Federal da 1ª Região promoveu recente curso de capacitação de assessores e desembargadores ao uso de inteligência artificial generativa nas atividades judiciais com o objetivo de maximizar a eficiência e produtividade dos processos, mantendo sempre o caráter ético e técnico.[33]

Ainda no âmbito de estudo da IA, o próprio CNJ, em parceria com a Universidade de Goiás e o Programa das Nações Unidas para o Desenvolvimento (PNUD), lançou recentemente um curso referente ao agrupamento de textos jurídicos e inteligência artificial, restrito

---

[29] PEIXOTO, Fabiano Hartmann. *Direito e Inteligência Artificial, Referenciais Básicos*. Volume 2. 2020. p. 17.
[30] PEIXOTO, Fabiano Hartmann. *Direito e Inteligência Artificial, Referenciais Básicos*. Volume 2. 2020. p. 17.
[31] PEIXOTO, Fabiano Hartmann. *Direito e Inteligência Artificial, Referenciais Básicos*. Volume 2. 2020. p. 17.
[32] BRASIL. Conselho Nacional de Justiça. *Projeto de computação evolutiva torna mais ágeis auditorias no Tribunal de Justiça de Goiás*. 2024. Disponível em: https://www.cnj.jus.br/projeto-de-computacao-evolutiva-torna-mais-ageis-auditorias-no-tjgo/. Acesso em: 8 nov. 2024.
[33] BRASIL. Conselho Nacional de Justiça. *Justiça Federal da 1.ª Região conclui primeira capacitação do projeto de inteligência artificial*. 2024. Disponível em: https://www.cnj.jus.br/justica-federal-da-1a-regiao-conclui-primeira-capacitacao-do-projeto-de-inteligencia-artificial/. Acesso em: 29 out. 2024.

aos servidores do Judiciário. O curso tem como escopo capacitar os servidores a desenvolver novas habilidades e ferramentas de IA e, assim, agregar a Plataforma Digital do Poder Judiciário Brasileiro (PDPJ-Br).[34]

Visando otimizar a análise recursal no segundo grau, o Tribunal de Justiça do Distrito Federal lançou em 18 de outubro de 2024 a solução de inteligência artificial chamada "Maat" para aplicação no PJe do 2ª grau do referido tribunal e terá como funções precípuas:[35]

> 1. Analisará todas as petições iniciais assim que ela for protocolada no PJe.
> 2. Verificará se o pedido tem relação com demanda repetitiva.
> 3. Verificará se a demanda repetitiva foi julgada e transitou em julgado.
> a) Se sim, a Maat indicará a tese firmada a ser observada pelo juízo;
> b) Se não, a Maat recomendará o sobrestamento do processo eletrônico no juízo onde tramitar.
> 4. Criará uma etiqueta no processo com sugestão da tese firmada ou do sobrestamento que poderá ser realizado pelo juízo para o qual o processo foi distribuído

Como outro projeto válido de destaque, temos a plataforma CODEX, de iniciativa do Tribunal de Justiça de Rondônia e do CNJ. A referida plataforma possui a função de consolidar as bases de dados processuais a fim de, entre outras funções, produzir relatórios de inteligência de negócios e implementar pesquisar inteligentes, além da criação de modelos de IA.[36]

Outro exemplo no Judiciário brasileiro, mas com escopo de manter a transparência no desenvolvimento de projetos envolvendo IA, é a plataforma Sinapses, uma importante ferramenta regulada pelo CNJ por meio da Resolução nº 332, de 2020:[37]

---

[34] BRASIL. Conselho *Nacional de Justiça. CNJ lança curso auto instrucional de IA e Agrupamento de Textos Jurídicos*. Disponível em: https://www.cnj.jus.br/cnj-lanca-curso-autoinstrucional-de-ia-e-agrupamento-de-textos-juridicos/. Acesso em: 14 out. 2024.

[35] BRASIL. Conselho Nacional de Justiça. *Tribunal do Distrito Federal lança solução de inteligência artificial no PJe do 2.º Grau*. Disponível em: https://www.cnj.jus.br/tribunal-do-distrito-federal-lanca-solucao-de-inteligencia-artificial-no-pje-do-2o-grau/. Acesso em: 28 out. 2024.

[36] BRASIL. Conselho Nacional de Justiça. *Relatório Justiça em Números*. 2024. p. 227. Disponível em: https://www.cnj.jus.br/wp-content/uploads/2024/05/justica-em-numeros-2024-v-28-05-2024.pdf.

[37] BRASIL. Conselho Nacional de Justiça. *Resolução nº 332 de 2020 do Conselho Nacional de Justiça*: arts. 2º e 3º. Disponível em: https://atos.cnj.jus.br/atos/detalhar/3429.

Art. 1º O conhecimento associado à Inteligência Artificial e a sua implementação estarão à disposição da Justiça, no sentido de promover e aprofundar maior compreensão entre a lei e o agir humano, entre a liberdade e as instituições judiciais.

Art. 2º A Inteligência Artificial, no âmbito do Poder Judiciário, visa promover o bem-estar dos jurisdicionados e a prestação equitativa da jurisdição, bem como descobrir métodos e práticas que possibilitem a consecução desses objetivos.

Art. 3º Para o disposto nesta Resolução, considera-se:

III – Sinapses: solução computacional, mantida pelo Conselho Nacional de Justiça, com o objetivo de armazenar, testar, treinar, distribuir e auditar modelos de Inteligência Artificial;

A referida resolução, além de dispor sobre a transparência institucional no uso e aprimoramento da IA, criou esta importante solução: o SINAPSES.

Essa inovação, de iniciativa do Conselho Nacional de Justiça em conjunto com o Programa das Nações Unidas para o Desenvolvimento (Pnud) e o Conselho da Justiça Federal (CJF), integra as ações do Programa Justiça 4.0, facilitando o compartilhamento de projetos nessa área de estudo.[38]

No Supremo Tribunal Federal, é importante salientar a aplicação e atuação da IA intitulada Victor, cuja funcionalidade está relacionada com a triagem dos recursos extraordinários e agravos de instrumentos, a fim de verificar a existência de temas de repercussão geral para o crivo de admissibilidade recursal, obedecendo o disposto no art. 102, §3º, da CF/08, tarefa na qual seres humanos, especificamente os servidores, gastam em média 40 minutos para cada recurso avaliado, em uma operação que a IA realiza em segundos.[39]

Em face desse evidente crescimento de ferramentas de IA no meio jurídico brasileiro, o CNJ, de forma pertinente, regulou princípios éticos a serem observados nesse trato tão sensível como norma orientadora à já citada neste estudo, a Resolução nº 332, de 2020, evidenciando-se as seguintes premissas:[40]

---

[38] BRASIL. Conselho Nacional de Justiça. *Plataforma Sinapses, Histórico.* Disponível em: https://www.cnj.jus.br/sistemas/plataforma-sinapses/historico/. Acesso em: 10 nov. 2024.

[39] RODRIGUES, Bruno Alves. *A Inteligência Artificial no Poder Judiciário*: e a convergência com a consciência humana para a efetividade da justiça. São Paulo: Thompson Reuters Brasil. 2021.P. 67

[40] BRASIL. Conselho Nacional de Justiça. *Resolução nº 332, de 2020, do Conselho Nacional de Justiça*: arts. 2º e 3º. Disponível em: https://atos.cnj.jus.br/atos/detalhar/3429.

CAPÍTULO II
DO RESPEITO AOS DIREITOS FUNDAMENTAIS

Art. 4º No desenvolvimento, na implantação e no uso da Inteligência Artificial, os tribunais observarão sua compatibilidade com os Direitos Fundamentais, especialmente aqueles previstos na Constituição ou em tratados de que a República Federativa do Brasil seja parte.

Art. 5º A utilização de modelos de Inteligência Artificial deve buscar garantir a segurança jurídica e colaborar para que o Poder Judiciário respeite a igualdade de tratamento aos casos absolutamente iguais.

Art. 6º Quando o desenvolvimento e treinamento de modelos de Inteligência exigir a utilização de dados, as amostras devem ser representativas e observar as cautelas necessárias quanto aos dados pessoais sensíveis e ao segredo de justiça.

O referido diploma legal ainda apresenta um interessante dispositivo, o art. 23, o qual limita a aplicação da inteligência artificial em matéria penal, devendo tal prática ser desestimulada. Nesse sentido, entende-se que a legislação põe um importante limite nessa tecnologia, a mesma que, em sua evidente capacidade de análise preditiva, pode desvirtuar a aplicação de justiça, especialmente no âmbito penal, área de extrema sensibilidade.[41]

Conclusão

Por todo o estudo apresentado, desde a conceituação e entendimento da importância do princípio da razoável duração do processo dentro da estrutura normativa brasileira, entende-se que há uma necessidade latente em efetivar e aplicar esse princípio constitucional, de modo que a legislação pátria criou diversos institutos que buscam a eficiência e celeridade processual.

Apesar dessa diversidade de instrumentos normativos, especificamente no âmbito recursal extraordinário, a demanda judicial não deixa de ser esmagadora e crescente, sendo uma realidade fática do Poder Judiciário como um todo utilizar como ferramenta a tecnologia e entender a inovação que a cerca, sendo um exemplo evidente o Programa Justiça 4.0.

---

[41] RODRIGUES, Bruno Alves. *A Inteligência Artificial no Poder Judiciário e a convergência com a consciência humana para a efetividade da justiça.* São Paulo: Thompson Reuters Brasil. 2021. p. 78.

Nesse contexto, atualmente tem-se a utilização da inteligência artificial nas mais variadas aplicações dentro dos tribunais, de todas as esferas.

O uso da tecnologia, especialmente a IA, apesar de temeroso, é alvo de constante estudo, aprimoramento e regulamentação, como a Resolução nº 332, de 2020, que dispõe sobre a ética, transparência, previsibilidade, possibilidade de auditoria e garantia de imparcialidade e justiça substancial, no âmbito de aplicação da inteligência artificial no Poder Judiciário brasileiro.

Por todo esse respaldo organizacional, regulamentar e tecnológico, diversos tribunais têm se aventurado na aplicação da IA, cabendo o destaque do Supremo Tribunal Federal, defensor da Constituição Federal, que hoje utiliza a ferramenta Victor, a fim de estimular a celeridade e análise de admissibilidade recursal.

Portanto, conclui-se que a modernização da justiça brasileira, especialmente por meio da inteligência artificial, é uma excelente via para a efetivação do princípio constitucional da razoável duração do processo.

Referências

BRASIL. Constituição (1988). *Constituição da República Federativa do Brasil de 1988*. Art. 5º, inciso LXXVIII. Disponível em: https://www.planalto.gov.br/ccivil_03/constituicao/constituicao.htm. Acesso em: 8 nov. 2024.

BRASIL. Conselho Nacional de Justiça. *CNJ lança curso auto instrucional de IA e Agrupamento de Textos Jurídicos*. 2024. Disponível em: https://www.cnj.jus.br/cnj-lanca-curso-autoinstrucional-de-ia-e-agrupamento-de-textos-juridicos/. Acesso em: 14 out. 2024.

BRASIL. Conselho Nacional de Justiça. *Justiça em Números 2024*: Barroso destaca aumento de 9,5% em novos processos. 2024. Disponível em: https://www.cnj.jus.br/justica-em-numeros-2024-barroso-destaca-aumento-de-95-em-novos-processos/. Acesso em: 8 nov. 2024.

BRASIL. Conselho Nacional de Justiça. *Justiça Federal da 1.ª Região conclui primeira capacitação do projeto de inteligência artificial*. 2024. Disponível em: https://www.cnj.jus.br/justica-federal-da-1a-regiao-conclui-primeira-capacitacao-do-projeto-de-inteligencia-artificial/. Acesso em: 29 out. 2024.

BRASIL. Conselho Nacional de Justiça. *Plataforma Sinapses, Histórico*. Disponível em: https://www.cnj.jus.br/sistemas/plataforma-sinapses/historico/. Acesso em: 2024.

BRASIL. Conselho Nacional de Justiça. *Projeto de computação evolutiva torna mais ágeis auditorias no Tribunal de Justiça de Goiás*. 2024. Disponível em: https://www.cnj.jus.br/projeto-de-computacao-evolutiva-torna-mais-ageis-auditorias-no-tjgo/. Acesso em: 8 nov. 2024.

BRASIL. Conselho Nacional de Justiça. *Relatório Justiça em Números*. 2024. Disponível em: https://www.cnj.jus.br/wp-content/uploads/2024/05/justica-em-numeros-2024-v-28-05-2024.pdf. Acesso em: 2024.

BRASIL. Conselho Nacional de Justiça. *Resolução nº 332, de 2020*: arts. 2º e 3º. Disponível em: https://atos.cnj.jus.br/atos/detalhar/3429. Acesso em: 2024.

BRASIL. Conselho Nacional de Justiça. *Tribunal do Distrito Federal lança solução de inteligência artificial no PJe do 2.º Grau*. Disponível em: https://www.cnj.jus.br/tribunal-do-distrito-federal-lanca-solucao-de-inteligencia-artificial-no-pje-do-2o-grau/. Acesso em: 28 out. 2024.

GONÇALVES, Marcus Vinicius Rios. *Direito Processual Civil Esquematizado*. 11. ed. São Paulo: Saraiva, 2024.

NEVES, Daniel Amorim Assumpção. *Manual de Direito Processual Civil*. 8. ed. São Paulo: Atlas, 2024.

PEIXOTO, Fabiano Hartmann. *Direito e Inteligência Artificial*: referenciais básicos. Vol. 2. São Paulo: Editora XYZ, 2024.

RODRIGUES, Bruno Alves. *A Inteligência Artificial no Poder Judiciário e a convergência com a consciência humana para a efetividade da justiça*. São Paulo: Thompson Reuters Brasil, 2021.

THEODORO JUNIOR, Humberto. *Curso de Direito Processual Civil*. Vol. I. 2015.

Informação bibliográfica deste livro, conforme a NBR 6023:2018 da Associação Brasileira de Normas Técnicas (ABNT):

LIMA, Luiz Alfredo Rocha. A (des)necessidade da inteligência artificial para efetivação do princípio constitucional da razoável duração do processo em decisões de tribunais superiores. *In*: ALLEMAND, Luiz Cláudio; SANTOS, Coriolano Aurélio de Almeida Camargo; MAGRO, Américo Ribeiro; GOMES, Rovena (coord.). *Processos judiciais eletrônicos*: inteligência artificial e garantia dos princípios do processo civil - algoritmos de agrupamento e similaridade. Belo Horizonte: Fórum, 2025.p. 309-324. ISBN 978-65-5518-975-9.

A PRESERVAÇÃO DAS PRERROGATIVAS PROFISSIONAIS NO CONTEXTO DA AUTOMAÇÃO DE ROTINAS PROCESSUAIS POR MODELOS DE INTELIGÊNCIA ARTIFICIAL

LUIZ CLÁUDIO ALLEMAND

AMÉRICO RIBEIRO MAGRO

Introdução

A transformação digital e o avanço tecnológico impactam significativamente diversos setores da sociedade, inclusive no campo jurídico. Em particular, a automação de rotinas administrativas e processuais por modelos de inteligência artificial – com o que já se convive no âmbito da jurisdição brasileira –, embora traga inegáveis ganhos de eficiência e agilidade, também levanta questões pertinentes, notadamente em relação à preservação das prerrogativas profissionais dos peticionantes e ao respeito aos direitos fundamentais das partes envolvidas. Por isso mesmo, a aplicação de tão disruptivas tecnologias no ambiente judicial deve ser acompanhada de uma necessária análise crítica que abranja tanto os aspectos legais e técnicos quanto os éticos.

Imbuído dessa preocupação, o artigo objetiva analisar os impactos da automação processual sobre as prerrogativas profissionais dos peticionantes, especificamente em relação à aplicação de modelos de inteligência artificial em sistemas de peticionamento eletrônico. Destaca serem dignos de preocupação os modelos de IA, inclusive já utilizados por conselhos e tribunais brasileiros, que empregam *análises e algoritmos de agrupamento (clustering)* para, entre outras funcionalidades, automaticamente catalogar petições e selecionar, também autonomamente, *assuntos* temáticos por ocasião do peticionamento eletrônico.

Para tanto, a pesquisa, além de beber de fontes teóricas especificamente voltadas ao estudo das tecnologias de informação e comunicação, pauta-se também na análise das legislações brasileiras e comparadas especificamente relacionadas ao campo da IA e à prática processual, a fim de compreender tanto o desenvolvimento histórico e técnico da tecnologia quanto os aspectos jurídicos e éticos que envolvem seu emprego na esfera da administração judiciária.

O estudo desenvolve-se em quatro capítulos. O primeiro aborda a historicidade e a contextualização da inteligência artificial desde sua proposição moderna e os elementos tecnológicos subjacentes. O segundo capítulo examina a necessidade de parâmetros éticos e balizamentos para uso da IA, com destaque aos vetores constantes dos princípios de Asilomar para inteligência artificial, da Carta Europeia de Ética sobre o Uso da Inteligência Artificial em Sistemas Judiciais e seu Ambiente, da Carta Portuguesa de Direitos Humanos na Era Digital e da Resolução nº 332/2020, do Conselho Nacional de Justiça. O terceiro capítulo descreve a utilização de modelos de IA no Poder Judiciário brasileiro, com ênfase na norma regulatória mais pertinente – isto é, a citada Resolução nº 332/2020, do CNJ –, e a criação da Plataforma Sinapses, na qual já se acham depositados diversos modelos de IA, inclusive já disponíveis para utilização, a exemplo das aplicações PEDRO, KAIROS, ALICIA e ANA. Por fim, o quarto capítulo analisa os impactos das funcionalidades autônomas dos modelos de IA no âmbito processual eletrônico, notadamente daqueles que realizam agrupamentos não supervisionados, e os riscos que tais aplicações acarretam para as prerrogativas profissionais dos peticionantes, notadamente no que tange à seleção de assuntos dos arrazoados por ocasião do protocolo.

A par disso, almeja-se demonstrar que a seleção de assuntos temáticos não é etapa de importância secundária no peticionamento eletrônico, porque pode ter considerável impacto na tramitação concreta do pedido. Por isso mesmo se argumenta que tal escolha se insere na esfera de atribuição do peticionante, nos termos da legislação processual, bem como constitui sua prerrogativa profissional, especialmente sob o prisma da advocacia. Cuida-se, em resumo, de ação de índole processual e não judicial, de tal maneira que não pode ocorrer de modo automático sem intervenção, prévia ou posterior, do postulante.

1 Historicidade e contextualização da inteligência artificial

A definição é o passo primeiro de qualquer investigação científica. Só compreendendo os contornos conceituais que envolvem o problema a ser perquirido é que será possível se aventurar a tentar respondê-lo. No contexto da inteligência artificial (IA), tal desafio é recrudescido por três ordens básicas de problemas: a complexidade dos fundamentos tecnológicos envolvidos; a multiplicidade de propostas conceituais; e a banalização do tema, do qual hoje não se escapa, dada a teimosa persistência de notícias, iniciativas e propostas que têm por fundo a inteligência artificial em todos os espectros de comunicação e vivência que se conheça.

Historicamente, convencionou-se atribuir a John McCarthy, juntamente com um grupo de cientistas contemporâneos, como Marvin Minsky, Nathaniel Rochester, Claude E. Shannon e outros, a paternidade do termo, assim por ocasião, em 1955, da autoria e lançamento de uma "proposta para a pesquisa de verão do *Dartmouth College* sobre inteligência artificial" (MCCARTHY, 1955, *online*).

Nesse célebre convite, McCarthy e seus parceiros já instigavam, profeticamente, a Academia a "descobrir como fazer com que as máquinas utilizem linguagem, formem abstrações e conceitos, resolvam problemas hoje reservados a humanos e melhorem a si mesmas", avaliando questões como *computadores automáticos, redes neurais, tamanho de cálculo, autoaperfeiçoamento, abstrações, aleatoriedade, criatividade* e temas afins (MCCARTHY, 1955, *online*, tradução nossa).

Desse relevante marco histórico da pesquisa, seguiram-se, como cediço, inúmeros outros, não se podendo, porém, ignorar a indispensável contribuição de tão vanguardistas e visionários pesquisadores.

Em todo caso, a partir de então se convenciona associar os modelos ou sistemas de inteligência artificial, muito vulgarmente, a um conjunto de dados e algoritmos que, com base em objetivos e abordagens específicos, tenham capacidade para oferecer, de forma autônoma ou semiautônoma, soluções e resultados que, progressivamente melhorados, emulem certos aspectos da atividade cognitiva humana.

Inúmeros métodos podem ser empreendidos à busca deste objetivo de solução de problemas e proposta de resultados. Destes, tem grande destaque o campo chamado "aprendizado de máquina" (*machine learning*), no qual as máquinas melhoram seu funcionamento (ou seja, "aprendem") a partir da própria experiência ("aprendizado sem supervisão") ou a partir de conjuntos de dados ("aprendizado supervisionado").

Dentre as abordagens do "aprendizado de máquina", tem-se testemunhado grande efetividade e uso a partir do denominado "aprendizado profundo" (*deep learning*), baseado no emprego de "redes neurais artificiais", construídas a partir de uma estrutura multicamada ("camada de entrada", "camada oculta" e "camada de saída") que simula a organização dos neurônios de um cérebro humano. Cada camada é composta por unidades ("nós") que processam os dados recebidos, convertendo-os em informações aptas a serem empregadas pela camada subsequente para a execução de uma tarefa – como, por exemplo, o reconhecimento, processamento e/ou classificação de imagens ou textos com base em variáveis predefinidas ("aprendizado supervisionado") ou a formulação de sugestões, recomendações ou ajustes em uma aplicação específica, a partir da análise do comportamento de usuários ("aprendizado não supervisionado").

Tal sistemática – e inegável eficiência – observa-se em aplicações e soluções já consagradas no uso diário. Há muito que tecnologias logicamente baseadas em IA são empregadas em atividades cotidianas, como o funcionamento de assistentes virtuais, *chatbots* de atendimento, mecanismos de busca avançada, ferramentas de edição de conteúdo, entre outras soluções comezinhas à disposição em qualquer dispositivo pessoal em uso no mundo.

Sem embargo disso, é fato que iniciativas recentes, como o lançamento do "modelo de linguagem grande" (*large language model* – LLM) ChatGPT, da organização OpenAI, aliadas à longeva (e muitas vezes equivocada) compreensão dos riscos e benefícios da inteligência artificial na cultura popular, fizeram despertar uma nova "corrida do ouro" entre os agentes privados e públicos em prol de soluções à busca da mais nova, e lucrativa, sensação tecnológica. Trata-se, potencialmente, de um "comportamento mercadológico de manada", que se reflete pela informal expressão inglesa *Fear of Missing Out* (FOMO), isto é, a apreensão quase fóbica de que, não se embarcando e se investindo nesta nova empreita que a todos seduz, as organizações fiquem fatalmente abandonadas no caminho do progresso.

Têm-se aí elementos suficientes para evidenciar a construção de mais uma "bolha tecnológica", embora em termos de IA não seja esta a primeira. Nos 1970, 1980 e 1990, por exemplo, sucedeu aquilo que Melanie Mitchell (2019, p. 35) alcunha de ciclos de "inverno da IA", quando os miraculosos avanços prometidos não se materializaram com a celeridade esperada (e alardeada). Como explica Mitchell (2019, p. 35-36):

> [...] proponentes da IA simbólica elaboravam propostas de financiamento prometendo avanços iminentes em áreas como fala e compreensão da linguagem, raciocínio, navegação robótica e veículos autônomos. Em meados da década de 1970, embora alguns sistemas especializados com foco muito restrito foram implantados com sucesso, os avanços mais gerais da IA que haviam sido prometidos não se concretizaram.
> [...] Este foi um dos primeiros exemplos do repetitivo ciclo de bolhas e quebras no campo da IA. Um ciclo de duas partes que se desenvolve da seguinte forma. Fase 1: Novas ideias criam muito otimismo na comunidade de pesquisa. Os resultados dos avanços iminentes da IA são prometidos e frequentemente alardeados nos meios de comunicação. Financiadores governamentais e capitalistas de risco investem altas somas tanto na investigação acadêmica quanto em startups comerciais. Fase 2: Os avanços prometidos não ocorrem ou são muito menos impressionantes do que o esperado. O financiamento governamental e o capital de risco secam. Startups fecham e a pesquisa em IA desacelera. Este padrão tornou-se familiar para a comunidade de IA: uma "primavera da IA", seguida por promessas exageradas e entusiasmo da mídia, seguido por um "inverno da IA". Isto tem ocorrido, em vários graus, em ciclos de cinco a dez anos. Quando terminei a pós-graduação em 1990, a área estava em um de seus invernos e tinha uma imagem tão ruim que fui até aconselhada a não incluir o termo "inteligência artificial" em meus currículos.

Convivem-se, hoje, com elementos a evidenciar, potencialmente, a construção de uma nova "bolha" voltada especificamente à IA generativa ou, ao menos, de um inexorável resultado decepcionante, com a mesma tensão de outrora, entre promessas x lucro/ganhos de eficiência efetivos. A título de exemplo, no relatório *IA Generativa: muito investimento, pouco resultado?* (2024, *online*), do grupo financeiro *Goldman Sachs*, observa-se que:

> A promessa da tecnologia de inteligência artificial generativa em transformar empresas, indústrias e sociedades continua sendo amplamente divulgada, levando gigantes da tecnologia e outras empresas a estimar um gasto aproximado de US$ 1 trilhão em despesas de capital nos próximos anos. Esses investimentos incluem aportes significativos

em data centers, chips e outras infraestruturas relacionadas à IA e na rede elétrica. Contudo, até o momento, esses gastos têm apresentado poucos resultados concretos além de relatórios indicando ganhos de eficiência entre desenvolvedores. Mesmo a empresa que mais tem colhido benefícios até agora, a Nvidia, viu suas ações sofrerem uma correção significativa.

Concorde-se ou não com a existência de uma "bolha" efetiva – que, mesmo existente, poderá demorar anos até deflagrar uma crise –, é preciso considerar que há uma excessiva e talvez destemperada empolgação com os ganhos que poderão advir dos sistemas e modelos de inteligência artificial. E tal empolgação também se tem observado no âmbito do Poder Judiciário, dada a tendência de diversos tribunais brasileiros em adotar miraculosas soluções tecnológicas, a pretexto de ganhos de eficiência em automação, sem considerar, com a prudência esperada, os riscos legais e também éticos que disso advêm.

2 Necessidade de parâmetros e balizamentos éticos: transparência e controle

Não é de todo nova a apreensão com a adoção crescente de modelos de inteligência artificial. A IA, como qualquer outra tecnologia disruptiva da chamada "Indústria 4.0" (SCHWAB, 2016, p. 19), acarreta desafios tanto no âmbito social – como a precarização da mão de obra no ambiente de *gig economy* e a escassez de posições de trabalho, substituídas pela automação – quanto no individual, especialmente no que diz respeito à proteção de dados e à privacidade, que permanecem constantemente sob ameaça. Essas questões forçam que a aplicação e o desenvolvimento de tecnologias baseadas na inteligência artificial (sobretudo generativa) tenham também um adequado enfrentamento no plano ético.

Sem embargo, é preciso desde já espantar as noções apocalípticas que associam à IA a um risco existencial, como se consagrou na cultura popular, especialmente na literatura e no cinema, nas quais pululam narrativas temerosas das chamadas "superinteligências"; aquelas nas quais a "máquina" se desenvolve a níveis de autoconsciência e, com isso, volta-se contra a humanidade que a engendrou, qual um Zeus vingativo de seu pai Cronos. Como explica Nick Bostrom, a capacidade de processamento vigente ainda não atingiu níveis suficientes para sustentar modelos de tal complexidade:

O fato é que os recursos computacionais necessários para que sejamos capazes de simplesmente replicar os processos evolutivos relevantes que produziram a inteligência de nível humano estão ainda muito longe de nosso alcance – e permanecerão assim, mesmo que a lei de Moore continuasse por mais um século [...]. É plausível, entretanto, que, em comparação a uma replicação força-bruta dos processos evolutivos naturais, grandes ganhos de eficiência possam ser alcançados com a projeção de um processo de busca que tenha a inteligência como objetivo, usando várias melhorias óbvias em relação à seleção natural. Mesmo assim é muito difícil prever a magnitude dos ganhos de eficiência de tal processo evolutivo artificial. Não somos sequer capazes de afirmar se o ganho seria de cinco ou 25 ordens de magnitude. Sendo assim, na ausência de mais informações, argumentos evolutivos não são capazes de restringir significativamente nossas expectativas nem em relação às dificuldades referentes à criação de uma máquina com inteligência de nível humano, nem quanto ao tempo que seria necessário para o seu desenvolvimento (BOSTROM, 2018, p. 57).

Preocupações ficcionais à parte, para além do plano legal, também a regulação ética, sobretudo do ponto de vista da integridade, é absolutamente necessária – embora encontre, claro, desafios decorrentes do rápido avanço tecnológico, como bem resume Gerd Leonhard (2018, p. 161): "Se continuarmos neste caminho, em apenas oito a doze anos (dependendo de quando começarmos a contar) o progresso tecnológico global vai saltar do ponto de viragem de quatro para 128. Ao mesmo tempo, o alcance dos nossos princípios éticos continuará a progredir lentamente, ao longo de um percurso de melhoria linear [...]".

Em todo caso, já se observam valiosas iniciativas em termos de alinhamento ético no âmbito da inteligência artificial, sobretudo no que tange à necessidade de supervisão humana, transparência e auditabilidade. Nesse sentido se destaca a elaboração, em 2017, pelo Instituto *Future of Life* dos chamados *princípios de Asilomar para inteligência artificial*, organizados em 23 diretrizes que abrangem "questões da área de pesquisa", "questões sobre ética e valores" e "questões de longo prazo".

Especificamente no que se refere ao direito, destaca-se no grupo de questões de *Ética e Valores* a Diretriz nº 8, relativa à *transparência judicial*: "Qualquer envolvimento de um sistema autônomo na tomada de decisões judiciais deve fornecer uma explicação satisfatória e auditável por uma autoridade humana e competente" (FUTURE OF LIFE, 2017, *online*, tradução nossa).

A *auditabilidade* está intrinsecamente vinculada a uma dupla valoração, isto é, (i) a transparência e (ii) o controle ou supervisão humanos. A transparência constitui requisito primário, pois possibilita ao operador humano um entendimento mais aprofundado sobre o funcionamento e os procedimentos do modelo de IA, legitimando, de forma reflexa, a realização de auditorias.

A seu turno, a necessidade de *supervisão* ou *controle* humanos deve ser encarada, hoje, como a preocupação focal de qualquer sistema de IA, inclusive na realidade judicial. Para além dos *princípios de Asilomar*, é de destacar, na mesma linha, os parâmetros constantes da *Carta Europeia de Ética sobre o Uso da Inteligência Artificial em Sistemas Judiciais e seu Ambiente* (2018, *online*), notadamente o denominado *princípio de controle do usuário*, voltado a "impedir uma abordagem prescritiva e garantir que os utilizadores sejam agentes informados e controlem as suas escolhas". Como consta do documento, especificamente em relação ao *princípio de controle*:

> A autonomia dos utilizadores deve ser aumentada e não restringida através da utilização de instrumentos e serviços de inteligência artificial.
>
> Os profissionais do sistema judicial devem, a qualquer momento, poder rever as decisões judiciais e os dados utilizados para produzir um resultado e continuar a não estar necessariamente vinculados por ele à luz das características específicas desse caso específico.
>
> O utilizador deve ser informado, numa linguagem clara e compreensível, se as soluções oferecidas pelos instrumentos de inteligência artificial são ou não vinculativas, das diferentes opções disponíveis, e se tem direito a aconselhamento jurídico e direito de acesso a um tribunal. Deve igualmente ser claramente informado de qualquer tratamento prévio de um processo por inteligência artificial antes ou durante um processo judicial e ter o direito de se opor, para que o seu processo possa ser apreciado diretamente por um tribunal na aceção do artigo 6.º da CEDH.
>
> De um modo geral, quando qualquer sistema de informação baseado em inteligência artificial é implementado, deve haver programas de alfabetização informática para os usuários e debates envolvendo profissionais do sistema de justiça (UNIÃO EUROPEIA, 2018, *online*).

Semelhante preocupação é também observada na Carta Portuguesa de Direitos Humanos na Era Digital, cujo art. 9º, ao tratar do "uso da inteligência artificial e de robôs", assenta razões expressas de transparência e controle:

1 – A utilização da inteligência artificial deve ser orientada pelo respeito dos direitos fundamentais, garantindo um justo equilíbrio entre os princípios da explicabilidade, da segurança, da transparência e da responsabilidade, que atenda às circunstâncias de cada caso concreto e estabeleça processos destinados a evitar quaisquer preconceitos e formas de discriminação.

2 – As decisões com impacto significativo na esfera dos destinatários que sejam tomadas mediante o uso de algoritmos devem ser comunicadas aos interessados, sendo suscetíveis de recurso e auditáveis, nos termos previstos na lei.

3 – São aplicáveis à criação e ao uso de robôs os princípios da beneficência, da não-maleficência, do respeito pela autonomia humana e pela justiça, bem como os princípios e valores consagrados no artigo 2.º do Tratado da União Europeia, designadamente a não discriminação e a tolerância (PORTUGAL, 2021, *online*).

No plano nacional, as (necessárias) preocupações éticas sublinhadas não foram ignoradas de todo. Claramente inspirado na *Carta Ética Europeia sobre a Utilização da IA nos Sistemas Judiciais*, o Conselho Nacional de Justiça (CNJ) editou a Resolução nº 332/2020, que dispõe sobre a ética, a transparência e a governança na produção e no uso de inteligência artificial no Poder Judiciário e cria a *Plataforma Sinapses*.

A resolução dá inegável atenção ao imperativos de supervisão e controle ao estabelecer que, além da necessidade de comando permanente do magistrado competente, a utilização dos modelos de IA eventualmente introduzidos na realidade da administração judiciária deve permitir "incremento, e não restrição", bem como admitir "a revisão da proposta de decisão e dos dados utilizados para sua elaboração, sem que haja qualquer espécie de vinculação à solução apresentada pela Inteligência Artificial" (art. 17).

De sua parte, a transparência, conexa a padrão de controle, é garantida pela exigência, constante do art. 18, de que os usuários externos das plataformas instrumentalizadas por modelos de IA (incluindo-se a advocacia, procuradores e defensores) sejam "informados, em linguagem clara e precisa, quanto à utilização de sistema inteligente nos serviços que lhes forem prestados", inclusive quanto ao "caráter não vinculante da proposta de solução apresentada pela Inteligência Artificial, a qual sempre é submetida à análise da autoridade competente".

3 A utilização de modelos de IA no Poder Judiciário

É inegável que o Poder Judiciário nacional tem à sua disposição grandes volumes de dados provenientes de seu imenso acervo processual, o que favorece a utilização de modelos de IA que, a partir de certos parâmetros, apresentam soluções como a categorização de informações, identificação de temas correlatos a teses já estabelecidas em recursos repetitivos ou em questões de repercussão geral, bem como outras funcionalidades de interesse.

Ante essa inexorável realidade, o Conselho Nacional de Justiça bem caminhou, como já antecipado, ao editar a Resolução nº 332/2020, que, além dos parâmetros já destacados, criou a *Plataforma Sinapses*, a solução em nuvem, integrada *à Plataforma Digital do Poder Judiciário Brasileiro – PDPJBr*, que visa "armazenar, testar, treinar, distribuir e auditar modelos de Inteligência Artificial" (art. 3º, III, da Resolução nº 332/2020).

Disso resulta que, doravante, todo modelo de IA a ser desenvolvido e empregado pelos órgãos do Poder Judiciário – entendido este como o "conjunto de dados e algoritmos computacionais, concebidos a partir de modelos matemáticos, cujo objetivo é oferecer resultados inteligentes, associados ou comparáveis a determinados aspectos do pensamento, do saber ou da atividade humana" (art. 3º, II) – deve ser previamente comunicado ao CNJ e, com a chancela do Conselho, depositado e armazenado na Plataforma para que lá seja fiscalizado, treinado, controlado, auditado e distribuído (art. 10).

Aliás, a Resolução, adotando prática já consagrada pelo CNJ por ocasião de outras funcionalidades do processo eletrônico (*v.g.*, Resolução nº 335/2020), consagra a política de desenvolvimento e cooperação comunitários entre os desenvolvedores de modelo de IA, eis que recomenda a utilização preferencial de *softwares* de código aberto (*open source*). A utilização de código aberto em detrimento de códigos proprietários fechados favorece a "integração ou interoperabilidade entre os sistemas utilizados pelos órgãos do Poder Judiciário", possibilita "um ambiente de desenvolvimento colaborativo", permite "maior transparência" e "proporciona cooperação entre outros segmentos e áreas do setor público e a sociedade civil" (art. 24 da Resolução nº 332/2020).

A exigência de atuação em modelo comunitário entre órgãos do Poder Judiciário é medida absolutamente necessária, porque permite que, com a troca de experiências de gestão e compartilhamento de informações e boas práticas, a correção e o melhoramento dos modelos depositados na Plataforma ocorrem de modo mais fluido e efetivo.

Atualmente, acham-se depositados na *Sinapses* 150 modelos de IA ativos, desenvolvidos por 29 tribunais e conselhos (CNJ, 2023, *online*), dos quais já se acham disponíveis para utilização os seguintes: (i) *PEDRO – Plataforma de Extração e Descoberta de Precedentes dos Tribunais*, que permite a verificação automática de precedentes qualificados (art. 927, CPC) do Supremo Tribunal Federal e do Superior Tribunal de Justiça; (ii) *KAIROS – k-means clustering similarity for legal documents*, que identifica agrupamentos de processos parelhos, classificando-os por assunto, vara e outras parametrizações, tudo a partir de *técnicas de processamento de linguagem natural*; (iii) *ALICIA – Análise Linguística para Classificação Automatizada*, que oferece a possibilidade de catalogação automática (sem intervenção do peticionante) dos "assuntos" de petição inicial por ocasião do peticionamento eletrônico no PJe; e (iv) *ANA – Análise de Normas Automatizada*.

Além dos citados, previamente à criação da *Plataforma Sinapses* já havia modelos de IA desenvolvidos e operados por tribunais nacionais, os quais, em todo caso, se submetem aos ditames da Resolução nº 332/2020 e, pois, à fiscalização do CNJ (art. 30). Destes se destacam as seguintes aplicações: (i) *Projeto Victor*, utilizado pelo Supremo Tribunal Federal para análise e catalogação de petições para identificação com temas de repercussão geral, conversão de imagens em texto e classificação de peças processuais; (ii) *Projeto Sócrates*, utilizado no Superior Tribunal de Justiça para "a identificação antecipada das controvérsias jurídicas do recurso especial", com ferramentas que permitem "apontar, de forma automática, o permissivo constitucional invocado para a interposição do recurso, os dispositivos de lei questionados e os paradigmas citados para justificar a divergência" (STJ, 2021, *online*); (iii) *Sistema Athos*, também do STJ, que viabiliza a localização de "processos que possam ser submetidos à afetação para julgamento sob o rito dos recursos repetitivos" e monitora "processos com entendimentos convergentes ou divergentes entre os órgãos fracionários do STJ, casos com matéria de notória relevância e, ainda, possíveis distinções ou superações de precedentes qualificados" (STJ, 2021, *online*).

Dadas as funcionalidades exemplificadas, fica claro que, de fato, a introdução de modelos de IA na realidade judiciária permite ganhos de produtividade, notadamente ao possibilitar a racionalização das rotinas administrativas dos tribunais e o incremento da tramitação processual – este, sabidamente, um dos grandes gargalos da jurisdição brasileira.

Sem embargo, é necessário ponderar os riscos que também advêm da utilização desses sistemas, especialmente em relação às prerrogativas dos peticionantes e, em particular, àquelas asseguradas à advocacia, inclusive por ocasião do peticionamento eletrônico. Já se convivem com certas deficiências funcionais, como a seleção automática de assuntos e a catalogação de arrazoados sem que se oportunize a intervenção do peticionante, o que, ao indiretamente restringir e/ou condicionar a forma das manifestações processuais, pode dar azo à violação à ampla defesa e à própria liberdade de exercício da advocacia.

4 As funcionalidades autônomas dos modelos de IA no âmbito processual eletrônico e os riscos às prerrogativas profissionais dos peticionantes

A migração do processo tradicional à realidade eletrônica foi um inegável, e óbvio, avanço do sistema jurisdicional brasileiro, sobretudo no que tange à efetivação da *razoável duração do processo* (art. 5º, LXXVIII, CF). Mas dessa radical mudança também advieram dificuldades inerentes a qualquer transformação tecnológica, notadamente na adaptação dos peticionantes às novas complexidades do processo judicial eletrônico, sobretudo em sua fase germinal, isto é, no peticionamento eletrônico.

Por isso mesmo que as vocais resistências, outrora havidas, à informatização do processo judicial não podem ser encaradas, de modo simplificado, como uma aversão irracional à tecnologia. Anacronismos imotivados à parte, sempre houve uma preocupação de que, com a ampliação do meio eletrônico para tramitação de processos judiciais, também adviesse uma automação indevida da própria advocacia. Assim, por exemplo, alertou Orlando Gomes (1988, p. 14):

> A advocacia caminha, por fim, para o automatismo. Os mecanismos da informática, permitindo a elaboração eletrônica de dados utilizáveis com o simples aperto de um botão. [...] Tudo isso concorre para a degradação do direito, para a quebra da respeitabilidade dos seus profissionais e para o abastardamento do ensino e para agonia de espírito jurídico. Essas distorções marcam, quiçá, o fim de uma época, mas não prenunciam um começo de uma redenção. Seja o que for. Os juristas conscientes da responsabilidade de sua missão e da dignidade de sua ciência e de sua arte, não se devem condenar à esterilidade, ao conformismo, ao descrédito e à humilhação.

Críticas à parte, as dificuldades que já se prenunciavam advir em relação ao automatismo da advocacia são agravadas pela dinâmica de peticionamento hoje existente na totalidade dos sistemas eletrônicos do Judiciário brasileiro, especificamente na etapa de seleção dos *assuntos* temáticos que devem ser observados pelo postulante por ocasião da distribuição ou qualquer protocolo de uma peça processual, inaugural ou incidental. Como cediço, por ocasião do peticionamento, cabe ao postulante selecionar, tematicamente, os *assuntos* que mais se alinham ao conteúdo de sua petição, a partir de uma vasta listagem previamente definida.

Tal seleção de *assuntos do processo* tem relevância que deve ser considerada. A título de exemplo, no sistema *Processo Judicial Eletrônico – PJe*, "a distribuição dos processos se realizará de acordo com os pesos atribuídos, dentre outros, às classes processuais, aos assuntos do processo e à quantidade de partes em cada polo processual, de modo a garantir uma maior uniformidade na carga de trabalho de magistrados com a mesma competência, resguardando-se a necessária aleatoriedade na distribuição" (art. 5º da Resolução nº 185/2013).

Disso se extrai que a etapa de seleção *assuntos* não constitui catalogação burocrática sem importância ou impacto. Pelo contrário, a depender dos assuntos escolhidos, impactada ficará a tramitação do pedido, considerando variáveis que têm potencialidade para afetar tanto a matéria decisória quanto a velocidade da tramitação processual.

A título de novo exemplo: ao pretender o protocolo de um arrazoado no PJe, incumbe ao postulante escrutinar aproximadamente 4.000 assuntos possíveis (CNJ, 2024, *online*), escolhendo os que melhor correspondam ao conteúdo de sua pretensão. Essa escolha pode influenciar diretamente o fluxo e o tratamento do pedido, porque assuntos classificados como sigilosos, como questões familiares, resultarão automaticamente na tramitação em segredo de justiça – neste sentido é claro o art. 27, §3º, da Resolução nº 185/2013: "O Tribunal poderá configurar o sistema de modo que processos de determinadas classes, assuntos ou por outros critérios sejam considerados em segredo de justiça automaticamente".

Igualmente, a escolha de assuntos relacionados a precedentes qualificados (art. 927 do CPC) ou a temas pendentes de análise poderá resultar no sobrestamento automático do feito, havendo ordem superior nos termos do art. 1.037, II, do CPC.[1] Ainda, a seleção de assuntos

---

[1] Art. 1.037. Selecionados os recursos, o relator, no tribunal superior, constatando a presença do pressuposto do *caput* do art. 1.036 , proferirá decisão de afetação, na qual:

recorrentes em "demandas de massa" poderá sujeitar a questão a uma dinâmica de solução coletiva, visando à maior eficiência de julgamento.

Verifica-se, portanto, que a seleção dos assuntos processuais constitui etapa de elevada importância e, na atual realidade do processo eletrônico, essencial para o adequado desfecho dos feitos. É plenamente justificável, nesse contexto, que tal tarefa seja atribuída exclusivamente ao peticionante, dado que este, detentor de pleno conhecimento do teor de sua manifestação, está mais habilitado a classificar os temas pertinentes à sua pretensão (sem prejuízo de posterior correção dessa classificação, se necessária e ao cabo de intimação para os devidos ajustes).

Ocorre que, como visto no item anterior, órgãos do Poder Judiciário têm desenvolvido e implementado modelos de IA destinados a ajustar, de forma automática, a seleção de assuntos ou a classificação de petições, utilizando, entre outras metodologias, *análises e algoritmos de agrupamento* (*clustering*), isto é, o emprego "de técnicas computacionais cujo propósito consiste em separar objetos em grupos, baseando-se nas características que estes objetos possuem", tudo a partir de critérios predeterminados de similaridade (LINDEN, 2009, p. 18).

É o caso, por exemplo, das já citadas aplicações PEDRO, KAIROS e, em especial, ALICIA.

O problema, contudo, não reside na utilização em si de modelos de IA para fins de agrupamento e classificação, mas, sim, na implementação dessas funcionalidades de modo automático, sem que seja facultada ao postulante interessado qualquer possibilidade de intervenção. A prática, pois, revela-se juridicamente inadequada por se tratar de indevida intromissão nas prerrogativas do peticionante, em especial no direito de definir a forma como seus pleitos são inicialmente apresentados e classificados no sistema judicial.

A crítica é pertinente e não constitui preciosismo. Imagine-se, por exemplo, que o modelo, em razão de imprecisão ou falha operacional – algo perfeitamente possível –, selecione de forma equivocada os assuntos processuais vinculados a uma petição, atribuindo, erroneamente, um tema relacionado a recurso repetitivo ou matéria diversa daquela pretendida. Nesse caso, o encaminhamento do pedido

---

I - identificará com precisão a questão a ser submetida a julgamento; II - determinará a suspensão do processamento de todos os processos pendentes, individuais ou coletivos, que versem sobre a questão e tramitem no território nacional; III - poderá requisitar aos presidentes ou aos vice-presidentes dos tribunais de justiça ou dos tribunais regionais federais a remessa de um recurso representativo da controvérsia.

ocorrerá de forma inadequada, contrariando as expectativas da parte e a estratégia de seu procurador, o que poderia resultar em retrabalho e no prolongamento do trâmite processual, com inegáveis atrasos.

Agrava-se a situação ao fato de que inexiste previsão de incidente ou de solução procedimental específica para tratar de situações como essa. Não há garantia, nos sistemas analisados, de que o peticionante seja consultado antes da definição final ou, ao menos, de que tenha ciência prévia das classificações atribuídas pelo modelo.

Tal insegurança não é tolerável. A inserção e o cadastro originário de petições eletrônicas – aí se incluindo, porque indispensável à perfectibilização do protocolo, a seleção de assuntos – são atos processuais, e não judiciais, inserindo-se na esfera de *atribuição*, bem como de *prerrogativa profissional* do peticionante.

É, de fato, *prerrogativa* do peticionante, porque, dado o *princípio da congruência*, a ele compete delimitar os limites da lide e, portanto, talhar a extensão da atividade decisória de mérito (art. 114 do CPC). Ao órgão jurisdicional – incluindo-se o aparato pessoal e material que o auxilia –, cabe como regra a *inércia*, porque "a experiência ensina que quando o próprio juiz toma a iniciativa do processo ele se liga psicologicamente de tal maneira à ideia contida no ato de iniciativa, que dificilmente teria condições para julgar parcialmente" (CINTRA et al., 2015, p. 169).[2]

Como observa Cândido Rangel Dinamarco (2019, p. 46):

> A mais ampla e severa das limitações que o devido processo legal impõe ao exercício da jurisdição consiste na rígida proibição de exercê-la sem a iniciativa de um sujeito que peça a tutela jurisdicional (CPC, art. 2º) - disposição, essa, que é tradicional no direito brasileiro e se alinha ao que dispõem os ordenamentos jurídico-processuais em geral. Essa proibição é imposta em atenção à necessidade de preservar a imparcialidade do juiz [...] e à inconveniência social de realizar processos para uma possível tutela a quem não se animou a pedi-la. Ela constitui a positivação legislativa das máximas *ne procedat judex ex officio e nemo judex sine actore*.

---

[2] Em especial no processo civil: "A mais ampla e severa das limitações que o devido processo legal impõe ao exercício da jurisdição consiste na rígida proibição de exercê-la sem a iniciativa de um sujeito que peça a tutela jurisdicional (CPC, art. 2º) - disposição, essa, que é tradicional no direito brasileiro e se alinha ao que dispõem os ordenamentos jurídico-processuais em geral. Essa proibição é imposta em atenção à necessidade de preservar a imparcialidade do juiz [...] e à inconveniência social de realizar processos para uma possível tutela a quem não se animou a pedi-la. Ela constitui a positivação legislativa das máximas *ne procedat judex ex officio* e *nemo judex sine actore*" (DINAMARCO, 2019, p. 46).

O óbice a tal prerrogativa naturalmente viola, em relação à advocacia, o básico direito de exercer, com liberdade, a profissão (art. 7º, I, Lei nº 8.906/1994), especialmente na postulação de decisão favorável ao seu constituinte e ao convencimento do julgador (art. 2º, §2º).

Trata-se também de atividade de *atribuição* do postulante, sendo defeso que dele se furte automaticamente. Tomando a realidade do processo civil, o art. 319 da Lei Adjetiva é claro ao incumbir o postulante à indicação dos elementos e classificação dos dados que são requisitos para seu recebimento, só cabendo indeferimento depois de oportunizada correção ou integração (art. 321), sob pena de violação à *vedação à decisão surpresa* (art. 10).

Especificamente quanto ao processo eletrônico, a Lei nº 11.419/2006 vai na mesma linha ao dispor que a distribuição da exordial e a juntada da resposta, recursos e petições em geral "podem ser feitas diretamente pelos advogados públicos e privados, sem necessidade da intervenção do cartório ou secretaria judicial". Também se colhe do art. 22, §4º, da Resolução CNJ nº 185/2023 ser de "integral responsabilidade do remetente a equivalência entre os dados informados para o envio e os constantes da petição remetida" (art. 26, §3º).

De tudo isto se conclui, com franco amparo em disposições e princípios comezinhos ao universo processual, que modelos de IA com técnicas de agrupamento não podem operar de modo automático e sem intervenção humana por ocasião da seleção de assuntos processuais, sob pena de intromissão em prerrogativas e atribuições processuais do peticionante, a quem se dá o máximo privilégio na submissão e classificação de arrazoados eletrônicos.

Ao máximo, tolera-se que tais aplicações possam oferecer, ao julgador, elementos para eventual balizamento ou correção da seleção realizada, mas, ainda em tal benéfico cenário, apenas com a necessária transparência e após competente intimação de modo a assegurar a oportunidade de manifestação. Tal cautela obviamente importará na necessidade da implementação de rotinas ou procedimentos específicos, incorporados aos sistemas processuais eletrônicos, sem os quais não há como cogitar o válido cumprimento da lei.

Conclusão

A automação de rotinas processuais por modelos de IA, quando não supervisionada, pode comprometer a própria autonomia do peticionante, especialmente na atividade de seleção automática de assuntos e no agrupamento de petições sem a devida intervenção humana. A seleção e categorização de temas, embora aparentem ser tarefas secundárias, têm substanciais implicações no curso do processo, afetando diretamente a tramitação dos pedidos e, por conseguinte, os direitos das partes envolvidas.

Por isso mesmo, sem descurar dos inegáveis benefícios que a utilização de aplicações de inteligência artificial já agrega à jurisdição nacional – notadamente em termos de maior celeridade –, é também preciso se acautelar para que os frutos do avanço tecnológico não atropelem garantias básicas e indispensáveis à própria sobrevivência do sistema processual. O peticionante, especialmente a advocacia, deve ser parte ativa nesse processo de transformação, cabendo ao aparato judicial respeitar as atribuições e prerrogativas que especificamente lhe cabem, as quais não são passíveis de apropriação a pretexto de um suposto avanço tecnológico.

Em resumo, a seleção de assuntos deve ser encarada como uma tarefa processual de responsabilidade do peticionante, não cabendo ser delegada unicamente a modelos automatizados.

Caberá, inexoravelmente, que se estabeleça, em especial no campo da legislação processual, a previsão específica de incidentes para assegurar que, no caso de funcionalidades autônomas (especialmente em funções de agrupamento) que possam impactar de modo relevante a tramitação processual, seja sempre assegurada a devida intervenção do peticionante, com possibilidade de manifestação e, inclusive, de oposição à solução proposta.

Essa exigência implica em trabalho e esforço adicional pelos gestores da máquina judiciária, de modo a adaptar a nova realidade tecnológica aos tradicionais padrões de legalidade. A transformação e a evolução são bem-vindas, desde que não se abandonem pelo caminho valores básicos, sem os quais o sistema a que se prestam melhorar não sobrevive efetivamente.

Referências

ALLEMAND, Luiz Cláudio; MAGRO, Américo Ribeiro. A natureza e proteção das obras geradas pelo Chat GPT e outros sistemas de Inteligência Artificial. *Instituto dos Advogados Brasileiros*, 2023. Disponível em: https://www.iabnacional.org.br/opiniao/a-natureza-e-protecao-das-obras-geradas-pelo-chat-gpt-e-outros-sistemas-de-inteligencia-artificial. Acesso em: 20 nov. 2024.

BOSTROM, Nick. *Superinteligência*: caminhos, perigos e estratégias para um novo mundo. São Paulo: Darkside, 2018.

CINTRA, Antônio Carlos de Araújo; GRINOVER, Ada Pellegrini; DINAMARCO, Cândido Rangel. *Teoria geral do Processo*. 31. ed. São Paulo: Malheiros, 2015.

CNJ. *Com a plataforma Sinapses, Judiciário assume protagonismo no desenvolvimento de soluções de IA*. Disponível em: https://www.cnj.jus.br/com-a-plataforma-sinapses-judiciario-assume-protagonismo-no-desenvolvimento-de-solucoes-de-ia/. Acesso em: 20 nov. 2024.

CNJ. *Justiça 4.0 apresenta projetos de uso de IA desenvolvidos por universidades parceiras*. Disponível em: https://www.cnj.jus.br/justica-4-0-apresenta-projetos-de-uso-de-ia-desenvolvidos-por-universidades-parceiras/. Acesso em: 20 nov. 2024.

CNJ. *Justiça 4.0*. Disponível em: https://www.cnj.jus.br/tecnologia-da-informacao-e-comunicacao/justica-4-0/. Acesso em: 20 nov. 2024.

CNJ. *Parceria com a UnB desenvolve modelo de IA de verificação automática de precedentes qualificados*. Disponível em: https://www.cnj.jus.br/parceria-com-a-unb-desenvolve-modelo-de-ia-de-verificacao-automatica-de-precedentes-qualificados/. Acesso em: 20 nov. 2024.

CNJ. *Resolução nº 325, de 29/06/2020*. Disponível em: https://atos.cnj.jus.br/atos/detalhar/3365. Acesso em: 20 nov. 2024.

CNJ. *Resolução nº 332, de 21/08/2020*. Disponível em: https://atos.cnj.jus.br/atos/detalhar/3429. Acesso em: 20 nov. 2024.

CNJ. *Sistema de Gestão de Tabelas Processuais Unificadas*. Disponível em: https://www.cnj.jus.br/sgt/consulta_publica_assuntos.php. Acesso em: 20 nov. 2024.

DE STEFANO, Valerio. *Negotiating the algorithm*: automation, artificial intelligence and labour protection. Artificial Intelligence and Labour Protection, maio 2018. *Comparative Labor Law & Policy Journal*, 41.1, 2019.

DIMATTEO, Larry. Artificial Intelligence: The Promise of Disruption. *In*: DIMATTEO, Larry A.; PONCIBÒ, Cristina; CANNARSA, Michel (ed.). *The Cambridge Handbook of Artificial Intelligence*: Global perspectives on law and ethics. Cambridge: Cambridge University Press, 2022.

DINAMARCO, Cândido Rangel. *Instituições de direito processual civil*: volume II. 8. ed., rev. e atual. São Paulo: Malheiros, 2019.

FUTURE OF LIFE. *Pause Giant AI Experiments*: An Open Letter. Disponível em: https://futureoflife.org/open-letter/pause-giant-ai-experiments/. Acesso em: 20 nov. 2024.

GOMES, Orlando. A degradação do direito. *Revista Forense*, n. 29, jan./dez. 1988.

LEONHARD, Gerd. *Tecnologia versus Humanidade – O confronto futuro entre a Máquina e o Homem*. Lisboa: Gradiva Publicações, 2018.

LINDEN, Ricardo. Técnicas de agrupamento. *Revista de Sistemas de Informação da FSMA*, v. 4, n. 4, p. 18-36, 2009.

MAGRO, Américo Ribeiro; ANDRADE, Landolfo. *Manual de Direito Digital*. 4. ed. Salvador: Juspodivm, 2024.

MCCARTHY, John. A proposal for the dartmouth summer research project on artificial intelligence. 31 ago. 1955. *AI magazine*, v. 27, n. 4, p. 12-12, 2006. Disponível em: http://jmc.stanford.edu/articles/dartmouth/dartmouth.pdf. Acesso em: 20 nov. 2024.

MCCARTHY, John. *What is artificial intelligence*. Disponível em: http://jmc.stanford.edu/articles/whatisai/whatisai.pdf. Acesso em: 20 nov. 2024.

MINSKY, Marvin. *The Emotion Machine*: Commonsense Thinking, Artificial Intelligence, and the Future of the Human Mind. Nova York: Simon & Schuster, 2006.

MITCHELL, Melanie. *Artificial intelligence*: A guide for thinking humans. Nova York: Farrar, Straus and Giroux, 2019.

NATHAN, Alison; GRIMBERG, Jenny; RHODES, Ashley. Gen AI: Too Much Spend, Too Little Benefit? Top of Mind. *Goldman Sachs Global Macro Research*, v. 25, 2024. Disponível em: https://www.goldmansachs.com/insights/top-of-mind/gen-ai-too-much-spend-too-little-benefit. Acesso em: 20 nov. 2024.

PORTUGAL. *Carta Portuguesa de Direitos Humanos na Era Digital (Lei nº 27/2021)*. Disponível em: https://files.diariodarepublica.pt/1s/2021/05/09500/0000500010.pdf. Acesso em: 20 nov. 2024.

SCHWAB, Klaus. *A Quarta Revolução Industrial*. São Paulo: Edipro, 2019.

UNIÃO EUROPEIA. *Carta Europeia de Ética sobre o Uso da Inteligência Artificial em Sistemas Judiciais e seu Ambiente*. Disponível em: https://rm.coe.int/carta-etica-traduzida-para-portugues-revista/168093b7e0. Acesso em: 20 nov. 2024.

Informação bibliográfica deste livro, conforme a NBR 6023:2018 da Associação Brasileira de Normas Técnicas (ABNT):

ALLEMAND, Luiz Cláudio; MAGRO, Américo Ribeiro. A preservação das prerrogativas profissionais no contexto da automação de rotinas processuais por modelos de inteligência artificial. In: ALLEMAND, Luiz Cláudio; SANTOS, Coriolano Aurélio de Almeida Camargo; MAGRO, Américo Ribeiro; GOMES, Rovena (coord.). *Processos judiciais eletrônicos*: inteligência artificial e garantia dos princípios do processo civil - algoritmos de agrupamento e similaridade. Belo Horizonte: Fórum, 2025. p. 325-343. ISBN 978-65-5518-975-9.

PROCESSOS JUDICIAIS ELETRÔNICOS: INTELIGÊNCIA ARTIFICIAL E GARANTIA DOS PRINCÍPIOS DO PROCESSO CIVIL – ALGORITMOS DE AGRUPAMENTO E SIMILARIDADE
PROTEÇÃO CONTRA AMEAÇAS CIBERNÉTICAS EM PROCESSOS JUDICIAIS

MARCELO MARCON

Ao iniciarmos o contexto sobre proteção de processos judiciais, nos deparamos com a barreira que dividia alguns anos atrás as mesas dos cartórios lotadas de processos, o escrevente com a sua máquina de datilografia que não poderia ao menos errar uma só palavra e que, ao final de cada frase, alinhava a folha de papel manualmente para prosseguir com a datilografia de uma simples folha para a juntada em um processo.

As assinaturas eram feitas por canetas, de pena ou cargas de tinta, com as quais se presenteavam uns aos outros. Na atualidade, a veracidade é realizada por um código hexadecimal ou um QR code que redireciona para outro portal para checar a validade e veracidade da assinatura, feita por um *token* digital USB (*Universal Serial Bus*), que realiza a assinatura de forma digital, em qualquer lugar do mundo.

Veja como esse mundo mudou: hoje em dia, as consultas dos processos são acessíveis por um portal na internet, no qual, com um usuário e senha, podemos verificar informações cruciais, históricos de fases e alterações no processo, bem como as decisões dos magistrados para o andamento do seu processo.

Algumas décadas separam o uso da máquina de datilografia para a assinatura digital via *token*. Os conceitos e os métodos mudaram, desde os primórdios da utilização de papéis até a presente data. Porém, não devemos esquecer de que a proteção dos dados, o armazenamento eficaz dos dados digitais, bem como o seu controle de acesso, são muito importantes; assim, conseguiremos garantir uma infraestrutura adequada e protegida para os dados digitais, nos certificando de que os dados sensíveis estejam armazenados e protegidos de forma correta.

1 Pilares da segurança da informação

O uso potencializado da tecnologia, bem como a modernização dos processos judiciais, aplica-se severamente nos pilares da segurança da informação: confidencialidade, integridade, disponibilidade e autenticidade. Esses princípios são fundamentais para garantir que os dados processuais sejam gerenciados de maneira segura, preservando os direitos das partes envolvidas e assegurando a credibilidade do sistema de justiça.

Não temos dúvidas de que a segurança da informação é indispensável para os processos judiciais, sem comprometer a confiança e a legitimidade das decisões, reforçando, assim, a extrema importância de uma infraestrutura segura e eficiente na garantia dos direitos processuais.

O Laboratório Nacional de Computação Científica, no artigo *Os quatro pilares da segurança da informação*, nos fornece a seguinte visão:

> A segurança da informação pode ser definida como uma série de boas práticas focadas especialmente em garantir a proteção dos dados de instituição, a mitigação dos riscos e a adequação às leis vigentes. Os pilares adotados pelas iniciativas de governo são a Confidencialidade, a Disponibilidade, a Integridade e a Autenticidade.

É importante salientarmos que os princípios são fundamentais para garantir que os dados processuais sejam gerenciados de maneira segura, preservando os direitos das partes envolvidas e assegurando a credibilidade do sistema de justiça.

Exemplificando os pilares da segurança da informação, a *confidencialidade* protege informações sensíveis, assegurando que apenas pessoas autorizadas tenham acesso a elas. Em sistemas judiciais eletrônicos, isso é indispensável para evitar violações de privacidade e uso indevido de dados. No gerenciamento de identidades e controle de acesso, o uso da autenticação multifator (2FA) e da inteligência artificial minimiza o acesso indevido a processos judiciais. Os algoritmos de similaridade podem identificar padrões incomuns de acesso e bloquear tentativas suspeitas, com o objetivo de proteger os dados confidenciais.

A *integridade* garante que os documentos e decisões permaneçam imutáveis e confiáveis, prevenindo adulterações que possam comprometer o andamento processual, visando manter exatamente o seu conteúdo original e garantindo que não houve nenhuma alteração desde a sua última alteração oficial. Na proteção contra manipulação de dados, os mecanismos de *hashing* e *blockchain* asseguram que os documentos judiciais permaneçam inalterados, enquanto os algoritmos de agrupamento verificam a consistência entre versões de documentos eletrônicos, identificando alterações não autorizadas nos mesmos.

A *disponibilidade* assegura que os sistemas estejam operacionais e acessíveis sempre que necessário, mesmo em situações adversas, como em ataques cibernéticos ou falhas técnicas, reforçando o fato da infraestrutura tecnológica e da alta disponibilidade em todo o ambiente tecnológico. Falando sobre redundância e recuperação de desastres, a importância extremamente essencial de replicação de dados e *backups* em *datacenters* evita a indisponibilidade de sistemas judiciais eletrônicos. Conforme abordado neste artigo, a relação da automação com o uso de inteligência artificial pode prever falhas e manter a continuidade da operação crítica de infraestrutura.

A *autenticidade* valida a origem e a veracidade das informações. Hoje em dia, um dos aspectos mais importantes da tecnologia é garantir que os dados apresentados são válidos. A aplicação desses pilares, em conjunto com tecnologias de inteligência artificial, como algoritmos de agrupamento e similaridade, fortalece a segurança dos dados e o cumprimento dos princípios processuais, promovendo confiança e eficiência nos serviços judiciais eletrônicos. Um ponto muito importante sobre a autenticidade visa garantir que os dados sejam autênticos e possam ser auditados, mantendo os princípios da transparência e rastreabilidade.

2 Proteção contra ameaças cibernéticas

A proteção contra ameaças cibernéticas em processos judiciais eletrônicos é crucial para manter a confidencialidade, a integridade e a disponibilidade dos dados processuais – conforme citado no tópico 1 deste artigo –, bem como a atenção ao avanço tecnológico, aliado ao uso de inteligência artificial e sistemas digitais, soluções que apresentam novos desafios no combate a ameaças, como ataques de *ransomware* e as tentativas de exploração de vulnerabilidades.

Complementando a linha do tempo e a evolução da sociedade, com a transição dos sistemas judiciais para um ambiente eletrônico, temos inúmeras vantagens significativas, incluindo maior acessibilidade, agilidade no processamento de ações e redução de custos. Mas não devemos esquecer de que a modernização dos meios digitais expôs os dados judiciais a novos riscos. A presença de informações sensíveis, como dados pessoais, financeiros e estratégicos, torna esses sistemas alvos extremamente atrativos para criminosos cibernéticos, que utilizam o potencial da tecnologia e a adoção de novos procedimentos de ataques cibernéticos para testar as vulnerabilidades, com o objetivo de ferir a confiança pública no sistema judicial.

Dentre as ameaças mais relevantes, o *ransomware* se destaca como uma das principais formas de ataque, causando não somente a interrupção do acesso aos dados, mas também a paralisação completa do sistema, comprometendo a continuidade do serviço judicial. Em paralelo, o comprometimento de dados, incluindo o roubo ou adulteração das informações, coloca em risco a credibilidade de todo o processo judicial, gerando consequências severas legais e sociais.

Nesse contexto, estratégias avançadas de segurança cibernética são indispensáveis. A criptografia desempenha um papel crucial, protegendo os dados tanto em trânsito quanto em repouso, enquanto sistemas de monitoramento utilizam a tecnologia e capacidade de processamento com a inteligência artificial para identificar as possíveis ameaças em tempo real, garantindo, assim, que qualquer alteração nos dados seja rastreável e verificável.

Outra questão crítica é a proteção contra vulnerabilidades humanas, um assunto que cito em diversas palestras que ministro, pois verificamos que, na maioria dos ataques virtuais utilizando o método de *phishing,* as pessoas não se atentam às informações básicas, caindo em golpes de "estelionato digital", que têm o objetivo de capturar seus dados pessoais sensíveis.

Medidas bem eficazes são a conscientização regular dos colaboradores e a implementação de controles rigorosos de acesso, as quais combinam melhores práticas com planos robustos de infraestrutura de *datacenter,* visando à recuperação em casos de desastres, assegurando a resiliência do sistema judicial eletrônico, mesmo diante de incidentes graves, garantindo também a segurança dos processos judiciais eletrônicos, que vai muito mais além do que proteger sistemas; afinal, é um compromisso com a justiça, a transparência e o direito das partes envolvidas. A adoção contínua de inovações tecnológicas e a criação de uma cultura de segurança cibernética fortalecem a confiança no sistema e asseguram sua integridade no longo prazo.

3 Criptografia

A criptografia é uma tecnologia essencial desde os tempos das guerras mundiais, utilizada para proteger os dados sensíveis, incluindo neste artigo, os dados contidos em processos judiciais eletrônicos, assegurando a confidencialidade, a integridade e a autenticidade das informações. Seu principal objetivo é tornar os dados inacessíveis a terceiros não autorizados, garantindo que, mesmo em caso de vazamentos, acessos indevidos ou até mesmo a venda de bases de dados contidas na *deepweb*, os dados permaneçam ilegíveis sem a chave de decodificação correta.

No contexto dos processos judiciais, a criptografia deve ser aplicada tanto em trânsito quanto em repouso. Para dados em trânsito, protocolos como *transport layer security* (TLS) são amplamente utilizados, proporcionando uma comunicação segura entre servidores, usuários e sistemas. Esse tipo de criptografia é fundamental para prevenir ataques de interceptação, como os ataques *man-in-the-middle*, que buscam capturar informações trocadas entre as partes, muitas vezes acessíveis pela falta de uma camada de segurança no controle de acesso, garantindo que o criminoso tenha fácil acesso a ambientes controlados. Já para dados em repouso, que incluem arquivos armazenados nos servidores judiciais, a criptografia baseada em algoritmos avançados, como o *advanced encryption standard* (AES), é essencial para proteger informações armazenadas contra acessos não autorizados.

Outro elemento crucial na aplicação de criptografia é a gestão das chaves criptográficas, que devem ser armazenadas e protegidas com rigor para evitar que sejam comprometidas e vazadas indevidamente. Sistemas como os *hardware security modules* (HSMs) oferecem um ambiente seguro para a geração, armazenamento e gerenciamento dessas chaves, reduzindo o risco de exposição indevida.

A criptografia também é fundamental para garantir a autenticidade no envio e recebimento de informações processuais. Por meio de assinaturas digitais, validadas por dispositivos tecnológicos e por chaves de validação, os documentos se tornam legítimos e associados à parte que os emitiu, promovendo a transparência e a confiança no sistema judicial. A criptografia se tornou indispensável e robusta para proteger o ciclo completo de vida dos dados judiciais.

4 Controle de acesso

O controle de acesso é uma das práticas mais importantes para garantir a segurança de dados sensíveis em processos judiciais eletrônicos, pois envolve a implementação de políticas e tecnologias que restringem o acesso às informações, com base na identidade, credenciais e funções dos usuários, assegurando que apenas pessoas devidamente autorizadas possam interagir com os dados, elevando o nível de segurança.

Uma abordagem eficaz começa com a aplicação de políticas de "necessidade de saber", garantindo que cada usuário tenha acesso apenas às informações necessárias para executar suas tarefas específicas, minimizando o risco de exposição indevida e acesso às demais informações que o mesmo não deveria possuir, usando sistemas de gestão de identidade e acesso (IAM), que automatizam a administração de permissões e rastreiam acessos em tempo real, fazendo com que um ato de tentativa de acesso não autorizado seja reportado e tratado na gestão de incidentes.

Outro componente essencial é a autenticação multifator (MFA), que combina diferentes métodos de verificação de identidade, como senhas, biometria (impressões digitais ou reconhecimento facial) e *tokens* de segurança, realizando um combo de segurança para proteger os dados sensíveis. Esse mecanismo adiciona uma camada extra de proteção, dificultando o acesso indevido, mesmo que uma credencial seja comprometida. Em processos judiciais eletrônicos, nos quais o valor das informações é crítico, a autenticação robusta é indispensável.

Além disso, o controle de acesso deve ser dinâmico e randômico, utilizando ferramentas baseadas em inteligência artificial (IA) e aprendizado de máquina (*machine learning*), tecnologias que analisam padrões de comportamento e identificam atividades suspeitas e tentativas de invasão, como tentativas de *login* em locais ou horários atípicos. Caso um comportamento anômalo seja detectado, o sistema pode limitar automaticamente o acesso ou avisar os administradores, utilizando o monitoramento em tempo real, para alertar qualquer incidente vindo de um ataque físico ou virtual não autorizado.

Por fim, o controle de acesso bem estruturado complementa outras medidas de segurança, como criptografia e monitoramento, criando uma abordagem efetiva para a proteção dos dados judiciais, não apenas protegendo contra ameaças externas, mas também reduzindo os riscos associados a usuários internos com intenções maliciosas ou acidentais.

5 Monitoramento contínuo

O monitoramento contínuo é um componente essencial para a proteção de sistemas de processos judiciais eletrônicos, permitindo a identificação do incidente e a resposta proativa em tempo real. Essa prática envolve o uso de ferramentas e tecnologias que supervisionam constantemente as atividades da rede, o comportamento dos usuários, equipamentos, serviços e, principalmente, a integridade dos dados, com o objetivo de detectar e mitigar potenciais incidentes de segurança antes que causem danos significativos, lembrando que nenhum ambiente ou tecnologia é 100% seguro.

Uma estratégia eficaz de monitoramento contínuo começa com a implementação de sistemas de detecção de intrusão (IDS) e sistemas de prevenção de intrusão (IPS). Essas ferramentas analisam o tráfego da rede em busca de comportamentos suspeitos, como tentativas de acesso não autorizado, varreduras de portas de conexão (normalmente usando portas altas) e transferência de dados anômalos. Enquanto o IDS alerta os administradores sobre possíveis ameaças, o IPS pode agir automaticamente para bloqueá-las, fortalecendo a resiliência e eficiência do sistema.

Além disso, tecnologias baseadas em inteligência artificial (IA) e aprendizado de máquina (*machine learning*) desempenham um papel cada vez mais crucial no monitoramento de segurança. Esses sistemas são capazes de aprender com padrões normais de comportamento, identificando anomalias que possam indicar ataques, como movimentações incomuns de dados ou atividades fora do horário regular. A integração de IA permite respostas mais rápidas e precisas, reduzindo o tempo de reação e mitigação de incidentes.

O monitoramento também deve incluir a auditoria constante de *logs* de acesso e operações. Esses registros detalhados documentam quem acessou, quais dados e em que momento, criando um histórico rastreável para fins de auditoria e conformidade regulatória (*compliance*). Em casos de investigação de incidentes, os *logs* são uma ferramenta crítica para identificar a origem de um problema e prevenir sua recorrência. Vale ressaltar que o monitoramento dos *logs* de acesso, em conjunto com o monitoramento de equipamentos e atividades da rede, agrega o nível de segurança e proteção de rede para um patamar bem específico.

Outra camada importante no monitoramento é a supervisão do estado dos sistemas e dispositivos. Soluções de gerenciamento de eventos e informações de segurança (SIEM) agregam dados de diversas fontes, fornecendo uma visão centralizada do ambiente e facilitando a identificação de problemas complexos. Ressalto que a prática de monitoramento contínuo não é apenas técnica, mas também estratégica, e deverá ser adotada como um procedimento padrão em ambientes de controle de rede, promovendo uma cultura de segurança cibernética, engajando equipes administrativas e técnicas na proteção dos sistemas, assegurando que o ambiente de processos judiciais eletrônicos esteja sempre protegido contra ameaças emergentes.

6 O uso do *blockchain* em processos judiciais

O uso da tecnologia *blockchain* em processos judiciais eletrônicos representa uma inovação significativa para garantir principalmente a integridade dos dados, promovendo transparência, rastreabilidade e segurança. A tecnologia *blockchain* é essencialmente um sistema de registro distribuído e imutável, o que garante que cada transação ou alteração se mantenha registrada como um bloco que se conecta cronologicamente a um anterior, formando uma cadeia protegida por algoritmos de criptografia.

Uma das principais vantagens do *blockchain* é sua capacidade de assegurar que os dados processuais sejam imutáveis e auditáveis. Qualquer tentativa de modificação em um registro existente geraria discrepâncias na cadeia de blocos, permitindo a detecção imediata de alterações não autorizadas. Isso é particularmente importante em processos judiciais, nos quais a autenticidade dos registros é fundamental para a validade legal e a confiança no sistema; além disso, o *blockchain* elimina a necessidade de uma autoridade central para verificar a integridade dos dados (descentralização), o que reduz o risco de corrupção e manipulação. Em sistemas judiciais eletrônicos, significa que decisões, provas e documentos processuais sejam armazenados de maneira distribuída, garantindo que nenhuma entidade isolada tenha controle absoluto sobre o sistema.

Outro benefício significativo é a possibilidade de automatizar operações através de contratos inteligentes (*smart contracts*). Esses contratos são *scripts* programados no *blockchain* que executam automaticamente ações predeterminadas quando condições específicas são atendidas. Exemplificando em um litígio judicial, o contrato inteligente pode liberar um documento ou fundo financeiro apenas após o cumprimento de etapas processuais, reduzindo erros e garantindo transparência. No âmbito da proteção de dados sensíveis, o *blockchain* também pode ser integrado com outras tecnologias de segurança, como criptografia avançada e autenticação multifator. Combinadas, essas ferramentas criam um ambiente extremamente robusto, onde as informações processuais são acessadas apenas por usuários autorizados e mantidas seguras contra ameaças cibernéticas.

O uso de *blockchain* em processos judiciais eletrônicos é uma solução futurista, alinhando a inovação tecnológica à garantia dos princípios do processo civil, especialmente no que tange à preservação da integridade e da confiabilidade dos dados judiciais, demonstrando que a tecnologia pode ser um aliado poderoso na modernização do sistema de justiça, promovendo eficiência e segurança em níveis sem precedentes.

7 Resiliência e planos de recuperação

A resiliência e os planos de recuperação de desastres são pilares fundamentais para assegurar a continuidade e a confiabilidade dos processos judiciais eletrônicos, especialmente em um ambiente que enfrenta riscos constantes, como ataques cibernéticos, falhas técnicas e desastres naturais, garantindo que o sistema se recupere rapidamente, mantendo suas operações mesmo diante de interrupções severas.

A resiliência cibernética começa com a identificação de vulnerabilidades e a implementação de estratégias para mitigar riscos, incluindo redundância de sistemas, em que servidores e dados críticos são replicados em locais geograficamente distintos, evitando a perda de informações em caso de falhas locais que afetem uma grande área (massiva). Outro ponto extremamente importante é a utilização de *datacenters* certificados com padrões como Tier III ou IV, fornecendo infraestrutura robusta e altamente disponível, minimizando o impacto de falhas elétricas ou de conectividade.

Os planos de recuperação de desastres (DRPs) são documentos estratégicos, que detalham ações a serem tomadas, focando na restauração de operações críticas no menor tempo possível. Esses planos devem ser regularmente testados por meio de simulações e revisados para se manterem alinhados com as mudanças tecnológicas e as ameaças emergentes. No contexto judicial, um DRP eficaz é indispensável para assegurar que os processos não sejam interrompidos, mesmo em situações extremas. A integração com outras soluções, como, por exemplo, a tecnologia de nuvem, oferece uma abordagem moderna para resiliência, permitindo o armazenamento e o processamento de dados em ambientes distribuídos e com escalabilidade dinâmica. Esse tipo de abordagem reduz os custos de manutenção de infraestrutura física e aumenta a flexibilidade na recuperação de sistemas.

Por fim, resiliência não é apenas sobre recuperação, mas também sobre prevenção. Sugiro simulações regulares, ajudando na preparação dos times para cenários reais, promovendo uma resposta coordenada e minimizando o tempo de inatividade.

8 Considerações finais

As transformações trazidas pela digitalização dos processos judiciais eletrônicos representam um marco importante na eficiência e acessibilidade da justiça. Contudo, a implementação desse modelo tecnológico requer atenção redobrada para os desafios de segurança que o acompanham. Em um ambiente onde dados confidenciais de alto valor estão em jogo, a proteção dessas informações para preservar direitos se torna essencial, mantendo a integridade das decisões judiciais e promovendo a confiança pública.

Este artigo buscou abordar as principais ferramentas e estratégias que compõem um ecossistema robusto de segurança nos processos judiciais eletrônicos. A integração de tecnologias como criptografia, controle de acesso, monitoramento contínuo, *blockchain* e planos de recuperação de desastres demonstra que a inovação tecnológica, quando acompanhada de práticas sólidas, cria um sistema judicial resiliente e confiável. A confidencialidade dos dados processuais, a integridade das evidências e a disponibilidade das informações são pilares que precisam ser mantidos em equilíbrio para garantir que os processos judiciais cumpram seu papel essencial de forma justa e eficiente.

O avanço tecnológico também evidencia a necessidade de um planejamento estratégico que vai além do uso de ferramentas. Existe a necessidade de adoção de padrões internacionais de segurança, de formação contínua de profissionais especializados e de colaboração entre os setores público e privado para enfrentar desafios emergentes. A implementação de inteligência artificial para detecção de ameaças e automação de processos, por exemplo, é um indicativo de como as tecnologias podem servir como aliadas na construção de um sistema mais seguro. A preocupação com a integridade e a transparência, viabilizada por soluções como o *blockchain*, reflete a evolução necessária para que o sistema jurídico se adapte às expectativas de uma sociedade conectada. A possibilidade de auditar processos de forma confiável garante a inviolabilidade dos dados, reforçando a confiança nos meios digitais, posicionando os processos eletrônicos como uma evolução imprescindível na era da informação.

Ao unirmos a inovação e a segurança, conseguiremos alcançar um sistema de justiça que se torne, ao mesmo tempo, moderno e confiável, garantindo direitos e promovendo a justiça, que é, em plenitude, o seu principal objetivo.

Referências

ISO. ISO/IEC 27001:2022 - Information Security, Cybersecurity and Privacy Protection. *International Organization for Standardization*, 2022. Disponível em: https://www.iso.org. Acesso em: 11 nov. 2024.

STALLINGS, William. *Cryptography and Network Security*: Principles and Practice. 8. ed. Boston: Pearson, 2020.

NIST. Framework for Improving Critical Infrastructure Cybersecurity. Version 1.1. *National Institute of Standards and Technology*, 2018. Disponível em: https://www.nist.gov. Acesso em: 11 nov. 2024.

MOURA, H. P.; FERREIRA, A. A. Blockchain em aplicações jurídicas: desafios e oportunidades. *Revista de Direito Digital*, v. 5, n. 1, p. 45-60, 2021.

AMORIM, R. L.; CAMPOS, R. R. Plano de recuperação de desastres: estratégias para continuidade de negócios em data centers. *Revista de Engenharia e Gestão de Sistemas*, v. 12, n. 2, p. 21-34, 2020.

LAUREANO, Marcus V. *Artificial Intelligence in Judiciary*: Ethical and Practical Perspectives. Cambridge: Cambridge University Press, 2023.

ROSS, S.; ROTH, L. Digital Evidence and Blockchain Integrity. *Cybersecurity Journal*, v. 14, n. 3, p. 210-230, 2022.

VIEIRA, João C. *Monitoramento contínuo em sistemas críticos*: um guia para implementação em infraestruturas governamentais. 2. ed. São Paulo: Atlas, 2021.

SOUZA, Ana Clara. *O papel da criptografia na proteção de dados sensíveis*: teoria e prática no Brasil. Curitiba: Juruá, 2022.

SHIN, S.; PARK, D. Resilience in Cloud-Based Judicial Systems. *Journal of Information Security Research*, v. 11, n. 2, p. 123-145, 2021.

Informação bibliográfica deste livro, conforme a NBR 6023:2018 da Associação Brasileira de Normas Técnicas (ABNT):

MARCON, Marcelo. Processos judiciais eletrônicos: inteligência artificial e garantia dos princípios do processo civil – algoritmos de agrupamento e similaridade: proteção contra ameaças cibernéticas em processos judiciais. *In*: ALLEMAND, Luiz Cláudio; SANTOS, Coriolano Aurélio de Almeida Camargo; MAGRO, Américo Ribeiro; GOMES, Rovena (coord.). *Processos judiciais eletrônicos*: inteligência artificial e garantia dos princípios do processo civil - algoritmos de agrupamento e similaridade. Belo Horizonte: Fórum, 2025. p. 345-356. ISBN 978-65-5518-975-9.

NÓS E OS ROBÔS-JUÍZES: OS EFEITOS DO USO DA IA PARA FINS DE DECISÃO PELO JUDICIÁRIO

MIGUEL ANTÔNIO SILVEIRA RAMOS

O acesso à justiça é um direito humano fundamental dos cidadãos, é universal, indisponível, inalienável e imprescritível. Irrefutável é a importância de que ele seja garantido em todas as fases processuais e a todos. Este trabalho visa discutir, através de uma breve reflexão e da análise bibliográfica e documental citada, fruto de uma pesquisa qualitativa de caráter analítico explicativo e focada no contexto brasileiro, o uso de sistemas de inteligência artificial (IA), enquanto uma política pública do Poder Judiciário, para fins de decisão frente às garantias individuais e estruturais do acesso à justiça.

O Judiciário brasileiro vive, desde a sua criação, em uma crise, que defino como congênita, sistêmica e crônica (RAMOS, 2017), decorrente da: a) lentidão na tramitação dos processos; b) pouca transparência; c) obsolescência administrativa; d) dificuldade de acesso; e) complexidade estrutural; f) concentração de litigiosidade; e g) desarticulação institucional (RENAULT, 2005, p. 128 e ss.).

O uso das tecnologias da informação tem se mostrado nas últimas décadas como uma resposta do Judiciário a essa crise.

1 Da manufatura ao uso de tecnologias sustentadoras

Durante anos o Judiciário viveu uma era da manufatura, tendo encontrado no uso de novas tecnologias da informação e comunicação uma tentativa de solução à crise, principalmente quanto ao problema da morosidade na tramitação dos processos. Nesse sentido, a partir dos anos 1990, passou a valer-se do uso de tecnologias sustentadoras, definidas por Christensen e Bower (1995) como aquelas que entregam aos consumidores e usuários alguma melhoria e, no caso do Judiciário, uma prestação do serviço sem, contudo, romper com os padrões ou modelos preestabelecidos, arrebatando algum ganho em termos de tempo, organização, automatização, custos, segurança etc.

Entra-se na era da informatização do Judiciário, que passa por uma profunda transformação de gestão, principalmente após a criação do Conselho Nacional de Justiça com a Reforma do Judiciário de 2004. Implementam-se sistemas de tecnologia da informação e comunicação que permitem uma melhor organização administrativa, a possibilidade de prática de atos a distância por meio de tecnologias de cominação (desterritorialização), entre diversos outros que culminam, à época, com a implantação de sistemas de processo eletrônico em todos os tribunais,[1] com o objetivo de baratear o custo do processo e dos tribunais (podendo focar no ganho de salário de magistrados e servidores), de oferecer novas formas de acesso à justiça, e de desmaterializar e desburocratizar o processo, levando a uma eliminação de quase 75% do tempo morto do processo, com um "mote" ou uma "pegada" de proteção ambiental pela eliminação do papel.

Pilhas de processos físicos são eliminadas, substituídas por pilhas eletrônicas de processos, principalmente concentradas na caixa de entrada da área de trabalho (dos sistemas eletrônicos) dos juízes. Tal fato, aliado a um déficit muito grande de magistrados,[2] leva a uma demanda de trabalho maior dos juízes, não só que fazem substituição, mas pelo fato de que o processo não possui mais o tempo burocrático, ele vai e volta mais rápido na área de trabalho do juiz, fato que leva à contratação de uma mão de obra precária, como assessores, estagiários e voluntários,[3] que trabalham no gabinete dos magistrados com a função

---

[1] Chegou-se a ter mais de 40 sistemas de processo eletrônico diferentes nos mais de 90 tribunais brasileiros, cada um com um requisito de acesso ou de configuração diferente do outro. Alguns tribunais de justiça chegaram a ter em funcionamento, de forma concomitante, mais de quatro sistemas diferentes.

[2] No ano de 2021, por exemplo, apenas 16.962 magistrados efetivamente atuaram na jurisdição durante o ano (CNJ, 2022, p. 96), perfazendo um déficit de 24,70% do seu quadro durante o ano, ou seja, o Judiciário trabalhou com apenas 75,29% da mão de obra de magistrados.

[3] Como consequência da automação dos atos processuais cartorários e da diminuição de necessidade de pessoal, houve deslocamento de pessoal do cartório para o gabinete do juiz, por meio de mão de obra precária, denominada mão de obra auxiliar (em 2021,

de despachar, decidir, formular propostas de sentenças ou de votos, conforme o grau de jurisdição da atuação, levadas ao magistrado ou a alguém a quem ele deferiu poderes para aprovação e utilização ou não no processo.

Isso levou a que o juiz se distanciasse do processo sob sua jurisdição, não tendo mais o controle sobre todas as suas fases processuais, prejudicando, assim, a ampla defesa, o contraditório e violando regras do devido processo, principalmente a do direito da parte de influenciar na decisão, pois, na grande maioria das vezes, quem julga (o auxiliar) não participou da instrução do processo.

Outro efeito foi que o magistrado, tanto de primeiro como de segundo grau, ou de tribunais superiores, passou a ser um mero revisor/assinador de despachos, decisões, sentenças, acórdãos ou votos que foram formulados por terceiros, sem a mesma formação e experiência dele para a prática de tais atos, tampouco poderes para tal.

Ainda, essa precarização, aliada à necessidade de celeridade, também ocasionou na maior incidência de decisões com fundamentação ou motivação *"per relationem"* ou de decisões referenciais ou replicadas. Nestas últimas, como as conceitua Taruffo (2006, p. 365), "o juiz não elabora em um ponto decisório uma justificação autônoma *ad hoc*, mas se aproveita da justificação contida em outra sentença" ou em manifestação contida nos autos. São elas, portanto, as decisões nas quais o juiz (e/ou, principalmente, o auxiliar) se vale do "copia e cola" (Ctrl+C + Ctrl+V) ao trazer fundamentação de outro processo ou mesmo contida nos autos para motivar a sua decisão. Tal fato viola a garantia processual da motivação da decisão judicial, prevista no art. 93, IX, da CF e também nos artigos 439 do CPC e 315 do CPP.

Esses acontecimentos, por conseguinte, ocasionaram um empobrecimento da racionalidade das decisões e da argumentação e proporcionaram o estabelecimento de um positivismo jurídico dado com a objetivação das decisões. Como resultado, tem-se a caracterização da automação da atividade humana jurisdicional ou o início da desumanização da atividade jurisdicional, visto que a atividade dos juízes passou a ser uma atividade robótica, caracterizando o que chamo de *juízes-robôs assinadores*.

140.538, representando 52,74% do quadro de pessoal de servidores do Judiciário) (CNJ, 2022, p. 101). Ocorreu a contratação de estagiários (55.646, 20,89% do quadro de pessoal e 39,59% da mão de obra auxiliar) ou de terceirizados (24,80% do quadro de pessoal, 46,99% da mão de obra auxiliar) e, ainda, de conciliadores, juízes leigos e voluntários (18.840, 7,07% do quadro) (CNJ, 2022, p. 94).

2 A era das tecnologias disruptivas

Com o avanço das novas tecnologias e do início da sociedade informacional, opera-se, ao redor dos anos de 2014-2015, a Revolução 4.0 ou a chamada Quarta Revolução Industrial (SCHWAB, 2016). Seu principal objetivo foi promover a melhoria da eficiência dos processos, por meio da utilização, principalmente, de sistemas cibernéticos aliados a redes computacionais capazes de processar gigantescos bancos de dados (*big data*), computação em nuvem, interoperabilidade, IA e algoritmos matemáticos.

O mundo, assim, passou a experimentar um avanço tecnológico exponencial, não linear, amplo, profundo e sistêmico (SCHWAB, 2016, p. 13), rompendo com os paradigmas até então vigentes, afetando todos os setores da sociedade, e, como não poderia deixar de ser, foi também notado no Poder Judiciário. As tecnologias sustentadoras até então empregadas, desde o final dos anos 1990, estão sendo gradativamente substituídas por tecnologias consideradas disruptivas.

Diz-se disruptivas porque as inovações introduzidas foram além dos modelos historicamente existentes. Elas implantaram, propuseram e forneceram um novo conjunto de valores, paradigmas, rompendo com o tradicional. Christensen e Bower (1995) afirmaram que essas inovações introduziram modelos muito diferentes daqueles historicamente valorizados, podendo ou não (dependendo do local), apresentar perdas ou piores desempenhos em uma ou mais dimensões do produto ou serviço, causando, inclusive, uma dificuldade de reconhecimento pelos setores tradicionais (consumidores, usuários etc.). Elas provocam, portanto, uma cisão ou descontinuação em determinadas formas de manifestação do comportamento social.

Atualmente, o mundo vive o início da era do capitalismo de dados ou do capitalismo de vigilância (ZUBOFF, 2019), ou, ainda, do dito panóptico digital (HAN, 2017). Todos esses termos traduzem uma nova forma de capitalismo, na qual grandes corporações utilizam-se ou "aproveitam-se" dos dados comportamentais dos sujeitos na internet, ali disponibilizados gratuitamente através dos rastros, diretos e indiretos, decorrentes das atividades constantes da vida digital para firmar negócios e, principalmente, impor e predizer comportamentos, traçando perfis dos indivíduos para diversos fins.

O uso da internet, com acesso relativamente facilitado a que muitos estão acostumados, seja navegando em páginas *web*, seja usando ferramentas de buscas, comprando produtos ou serviços, publicando em redes sociais, baixando ou utilizando aplicativos de *smartphones*, tem como principal moeda de troca os dados da vida digital disponibilizados por empresas, instituições e funcionários. Esses dados, por sua vez, alimentam outros grandes bancos de dados e movimentam uma economia gigantesca, restrita não só ao mercado publicitário e de consumo, mas, inclusive, ao campo eleitoral, político e de controle social.

Não somente grandes empresas, como Google, Amazon, Facebook, Twitter, TikTok e outras da área de tecnologia, controlam os dados pessoais de seus usuários. O mercado financeiro – um dos grandes "vilões" do capitalismo e, quem sabe, um dos ramos do mercado que mais dados pessoais detêm – passa hoje a trabalhar com dados como uma forma tão lucrativa quanto a do capital. Outrossim, governos e candidatos a cargos eletivos em eleições executivas e legislativas também entenderam a importância dos dados digitais para captar votos e manipular eleições, partidos políticos e pessoas.

Essa estrutura de poder decorrente do tratamento de banco de dados pessoais é definida como dadocracia, neologismo formado pelas palavras *dado* + *cracia* (do grego, poder). Dadocracia é, portanto, um termo que serve para designar uma forma de governar, controlar e/ou manipular os cidadãos pelos seus dados digitais, alocados na mão de poucos. Em virtude da ampla riqueza que tais dados representam ao capital, a tecnologia tem sido incentivada e utilizada por uma série de instituições e empresas para atividades diversas, como mencionado. O uso da tecnologia de IA, por conseguinte, também induz pessoas a comportamentos e práticas sociais inconscientes.

Quem é possuidor de tais dados digitais tem o que conceituo de tecnopoder. Quando associado à utilização de ferramentas de IA, por meio do uso de algoritmos matemáticos, o poder conferido aos algoritmos digitais é e pode ser incalculável. Ele possui a capacidade de decidir, impactar e influenciar o comportamento social e econômico de forma globalizada; a internet não tem fronteiras, e a captação de dados dá-se em nível global.

Uma das consequências dessa posse de informações é a tendência cada vez maior ao monopólio, à concentração do capital, à diminuição de preços, à eliminação da concorrência e, obviamente, à concentração do poder (LEE, 2019, p. 176) de forma encoberta, isto é, não percebida tacitamente pelos usuários. Ao mesmo tempo em que os dados geram produtividade e riqueza para muitos, outros tantos não os acessam da mesma forma, precarizando o mercado de trabalho, ampliando as desigualdades, a vulnerabilidade do indivíduo e a injustiça social. Dito de outro modo:

> A IA exacerba a desigualdade por dois motivos. Primeiro, ao assumir certas tarefas, amplia a competição entre humanos pelas restantes, diminuindo os salários e a renda obtida pelo trabalho versus a obtida pelos proprietários do capital. Segundo, as máquinas preditivas, como outras tecnologias relacionadas a computadores, são influenciadas por habilidades, de modo que as ferramentas de IA aumentam desproporcionalmente a produtividade de trabalhadores altamente qualificados (AGRAWAL; GANS; GOLDFARB, 2019, p. 224).

Posto isso, entende-se que os algoritmos não podem ser definidos de forma fria, como uma mera "sequência finita de instruções executadas por um sistema de computador, com o objetivo de processar informações para um fim específico", conforme previsto no artigo 3º, inciso I, da Resolução nº 332/2020, do CNJ. Karen Yueng (2018, p. 506) aponta:

> [...] os cientistas sociais normalmente usam o termo como um adjetivo para descrever o conjunto sociotécnico que inclui não apenas algoritmos, mas também as redes computacionais nas quais eles funcionam, as pessoas que os projetam e operam, os dados (e usuários) sobre os quais agem, e as instituições que prestam esses serviços, todos ligados a um empreendimento social mais amplo e constituindo parte de uma família de sistemas autoritários de produção de conhecimento.

Algoritmos, portanto, são construções sociais complexas, comprometidas com determinados resultados, que vão além de um simples código matemático e que, no campo do Judiciário, acarretarão novas e preocupantes formas de relações, quiçá retirando do Judiciário sua condição de neutralidade em relação às partes por conhecê-las melhor do que elas se conhecem devido aos dados pessoais armazenados e à capacidade de processá-los, tratá-los, para diversos fins que não só a mera utilização no processo para dar maior celeridade judicial.

Feitas as considerações acima, cabe, neste item, voltar à análise da informatização do Judiciário brasileiro, considerando agora o emprego das tecnologias disruptivas, e buscar ofertar ao leitor uma visão do atual estado da arte da IA empregada pelo Judiciário no Brasil.

A fase de implantação de sistemas de processo eletrônico, marco pioneiro para o começo de uma justiça 100% digital, contribuiu com a celeridade na tramitação e na comunicação processual, levando a ganhos de tempo e economia ao Poder Judiciário, como já dito. Passada a implantação, os tribunais preocuparam-se em avaliar como a tecnologia da IA poderia ajudar na fase de decisão, grande gargalo do processo.[4]

Assim sendo, começaram a ser desenvolvidos diversos projetos para o uso de IA no Poder Judiciário. Nota-se que, da mesma forma que ocorreu quando da implementação de sistemas de processos eletrônicos, as iniciativas dos projetos não foram centralizadas em um órgão da justiça – no caso, o CNJ. No ano de 2020, o Brasil contava com mais de 64 projetos em 47 dos 91 tribunais brasileiros, quase todos desenvolvidos por equipes internas (SALOMÃO, 2020), alguns com a participação de *startups*.

Já no ano de 2024, segundo o CNJ (2024, p. 27) existem 140 projetos de IA em desenvolvimento em 62 órgãos judiciários (91 tribunais e três conselhos), sendo que, desses projetos, 63 deles já se encontram em produção. Trinta e sete projetos estão hospedados no Sinapses,[5] que entrou em operação a partir do ano de 2018 com o objetivo de gerenciar o armazenamento, treinamento supervisionado, controle de versionamento, distribuição e auditoria dos modelos de IA desenvolvidos pelos tribunais brasileiros.

A Justiça Estadual conta com 68 projetos (48,6% do total), seguida pela Eleitoral, com 23 (16,4% do total), e do Trabalho, com 20 (14,3% do total). O Judiciário federal e os tribunais superiores também participaram, com 14 (10% do total) e 13 projetos (9,3% do total), respectivamente. Além disso, há dois projetos realizados pelos conselhos (CJF e CNJ), representando apenas 1,4% do total.

A partir de 2021, outras iniciativas também foram levadas a efeito, como a Plataforma Digital do Poder Judiciário Brasileiro, que viabilizou a política de disseminação do processo eletrônico no país e contou com sete serviços estruturantes, dentre os quais se destacam: o Sinapses, acima tratado; o CODEX, que promete ser o grande *big data* de informações processuais contidas em processos, pois extrai,

---

[4] No ano de 2018, quando do lançamento do projeto Victor, a ministra Cármen Lúcia, então presidente do STF, declarou que, "para classificar e analisar os cerca de 42 mil processos que chegaram ao STF no primeiro semestre, seriam necessárias quase 22 mil horas de trabalho de servidores e estagiários" (STF, 2018).

[5] Essa plataforma foi instituída por meio da Resolução nº 332, de 21.08.2020, e dispõe sobre ética, transparência e governança na produção e no uso de IA no Poder Judiciário, entre outras providências, como forma de tentar centralizar os desenvolvimentos de novas tecnologias. Foi um marco de uma política pública direcionada ao trabalho conjunto dos tribunais em torno da matéria.

indexa e centraliza informações destes via IA; o Sniper, sistema que cruza informações de bases de dados abertas e fechadas buscando vínculos societários, patrimoniais e financeiros entre pessoas físicas e jurídicas (como forma de buscar a solução para o gargalo das execuções de sentenças); o DataJud, que prometeu ser o *big data* de dados de processos, despachos, decisões e sentenças do Judiciário; e o sistema de e-Court – Justiça 100% Virtual, que foi implementado e regulado pela Resolução CNJ nº 345/2020. Através dele foi e ainda é possível que os atos processuais com necessidade de comparecimento presencial das partes possam ser feitos por meio de videoconferência.

Também está sendo implementado um sistema de multiportas, que tem sua gênese no pensamento de Frank Sander (1976). Ele se traduz na possibilidade de o Judiciário ofertar outras formas de solução de conflitos que não apenas a via do processo judicial, como já previsto na legislação brasileira, em especial no novo Código de Processo Civil (CPC), Lei nº 13.105/2015, e outras leis esparsas. A tecnologia, em especial a IA, tem tido um papel fundamental nos processos por meio de instrumentos, como a possibilidade de aplicação das denominadas *Online Dispute Resolutions* (ODRs), que nada mais são do que meios (portas) alternativos de solução de conflitos em um ambiente totalmente digital, variando suas formas de acordo com as necessidades dos usuários.

Sobre o termo multiportas, utilizado pelo Judiciário como forma de facilitar o acesso à justiça por meio de novas políticas públicas, ele se revela uma propaganda algo enganosa, uma falácia. Logo após abrir novas portas de acesso, valendo-se da tecnologia existente, o Judiciário fecha as portas antigas. Isso ocorreu com a política pública do processo eletrônico, que, pouco após a implantação dos sistemas, teve o meio físico fechado, passando a exigir a obrigatoriedade de acesso pelo meio eletrônico, caracterizando certa exclusão digital de idosos que não se adaptaram, de cegos e de deficientes visuais. Os sistemas não estavam preparados para interoperar com aplicações voltadas a tal público, entre outras situações.

Todas essas iniciativas mencionadas não são exclusivas do Brasil. Seguem uma tendência mundial de aplicação de novas tecnologias de informação e comunicação (NTICs) no Judiciário, proporcionando o acesso pleno do cidadão pelos meios eletrônicos. Elas visam alcançar um dos Objetivos de Desenvolvimento Sustentável (ODS) traçados pelas Nações Unidas para o ano de 2030 (Agenda 2030), que, no item número 16, refere: "Promover sociedades pacíficas e inclusivas para o desenvolvimento sustentável, proporcionar o acesso à justiça para todos e construir instituições eficazes, responsáveis e inclusivas em todos os níveis". No item 16.3, refere a necessidade de "promover o Estado de Direito, em nível nacional e internacional, e garantir a igualdade de acesso à Justiça para todos" (ONU, 2015).[6]

Apesar de suas vantagens, o uso dessas tecnologias disruptivas pode apresentar uma série de obstáculos às garantias individuais e estruturais do acesso à Justiça, conforme será analisado a seguir.

3 O inegável paradoxo do benefício do uso da tecnologia digital pelo Judiciário

Ser 100% digital, portanto, tende a dar uma maior celeridade processual, o que é necessário para resolver o atual gargalo concernente à eliminação do tempo burocrático do processo (ainda que aumente o gargalo na fase decisória quanto às decisões interlocutórias e às terminativas). O Judiciário passa a funcionar 24 horas por dia, permitindo o protocolo de peças e novos processos a qualquer momento, desde que o usuário tenha acesso à internet. Audiências e sessões dos tribunais podem ser feitas a distância, sem a necessidade de deslocamentos das partes, diminuindo custos. Os atos de comunicação processual também passam a ser feitos por meio eletrônico, poupando tempo com citações pessoais e intimações. Os atos administrativos processuais podem ser, assim, totalmente automatizados, certificados e assinados.

A transformação de cortes 100% virtuais e a automação do processo fizeram com que tribunais brasileiros não necessitassem mais, por exemplo, de prédios imensos para armazenar grandes volumes de autos (ainda que continuem sendo construídos). No Rio Grande do Sul, por exemplo, nas comarcas em que os processos já são totalmente digitais, o Tribunal de Justiça (TJRS) vem implantando novos foros adequados estruturalmente à realidade digital, com uma diminuição de 15% dos custos de construção das unidades a serem lançadas (TJRS, 2022).

Além da possibilidade de se ter disponível uma estrutura menor e de ganhar celeridade, outro benefício a ser destacado é o que diz respeito ao quadro de pessoal necessário. Essa nova forma da justiça

---

[6] A Agenda 2030 foi incorporada pelo STF por meio da Resolução nº 710/2020, que institucionalizou o Grupo de Trabalho e que desenvolveu uma ferramenta tecnológica denominada Redes Artificiais Focadas na Agenda 2030 (RAFA 2030), a qual auxilia os servidores e magistrados através da comparação semântica dos ODSs da agenda (STF, 2022).

resolve um dos maiores problemas atuais do Judiciário estadual, a falta de contratação de servidores devido aos limites impostos pela Lei de Responsabilidade Fiscal (LRF), Lei Complementar nº 101/2000, que prevê o limite de gastos com pessoal pelos tribunais em 6% da receita corrente líquida do estado (art. 20, inciso II, alínea *b*), visto que a automação gerará uma diminuição drástica de pessoal necessário para atender a burocracia processual, podendo os valores economizados ser destinados, inclusive, ao aumento proporcional dos salários dos servidores ou, até mesmo, a outras rubricas.

Se a transformação do exercício das profissões jurídicas e a democratização do acesso ao direito e à justiça se resolvem pela implementação dos sistemas, persiste a questão dos juízes e seu trabalho nesse contexto. Podem ser eles substituídos por robôs-juízes com o propósito de diminuir ou pôr fim ao gargalo existente quanto ao ato de decidir? E isso será feito com acurácia?

Alguns acreditam que sim. Para eles, o emprego de robôs-juízes, ainda que apenas com o propósito de proferir propostas de decisões, interlocutórias ou terminativas, levaria a uma efetividade maior do princípio da razoável duração do processo, que por muitos anos foi visto como um dos grandes motes da crise do Judiciário.

A acurácia é definida como o nível de exatidão dos resultados obtidos pela tecnologia. Na atualidade, em algumas situações, ela costuma ser bem maior do que a atividade humana para decidir sobre algo. Um exemplo é o Victor, IA desenvolvida pelo STF que faz leitura dos mais de 80.000 recursos recebidos anualmente pelo tribunal. Victor identifica quais processos estão vinculados aos temas de repercussão geral. Servidores não máquinas normalmente levam em torno de 44 minutos para fazer esse trabalho, enquanto Victor o faz em cinco segundos e com uma acurácia de 95%, bastante maior do que a humana – capaz de eliminar, em média, 10.000 recursos/ano no processo de seleção (STF, 2021).

Embora a ideia de que o uso de NTCIs, digitalização do processo e automação dos serviços do Judiciário leve a um conceito de maior possibilidade de acesso à Justiça e maior qualidade da prestação jurisdicional, isso não necessariamente exprime a realidade. O uso de NTCIs como única forma de acesso ao Judiciário pode provocar a exclusão digital de alguns grupos da população.[7]

---

[7] Recente notícia publicada no jornal *Folha de São Paulo* (2022) deixou claro que uma justiça 100% digital, não a multiportas, poderá prejudicar o acesso à justiça. O artigo evidencia que

Quando se fala de utilizar sistemas de IA no processo de tomada de decisão judicial, o paradoxo complexifica-se, tornando-se mais preocupante, visto não haver debate profundo e transparente sobre essas questões.

Por mais que o Judiciário negue, o que se busca ao usar a IA no Judiciário é a substituição dos atuais juízes-robôs (humanos) pelos robôs-juízes (algoritmos). Essa prática, sem dúvida alguma, trará reflexos nas garantias individuais e estruturais do acesso à justiça. Todos os projetos de IA, para o Judiciário, que estão sendo desenvolvidos e implementados servem para obter benefícios, em especial, à desburocratização da tramitação, por dar efetividade ao princípio da duração razoável do processo e por diminuir drasticamente o acervo de processos existentes. Enquanto política pública, visa resolver dois pontos principais da crise e, como resultado, proporcionar uma melhoria do acesso à justiça. Todavia, isso ainda não ocorre.

Não resta dúvida de que a IA poderá trazer benefícios na fase de instrução do processo, mas, quando se trata de uso desses mecanismos na fase decisória – no que concerne às decisões interlocutórias ou às terminativas –, dever-se-á ter muito cuidado sobre as "melhorias" previstas na sua aplicabilidade. As decisões robóticas trazem aparentes vantagens em relação a uma possível racionalidade no processo decisório (maior que a humana) quanto à rapidez, efetividade, acurácia e igualdade (RESTA, 2019, p. 218), mas não são enunciadas por juízes humanos.

Decisões proferidas por meio de robôs-juízes, usando algoritmos, podem ter reflexos negativos no direito fundamental de acesso à justiça, acesso aqui entendido como o direito a uma ordem jurídica justa (WATANABE, 1988, p. 128), e não apenas de possibilitar o acesso ao Poder Judiciário. Se o acesso à justiça se tornar particularizado a alguns, os algoritmos poderão levar à violação das garantias individuais e estruturais e à desumanização da prestação jurisdicional, criando um positivismo jurídico (ou um necropositivismo, ou, ainda, um positivismo tecnológico), impondo riscos aos direitos e garantias fundamentais a todos que dele poderiam usufruir equanimemente.

---

as dificuldades que o Brasil possui com a infraestrutura básica de acesso à internet – desde a qualidade da rede, falta de equipamentos de qualidade para acesso à internet, problemas de configurações de sistemas etc., também pontuadas por Moreira e Brandino (2022) – distanciam do Judiciário cada vez mais a população de baixa renda. Ou seja, isso aumenta o abismo existente entre classes e a vulnerabilidade da camada mais pobre da população sem acesso às NTICs ou com acesso mínimo e sem conhecimento de como usá-las.

Nesse sentido, algumas questões necessitam ser discutidas sobre a humanização da tecnologia de IA e a desumanização da prestação jurisdicional, bem como as suas consequências.

4 A humanização da tecnologia x desumanização da prestação jurisdicional

Ao mesmo tempo em que se constata a humanização e maior inteligência das máquinas, por imitarem mais e mais o homem, o uso das NTICs está causando certa desumanização das relações sociais e a capitalização dos dados individuais. A sociedade utiliza-se de máquinas para se comunicar rápida e facilmente em distintos âmbitos; por conseguinte, fornece mais informações sobre hábitos, preferências, ideias, consumo e contatos pessoais de todos. Isso se configura como um problema crucial no âmbito jurídico.

Além da dependência que essa prática cria no cotidiano, a posse de uma imensidão de dados pessoais pode objetivar novo modo de controle ou regulação social, de domínio de mercados, de despertar necessidades consumistas e de moldar condutas políticas (TROUDI, 2018). Todas estas "possibilidades", via NTICs, quase sempre estão pouco claras aos seus usuários.

Na prestação dos serviços jurisdicionais, não poderia passar algo diferente. Historicamente, o processo de esvaziamento dos foros vem ocorrendo como consequência do uso de sistemas de processo eletrônico, fato que se acentuou muito com as medidas tomadas pelo Judiciário para manter o acesso à justiça durante os períodos de distanciamento social, necessários na pandemia de COVID-19 (nos anos de 2020 a meados de 2022).

Dois bons exemplos dessa medida são o projeto do Balcão Virtual e o projeto de Justiça 4.0, ambos já citados. Essas medidas fizeram com que as relações entre os usuários internos e externos do Judiciário se fragilizassem. Atores passaram a ser desconhecidos uns dos outros, pois as relações cujo contato físico fora outrora importante (por exemplo, como meio de prova no processo), são agora, em algum sentido, desnecessárias ou desprezadas.

Não são só as relações entre as partes do processo estão se desumanizando. O processo como um todo tem igual problema. Se, de um lado, o juiz é um sistema inteligente, de outro, as partes são "coisificadas" e o processo torna-se um dado a ser exterminado (concluído) em nome da celeridade. Esse sistema imprime e representa uma lógica capitalista, neoliberal, de dados na prestação jurisdicional. Nesse sentido, dizem Costa e Maia (2021, p. 3):

> [...] é de se ter em linha de conta que o Órgão Judicante se encontra inserido dentro de uma sociedade neoliberal, marcada pela inclusão da lógica do mercado em todas as esferas da vida. Isso significa dizer que o modo de funcionamento desse poder também é passível de sofrer influência dessa lógica. Não por outra razão, cada vez mais o modelo de gestão do Judiciário parece estar associado a uma batalha pela busca de números, de metas e de resultados, lançando a um segundo plano as próprias pessoas, que passam a ser vistas, antes de tudo, como objetos; correndo-se o risco de que o fim precípuo do Poder Judiciário, de promover a justiça à luz dos direitos da população, acabe por ser desfigurado.

Os autores supracitados caracterizam a política pública de implantação da IA do Judiciário como neoliberal, justificando essa assertiva pela adoção de um controle de metas baseado na concorrência e na produtividade quantitativa, em nome de um maior acesso à justiça. O tribunal que mais produzir e cumprir as metas impostas (dentro de uma racionalidade instrumental do custo-benefício) ganhará selos de qualidade, sem levar em conta a real efetividade da prestação jurisdicional, tornando-a apenas mais um produto.

Há assim, portanto, uma lógica inversa à que deveria ser empreendida, já que o acesso à justiça se traduz no acesso à ordem jurídica justa, e não à ordem jurídica exata, decorrente da acurácia dos algoritmos. Troca-se a lógica jurídica pela lógica matemática.

Em vista disso, questiona-se como as especificidades dos casos serão consideradas nas peças jurídicas? Ramos e Miranda Netto (2020, p. 137) colocam em pauta a qualidade dos julgamentos via IAs:

> [...] compete ao Poder Judiciário, em primeiro lugar, a resolução dos conflitos sociais a ele apresentados e a realização da Justiça por meio do exercício da Jurisdição. Desse modo, de nada valerão decisões proferidas de modo célere, mas construídas apenas com base em critérios e modelos predefinidos, pois elas não serão adequadas às particularidades existentes em cada caso concreto e não solucionarão o litígio de forma satisfatória.

5 Robôs-juízes algorítmicos vs. juízes-robôs assinadores

No ano de 2018, foi publicada notícia informando que a "8ª Câmara Cível do Tribunal de Justiça de Minas Gerais (TJMG) julgou, com apenas um *click* no computador, um total de 280 processos. Em menos de um segundo, todos os processos foram julgados" (TJMG, 2018) por meio do sistema Radar, com a elaboração de voto-padrão sobre teses fixadas pelos tribunais superiores e pelo próprio TJMG, em processos nos quais o sistema identificou pedidos idênticos.

Cabe fazer ponderações importantes sobre a utilização desse tipo de tecnologia, visto que o caso acima apresentado possibilita uma noção mais clara do que acontece com o poder de decidir do juiz ao usar a IA.

Como tendência, percebe-se que o juiz passará a concordar sempre com a máquina. Sendo assim, a pergunta de Buocz (2018, p. 54-55) se aplica aqui: "É possível que o juiz utilize a IA apenas como ferramenta de assistência?". Ainda é questionável se a lógica do seu emprego no Brasil trará ao Judiciário algumas consequências ao acesso à justiça ainda não pensadas.

Buocz (2018) demonstra que a IA se associa à lógica neoliberal de competição e produção empregada pelo Judiciário, forçando o juiz a passar a concordar com as sugestões da máquina ao invés de discordar dela. Além do citado, o aceite poderá ser facilmente dado, visto que a IA tem uma acurácia muito maior que a precisão do juiz (lógica que mantém a IA ativa), já que, comparado a ela e na visão dos seus desenvolvedores, ele (juiz humano) está mais sujeito a diversos fatores externos (e pessoais) quando decide. Também tenderá mais rapidamente o juiz aceitar, porque, no sistema de metas imposto pelo CNJ, o tribunal passará a classificar como juiz mais competente aquele que mais julga. Aquele que utilizar a IA para decidir seus processos produzirá mais do que os que dela discordam e elaboram pessoalmente as suas decisões, os quais necessitam de mais tempo do que aqueles que aceitam a resposta da máquina.

Salienta-se outra questão fundamental ao processo: a da recorribilidade. Levando-se em conta que a decisão por IA de primeiro grau será apreciada em segundo grau, no mesmo tribunal e pela mesma IA, a decisão gerada será menos propensa de ser derrubada, revista, em uma instância superior, visto que a IA atuará em ambos os graus de jurisdição. Portanto, o argumento de que, no caso de uso dos robôs-relatores, o juiz ainda continuará com o poder decisão sobre adotar ou não a proposta apresentada pela IA tornar-se-á vazio a meu ver, pois a tendência será a de que ele cada vez menos modifique as decisões ofertadas, renunciando a sua tomada de decisão e passando a ser um autômato assinador de documentos. Este é/poderá ser um dos principais efeitos da automação na atividade humana no âmbito jurídico nacional.

Não se pode esquecer de que aceitar a proposta de decisão formulada pela IA, assim como a dos estagiários, voluntários e assessores, não é decidir. É apenas um ato de assinar, muitas vezes sem ler ou concordar, e que, na sua forma digital, se traduz em um clique para uma multiplicidade de decisões algorítmicas.

6 Robôs-juízes e o princípio do juiz (artificial) natural

Entendo que a automação das atividades via IA no Judiciário para fins de decisão em processos denota uma clara violação ao princípio do juiz natural, decorrente do devido processo e que se caracteriza como uma garantia estrutural do acesso à justiça. Pelas regras hoje impostas, um juiz deve ser uma pessoa, um ente humano (mesmo que desempenhe uma função de autômato), e não uma fórmula matemática, um algoritmo ou uma aplicação.

Se o julgador inicial é não humano, isso implica em desvirtuar direito e garantia fundamental ao juiz natural, levando a um juiz artificial, não independente e imparcial. No estado atual da arte, a IA ainda não é totalmente autônoma no Judiciário, basicamente aplicando-se robôs de automação que respondem a regras de *inputs* (comandos e informações que são dados a um sistema) e *outputs* (informações de saída após o tratamento feito pelo sistema) lógicos e predeterminados pelo seu desenvolvedor, ou seu programador, ou por outro responsável que tenha poder de decisão no desenvolvimento da aplicação (normalmente pessoa não ligada ao ramo do direito, normalmente não magistrada, um estagiário de TI ou um servidor analista).

A IA aplicada ao Judiciário ainda não é capaz de ultrapassar o comando humano e, quando for capaz, por meio de conexões cognitivas criativas, através de um aprendizado de máquina, ainda assim seguirá um conjunto sequencial lógico predeterminado pelo seu desenvolvedor (um programador, não um juiz), o que fará com que continue a não ser totalmente independente, imparcial e, por óbvio, muito menos neutra que o humano.

Nesse sentido, a independência do juiz (como uma prerrogativa) e a garantia do cidadão ao provimento isento, influenciável pelo contraditório e pela ampla defesa, ficam comprometidas, violando o princípio do juiz natural.

A despeito, como observa Greco (2020, p. 41), o afirmado assim proposto pode não resolver o problema da inconstitucionalidade do uso de IA para fins decisórios no Judiciário de forma suficiente. O "sentido restrito" do entendimento de que o juiz natural tem de ser um humano possui "contingência histórica-temporal de que, à época em que foram redigidas as cartas constitucionais, o juiz-robô" (ou o robô-juiz, como prefiro denominar) "se quer era imaginável".

7 Processo de decisão do robô-juiz: um processo baseado em dados "históricos passados"[8]

A transformação do princípio do juiz natural (humano) em um princípio do juiz artificial (algorítmico), conforme posto, faz com que os resultados de uma decisão se desloquem daqueles "que sejam individual e socialmente justos" (CAPPELLETTI; GARTH, 2002, p. 8) para resultados apenas socialmente exatos, visto que a acurácia das decisões proferidas certamente terá uma conformidade maior com a lei, a jurisprudência e demais fontes usadas. Todavia, tal fato não impedirá que o processo não seja considerado justo por acordar com as regras legais vigentes e a acurácia da IA, já que tramitará em um fluxo preconcebido (BATTELLI, 2021, p. 53).

A característica da exatidão da IA decorre do fato de que ela trabalha com robustos bancos de dados, que, na esfera do Judiciário brasileiro, vêm sendo formados há anos, desde 2008 (CNJ, 2021, p. 127).

O cabedal de dados históricos permite que os sistemas de IA disponíveis possam realizar o tratamento das mais variadas informações dos processos, pessoais e não pessoais, identificando padrões, classificando, apreendendo e, com isso, tomando diversos tipos de decisões tendentes a atender a finalidade para a qual foram criados, aqui, com especial atenção ao assessoramento disponível ao magistrado na elaboração de propostas de decisões ou, até mesmo, nas tomadas de decisão. Portanto, qual o problema? Ocorre que esses dados, provenientes das diferentes fontes, refletem inexoravelmente sempre dados anteriores da entrada em produção da IA. Se os sistemas de IA tomarão decisões futuras, dali para frente, com base em informações pretéritas, eles se distanciam, assim, de novas visões sobre contextos sociais e valores atuais e futuros. Isso faz com que as decisões proferidas pelos

---

[8] O pleonasmo "históricos passados" foi utilizado de forma proposital.

robôs tenham uma tendência ao engessamento por não acompanharem as transformações sociais e novas possibilidades de decisões jurídicas. Ou seja, corre-se o risco de se ter nessa esfera a replicação em massa de decisões (exatas) ultrapassadas.

A estabilização das decisões algorítmicas também é uma das consequências (indiretas) da necessidade de celeridade processual e é um efeito (direto) da racionalidade algorítmica empregada. Veja-se, por exemplo, o reconhecimento do afeto como elemento juridicizante ou desjuridicizante de relações conjugais, convivências e/ou parentais, que passou a ser reconhecido no final dos anos 1990, por meio da jurisprudência, em relações sociais, assim como o caso do reconhecimento da validade e eficácia de relações homoafetivas, ou, ainda, as causas de separação judicial (que tinha de ser motivada de acordo com as disposições do Código Civil), ou, até mesmo, o reconhecimento judicial da parentalidade socioafetiva sobre a biológica. Nesses exemplos, como seriam feitas essas atualizações de valores dentro do Judiciário ou a calibração nas decisões? Se não havia dados sobre decisões nesse sentido para fomentar o algoritmo, qual seria a decisão atual usando IA? Voltamos ao ponto anterior, de manutenção de pressupostos passados.

Estar-se-á diante da instauração de um sistema semelhante ao sistema de precedentes, em seu grau máximo, no sistema jurídico brasileiro, que já o havia adotado, em grau moderado, a partir da Reforma do Judiciário de 2004.

Resumidamente, é importante ter-se em conta que os dados passados que calibram a IA estão carregados de vieses, se vistos hoje, e seguirão, se vistos no futuro. Estar-se-ia, nesse sentido, diante da replicação de decisões possivelmente preconceituosas e resultantes do viés algorítmico, assim como dos dados formadores do banco de dados, que refletem o viés humano, e da repetição de erros nos códigos resultantes das leituras dos dados, ainda diante das possíveis interpretações de leis que podem não mais ser entendidas hoje como o foram anteriormente. Chega-se, dessa forma, à conclusão de que decisões algorítmicas não são neutras, como se propaga alhures e com o objetivo de legitimar a sua aplicação no Judiciário. O enviesamento pode se dar em todo o processo, desde a sua concepção, *design*, treinamento, inclusive nos dados que alimentam a IA, podendo reproduzir decisões segregatórias que acabam por aumentar as vulnerabilidades sociais e econômicas ao invés de diminuí-las.

8 O necropositivismo algorítmico

Pelo exposto, o início de uma nova era, que chamo de neopositivismo ou necropositivismo jurídico algorítmico, em referência ao pensamento de Achille Mbembe (2003) em torno do conceito de necropoder, será um dos principais efeitos do uso de robôs pelo Judiciário.

A objetivação idealizada pressupõe resultar na tão almejada segurança jurídica via prestação jurisdicional preditiva positivada, característica do capitalismo, em especial da dadocracia (capitalismo de dados) (RAMOS, 2020). Nesse âmbito, a possibilidade de previsões seguras para expandir investimentos e reduzir custos tornou-se fundamental. Igualmente no Judiciário, isso se aplica, visto não estar desconectado do todo na ordem capitalista.

Nesse sentido, Grau (2011, p. 119) observa: "O capitalismo reclama, para seu desenvolvimento, a previsão e a calculabilidade, de modo que a racionalidade do mercado corresponde a um direito de mesmo jaez, autorizador da circulação mercantil".

Segundo Ávila (2012, p. 123 e ss.), o conteúdo material da segurança jurídica realiza-se através dos pressupostos da cognoscibilidade, confiabilidade e calculabilidade. A segurança jurídica é há muito um valor fundamental ínsito ao conceito atual de Estado Democrático de Direito, que preconiza a ordem, a harmonia social, a neutralidade (PORTANOVA, 1992, p. 25) e a calculabilidade jurídica (WEBER, 1999, p. 100), e provoca a estabilização e a unidade do direito por meio de decisões matematicamente iguais (*stare decisis*). Todavia, se a jurisdição baseada em decisões algorítmicas se torna ferramenta usual hoje e a segurança jurídica não se atualiza, o sistema nada mais será do que um conjunto de decisões passadas que servirá de modelo para decisões futuras (MACCORMICK, 1997, p. 2), ou seja, uma mesma simples definição para um sistema de precedentes.

A IA no Judiciário leva à resolução de conflitos de forma padronizada (de normas de decisão), que, sob a ótica positivista, apresenta uma série de benefícios, carregando a afirmação do direito à igualdade das partes não só em torno do acesso à Justiça e do tratamento a elas dado no curso do processo, mas também no momento de decidir e de dar a efetiva tutela jurisdicional. A plena igualdade perante a jurisdição (MARINONI, 2012), além de proporcionar maior credibilidade ao Judiciário, por meio de decisões iguais para todos, e a tão buscada celeridade processual e as demais vantagens, já mencionadas quanto ao uso da IA no processo decisório, poderão novamente repetir desigualdades.

Sem embargo, a meu ver, essa segurança jurídica tem alto custo, que é o reducionismo jurídico que a atividade jurisdicional algorítmica gerará ao se valer de uma lógica matemática para decidir através da experiência normativa e interpretativa dos dados nos quais se baseia. Antes, o positivismo se baseava em uma interpretação analítica por meio de uma lógica sintática e da aplicação mecânica da lei. Robôs-juízes usam uma lógica matemática por meio de uma IA, fria, desprovida de emoção e de sensibilidade (neopositivismo) – a racionalidade criativa que a complexidade, nada lógica, da interpretação e da aplicação do direito requer pode estar longe de se manter como um componente.

Deve-se observar ainda que o princípio da igualdade prevê um tratamento igual a todos, mas, no que se refere ao acesso à justiça, essa igualdade diz respeito ao devido processo e às garantias individuais e estruturais do processo. Dar um tratamento tão objetivo ao caso, desprezando suas peculiaridades, as vulnerabilidades decorrentes das posições jurídicas que as partes ocupam, ao poder de influir na decisão, não é tratar igual, é antes de tudo acentuar as desigualdades, tornando os vulneráveis mais vulneráveis social, econômica e juridicamente, é aniquilar com o último recurso que eles têm de justiça como forma de fazer valer a efetividade da justiça social.

9 Decisões por robôs-juízes e as garantias do acesso à justiça

Não resta dúvida de que decisões proferidas por robôs-juízes tendem a ser mais objetivas e sofrem menos influências internas e externas do que decisões humanas, até porque os resultados do tratamento de dados para a tomada de decisão tendem a ter influência da qualidade dos comandos do algoritmo, tanto nos programados como nos não programados, e da qualidade dos dados inferidos. Tais decisões, em momento e cenário algum, poderão se apresentar em descompasso com os princípios e garantias fundamentais previstos na Constituição Federal, em especial violar o devido processo.

O devido processo é reflexo do princípio democrático na estruturação do processo em um Estado Democrático de Direito, considerado como uma cláusula geral, cujo conteúdo se desdobra nas garantias do acesso à Justiça e leva a noção de um processo justo, "adequado e razoável para a consecução de seu fim, que é a garantia e proteção dos direitos fundamentais" (MENDES, 2013, p. 430).

Nesse sentido, a possibilidade de os sujeitos legitimados de um processo participarem ativamente nos procedimentos em simétrica paridade, de modo a influenciar, como coautores, na construção do conteúdo do provimento final a que devem se submeter, quando se trata de decisões proferidas por sistemas de IA, fica totalmente comprometida, tanto na sua dimensão formal quanto na sua dimensão substancial.

No primeiro caso, porque as partes, ainda que tenham voz e possam manifestar seus argumentos no processo, o estarão fazendo não para um juiz que possa ouvir, ler, sentir, mas a sua voz se transformará em um conjunto de dados para que códigos matemáticos possam tratar, processar, ou, conforme definido pelo inciso I do artigo 3º da Resolução nº 332/2020, do CNJ, para que um algoritmo, ou seja, uma sequência de instruções predeterminadas (determinadas antes mesmo do contraditório), desconhecida, de difícil compreensão às partes e à sua defesa técnica, possa tratar e inferir, relacionando-os com dados históricos de decisões anteriores, buscando informações sobre como foram julgados casos similares anteriores, para o fim específico de decidir o caso atual.

Isso leva à conclusão de que o protagonismo das partes, inerente a um contraditório democrático, dentro de um modelo cooperativo (art. 6º do CPC), no qual as partes devem atuar com lealdade (art. 5º do CPC), participando de forma paritária na organização e condução do processo, visando a uma maior responsabilidade na busca do seu principal objetivo (influenciar na construção da decisão), anula-se, precariza-se a tal ponto de proporcionar o retorno a um modelo processual "inquisitorial algorítmico". Na hipótese, o protagonismo também deixa de ser do juiz e passa a ser eminentemente do algoritmo, do robô julgador. A voz influenciadora das partes será propagada ao ermo.

Isso se dá porque, no estado atual da arte, por mais que se queira forçar o entendimento de que sistemas de IA são realmente sistemas inteligentes, eles não o são. Esses sistemas, principalmente os projetos em produção no Judiciário brasileiro, ainda não conseguem apresentar resultados cognitivos como o humano, sobretudo nas ciências jurídicas, que tratam de uma complexidade tamanha de relações sociais, normas, jurisprudências, doutrinas e outras fontes do direito.

Não são máquinas autoconscientes, que hoje ainda é uma formulação hipotética. Não passam de RPAs ou sistemas de IA reativos, que não têm capacidade de apreender, não possuem memória, apenas respondem automaticamente, de uma forma ultrarrápida, a um conjunto limitado de entradas (*inputs*) na busca de resultados (*outputs*) determinados. Ou seja, são cumpridores de ordens velozes (ordens de quem?), mas não são tão inteligentes como a propaganda.

Por outro lado, ainda que a vantagem esteja na velocidade da formulação da decisão, pois nas atribuições predeterminadas e limitadas pelos algoritmos conseguem buscar informações em grandes bancos de dados com muito mais velocidade que o humano, a decisão é pré-moldada pelos códigos que compõem o algoritmo, com base em decisões anteriores, não especificamente nos argumentos trazidos pelas partes no contraditório, ainda que esses argumentos possam estar descritos na decisão.

A decisão, portanto, passa a ser um mero "recorta e cola" de informações constantes do banco de dados, de forma predeterminada pela sequência informada pelo código do algoritmo e ofertada ao juiz quase que instantaneamente. Por ter uma acurácia maior do que a do próprio juiz, humano, e dentro de uma política de metas de produção quantitativa levada a efeito pelo CNJ, essa decisão será a decisão usada, fazendo com que o protagonismo do juiz no processo, mesmo em um modelo inquisitorial, seja relevado a uma mera função de condutor do processo, já que o protagonismo passa, como dito, a ser da IA.

Há de se citar ainda a opacidade algorítmica, pois as partes desconhecem como foram implementadas as regras da sequência finita de instruções que compõem o algoritmo, como funcionam e, consequentemente, como os dados serão tratados, diminuindo ou quase exterminado a capacidade de argumentação, já que a dialética processual perde força e é substituída pela jurimetria, a estatística aplicada ao direito.

O que se nota, portanto, é um retrocesso do contraditório democrático.

Mas não só a garantia fundamental do contraditório se anula com o uso de sistemas de IA para fins de decisão. Como um poder de influenciar no provimento diminui, a ampla defesa também se vê prejudicada. Ainda que as partes possam continuar com a garantia de participação em todos os atos processuais, a defesa técnica, dimensão substancial, também se vê prejudicada nos mesmos termos antes expostos ao contraditório, principalmente pelo fato de que os argumentos deixam de ser jurídicos e passam a ser matemáticos, estatísticos.

Na literatura jurídica sobre o tema, é comum observar a citação sobre o debate travado entre Hart e Dworkin em torno da existência de casos fáceis (*easy cases*) e casos difíceis (*hard cases*). No que concerne aos primeiros, casos fáceis, como o próprio nome diz, bastaria apenas que o juiz fizesse um simples esforço lógico-dedutivo, por meio de um processo silogístico que tem como premissa maior a regra válida (lei, precedentes etc.), e premissa(s) menor(es), o(s) fato(s), caso concreto, para se chegar a uma solução. Já nos casos difíceis, esse processo silogístico, dedutivo, não seria suficiente devido à existência de dúvidas quanto à regra aplicável ou. até mesmo. pela falta de clareza ou de lacunas da regra, o que levaria a uma necessidade de exercício de discricionariedade por parte do juiz na sua interpretação. Nesse caso, valer-se-ia ele da argumentação retórica para justificar a sua motivação.

Nos casos fáceis, a princípio, não haveria entraves técnicos, no atual estado da arte, para que sistemas de IA pudessem dar decisões e, de fato, é o que hoje acontece com a maior parte dos sistemas que decidem nos tribunais brasileiros, principalmente no caso citado do Radar no TJMG, já que decorre de simples aplicação de regras predeterminadas (FENOLL, 2018, p. 115). O problema, no entanto, seria na aplicação destes para fins de decisão nos casos difíceis, já que faltaria capacidade ao algoritmo de interpretar e aplicar os princípios e as regras pertinentes.

Sem embargo, percebe-se que o processo democrático existente hoje no sistema processual brasileiro não dá margem ao tratamento diferenciado a um e a outro tipo de caso, posto que, ao fazê-lo, se estaria desprezando, nos caso fáceis, as peculiaridades da demanda, violando o direito de influência das partes na decisão e a legitimidade delas como coautoras do provimento, já que este, o provimento, passaria a ser decorrente de uma mera subsunção da regra ao caso concreto, de acordo com a peculiaridade de outros julgados no passado e que formam o banco de dados, conforme instruções dadas ao algoritmo.

Portanto, além de o fato levar a uma positivação em apenas alguns casos, os fáceis, estes também seriam julgados por elementos totalmente estranhos, alheios à causa, ainda que o resultado obtido possa ser semelhante àquele que seria dado pelo juiz sob a influência das partes. Seria um reducionismo da complexidade dos fatos sociais à norma, aos precedentes. Como observa Ferraz Jr. (1980, p. 35):

> [...] reduzir a sistemática jurídica a um conjunto de proposições e conceitos formalmente encadeados segundo os graus de generalidade e especificidade é desconhecer a pluralidade da realidade empírica imediatamente dada em relação à simplificação quantitativa e qualitativa dos conceitos gerais.

Por outro lado, como observa Streck (2017, p. 206), não há como definir o que é um caso fácil ou difícil, até porque o que pode parecer difícil para um poderá ser fácil para outro e vice-versa. Por essa razão, não se pode dar ao caso fácil um tratamento distinto ao difícil, sob pena de se estar violando o princípio da isonomia com resposta adequada a um caso usando uma forma (a decisão algorítmica proferida por um robô-juiz), e a outro, como resposta adequada empregando distinto modo (a decisão humana – proferida por juiz-robô).

É nesse sentido que as decisões algorítmicas em processos judiciais violam a regra constitucional da necessária motivação, que deve refletir a compreensão do julgador sobre o caso em litígio. Como visto, quando da análise do princípio do juiz natural, a atividade de decidir é eminentemente humana, ao menos atualmente, pelas regras vigentes do jogo e, por isso, a responsabilidade pela ponderação do caso concreto levado a juízo, feita na motivação da decisão, também o deve ser, até porque ainda não é permitido que a máquina possa fazer esse trabalho de forma adequada e, portanto, de forma democrática e justa.

> De ahí que, pese a que se ha intentado avanzar en este terreno, las heramientas de inteligência artificial de debate jurídico, o no, van más allá de la sugerencia, porque son incapaces de proceder a esa ponderación, tan difícil también para el ser humano. Pero el juez posee al menos la defensa de la motivación, que tiene en cuenta armas de la retórica que difícilmente puede utilizar de manera completamente oportuna una máquina (FENOLL, 2018, p. 116-117).

A motivação feita por um algoritmo também fica prejudicada com o problema da sua opacidade quando se desconhece ou não se entende, ou até mesmo quando está velado o modo como os dados foram tratados para chegar a tal conclusão em um Estado Democrático de Direito.

Cabe ainda salientar que essa positivação algorítmica no que tange à função de manter a estabilidade, a integridade e a coerência das decisões pode, à primeira vista, parecer positiva, mas não o é. A estabilização é um mero padrão objetivo e, como tal, as decisões por IA atenderiam plenamente o requisito.

Porém, quando se trata de integridade e coerência, ter-se-ia um prejuízo, pois seu principal papel é se opor à arbitrariedade e à discricionariedade na função interpretativa. São vetores principiológicos que não podem estar afastados das peculiaridades do caso em concreto, da moralidade política no tempo e no espaço, além das regras do devido processo.

Nesse sentido que a manutenção da integridade e coerência não significa julgar igual, mas, sim, de forma coerente, manter íntegras e estáveis as decisões, de acordo com um norte principiológico, pode promover decisões diferentes sem a sua violação, o que certamente não ocorreria com as decisões algorítmicas.

Como se observa, a principal preocupação do Judiciário com o uso de TICs e IA é apresentar uma resposta, por meio de políticas públicas, para o problema da morosidade da tramitação processual e do estoque excessivo de processos no aguardo de julgamentos. Schmitz (2015, p. 30) comenta que "a palavra de ordem em direito processual civil é a celeridade processual", fato que se estende a todos os demais ramos do direito, sem exceções.

Quanto à questão da razoável duração do processo, não restam dúvidas de que o uso das tecnologias sustentadoras e disruptivas pode trazer benefícios para a resolução do problema. Sem embargo, as soluções apresentadas não poderão descuidar dos valores da efetividade, da eficiência, da qualidade, da adequação e da segurança jurídica, pois o processo justo deve durar o tempo necessário para que a prestação jurisdicional seja realizada de forma adequada, em consonância com o devido processo e os direitos e garantias fundamentais previstos na CF, além dos princípios processuais.

Como observam Vargas e Salomão (2022):

> A busca desenfreada pela automação e eficiência quantitativa através da inteligência artificial, com julgamento em escala industrial e a utilização de conclusões advindas de algoritmos secretos como base de fundamentação para as decisões judiciais, pode gerar o denominado "efeito cliquet". Corre-se o risco de retrocesso no atual status do contraditório, com o retorno ao estágio em que as partes eram simples destinatárias da decisão judicial.

Portanto, julgar uma quantidade de processos em frações de segundo, por meio de decisões pré-moldadas em larga escala, não é razoável, pois viola as garantias individuais e estruturais do acesso à Justiça. A IA pode ser utilizada para aperfeiçoar a logística e a tramitação processual e sempre respeitando o devido processo. Como observam Nunes e Lacerda (2014, p. 371): "Os custos da violação de um direito fundamental não justificam a tomada de uma decisão sub-ótima em larga escala".

Referências

AGRAWAL, Ajay; GANS, Joshua; GOLDFARB, Avi. *Máquinas Preditivas*: a simples economia da inteligência artificial. Rio de Janeiro: Alta Books, 2019.

ÁVILA, Humberto. *Segurança Jurídica*: entre permanência, mudança e realização no Direito Tributário. São Paulo: Malheiros. 2012.

BATTELLI, Ettore, La decisión robótica: algoritmos, interpretación y justicia predictiva. *Revista de Derecho Privado*, n. 40, Enero-Junio de 2021, p. 45-86. Disponível em: https://ssrn.com/abstract=3749404. Acesso em: 15 fev. 2022.

BUOCZ, Thomas Julius. Artificial Intelligence in Court Legitimacy Problems of AI Assistance in the Judiciary. *Retskraft – Copenhagen Journal of Legal Studies*, Vol. 2, Number 1, Spring 2018. Disponível em: https://static1.squarespace.com/static/59db92336f4ca35190c650a5/t/5ad9da5f70a6adf9d3ee842c/1524226655876/Artificia l+Intelligence+in+Court.pdf. Acesso em: 13 fev. 2022.

CAPPELLETTI, Mauro; GARTH, Bryant. *Acesso à justiça*. Porto Alegre: Fabris, 1988.

CONSELHO NACIONAL DE JUSTIÇA. *Justiça em Números 2022*: ano-base 2021. Brasília: CNJ, 2022. Disponível em: https://www.cnj.jus.br/wpcontent/uploads/2022/09/justica-em-numeros-2022-1.pdf. Acesso em: 18 set. 2022.

CONSELHO NACIONAL DE JUSTIÇA. *Pesquisa uso de inteligência artificial (IA) no Poder Judiciário*: 2023. Brasília: CNJ, 2024.

COSTA, Daniel F. O.; MAIA, Rute. Política pública judiciária de inteligência artificial. *Revista Inter-Legere*, v. 4, n. 31, p. c25024, 12 jul. 2021.

FENOLL, Jordi Nieva. *Inteligencia artificial y proceso judicial*. Marcial Pons: Madrid, 2018. p. 115.

FERRAZ JÚNIOR, Tércio Sampaio. *A ciência do direito*. 2. ed. São Paulo: Atlas, 1980.

GRAU, Eros Roberto. *O direito posto e o direito pressuposto*. 8. ed. São Paulo: Malheiros, 2011.

GRECO, Leonardo. Garantias Fundamentais do processo Justo. *Novos Estudos Jurídicos*, VII, n. 14, p. 9-68, abr. 2002.

HAN, Byung-Chul. *Sociedade da Transparência*. Petrópolis, RJ: Editora Vozes, 2017.

LEE, Kai-Fu. *Inteligência artificial*: como os robôs estão mudando o mundo, a forma como amamos, nos relacionamos, trabalhamos e vivemos. Rio de Janeiro: Globo Livros, 2019.

MACCORMICK, D. Neil; SUMMERS, Robert S. *Interpreting precedents*: a comparative study. Dartmouth: Ashgate, 1997.

MARINONI, Luiz Guilherme. O precedente na dimensão da igualdade. *In*: MARINONI, Luiz Guilherme (org.). *A força dos precedentes*: estudos dos cursos de mestrado e doutorado em direito processual civil da UFPR. 2. ed. rev. ampl. e atual. Salvador: Juspodivm, 2012. p. 577-597.

MBEMBE, Joseph-Achille. Necropolitics. *Public Culture*, v. 15, n. 1, Durham: Duke University Press, 1 jan. 2003, p. 11-40.

MENDES, Gilmar Ferreira. Comentário ao artigo 5º, LIV. *In*: CANOTILHO, J. J. Gomes; MENDES, Gilmar Ferreira; SARLET, Ingo Wolfgang; STRECK, Lenio Luiz (coord.). *Comentários à Constituição do Brasil*. São Paulo: Saraiva/Almedina. 2013. p. 427-432.

NUNES, Dierle; LACERDA, Rafaela. Contraditório e precedentes: primeiras linhas. *In*: *Novas tendências do Processo Civil*: estudos sobre o projeto do Novo Código de Processo Civil. vol. 2. Salvador: Juspodivm, 2014.

PORTANOVA, Rui. *As motivações ideológicas da sentença*. Porto Alegre: Livraria do Advogado, 1992.

RAMOS, Edith Maria Barbosa; MIRANDA NETTO, Edson Barbosa de. O novo imperialismo e o neoliberalismo nas políticas das instituições de justiça na américa latina: Uma Análise a Partir da Reforma do Poder Judiciário Brasileiro e da Busca pela Consolidação do Estado Democrático de Direito. *Revista do Departamento de Ciências Jurídicas e Sociais da Unijuí*, Editora Unijuí. n. 53, jan./jun. 2020, p. 128-140.

RAMOS, Miguel Antônio Silveira. *O processo eletrônico como uma política pública de combate à crise do Judiciário e os obstáculos ao acesso à Justiça*. Rio Grande do Sul: Âmbito Jurídico, 2017.

RENAULT, S. R. T. A reforma do Poder Judiciário sob a ótica do governo federal. *Revista do Serviço Público*, v. 56, n. 2, 2014, p. 127-136. DOI: https://doi.org/10.21874/rsp.v56i2.221.

RESTA, Giorgio. Governare l'innovazione tecnologica: decisioni algoritmiche, diritti digitali e principio di uguaglianza. *Politica del Diritto*, 2, 2019, p. 199-236.

SALOMÃO, Luís Felipe. *Tecnologia aplicada à gestão dos conflitos no âmbito do Poder Judiciário brasileiro*. São Paulo: FGV. 2020. Disponível em: https://ciapj.fgv.br/sites/ciapj.fgv.br/files/estudos_e_pesquisas_ia_1afase.pdf. Acesso em 23 dez. 2021.

SCHWAB, Klaus. *A quarta revolução industrial*. São Paulo: Edipro, 2016.

STRECK, Lenio Luiz. Positivismo jurídico. *In*: STRECK, Lenio Luiz. *Dicionário de Hermenêutica*: quarenta temas fundamentais de Teoria do Direito à luz da Crítica Hermenêutica do Direito. Belo Horizonte: Letramento/Casa de Direito, 2017.

SUPREMO TRIBUNAL FEDERAL. *Ministra Cármen Lúcia anuncia início de funcionamento do Projeto Victor, de inteligência artificial*. Brasília: STF 30/08/2018. Disponível em: http://portal.stf.jus.br/noticias/verNoticiaDetalhe.asp?idConteudo=388443&ori=1. Acesso em 18 dez. 2021.

SUPREMO TRIBUNAL FEDERAL. *STF desenvolve Inteligência Artificial aplicada à Agenda 2030 da ONU*. Brasília: STF, 18 fev. 2022. Disponível em: http://portal.stf.jus.br/noticias/verNoticiaDetalhe.asp?idConteudo=481995&ori=1. Acesso em: 18 fev. 2022.

TARUFFO, Michelle. *La motivación de la sentencia civil*. México: Tribunal Electoral del Poder Judicial de la Federación, 2006.

TRIBUNAL DE JUSTIÇA DE MINAS GERAIS. *TJMG utiliza inteligência artificial em julgamento virtual*. Belo Horizonte: TJMG, 07 nov. 2018. Disponível em: https://www.tjmg.jus.br/portal-tjmg/noticias/tjmg-utiliza-inteligencia-artificial-emjulgamento-virtual.htm. Acesso em: 18 set. 2022.

TRIBUNAL DE JUSTIÇA DO RIO GRANDE DO SUL. *Foros digitais dão nova cara à Justiça do futuro*. Porto Alegre: TJRS, 2022. Disponível em: https://www.tjrs.jus.br/novo/noticia/foros-digitais-dao-nova-cara-a-justica-do-futuro/. Acesso em: 15 mar. 2022.

TROUDI, Haiman El. *Capitalismo digital*: El monopolio de datos. 10 dez. 2018. Disponível em: https://haimaneltroudi.com/capitalismo-digital-el-monopolio-de-losdatos/. Acesso em: 15 fev. 2022.

VARGAS, Daniel Vianna; SALOMÃO, Luís Felipe. *Inteligência artificial no Judiciário*: riscos de um positivismo tecnológico. Rio de Janeiro: Direito & Cidadania, 07 abr. 2022. Disponível em: https://www.editorajc.com.br/inteligenciaartificial-no-judiciario-riscos-de-um-positivismo-tecnologico/. Acesso em: 23 set. 2022.

WATANABE, Kazuo. Acesso à justiça e sociedade moderna. *In*: GRINOVER, Ada Pellegrini; DINAMARCO, Cândido R.; WATANABE, Kazuo (coord.). *Participação e processo*. São Paulo: Revista dos Tribunais, 1988. p. 128-135.

WEBER, Max. *Economia e Sociedade*. Vol. 2. Brasília: Editora Universidade de Brasília; São Paulo: Imprensa Oficial do Estado de São Paulo, 1999.

YEUNG, Karen. Algorithmic regulation: A critical interrogation. *Regulation & Governance*, vol. 12, ed. 4, dez. 2018, p. 505-523.

ZUBOFF, Shoshana. *A era do capitalismo de vigilância*: a luta por um futuro humano na nova fronteira do poder. 1. ed. Rio de Janeiro: Intrínseca, 2020.

Informação bibliográfica deste livro, conforme a NBR 6023:2018 da Associação Brasileira de Normas Técnicas (ABNT):

RAMOS, Miguel Antônio Silveira. Nós e os robôs-juízes: os efeitos do uso da IA para fins de decisão pelo Judiciário. *In*: ALLEMAND, Luiz Cláudio; SANTOS, Coriolano Aurélio de Almeida Camargo; MAGRO, Américo Ribeiro; GOMES, Rovena (coord.). *Processos judiciais eletrônicos*: inteligência artificial e garantia dos princípios do processo civil - algoritmos de agrupamento e similaridade. Belo Horizonte: Fórum, 2025. p. 357-383. ISBN 978-65-5518-975-9.

ALGORITMOS DE AGRUPAMENTO E SIMILARIDADE (SAS) E DECISÕES AUTOMATIZADAS: UMA ANÁLISE CRÍTICA SOBRE A APLICAÇÃO RESPONSÁVEL PARA MELHORIA DOS PROCESSOS JUDICIAIS

RICARDO ANDRIAN CAPOZZI

1 Introdução

A interseção entre a inteligência artificial e o direito é um campo em constante evolução, com implicações profundas para a prática jurídica. Os algoritmos de agrupamento e similaridade (SAS) têm o potencial de revolucionar a forma como os juristas trabalham, desde a pesquisa jurídica até a tomada de decisão. A crescente adoção de algoritmos de inteligência artificial no campo jurídico vem transformando a maneira como os processos judiciais são conduzidos. Especificamente, os algoritmos de agrupamento e similaridade prometem classificar ações por matéria, identificar casos semelhantes e avaliar requisitos de admissibilidade de recursos. Essa capacidade técnica visa otimizar a gestão dos litígios, oferecendo uma solução para o crescente volume de processos. Contudo, essa inovação também traz desafios significativos que precisam ser considerados cuidadosamente, especialmente no que diz respeito ao impacto sobre a qualidade das decisões judiciais e ao respeito aos princípios processuais fundamentais, amplamente previstos em nossa Carta Magna.

Segundo Fortes (2020), robôs judiciais podem melhorar o bem público por meio da tomada de decisão algorítmica, mas a tecnologia atual e os padrões do devido processo exigem cautela antes que eles possam substituir juízes humanos e manter a explicabilidade, justificabilidade e justiça na adjudicação.

Fato é que os algoritmos de agrupamento e similaridade têm sido cada vez mais aplicados no campo jurídico para melhorar a eficiência e a precisão dos processos judiciais. Esses algoritmos ajudam na recomendação de documentos legais relevantes, na avaliação de riscos legais, na classificação de textos jurídicos, entre outras aplicações.

Este artigo discute como esses algoritmos e as decisões automatizadas podem ser implementados de maneira ética e eficiente, sem prejudicar a qualidade dos julgamentos e a integridade dos direitos das partes envolvidas. A análise[1] focará na relação entre eficiência tecnológica e justiça, propondo um equilíbrio entre ambos para garantir que o uso da IA fortaleça, e não comprometa, o processo judicial. A discussão se fundamenta em uma crítica aos desafios e oportunidades que a IA apresenta no contexto da disciplina do direito, enfatizando a necessidade de um equilíbrio entre tecnologia e princípios processuais fundamentais.

2 Aspectos técnicos legais

Os algoritmos de agrupamento e similaridade demonstram um potencial significativo para melhorar os processos judiciais que podem otimizar a recomendação de documentos legais, avaliar riscos de forma mais precisa e facilitar a classificação e atualização de textos jurídicos. Essas tecnologias não só aumentam a eficiência, mas também reduzem a complexidade computacional, tornando-se ferramentas valiosas no campo jurídico.

Por dizer, tais algoritmos têm o potencial de transformar a gestão judicial ao classificar e agrupar ações por matéria, jurisdição e competência, facilitando a identificação de casos semelhantes. Essa capacidade promete uma gestão mais eficiente do crescente volume de litígios, permitindo que magistrados acessem informações relevantes com maior rapidez. Contudo, essa eficiência não deve comprometer o devido processo legal.

---

[1] Pretende analisar como os algoritmos de agrupamento e similaridade (SAS) e as decisões automatizadas podem ser utilizados de maneira responsável, visando não apenas à eficiência, mas também à preservação da qualidade dos processos judiciais.

3 Algoritmos de agrupamento e similaridade (SAS)

Cabe-nos explicar primeiramente, em caráter preambular e propedêutico, o que é, ainda que de forma resumida, algoritmo de agrupamento. Pois bem, na computação, algoritmos de agrupamento podem ser baseados em métodos hierárquicos, capazes de realizar análise de *clusters*.[2] Eles têm como principal característica a possibilidade de, em determinado passo do algoritmo, mesclar um *cluster* com o outro, fazendo, assim, *vários agrupamentos*.

Por dizer, algoritmos de agrupamento são técnicas usadas para particionar um conjunto de objetos em grupos ou *clusters* com base em suas características ou similaridades. Como exemplo de aplicação prática para o Judiciário, temos o *k-means*,[3] que *é um dos* algoritmos de agrupamento mais populares devido à sua simplicidade e eficiência, com grande aderência ao direito e suas demandas.[4] Outros métodos incluem algoritmos hierárquicos, que realizam análises de *clusters* e permitem a identificação de relações entre os dados dos demandantes (PALMA, 2018).

A ideia *básica consiste em colocar em um mesmo grupo objetos* (*clusterizar*) dados que sejam similares de acordo com algum critério predeterminado. O critério baseia-se normalmente em uma função de dissimilaridade, função esta que recebe dois objetos e retorna a distância entre eles.

---

[2] Palavra em inglês que significa "aglomerar", "agrupar", dentro da tecnologia da informação (TI), *cluster* significa integrar dois ou mais computadores para que trabalhem simultaneamente no processamento de determinada tarefa. *Clusters* em algoritmos de agrupamento são grupos de objetos que possuem características semelhantes. O objetivo do *clustering* é organizar dados em grupos (*clusters*) de forma que os itens dentro de um mesmo grupo sejam mais similares entre si do que em relação a itens de outros grupos. Isso é utilizado em várias técnicas de prospecção de dados para facilitar a análise e a visualização de grandes volumes de dados.

[3] *K-means* é um método de agrupamento que visa dividir um conjunto de dados em K grupos distintos, onde cada grupo é representado por um centroide. O objetivo principal do algoritmo é minimizar a soma das distâncias quadráticas entre os pontos de dados e seus respectivos centroides, resultando em *clusters* compactos e bem definidos. É uma ferramenta poderosa para análise exploratória de dados e aprendizado não supervisionado, oferecendo uma forma eficaz de entender estruturas subjacentes nos dados.

[4] O aumento da demanda por um sistema judiciário mais acessível, equitativo e menos burocrático tem pressionado os órgãos públicos a atualizarem e aplicarem as tecnologias em suas operações diárias. Num contexto em que o número de processos aumenta constantemente, é crucial ter a capacidade de lidar com essas demandas de forma eficaz para manter a confiança do público. O uso da inteligência artificial no sistema judicial pode contribuir para garantir a proteção dos direitos dos cidadãos.

De forma intuitiva, o agrupamento de dados consiste em encontrar grupos de objetos de forma que os objetos em um grupo sejam similares (ou relacionados) uns aos outros e diferentes (ou não relacionados a) dos objetos em outros grupos (TAN *et al.*, 2006 *apud* PALMA, 2018).

Figura 1 – Exemplo lúdico de agrupamento

Fonte: Koegh (2003) *apud* Palma (2018).

3.1 Funcionamento dos Algoritmos SAS

Os algoritmos de agrupamento e similaridade – *statistical analysis system* (SAS) – são usados para categorizar e identificar padrões em grandes volumes de dados, como os processos judiciais. Eles são capazes de classificar ações por matérias semelhantes, agrupar casos e, até mesmo, recomendar decisões com base em precedentes. A principal promessa é que esses algoritmos podem auxiliar na gestão de casos repetitivos e aumentar a eficiência do Judiciário (SANTOS, 2024).

3.2 Vantagens do SAS nos processos judiciais

A aplicação da tecnologia de inteligência artificial no Judiciário tem se tornado cada vez mais comum. Isso traz benefícios, como melhoria na eficiência dos processos, capacidade de prever possíveis acordos judiciais, agilidade nos serviços públicos, entre outros. Dentre os benefícios da aplicação dos algoritmos SAS no campo judicial, estão (adaptado de ARAUJO, 2024) a *eficiência*, que é a capacidade de processar e agrupar casos semelhantes de maneira rápida, reduzindo o tempo de espera; a *uniformidade*, vista aqui com maior consistência em decisões relacionadas a casos com características similares, ajudando a evitar disparidades nas sentenças; e a redução de *volume processual* – ao identificar padrões e agrupamentos, os tribunais podem lidar de forma mais eficaz com o crescente número de processos, evitando retrabalho ou demandas repetitivas.

3.3 Desafios éticos e jurídicos

Apesar das vantagens, há sérios desafios relacionados à precisão e à justiça. Os algoritmos podem agrupar processos de forma inadequada ou utilizar critérios que alterem o fundamento jurídico de uma ação, o que poderia prejudicar a análise[5] individualizada de cada caso. Isso compromete o princípio do *devido processo legal*[6] ao priorizar a velocidade em detrimento da análise minuciosa dos autos. Dentre tais, destacamos três para singelo estudo e observação:

- Agrupamentos indevidos: os algoritmos de SAS têm a capacidade de agrupar ações por matéria ou similaridade. No entanto, a utilização inadequada desses algoritmos pode levar a agrupamentos incorretos, que não consideram as nuances e as particularidades de cada caso. Isso resulta em decisões baseadas em dados superficiais, sem a devida análise do contexto específico de cada processo, o que pode comprometer a justiça individualizada. Para Lohia (2018), a utilização

---

[5] Os desafios dos algoritmos de agrupamento e similaridade (SAS) são significativos e, se não forem bem geridos, podem comprometer a qualidade dos processos judiciais.

[6] O devido processo legal é um princípio garantido pela Constituição Federal brasileira que assegura que ninguém pode ser privado de sua liberdade ou de seus bens sem o respeito a um processo judicial adequado. Esse princípio visa proteger o indivíduo contra abusos de poder, garantindo que haja um tratamento justo e imparcial nos procedimentos legais, em conformidade com a legislação. Previsto pelo artigo 5º, inciso LIV, da Constituição Federal, garante que o indivíduo só será privado de sua liberdade ou terá seus direitos restringidos mediante um processo legal, exercido pelo Poder Judiciário, por meio de um juiz natural, assegurados o contraditório e a ampla defesa. Fonte: Conselho Nacional do Ministério Público – CNMP. Disponível em: https://www.cnmp.mp.br/portal/glossario/7865-principio-do-devido-processo-legal.

inadequada desses algoritmos pode resultar em agrupamentos que não respeitam as particularidades de cada caso, levando a decisões superficiais. Exemplo: dois casos de contratos podem ser agrupados de forma errada, apenas com base em palavras-chaves semelhantes, como locação e alocação, ignorando diferenças cruciais nas cláusulas contratuais ou nas circunstâncias envolvidas (OPENAI, 2024).
- Alteração do fundamento jurídico: outro desafio crítico é a classificação inadequada das ações durante o cadastramento no sistema. Um erro de classificação pode comprometer o fundamento jurídico do processo, alterando o curso do julgamento e prejudicando os direitos fundamentais das partes envolvidas. Essa falha pode violar o princípio do devido processo legal, já que decisões podem ser baseadas em informações incorretas. A classificação inadequada no cadastro de ações pode comprometer a essência do devido processo legal, colocando em risco direitos fundamentais dos jurisdicionados (PALOMBELLA, 2001). Um exemplo seria um processo inicialmente classificado como "ação indenizatória" ser equivocadamente agrupado com ações de "danos morais", o que altera a base legal e as normas aplicáveis (OPENAI, 2024).
- Prioridade à quantidade sobre a qualidade: a busca por eficiência, com a promessa de julgar um maior número de casos em menor tempo, é outro ponto que pode prejudicar a qualidade das decisões judiciais. Se o foco estiver em aumentar a velocidade do processamento, as análises minuciosas e detalhadas, essenciais para decisões justas, podem ser deixadas de lado. Para Unger (2021) e Fauvrelle (2016), a pressão por julgar um maior número de casos em menor tempo pode prejudicar a análise minuciosa necessária para decisões justas. Como exemplo, podemos apresentar que processos complexos e que demandam uma análise profunda podem receber o mesmo tratamento que processos simples, resultando em decisões apressadas e menos assertivas (OPENAI, 2024).

3.4 Decisões automatizadas

Decisões automatizadas são aquelas feitas por sistemas de IA sem ou com mínima intervenção humana. No Judiciário, esses sistemas podem ser usados para decidir sobre questões procedimentais, como admissibilidade de recursos ou análise de requisitos processuais. A promessa de aumento de eficiência é clara, mas os riscos para a independência judicial e a garantia de julgamento justo são significativos (SANCTIS, 2021).

3.5 Riscos associados às decisões automatizadas

Dentre os principais riscos, está a possibilidade de que decisões automatizadas reduzam a qualidade da análise judicial, pois, em muitos casos, a supervisão humana pode ser insuficiente para corrigir erros cometidos pela máquina. Isso poderia resultar em prejuízo aos direitos das partes envolvidas, principalmente em questões complexas, que exigem uma análise mais profunda e subjetiva.

3.6 Princípios processuais em risco

A aplicação da IA no Judiciário, sem a devida cautela, pode comprometer diversos princípios fundamentais do processo civil. Seu uso tem potencial para otimizar processos e tornar decisões mais eficientes, mas também traz desafios que devem ser abordados com cautela. Sem uma aplicação criteriosa, a IA pode comprometer princípios fundamentais do processo civil, como o contraditório, a ampla defesa e a imparcialidade do julgamento.

A automatização de decisões, por exemplo, pode desconsiderar particularidades dos casos e prejudicar a garantia de um processo justo, destacando a importância de equilibrar inovação tecnológica com os valores constitucionais e jurídicos (adaptado de MENDES *apud* BOCAYUVA, 2024).

Desta feita, vimos que o devido processo legal exige que cada caso seja analisado individualmente, assegurando uma decisão justa com base em seus méritos específicos. No que tange à ampla defesa e ao contraditório, o uso excessivo de automatização pode comprometer o direito das partes de participar ativamente do processo, apresentando argumentos sobre questões de mérito e procedimento. Além disso, o equilíbrio entre eficiência e justiça *é fundamental: embora a celeridade seja importante, ela não pode* prejudicar a análise cuidadosa e justa do caso. Esses princípios são enfatizados nos artigos introdutórios do Código de Processo Civil de 2015.

4 Propostas de aplicação responsável de IA nos processos judiciais

O tema "propostas de aplicação responsável de IA nos processos judiciais" é bastante relevante, especialmente considerando o aumento do uso de tecnologias de inteligência artificial no sistema judiciário. O estado atual das IAs pode ajudar a automatizar tarefas repetitivas, analisar grandes volumes de dados e otimizar o tempo de trabalho dos profissionais do direito. No entanto, também há desafios éticos e práticos a serem considerados, como a imparcialidade, a transparência e o respeito aos direitos humanos (adaptado de MARTINS, 2024 e LEITE, 2024).

Um possível objetivo dessas propostas seria explorar as potencialidades e limitações da aplicação de IA no sistema judicial, propondo modelos éticos[7] e responsáveis de implementação que respeitem os princípios do direito, da justiça e da equidade.

5 Supervisão humana

Uma das propostas centrais para o uso responsável de algoritmos de SAS e decisões automatizadas é garantir que haja supervisão humana contínua. Isso significa que, embora as máquinas possam ajudar a processar informações, cabe aos juízes e servidores judiciais a responsabilidade final sobre as decisões. Seria análogo ao princípio dos juízes das garantias do processo penal (MELO, 2024).[8]

5.1 Transparência e auditabilidade

Para Toledo e Pessoa (2023), é fundamental que os algoritmos utilizados no sistema judicial sejam transparentes e auditáveis,

---

[7] Um modelo ético para a aplicação da inteligência artificial (IA) no sistema judicial é um conjunto de diretrizes, princípios e *frameworks* projetados para garantir que a implementação de tecnologias de IA no setor jurídico seja feita de maneira responsável e alinhada com os valores fundamentais do direito, justiça e equidade. Esse tipo de modelo busca minimizar os riscos e os danos potenciais que a IA pode causar, enquanto maximiza seus benefícios, mantendo o foco em preservar os direitos humanos e garantir a imparcialidade e a transparência.

[8] O trabalho de J. Melo propõe estratégias para o uso responsável de algoritmos de sistemas de apoio à decisão (SAS) e decisões automatizadas dentro do sistema judiciário. Esse estudo é relevante devido à crescente adoção de inteligência artificial no campo legal, que traz tanto oportunidades quanto desafios, especialmente em relação à conformidade com as exigências constitucionais e à necessidade de garantir a justiça nos processos decisórios.

permitindo que qualquer decisão automatizada seja revisada e questionada. Isso pode ser feito por meio de auditorias regulares e pela exigência de que os sistemas expliquem, de forma clara, os critérios utilizados em cada decisão.

Deve-se destacar que transparência, auditabilidade e rastreabilidade estão todas propostas no Projeto de Lei nº 2.338 como princípios do desenvolvimento, implementação e uso da IA no país (art. 3º, incisos VI e IX), enquanto a publicidade encontra-se estipulada como dever do poder público ao se contratar, desenvolver ou utilizar sistemas de IA na administração da justiça, conforme descrito nas bases do art. 17, inc. VII, e do art. 21, inciso VI.

5.2 Critérios de qualidade e precisão

Os sistemas de IA devem ser desenvolvidos e ajustados para atender a critérios rigorosos de qualidade, com foco na precisão[9] e na individualização dos casos. A implementação de sistemas de inteligência artificial no setor judiciário tem revolucionado a forma como os processos são geridos, oferecendo soluções que prometem maior eficiência e precisão. No entanto, para que esses sistemas sejam eficazes e justos, é fundamental que atendam a critérios rigorosos de qualidade e precisão. Os algoritmos precisam ser testados e revisados continuamente para garantir que não prejudiquem os direitos das partes envolvidas (adaptado de MENDES, 2023).

Apesar dos avanços proporcionados pela IA no Judiciário, existem desafios éticos significativos a serem considerados. A dependência excessiva da tecnologia pode levar à desumanização do processo judicial, além de levantar preocupações sobre viés algorítmico e privacidade. Dentre as fontes consultadas sem esgotarmos o tema, houve a apreciação teórica dos seguintes modelos e aplicações dos quais destacamos.

---

[9] Com capacidades que vão desde a síntese automática de processos judiciais até a análise avançada de jurisprudências, o uso de IA pelos tribunais promete agilizar a tramitação de casos e oferecer suporte decisório mais eficiente. No entanto, as implicações dessa integração vão além da eficiência operacional. Elas tocam questões fundamentais de privacidade, ética e precisão nas decisões e julgados.

5.2.1 Viés algorítmico

Baseado em Menescal (2023), a inteligência artificial tem se infiltrado em diversos setores da sociedade, incluindo o sistema jurídico. A promessa de maior eficiência, precisão e imparcialidade nas decisões judiciais tem impulsionado a adoção de algoritmos de aprendizado de máquina, como os de agrupamento e similaridade (SAS). No entanto, a crescente dependência de algoritmos para auxiliar nas tomadas de decisão levanta preocupações significativas sobre o potencial de viés algorítmico, que podem perpetuar ou amplificar vieses existentes no sistema jurídico.

Um viés algorítmico ocorre quando um sistema de IA toma decisões ou faz previsões de maneira tendenciosa, influenciada por padrões históricos de discriminação ou por desequilíbrios nos dados utilizados para treinar o algoritmo. Esses vieses podem surgir de várias fontes, como dados históricos enviesados, sub-representação de grupos e falhas ou erros aplicados nas escolhas de modelagem e codificação.

O viés algorítmico no direito[10] e no Judiciário *é uma preocupação significativa, uma vez que a utilização de algoritmos e* inteligência artificial para auxiliar em decisões judiciais pode, inadvertidamente, reproduzir ou até amplificar preconceitos e desigualdades já existentes na sociedade. Esses vieses podem afetar diretamente a imparcialidade e a equidade do sistema de justiça, comprometendo a confiança pública e a legitimidade do processo judicial.

5.2.2 Recomendação de documentos legais

Sistemas de recomendação baseados em agrupamento e similaridade podem identificar e recomendar julgamentos relevantes de forma eficiente, reduzindo o tempo de resposta e a complexidade computacional (DHANANI *et al.*, 2021).

Isso implica em dizer que os profissionais do direito analisam sentenças anteriores relevantes para preparar argumentos favoráveis e vantajosos para um caso em andamento. No domínio jurídico, os

---

[10] A preocupação com o viés algorítmico no direito e no Judiciário é central ao debate sobre o uso de IA no campo jurídico. Embora a IA tenha potencial para aumentar a eficiência e acessibilidade do sistema, a sua utilização sem precauções adequadas pode comprometer os princípios de justiça e equidade. Assim, o desenvolvimento e uso de algoritmos no sistema judicial devem ser rigorosamente supervisionados e auditados para garantir que sirvam ao propósito de uma justiça imparcial e acessível a todos.

sistemas de recomendação (SR)[11] identificam e recomendam eficazmente julgamentos referencial e/ou semanticamente relevantes.

Portanto, é insignificante calcular semelhanças para pares que consistem em relevância trivial entre julgamentos. Para resolver a questão da escalabilidade, alguns autores especialistas propõem um novo sistema de recomendação de documentos legais (LDRS)[12] baseado em agrupamento do gráfico que forma agrupamentos referencialmente semelhantes e, dentro desses agrupamentos, encontra julgamentos semanticamente relevantes.

Consequentemente, pontuações de similaridade entre pares são calculadas para cada *cluster* para restringir o espaço da pesquisa apenas dentro do *cluster*, em vez do *corpus* inteiro. Assim, o LDRS proposto reduz severamente o número dos cálculos da similaridade que permitem tratar um grande número dos julgamentos.

A eficácia e eficiência do LDRS proposto são avaliadas utilizando grandes documentos legais reais provenientes Supremo Tribunal da Índia, onde, segundo os autores da pesquisa, os resultados experimentais demonstram o desempenho encorajador do LDRS proposto em termos de precisão, pontuações F1, pontuações MCC e complexidade computacional, o que valida a aplicabilidade para sistemas de recomendação escalonáveis e que podem ser aplicados no Brasil.

Neste país, os resultados experimentais demonstram desempenho encorajador na precisão "*F1 Scores,*[13] *MCC*[14] *and computational complexity*", validando, assim, a aplicabilidade dos sistemas recomendáveis escalonáveis no contexto jurídico. Embora ambos sejam usados

---

[11] Devido à disponibilidade de enormes quantidades de julgamentos, o SR precisa calcular antecipadamente pontuações de similaridade entre pares para todos os pares de julgamentos únicos, com o objetivo de minimizar o tempo de resposta da recomendação. Essa prática introduz a questão da escalabilidade à medida que o número de pares a serem computados aumenta quadraticamente com o número de julgamentos, ou seja, O (n^2). Contudo, há um número limitado de pares de forte relevância entre os julgamentos.

[12] Um sistema de recomendação de documentos legais (LDRS – *legal document recommendation system*) é uma ferramenta baseada em inteligência artificial (IA) e aprendizado de máquina projetada para auxiliar advogados, juízes e outros profissionais do direito a encontrar documentos legais relevantes para casos específicos. Esses sistemas são amplamente utilizados para otimizar a pesquisa jurídica, melhorar a eficiência do trabalho e garantir que os profissionais do direito tenham acesso a precedentes, pareceres e outros documentos importantes de forma rápida e precisa.

[13] O F1 Score é uma métrica comum em avaliação de modelos de *machine learning*, especialmente em tarefas de classificação. Ele combina precisão e revocação em um único valor, fornecendo uma medida equilibrada do desempenho do modelo.

[14] Coeficiente de Correlação de Matthews (MCC) é outra métrica utilizada em classificação binária. Ele considera verdadeiros positivos, verdadeiros negativos, falsos positivos e falsos negativos para fornecer uma medida mais robusta do desempenho do modelo, especialmente em conjuntos de dados desbalanceados.

para avaliar modelos de classificação, eles capturam diferentes aspectos do desempenho. O F1 Score é mais focado no equilíbrio entre precisão e revogação, enquanto o MCC considera a relação entre todas as classes.

5.2.3 Avaliação de riscos legais

A avaliação de riscos legais é um processo crítico que visa identificar, analisar e mitigar as potenciais ameaças jurídicas que uma organização pode enfrentar. Esse processo é essencial para garantir a conformidade legal, proteger ativos e minimizar prejuízos financeiros e reputacionais.

Algoritmos de agrupamento, como o modelo de mistura Gaussiana,[15] podem ser usados para avaliar riscos legais em contratos, ajudando a identificar empresas de alto risco e a fornecer orientações para mitigação de risco (WANG, 2023).

No contexto da era da digitalização das informações de dados, os algoritmos de inteligência artificial estão se tornando cada vez mais inteligentes, e a tradicional avaliação de risco jurídico se adapta bem aos requisitos do desenvolvimento da era do *big data*.

5.2.4 Classificação e atualização de textos jurídicos

Certos estudos sugerem que algoritmos de agrupamento e similaridade melhoram os processos judiciais ao reduzir a complexidade computacional, aumentar a precisão na recomendação de julgamentos relevantes e facilitar a atualização e classificação de textos legais. Alguns algoritmos podem melhorar a capacidade de recuperação de textos e atualizar os resultados de classificação de textos sem a necessidade de reimplementação do agrupamento, facilitando a gestão de regulamentos legais (adaptado de ZHANG, 2019).

Já para Hiu (2023), o algoritmo de duas etapas para agrupamento de textos curtos em larga escala simplifica efetivamente o processo de processamento de texto do usuário, melhorando o tempo e a precisão.

---

[15] Um Modelo de Mistura Gaussiana (GMM) é uma técnica estatística amplamente utilizada para modelar dados que podem ser representados como uma combinação de várias distribuições gaussianas. Essa abordagem é particularmente útil em análises de agrupamento e aprendizado não supervisionado, onde o objetivo é identificar padrões e estruturas nos dados sem a necessidade de rótulos pré-definidos.

Algoritmos de *clustering* de textos curtos, como TF-IDF[16] e *Simhash*,[17] podem simplificar o processamento de textos legais em grande escala, melhorando a precisão e a eficiência.

Tabela 1 – Comparação entre TF-IDF e Simhash

Característica	TF-IDF	Simhash
Objetivo	Avaliar a importância de termos	Detectar similaridade entre documentos
Saída	Valores numéricos para cada termo	Um hash fixo representando o documento
Complexidade	Mais complexo devido ao cálculo de TF e IDF	Mais eficiente em termos computacionais
Aplicações	Recuperação de informações, SEO	Plágio, deduplicação

Fonte: Adaptado de Moser (2021).

A pesquisa recente no campo jurídico tem como objetivo de longo prazo a eficácia do agrupamento de texto, pois os mesmos documentos agrupados possuem a máxima correlação e conexão interna, o que pode simplificar o processamento de texto para o Judiciário. As pesquisas se concentram no agrupamento de textos curtos em grande escala, com um estudo de caso de documentos legais. Primeiro, é estudado o algoritmo normal para textos curtos e são selecionados o método de encapsulamento e o algoritmo *Term Frequency-Inverse Document Frequency* (TF-IDF).

Em seguida, após encontrar as deficiências, propõe-se um algoritmo em dois passos para o agrupamento de textos muito curtos em grande escala. Primeiramente, a redução da similaridade dos textos serve como pré-processamento e é aplicada uma função iterativa junto com o algoritmo *Simhash* para alcançar o objetivo. Em segundo lugar, é projetado um método de extensão do algoritmo centrado na classe para *clusterizar* efetivamente informações massivas. O desempenho do

---

[16] Term Frequency-Inverse Document Frequency ou TF-IDF é uma técnica estatística utilizada para avaliar a importância de uma palavra em um documento dentro de um corpus de documentos. Essa métrica é amplamente aplicada em recuperação de informações, mineração de dados e processamento de linguagem natural.

[17] Simhash é uma técnica utilizada para detectar similaridade entre documentos. É especialmente útil em aplicações onde a eficiência computacional é crítica, como na verificação de plágio ou na deduplicação de dados.

algoritmo é avaliado por experimento em termos de tempo e precisão e ajuda a retroalimentar o sistema legal para subsidiar os juízes e operadores do direito nas tomadas de decisão.

6 Conclusão

A crescente integração da inteligência artificial nos processos judiciais tem suscitado debates sobre suas implicações éticas e jurídicas. Este artigo analisou como os algoritmos de agrupamento e similaridade e as decisões automatizadas podem ser utilizados de maneira responsável, visando não apenas à eficiência, mas também à preservação da qualidade dos processos judiciais. A discussão se fundamenta em uma crítica aos desafios e oportunidades que a IA apresenta no contexto do direito, enfatizando a necessidade de um equilíbrio entre tecnologia e princípios processuais fundamentais.

A inteligência artificial tem se infiltrado em diversos setores da sociedade, incluindo o sistema jurídico. A promessa de maior eficiência, precisão e imparcialidade nas decisões judiciais tem impulsionado a adoção de algoritmos de aprendizado de máquina, como o SAS. No entanto, a crescente dependência de algoritmos para auxiliar nas tomadas de decisão levanta preocupações significativas sobre o potencial de viés algorítmico, a automação robotizada das tarefas do Judiciário e a falta de supervisão nas decisões. Buscou-se explanar, mas sem esgotar o tema, como tais algoritmos podem, se não devidamente supervisionados e treinados, perpetuar ou amplificar vieses existentes no sistema jurídico.

Por fim, destaca-se que a integração da inteligência artificial nos processos judiciais representa uma oportunidade significativa para melhorar a eficiência do sistema. No entanto, é crucial que essa inovação seja acompanhada por uma análise crítica das implicações éticas e jurídicas associadas. O uso responsável dos algoritmos SAS e das decisões automatizadas deve priorizar a qualidade das deliberações judiciais, respeitando os princípios fundamentais do direito. Somente assim será possível garantir que a justiça não seja apenas célere, mas também justa e equitativa.

Referências

ALMEIDA, J. P. Justiça digital e automação dos processos judiciais. *Revista de Direito Digital*, v. 6, 2021.

ARAUJO, B. *Guia de Inteligência Artificial no Judiciário.* 2024. Disponível em: https://www.sydle.com/br/blog/como-a-inteligencia-artificial-pode-melhorar-a-eficiencia-do-sistema-judiciario-669fb2b3ef89754879aa7e97. Acesso em: 29 set. 2024.

BACELLAR, R. *Direito Digital e Inteligência Artificial.* 2. ed. São Paulo: Editora XYZ, 2020.

BRASIL. *Lei Geral de Proteção de Dados Pessoais – LGPD (Lei nº 13.709/2018).*

BRASIL. *Código de Processo Civil.* Lei nº 13.105, de 16 de março de 2015. Disponível em: http://www.planalto.gov.br/ccivil_03/ato2015-2018/2015/lei/l13105.htm. Acesso em: 29 set. 2024.

CNJ. *Pesquisa Uso de inteligência artificial (IA) no Poder Judiciário.* Brasília, DF: jun. 2024.

DHANANI, J.; MEHTA, R.; RANA, D. Legal document recommendation system: A cluster based pairwise similarity computation. *J. Intell. Fuzzy Syst.*, v. 41, 2021, p. 5497-5509. Disponível em: https://doi.org/10.3233/JIFS-189871. Acesso em: 21 set. 2024.

FAUVRELLE, T.; ALMEIDA, A. Determinants of Judicial Efficiency Change: Evidence from Brazil. *Review of Law & Economics*, 14, 2016. Disponível em: https://doi.org/10.2139/ssrn.2745269. Acesso em: 24 set. 2024.

FORTES, P. (2020). Paths to Digital Justice: Judicial Robots, Algorithmic Decision-Making, and Due Process. *Asian Journal of Law and Society*, 7, 2020, p. 453-469. Disponível em: https://doi.org/10.1017/als.2020.12. Acesso em: 25 set. 2024.

HUI, S. *A Novel 2-Step Very Large-Scale Short Text Clustering Algorithm.* 7th International Conference on I-SMAC (IoT in Social, Mobile, Analytics and Cloud) (I-SMAC), 2023, p. 856-861. Disponível em: https://doi.org/10.1109/I-SMAC58438.2023.10290319. Acesso em: 23 set. 2024.

LOHIA, P.; RAMAMURTHY, K.; BHIDE, M.; SAHA, D.; VARSHNEY, K.; PURI, R. *Bias Mitigation Post-processing for Individual and Group Fairness.* ICASSP 2019 - 2019 IEEE International Conference on Acoustics, Speech and Signal Processing (ICASSP), 2018, p. 2847-2851. Disponível em: https://doi.org/10.1109/ICASSP.2019.8682620. Acesso em: 24 set. 2024.

LEITE, T. de P. Propostas de aplicação responsável de IA nos processos judiciais. *Conjur*, 2024. Disponível em: https://www.conjur.com.br/2024-jan-15/propostas-aplicacao-responsavel-ia-processos-judiciais. Acesso em: 28 set. 2024.

MARTINS, D. C. Fundamentação das decisões e uso responsável de IA generativa no Judiciário. *Conjur*. Disponível em: https://www.conjur.com.br/2024-ago-31/fundamentacao-das-decisoes-e-uso-responsavel-de-ia-generativa-no-judiciario/. Acesso em: 28 set. 2024.

MELO, J. (2024). Propostas para o uso responsável de algoritmos de SAS e decisões automatizadas no sistema judiciário. *Conjur*, 2024. Disponível em: https://www.conjur.com.br/2024-jan-15/propostas-aplicacao-responsavel-ia-processos-judiciais. Acesso em: 28 set. 2024.

MENESCAL, A. A Inteligência Artificial no sistema jurídico: eficiência e desafios. *Migalhas*, 2024. Disponível em: https://www.migalhas.com.br/depeso/395076/inteligencia-artificial-no-mundo-juridico. Acesso em: 1º out. 2024.

MENDES, C. Robôs no tribunal: o papel da Inteligência Artificial no Judiciário. *Conjur*, 2023. Disponível em: https://www.conjur.com.br/2023-dez-15/robos-no-tribunal-papel-da-inteligencia-artificial-no-judiciario/. Acesso em: 19 set. 2024.

MOSER, G. V. B. *Análise de similaridade entre TF-IDF e modelos contextualizados de linguagem baseados em tokens*. Monografia, Universidade Federal de Santa Catarina. 2021. Disponível em: https://repositorio.ufsc.br/bitstream/handle/123456789/243553/monografia.pdf. Acesso em: 2 out. 2024.

PALOMBELLA, G. (2001). Arguments in Favour of a Functional Theory of Fundamental Rights. *International Journal for the Semiotics of Law*, 14, 2001, p. 299-326. Disponível em: https://doi.org/10.1023/A:1017580828223.

PALMA, L. F. *Agrupamento de Dados*: K- Médias. Universidade Federal do Recôncavo da Bahia. Centro de Ciências Exatas e Tecnológicas. Cruz das Almas, 2018. Disponível em: https://www2.ufrb.edu.br/bcet/components/com_chronoforms5/chronoforms/uploads/tcc/201906042005112018.2TCCLuannFariasPalma-Agrupamentodedados-Kmedias.pdf. Acesso em: 12 set. 2024.

PMBOK (Project Management Institute). *A Guide to the Project Management Body of Knowledge*. PMI, 2017.

OPENAI. *ChatGPT* [Large language model]. 2024. Disponível em: https://chatgpt.com. Acesso em: 18 set. 2024.

SANCTIS, F. *Artificial Intelligence and Innovation in Brazilian Justice*. International Annals of Criminology, 59, 2021, p. 1-10. Disponível em: https://doi.org/10.1017/cri.2021.4.

SANTOS, M. A. Algoritmos de agrupamento e similaridade no sistema judiciário: eficiência e gestão de casos. *Revista Brasileira de Tecnologia e Direito*, 2024. Disponível em: https://www.revistatecnologiaDireito.com/artigos/algoritmos-agrupamento-sas. Acesso em: 17 set. 2024.

TOLEDO, Claudia; PESSOA, Daniel. O uso de Inteligência Artificial na tomada de decisão judicial. *Revista de Investigações Constitucionais*, Curitiba, vol. 10, n. 1, e237, jan./abr. 2023. DOI: 10.5380/rinc.v10i1.86319.

UNGER, A.; NETO, J.; FANTINATO, M.; PERES, S.; TRECENTI, J.; HIROTA, R. *Process mining-enabled jurimetrics*: analysis of a Brazilian court's judicial performance in the business law processing. Proceedings of the Eighteenth International Conference on Artificial Intelligence and Law. 2021. Disponível em: https://doi.org/10.1145/3462757.3466137. Acesso em: 24 set. 2024.

WANG, W. *Legal risk assessment of enterprise labor dispatch employment under clustering algorithm*. Applied Mathematics and Nonlinear Sciences, 0, 2023. Disponível em: https://doi.org/10.2478/amns.2023.2.00054. Acesso em: 22 set. 2024.

ZHANG, H.; ZHOU, L. *Similarity Judgment of Civil Aviation Regulations Based on Doc2Vec Deep Learning Algorithm*. 2019 12th International Congress on Image and Signal Processing, BioMedical Engineering and Informatics (CISP-BMEI), 1-8. Disponível em: https://doi.org/10.1109/CISP-BMEI48845.2019.8965709. Acesso em: 21 set. 2024.

Informação bibliográfica deste livro, conforme a NBR 6023:2018 da Associação Brasileira de Normas Técnicas (ABNT):

CAPOZZI, Ricardo Andrian. Algoritmos de agrupamento e similaridade (SAS) e decisões automatizadas: uma análise crítica sobre a aplicação responsável para melhoria dos processos judiciais. *In*: ALLEMAND, Luiz Cláudio; SANTOS, Coriolano Aurélio de Almeida Camargo; MAGRO, Américo Ribeiro; GOMES, Rovena (coord.). *Processos judiciais eletrônicos*: inteligência artificial e garantia dos princípios do processo civil - algoritmos de agrupamento e similaridade. Belo Horizonte: Fórum, 2025. p. 385-400. ISBN 978-65-5518-975-9.

SOBRE OS AUTORES

Alana Gabriela Engelmann
Mestre em Direito Público pela Unisinos. Especialista em Novo Processo Civil Brasileiro pela Unisinos. Pesquisadora. Conselheira Subseccional de Sapiranga da OAB/RS. Presidente da Comissão Especial de Direito Processual Civil da Subseção de Sapiranga da OAB/RS. Membro do Instituto Brasileiro de Direito Processual (IBDP) e da Associação Brasileira "Elas no Processo" (ABEP). Advogada. E-mail: alanagengelmann@hotmail.com.

Américo Ribeiro Magro
Advogado. Mestre em Direito Negocial pela Universidade Estadual de Londrina. Especialista em Interesses Difusos e Coletivos. Especialista em Direito Eleitoral. Professor universitário. Autor de obras sobre Direito Digital e Proteção de Dados. E-mail: americomagro@gmail.com.

Ana Paula Canto de Lima
Advogada, Mestre, LL.M em Proteção de Dados (RGPD/LGPD). Autora de obras jurídicas, possui livros e artigos indicados nas bibliografias selecionadas pelo STJ. Diretora de Direito e Tecnologia da ESA/PE. Membro do Observatório Nacional de Cibersegurança, Inteligência Artificial e Proteção de Dados (ONCiber). Conselheira no Conselho Nacional de Proteção de Dados Pessoais e da Privacidade (CNPD). Membro da Comissão de Proteção de Dados do Conselho Federal da OAB.

Andréia Rocha Feitosa
Pós-Graduada em Direito Público e em formação de professores com ênfase no ensino superior do Instituto Federal de Educação, Ciência e Tecnologia de São Paulo, área de concentração: educação. Coordenadora da obra *Direito Digital e a Modernização do Judiciário*, pela Editora LTR. Foi pesquisadora do CEST, Centro de Estudos, Sociedade e Tecnologia, da USP. Presidente da Comissão de Direito Eletrônico e Tecnologia da 101ª Subseção da Ordem dos Advogados do Brasil (Triênio 2013/2015) e Presidente da Comissão de Direito Digital e Cibersegurança (2016/2018) da 94ª Subseção, ambas da Seccional de São Paulo. Advogada.

Andrey Guimarães Duarte
Bacharel em Direito pela Faculdade de Direito de Santos. Tabelião de notas desde 2004. 4º Tabelião de Notas de São Bernardo do Campo. Presidente da Associação dos Titulares de Cartório de São Paulo. Ex-Presidente e atual Vice-Presidente do Colégio Notarial do Brasil – Seção São Paulo (CNB/SP). Diretor do Colégio Notarial do Brasil – Conselho Federal (CNB/CF). Conselheiro Consultivo do Instituto Brasileiro de Direito Imobiliário (IBRADIM). Ex-Delegado de Polícia em São Paulo.

Antônio Aurélio de Souza Viana
Doutor, Mestre e Especialista em Direito Processual pela PUC Minas. Presidente da Comissão de Direito, Tecnologia e Inovação da OAB/MG – Subseção Contagem (2021-2024). Membro das Comissões de Processo Civil e de Inteligência Artificial da OAB/MG. Associado do IBDP e da ABDPRO.

Bruno Queiroz de Vasconcelos Finotti
Graduado em Direito. Pós-Graduado em Direito Civil e Empresarial pela Faculdade IBMEC. Pós-Graduado em Direito Societário e Contratos Empresariais pela Universidade Federal de Uberlândia. Sócio da Hemmer Advocacia.

Cindia Regina Moraca
Advogada de Direito Digital, Civil e Família, com 25 anos de experiência no consultivo e contencioso. Pesquisadora e Palestrante em comportamento e reputação digital. Pós-Graduanda em Direito Digital pela Faculdade Legale. Presidente da Comissão das Mulheres Advogadas da OABSP Jabaquara (2022-2027).

Diogo Augusto Debs Hemmer
Advogado. Graduado em Direito e em Ciências Econômicas pela Universidade Federal de Uberlândia. MBA Executivo em Direito: Gestão e *Business Law*.

Fabiana Ewald Richinitti
Advogada formada pela Universidade Federal do Rio Grande do Sul (UFRGS), com especialização em Direito Digital, *Cybersecurity* e Inteligência Artificial pela Fundação do Ministério Público (FMP).

Fábio Valentini de Carvalho
Advogado especializado em Direito Digital, Privacidade e Proteção de Dados, Governança Corporativa, *Compliance* e ESG. Palestrante na área, membro efetivo da Comissão Especial de Privacidade, Proteção de Dados e Inteligência Artificial, da Comissão Especial de *Compliance* e da Comissão Especial de Tecnologia e Inovação – OAB/SP (2022-2024).

Gilberto Ferreira Ribeiro Junior
Graduado em Direito pela Universidade de Uberaba (2005). Mestre em Direitos Coletivos e Cidadania pela Universidade de Ribeirão Preto (2015). Doutorando no curso de Biocombustíveis pela Universidade Federal de Uberlândia. Sócio da Hemmer Advocacia.

Gustavo Gobi Martinelli
Analista de Governança, Riscos e *Compliance* – GRC na RD Station. Advogado e Professor de Pós-Graduação. Pós-Graduando em Inteligência Artificial e Ciência de Dados pela Universidade Federal do Espírito Santo – UFES. Especialista Pós-Graduado em Direito Digital. Mestre em Direitos e Garantias Fundamentais pela FDV. Graduado em Ciências da Computação e Direito. Certificado em *AI Risk Management (ISO/IEC 23894) Foundation*.

Henrique Alves Pinto
Doutor e Mestre em Direito Público e Políticas Públicas pelo Centro Universitário de Brasília (UNICEUB) Brasília – DF. Advogado e professor universitário. *E-mail*: henrikiobrien@hotmail.com.

João Roberto Peres
Engenheiro Eletricista. Bacharel em Administração. Mestre e Doutor em Ciência da Computação. Ph.D Modelagem de Sistemas (UP Comillas). Mais de 20 anos como Professor e Consultor na FGV. Multiespecialista GRC, IoT, AI, Cibersegurança. Membro Comissão de Proteção de Dados e IA da OAB-SP. Autor no projeto "Cyber Security For Europe" – https://the-blue-book.eu/index.php/task-force/. Prefixo ISBN 978-85-923158.

João Vinícius Manssur
Advogado. Pós-Graduado em Direito Empresarial pela Escola Paulista de Magistratura. Pós-Graduado em Direito Penal Econômico pela FGV *Law*. Pós-Graduado pela Universidade de Coimbra.

Kaíque Rodrigues de Almeida
Advogado. Pós-Graduado em Direito Penal Econômico pela FGV *Law*. Especialista pela *Universidad de Salamanca*.

Luiz Alfredo Rocha Lima
Graduado em Direito pelo Centro Universitário Faesa desde 2019. Pós-Graduado em *Compliance* e Integridade em 2021. Pós-Graduando em Direito Digital desde 2024. Exerce a advocacia com atuação majoritária em Direito Empresarial Consultivo, Contencioso Estratégico e Direito Digital.

Luiz Cláudio Allemand
Advogado. Mestre em Direito Tributário pela Universidade Candido Mendes – UCAM – Rio de Janeiro/RJ. *LL.M.* pela *Steinbeis University Berlin* – Alemanha. Pós-Graduado em Direito Tributário pelo Instituto Brasileiro de Direito Tributário IBET/Consultime. Pós-Graduado em Direito da Empresa pela Fundação Getulio Vargas – FGV/MMurad. Pós-Graduado em Direito Processual Civil pela Faculdade de Vitória – FDV. Diretor Jurídico da FIESP. Membro do Conselho Superior de Direito da Fecomercio/SP. Presidente da Câmara de Conciliação, Mediação e Arbitragem da Cindes/Findes-ES. Conselheiro Federal da Ordem dos Advogados do Brasil. Ex-Conselheiro do CNJ. *E-mail*: allemand@allemand.adv.br.

Marcelo Marcon
Graduação na Área de Redes, Tecnologia da Informação e Telecomunicações. Pós-Graduado em MBIS – Segurança da Informação. Pós-Graduado em Engenharia de Redes e Sistemas de Telecomunicações. Mestrando em Gestão Estratégica em Tecnologias de Informação. Possui mais de 20 anos de experiência profissional em TIC, com sólidos conhecimentos em: Segurança da Informação, Proteção de Dados, *Datacenter*, Virtualização, Servidores, Linux, *Firewall, Proxy*, Permissões e Controles de Usuários, Gestão de Riscos, Melhoria de Processos, Gestão de Ordens de Serviço, Ambientes Críticos, Inteligência e Contrainteligência. Instrutor da Escola Superior de Guerra (ADESG/Campinas). Membro do Comitê Avançado e Altos Estudos de Tecnologia e Inovação da *Digital Law Academy*. Vice-Presidente do Comitê Avançado de Segurança da APDados.

Miguel Antônio Silveira Ramos
Doutor em Direito Civil, Universidade de Buenos Aires, Argentina. Doutor em Política Social e Direitos Humanos, Universidade Católica de Pelotas, Brasil. Mestre em Direito e Justiça Social, FURG, Rio Grande, Brasil. Professor de Direito Civil na Universidade Federal do Rio Grande, Brasil. Advogado.

Oscar Valente Cardoso
Doutor em Direito (UFRGS). Especialista em Direito Processual Civil, em Inteligência Artificial e em Ciência de Dados e *Big Data Analytics*. Coordenador do Comitê Gestor de Proteção de Dados do TRF4. Professor no Mestrado da Universidade Europeia de Lisboa. Juiz Federal.

Ricardo Andrian Capozzi
Advogado e Perito Forense do Juízo para TJSP, TJRJ, TJMG, TRF, TRT e MPSP há 23 anos. Professor da Academia de Forense Digital, Mackenzie, IPOG, Instituto Mauá de Tecnologia, UniDrummond, Universidade São Francisco, FATEC, PUC Campinas e TI Exames. Especialista em Direito Digital, dedica seus estudos no campo dos exames técnicos de provas e elementos digitais com

auxílio da IA. Certificado DPO, GRC e *CyberSecurity Analyst* (CCSA). Mestrando em Direto pela FADISP/2024. *E-mail*: prof.ricardo.capozzi@drummond.com.br. *Site*: https://ricardocapozzi.netlify.app/.

Ricardo Padovini Pleti Ferreira
Professor Efetivo da Faculdade de Direito "Prof. Jacy de Assis", da Universidade Federal de Uberlândia. Especialista em Direito Empresarial pela mesma instituição. Mestre e Doutor em Direito Empresarial pela Faculdade de Direito da Universidade Federal de Minas Gerais.

Túlio Arantes Bozola
Doutorando em Direito Penal e Criminologia pelo Centro Universitário de Brasília (UNICEUB) Brasília – DF. Mestre em Direito Penal pela Universidade Federal de Uberlândia – MG (UFU). Advogado e Professor Titular de Direito Penal da Universidade Estadual de Minas Gerais (UEMG). *E-mail*: tulio.bozola@gmail.com.

Esta obra foi composta em fonte Palatino Linotype, corpo 10
e impressa em papel Pólen Bold 70g (miolo) e Supremo 250g (capa)
pela Gráfica Star7.